Contemporánea

George Orwell (Motihari, India, 1903 - Londres, 1950), cuyo nombre real era Eric Blair, fue novelista, ensayista y periodista. Su corta vida resume muchos de los sueños y pesadillas del mundo occidental en el siglo xx, que también quedaron reflejados en su extensa obra. Nació en la India británica en el seno de una familia de clase media; estudió con una beca en el exclusivo colegio de Eton; sirvió en la Policía Imperial en ultramar (*Los días de Birmania*, 1934); volvió a Europa, donde vivió a salto de mata (*Sin blanca en París y Londres*, 1933); se trasladó a la Inglaterra rural y se dedicó brevemente a la docencia (*La hija del clérigo*, 1935); trabajó en una librería de lance (*Que no muera la aspidistra*, 1936); trabó conocimiento directo de la clase obrera inglesa y la explotación (*El camino a Wigan Pier*, 1937); luchó contra el fascismo en la guerra civil española (*Homenaje a Cataluña*, 1938); vislumbró el derrumbe del viejo mundo (*Subir a respirar*, 1939); colaboró en la BBC durante la Segunda Guerra Mundial; se consagró en el *Tribune* y el *Observer* como uno de los mejores prosistas de la lengua inglesa (entre su producción ensayística cabe destacar *El león y el unicornio y otros ensayos*, 1941); fabuló las perversiones del estalinismo (*Rebelión en la granja*, 1945) y advirtió sobre los nuevos tipos de sociedad hiperpolítica (*1984*, 1949). A pesar de su temprana muerte, llegó a ser la conciencia de una generación y una de las mentes más lúcidas que se han opuesto al totalitarismo.

George Orwell

Escritor en guerra
Correspondencia y diarios, 1937-1943

Presentación de Peter Davison

Prólogo de Miquel Berga

Traducción de
Miguel Temprano García

DEBOLS!LLO

Papel certificado por el Forest Stewardship Council®

Primera edición en Debolsillo: noviembre de 2015
Segunda reimpresión: mayo de 2023

© George Orwell
© 2009, 2010, herederos de Sonia Brownell Orwell
Selección de las Cartas y los Diarios de *The Complete Works of George Orwell*,
editadas por Peter Davison y publicadas en Gran Bretaña en 1998
por Secker & Warburg
© 2014, Penguin Random House Grupo Editorial, S. A. U.
Travessera de Gràcia, 47-49. 08021 Barcelona
© 2014, Miguel Temprano García, por la traducción
© 2014, Peter Davison, por la presentación
© 2014, Miquel Berga, por el prólogo
Diseño de la cubierta: Penguin Random House Grupo Editorial / Yolanda Artola
Fotografía: © Ullstein Bild / Getty Images
Fotografía del autor: © Csu Archives / Everett Collection

Penguin Random House Grupo Editorial apoya la protección del *copyright*.
El *copyright* estimula la creatividad, defiende la diversidad en el ámbito de las ideas
y el conocimiento, promueve la libre expresión y favorece una cultura viva.
Gracias por comprar una edición autorizada de este libro y por respetar las leyes del *copyright*
al no reproducir, escanear ni distribuir ninguna parte de esta obra por ningún medio sin permiso.
Al hacerlo está respaldando a los autores y permitiendo que PRHGE continúe publicando libros
para todos los lectores. Diríjase a CEDRO (Centro Español de Derechos Reprográficos,
http://www.cedro.org) si necesita fotocopiar o escanear algún fragmento de esta obra.

Printed in Spain – Impreso en España

ISBN: 978-84-9989-089-0
Depósito legal: B-19034-2015

Compuesto en Comptex & Ass.

Impreso en Prodigitalk, S. L.

P 99089 B

Índice

Presentación 9
Prólogo 15
Sobre esta edición 23

CORRESPONDENCIA

Publicaciones, Wigan y España
   1937-1938 27
De Marruecos a la BBC
   1938-1941 83
La BBC y la guerra
   1941-1943 175

DIARIOS

Diario de acontecimientos que condujeron a la guerra
   2 de julio de 1939-3 de septiembre de 1939 205
Diario de guerra
   28 de mayo de 1940-28 de agosto de 1941 263
Segundo diario de guerra
   14 de marzo-15 de noviembre de 1942 367

APÉNDICES:
Cronología 435
Notas biográficas de los principales corresponsales 451
Breve relación de lecturas recomendadas 459

Presentación

La principal inspiración de los escritos de Orwell parece haber sido la época que pasó en el extranjero, en Birmania, en París y en España. Incluso el «camino a Wigan» podría formar parte de esas vivencias «extranjeras», aunque las «áreas deprimidas» de Inglaterra, como se conocía en los años treinta a las regiones del norte castigadas por la pobreza, no puedan considerarse «países extranjeros», no hay duda de que a los habitantes del sur más rico debía parecérselo. También el tiempo que Orwell pasó en el norte de África le sirvió de inspiración, no tanto para sus escritos sobre, digamos, Marrakech y la política del norte de África, como porque le proporcionó el descanso necesario para crear lo que podríamos llamar su «novela más relajada»: *Subir a por aire*.

Las primeras obras de Orwell como escritor proporcionan una perspectiva sorprendentemente exacta de lo que serían sus principales preocupaciones a lo largo de su vida. Estos intentos de principiante se escribieron mientras vivía en París e intentaba (sin éxito) formarse como novelista; en el tiempo que vivió allí escribió y destruyó dos novelas. Colaboró con varios artículos en *Le Progrès Civique* y por cada uno de ellos le pagaron 225 francos, poco menos de 2 libras de la época, aunque hoy habría supuesto bastante más. Su primer artículo trataba sobre la censura y el segundo, titulado «Un periódico de un cuarto de penique», lo publicó en un periódico inglés de segunda, financiado por François Coty, un hombre más famoso por sus empresas de perfumería que periodísticas. Varias décadas después ambos escritos se clasificarían entre los «estudios culturales», un género que, tal vez de forma inconsciente, hizo mucho por impulsar. Varios artículos trataban sobre la situación de los pobres —el desempleo, los mendigos y los vagabundos— y hay uno muy interesante sobre el modo en que el Imperio británico (tal como era entonces) explotaba, al menos a su entender, a Birmania. También publicó un artículo puramente literario, un estudio sobre el escritor John Galsworthy, en *Monde* (que no debe confundirse con el periódico considerablemente posterior y mucho más influyente *Le Monde*). Dichos artículos delinearon sus intereses de toda una vida: la literatura, las condiciones sociales y la cultura popular.

No es difícil comprender cómo las vivencias de Orwell en Birmania, París y las zonas deprimidas inglesas contribuyeron a dar forma a sus respuestas sociales, políticas y críticas al mundo y cómo estas influyeron directamente en su escritura. Sus vagabundeos le permitieron verse desde fuera, por así decirlo, y contemplar el mundo de un modo al mismo tiempo distante y cercano. Fueron sus vivencias en España —de España en sí misma y de los españoles a quienes conoció— las que sirvieron para que sus vivencias pasadas madurasen y diesen lugar al gran y muy influyente escritor en el que llegaría a convertirse. Dos incidentes de su artículo «Recuerdos de la Guerra de España», probablemente escrito en 1942, son particularmente reveladores de la personalidad de Orwell y en mi opinión señalan con precisión lo que Orwell aprendió del tiempo que pasó en España. Sería mejor leerlo completo, pero un breve resumen servirá para recordárselo a quienes conozcan el artículo y tal vez para tentar a leerlo a los que no lo conocen.

En el primer resumen Orwell describe por qué no disparó a un enemigo que se expuso como un blanco fácil. Cuenta que vio a un hombre

> a medio vestir y se sujetaba los pantalones con ambas manos mientras corría. No le disparé. Es cierto que soy un mal tirador, incapaz de acertar a un hombre que vaya corriendo cien metros más allá; además, en ese instante pensaba sobre todo en volver a nuestra trinchera mientras toda la atención de los fascistas se concentraba en los aviones. Aun así, si no intenté matarlo fue en parte a causa del detalle de los pantalones. Había ido allí a matar «fascistas», pero un hombre que tiene que sujetarse los pantalones no es un «fascista»; es a todas luces un prójimo, alguien como uno, y no se tienen deseos de dispararle («Recuerdos de la guerra de España», en *Ensayos*, pp. 415-416).

Orwell no tenía mala puntería ni con el fusil ni con el tirachinas, pero su humildad es muy característica. Como también lo es la distinción entre un enemigo y lo que, en esa patética situación, era un semejante.

El segundo extracto hace referencia a un «chico de aspecto asilvestrado», «descalzo y vestido con harapos» que habían reclutado en la unidad de Orwell. Un día a Orwell le robaron unos cuantos cigarros baratos y alguien denunció la falta de un poco de dinero. Informó a su oficial, que inmediatamente dio por sentado que el ladrón debía ser el joven de tez morena.

> El desdichado muchacho permitió que lo llevaran al puesto de guardia para registrarlo. Lo que me impresionó más fue que apenas intentó defender su inocencia. En el fatalismo de su actitud podía verse la desesperada pobreza en que había sido criado. El oficial le ordenó que se desnudara. Él lo hizo con espantosa humildad, y registraron sus ropas. Por supuesto, ahí no estaban ni los cigarros ni el dinero; de hecho, no era él quien los había robado (p. 416).

Lo que más impresionó a Orwell y lo que le resultó más doloroso fue que,

> una vez demostrada su inocencia, no parecía estar menos avergonzado. Esa noche lo llevé al cine y le di coñac y chocolate. Pero eso también fue terrible; me refiero al intento de borrar un agravio con dinero. Durante un rato estuve dispuesto a creer que era un ladrón, y eso no puede borrarse (p. 416).

Con qué claridad revela tan conmovedora descripción la humanidad de Orwell, una característica que subyace en toda su obra.

Tal vez podría añadirse otro interés constante de Orwell que duró toda su vida: el mundo natural. Su pasión por la naturaleza se ve fácilmente en las cartas que envió a casa desde el colegio y, sobre todo, en sus diarios domésticos, pero también se vislumbra en sitios menos evidentes. Así, en la entrada del 4 de marzo de 1941 de su diario de guerra, entre una visita a un refugio antiaéreo que, cuando estaba abarrotado, despedía un hedor «casi insoportable», y un largo análisis sobre lo que podía estar ocurriendo en los Balcanes (14 de marzo de 1941), encuentra sitio para escribir unas líneas sobre la llegada de la primavera a Wallington en Hertfordshire donde tenía una casa: «Hay flores de azafrán silvestre por todas partes, algunos brotes de alhelíes y las campanillas están en su mejor momento. Parejas de liebres se contemplaban entre el trigo de invierno». Y concluye que de vez en cuando en esta guerra «uno saca la nariz del agua un momento y repara en que la tierra sigue girando alrededor del sol» (véase *infra* p. 332).

Es imposible no recordar un momento similar en mitad de los combates en España cuatro años antes. Al principio de la sección VII de *Homenaje a Cataluña* escribe en el primer párrafo que empezaban a formarse gruesos «racimos de cerezas». «Rosas silvestres del tamaño de un platillo de té» florecían en torno a los cráteres de los obuses que rodeaban Torre Fabián. Y continúa con una descripción de cómo los campesinos cazaban codornices imitando el canto de las hembras para atrapar a los machos con una red verde. No solo tenemos aquí una íntima descripción natural, sino la conclusión de Orwell —y su comentario casi social—: «Por lo visto solo cazaban machos, lo que me pareció un tanto injusto».

El interés de Orwell por el mundo natural fue mucho más que una afición pasajera. Uno de sus compañeros en Eton College, el eminente erudito sir Roger Mynors, recordaba que él y Orwell «desarrollaron una gran pasión por la biología y obtuvieron permiso para hacer disecciones en el laboratorio». Un día Orwell, que era muy hábil con el tirachinas, cazó una grajilla que se había posado en lo alto del tejado de la capilla de Eton College. Mynors y él llevaron el pájaro muerto al laboratorio y lo diseccionaron. Mynors proseguía: «Cometimos el gran error de seccionar la vesícula biliar y llenarlo todo de, ejem... Dejémoslo en que fue un desastre». El interés posterior de Orwell no se limitó a su observación del mundo natural, sino que se extendió a las dimensiones políticas de la investigación botánica y biológica. Por ello asistió a una conferencia de John R. Baker en el Congreso del PEN celebrado en Londres entre el 22 y el 26 de agosto de 1944, en la que expuso, pese a que contaban con el apoyo de Stalin, los calamitosos errores producidos por el rechazo de Trofim Denísovich Lísenko de las teorías tradicionales de hibridación. Al parecer, la conferencia de Baker fue lo que animó a Orwell a escribir lo que llegaría a ser *1984*. (*The Lost Orwell*, pp. 128-133; véase la relación de lecturas recomendadas en los apéndices). La negación de la ciencia objetiva y desapasionada subyace en gran parte de lo que inspira la novela. Eso se resume en los

Principios de nuevalengua. Orwell escribe que «no había ningún término para referirse a la "Ciencia", pues todos sus significados los recogía suficientemente la palabra Socing» (p. 377). Así, en el mundo de la novela, los equivalentes de Lísenko y Stalin han triunfado y millones de personas están condenadas a morir de hambre.

Quisiera hacer una última referencia a Orwell y España. Es bien sabido que Orwell, su mujer Eileen y el joven Stafford Cottman escaparon por poco de España cuando los comunistas se disponían a detenerlos y llevarlos a juicio en Valencia como a muchos de sus camaradas del POUM. Uno de ellos fue Jordi Arquer i Saltó, que fue condenado a once años de cárcel. Tras su liberación, unos seis meses antes de la muerte del escritor, escribió a Orwell y este envió 10 libras (el equivalente a unas 500 libras de hoy en día) al Comité de Socorro Español y a Jordi un ejemplar de *Homenaje a Cataluña*.

Peter Davison

Prólogo

A George Orwell le llovieron los epítetos: conciencia invernal de una generación, fugitivo de los campos victoriosos, *tory* anarquista, socialista enamorado de la época eduardiana, etoniano entre proletarios, espíritu cristalino, un inglés que jamás cambiaría una buena taza de té por la medalla del Imperio británico... Casi siempre la denominación implica algún elemento paradójico, la sugerencia de que por un motivo u otro el escritor siempre nadó a contracorriente. Confieso debilidad por el que le dedicó el canadiense Paul Potts, un amigo de sus últimos años, que lo recordaba como «un Quijote en bicicleta», una imagen sugerente que evoca al miliciano del POUM combatiendo el fascismo en el frente de Aragón con un fusil anacrónico. Un idealista con medios limitados, pero armado de un coraje intelectual que le dio coherencia hasta el final y que persistió gracias a un sentido de la independencia que acabó adquiriendo cierto halo poético. Su compromiso personal se acabó articulando en una obra literaria que consiguió, como pocas, construir un estilo propio y, al mismo tiempo, dar un sentido ejemplar a lo que se ha denominado arte político. Buena parte de este logro singular se debe a la estrecha relación que mantuvo su voz pública con su voz privada (un caso nada habitual entre los escritores «políticos» de entreguerras). Este volumen permite transitar por la voz privada, la correspondencia y los diarios de un escritor cuya presencia pública ha crecido y persistido —como todo en Orwell— contra pronóstico.

Esta edición incluye una amplia selección de correspondencia del período 1937-1943 que se complementa con los llamados *Diarios de guerra* que cubren el período 1939-1942. Peter Davison, el responsable de la extraordinaria edición de los veinte volúmenes de *The Complete Works of George Orwell* y del suplemento posterior con material nuevo,

The Lost Orwell (2006), aporta breves introducciones y numerosas notas al pie de página que son una muestra ejemplar de meticulosidad, rigor académico y, en sí mismas, una fuente inagotable de información relevante. La inclusión de los *Diarios de guerra* en este volumen parece actuar como recordatorio de la intensa presencia de la guerra en la corta vida de George Orwell. Su primera guerra fue la de 1914 y su primera incursión literaria fue, precisamente, la publicación a los once años de un poema patriótico en el periódico local, el *Henley and South Oxfordshire Standard*, en el que arengaba a los jóvenes de Inglaterra a sumarse al esfuerzo de guerra y a acabar con los alemanes. Más tarde, en sus años de becario en Eton, el adolescente Eric Blair vivía los rituales diarios en honor de los caídos en el frente con el sentimiento de frustración de no poder compartir la heroicidad de sus mayores. El testimonio doloroso y las advertencias de los poetas de la generación de Wilfred Owen tardarían tiempo en hacerse escuchar y los chicos de las *public schools* asumían sin ironía ni rebeldía el viejo *dictum*: «Dulce et decorum est pro patria mori». Quizá por eso a muchos les quedó pendiente la superación de un «test de hombría» que algunos estudiosos han relacionado con su posterior participación voluntaria en la Guerra Civil española. Estremecida por la muerte de su sobrino Julian Bell mientras conducía una ambulancia en el frente, Virginia Woolf expresaba la perplejidad que le causaba «la fiebre en la sangre de la nueva generación que no puedo comprender de ninguna manera», pero muchos de esos jóvenes, atrapados por varios mitos generacionales, habían encontrado en el mapa de la península los contornos de aquella fiebre y en el hecho de cruzar los Pirineos la superación de aquel test pendiente. Todo, en la España de 1936, parecía confirmar que aquella era «la próxima guerra» que todos esperaban, la guerra justa planteada en blanco y negro que confirmaba el verso de Auden: «La acción es urgente y clara su naturaleza». Contra el fascismo que amenazaba las libertades en Europa, la respuesta de los españoles al golpe de Franco ofrecía una causa que interpelaba directamente la conciencia militante de muchos. Auden de nuevo: «¿La muerte romántica? De acuerdo, la acepto puesto que yo soy / vuestra elección, decisión; sí, soy España».

Recordar que la experiencia española de Orwell reflejada en *Homenaje a Cataluña* y otros escritos fue pivotal en su trayectoria política y su proyecto literario puede parecer ocioso. Sin embargo, casi todo lo que sugiere el adjetivo orwelliano resuena en lo que fue aquella experiencia formativa determinante. ¿Dónde si no quedó sellado e inscrito en su cuerpo el compromiso antifascista del escritor combatiente con la bala que le atravesó el cuello? ¿Dónde si no se vio obligado a hacer un curso intensivo sobre los mecanismos del estalinismo y a tener que huir, literalmente, de su propio bando convertido ya en un antiestalinista precoz? ¿Dónde si no aprendió a reconocer que el monstruo tiene más de una cara? ¿Dónde si no vio con qué impune facilidad se podía convertir un líder respetado como Andreu Nin en un vaporizado, una no-persona para decirlo en la nuevalengua de *1984*?... Nada resulta más tristemente significativo que el único diario de guerra que no puede incluirse en este libro es el que escribió durante la Guerra Civil. Su diario de España y las fotos que lo acompañaban les fueron requisados a su mujer, Eileen, en el hotel Continental de las Ramblas barcelonesas y andará extraviado en algún archivo moscovita. Orwell, pues, tuvo que escribir *Homenaje a Cataluña* sin el beneficio de las notas que había tomado. En vida, Orwell tuvo que asumir que su libro de España había obtenido escasa repercusión y no vendió más de novecientos ejemplares (aunque la vida póstuma de los libros es impredecible y hoy muchos historiadores se quejan de la excesiva influencia que tiene el relato de Orwell en la percepción de la Guerra Civil). Sin embargo, esta experiencia y este fracaso —palabra muy del gusto de Orwell— acompañaron para siempre al escritor, y, en mi opinión, de ahí surge la fuerza moral que alienta la escritura de *1984*, a pesar de las circunstancias penosas de su redacción. En España Orwell comprobó su capacidad para «afrontar hechos desagradables» y, al mismo tiempo, su capacidad para no desfallecer en la lucha a favor del socialismo democrático y contra el totalitarismo. En las peores circunstancias, es decir, reponiéndose de la bala fascista que le dejó sin voz y habiendo ya vivido el horror de las luchas callejeras de mayo de 1937 y la posterior ilegalización del POUM, desde el sanatorio Maurín de Barcelona, el 8 de junio de 1937, escribió a su amigo Cyril Connolly:

> Gracias también por decirle a la gente que probablemente debería escribir un libro sobre España, como, por supuesto, haré en cuanto se me cure este condenado brazo. He visto cosas asombrosas y por fin creo de verdad en el socialismo como nunca había hecho hasta ahora. En conjun-

to, y aunque lamento no haber visto Madrid, me alegro de haber estado en un frente relativamente poco conocido, entre anarquistas y gente del POUM en lugar de en las Brigadas Internacionales, como habría hecho si hubiese llegado con credenciales del PC en lugar de las del ILP (*Orwell in Spain*, p. 22, y véase *infra* p. 43).

Muy pronto, tal como anuncia la última frase de *Homenaje a Cataluña*, las bombas empezaron a caer en Londres y Orwell escribió diarios sobre la guerra que vivía su propio país. En cierto sentido, Orwell parecía sentirse como en casa en medio de las privaciones propias de la guerra. Sentía una mezcla de orgullo y fascinación por la manera en que sus compatriotas sabían mantener la calma y seguir el curso de la vida diaria bajo las bombas. Con la guerra en casa, Orwell decidió explorar sus sentimientos patrióticos expuestos a una situación extrema. Ahora era cuestión, como sugiere el título de su conocido ensayo «Mi país, a derechas o a izquierdas», de asumir contradicciones ni que fuera por el mero hecho objetivo de que, «según escribo estas líneas, seres humanos sumamente civilizados me sobrevuelan intentando matarme» (*El león y el unicornio*, en *Ensayos*, p. 271). Patriota, sí, pero con un programa que pasaba por el desprecio a las clases altas, a las injusticias del capitalismo o a la infamia del imperialismo. El patriota revolucionario soñaba, con obstinada candidez, en la conversión de la vetusta Home Guard en unas milicias populares al estilo de las del POUM. La desazón de la guerra activó sus recuerdos de combatiente y a pesar de su edad y estado físico hizo gestiones para resolver la crisis intelectual volviendo a la acción, a los frentes de batalla. Inmediatamente después del fiasco de Dunkerque anotó lo siguiente:

> Todo se está desintegrando. Me duele estar escribiendo reseñas de libros y demás en estos tiempos, e incluso me irrita que se permitan semejantes pérdidas de tiempo. La entrevista del sábado en el Ministerio de la Guerra podría tener algún resultado si consigo engañar al médico. Si logro alistarme, sé, por analogía con la guerra de España, que dejarán de interesarme los asuntos públicos. Ahora me siento igual que en 1936, cuando los fascistas se aproximaban a Madrid, pero mucho peor (*Diario de guerra*, 10-6-1940).

Los *Diarios de guerra* ofrecen la oportunidad de observar cómo Orwell va estableciendo conexiones y dando forma a ideas embrionarias que acabarán materializándose en ensayos y en libros posteriores. Su estado de vigilancia permanente sobre las perversiones del lenguaje, en especial sobre el uso de eufemismos tóxicos y sobre la desfachatez de la propaganda política, revela su alarma sobre la desaparición de la verdad «objetiva» que tuvo ocasión de constatar en España. Veamos, en este sentido, una entrada reveladora que demuestra el persistente deseo de ecuanimidad que Orwell nunca perdió más allá de sus propias convicciones:

> Estamos de porquería hasta el cuello. Cada vez que hablo con alguien o leo los escritos de cualquiera que tenga algo que decir, noto que la honradez intelectual y la ecuanimidad en los juicios han desaparecido sin más de la faz de la tierra. El pensamiento se ha vuelto legalista y todo el mundo se limita a defender su «caso» y a eliminar el punto de vista del oponente, y, lo que es más, a manifestar una insensibilidad total por el sufrimiento de cualquiera que no sea él o sus amigos. Los nacionalistas indios se hunden en la autocompasión y el odio a Gran Bretaña y contemplan con indiferencia la pobreza en China; el pacifista inglés se exaspera por la presencia de campos de concentración en la isla de Man y olvida los de Alemania, etc., etc. Uno lo nota más en el caso de la gente con quien está en desacuerdo, como los fascistas o los pacifistas, pero de hecho le pasa a todo el mundo, al menos a todos los que tienen opiniones claras. Todo el mundo es deshonesto y se muestra implacable con quienes quedan fuera del rango de sus propios intereses. Lo más sorprendente es el modo en que la compasión puede abrirse y cerrarse como un grifo según las necesidades políticas (*Segundo diario de guerra*, 27-4-1942).

Junto a estas reflexiones abundan las observaciones sobre la conducta de la gente corriente que Orwell valora en su reiterada defensa de la decencia del hombre de la calle en oposición a la maleabilidad de políticos e intelectuales. Su apego a los «objetos sólidos», su afición a la horticultura, su pasión por los animales, aparecen frecuentemente en estas páginas y actúan en Orwell como un antídoto contra los ismos y las abstracciones. No es casual su admiración por el *Ulises* de James Joyce, la gran disección literaria de la mente de un hombre corriente. En Orwell, la capacidad de analizar y polemizar sobre las Grandes Ideas de su tiempo estuvo siempre acompañada de su amor por la naturaleza y del sentido pragmático de un excéntrico que nunca fue un bohemio, quizá, porque, como dijo de sí mismo: «Soy un hombre a quien le gusta contar los huevos que ponen sus gallinas».

El escritor sobrevivió a la Segunda Guerra Mundial, pero la presencia de la guerra no dejó de acompañarlo durante los cinco últimos años de su vida. A él mismo se atribuye el concepto de «guerra fría» que se instaló en el mundo y que resuena en los cinismos geoestratégicos que presiden el mundo de *1984*. Solo dos meses después de las bombas atómicas de Hiroshima y Nagasaki, escribió el artículo «La bomba atómica y usted», donde describe los efectos políticos de la amenaza nuclear y, en referencia a las teorías del sociólogo James Burnham, habla de nuevas estructuras sociales potenciales y un nuevo orden mundial basado en estados «que serán, a la vez, inconquistables y en estado de guerra fría permanente con sus vecinos».

Esta selección de cartas y diarios cubre una década decisiva de la vida de Orwell y contiene los elementos clave que acabarán cristalizando en las dos obras que le dieron fama universal: *Rebelión en la granja* y *1984*. Da cuenta de los intereses intelectuales de su autor y de la ardua lucha para proyectarse públicamente y encontrar un estilo literario propio. Su correspondencia con escritores como Cyril Connolly, Herbert Read o Stephen Spender y, especialmente, la que mantiene con su agente Leonard Moore y el editor de sus primeros libros Victor Gollancz, es una crónica de la vida literaria en la Inglaterra de entreguerras. Aunque Orwell dejó escrito que no quería que se publicara ninguna biografía de él, el futuro no le hizo caso y ha recibido la atención de un buen número de biógrafos. Sin embargo, como ha sugerido el editor de este volumen, Peter Davison, precisamente en estos documentos privados es donde puede rastrearse la autobiografía que Orwell nunca escribió.

En uno de los obituarios que se publicaron en enero de 1950 se decía que Orwell fue «como uno de esos viajeros accidentales que uno se encuentra en el andén de la estación, uno de esos que se te acerca, te informa de que esperas el tren equivocado y desaparece». La proyección póstuma que tuvo su obra y la persistencia de su legado continúan confirmando la voz lúcida y siempre algo incómoda de George Orwell, pero, pasado el tiempo, aquel viajero que te interpelaba en el andén ya no parece dispuesto a desaparecer. Al contrario, el novelista, el brillante polemista de los ensayos y la figura intelectual que emerge de este volumen de escritos privados, se ha convertido en un acompañante estimulante, quizá indispensable para los viajes de nuestros días. Entre los excesos de los que lo quieren canonizar y los de los que lo quieren demonizar, la voz personal de Orwell, con todas sus contradicciones, nos remite más que nunca a un concepto caído en un alarmante desuso: la honestidad intelectual.

Miquel Berga
Universidad Pompeu Fabra (Barcelona)

Sobre esta edición

Esta edición reúne las cartas y los diarios que George Orwell escribió en tiempo de guerra —entre 1937 y 1943—, seleccionados a partir de los siguientes volúmenes: George Orwell, *A Life in Letters* (Londres, Harvill Secker, 2010, Peter Davison, ed.) y George Orwell, *Diaries* (Londres, Harvill Secker, 2009, Peter Davison, ed.). Todo el trabajo de edición de Peter Davison en esos volúmenes se ha adaptado y sintetizado aquí, con la intención de ofrecer al lector español el testimonio epistolar y diarístico de Orwell en el período más importante y convulso tanto de su vida como de Europa.

CORRESPONDENCIA

Publicaciones, Wigan y España
1937-1938

Este fue un período productivo para Orwell. Publicó *Los días de Birmania*, *La hija del clérigo*, *Que no muera la aspidistra* y *El camino a Wigan Pier* y, aunque Orwell descartó la segunda y la tercera por alimenticias y no quería volver a verlas impresas a no ser que permitiesen ganar unos chelines a sus herederos, no son obras desprovistas de interés. Sus vivencias en las «áreas más deprimidas» —por supuesto, no solo viajó a Wigan— y en España fueron tan formativas para su carácter como para sus puntos de vista sociales y políticos. También colaboró con reseñas y artículos en periódicos literarios, en particular con «Matar a un elefante», que dice tanto de la decadencia del Raj como del derrumbe de un elefante.

Tras entregar a Victor Gollancz la copia mecanografiada de *El camino a Wigan Pier*, justo antes del día de Navidad de 1936, viajó a España para luchar en el bando gubernamental y contra Franco. Su intención era alistarse en las Brigadas Internacionales, pero, tal como le contó a Gollancz, se afilió, en parte por accidente, al POUM, el Partido Obrero de Unificación Marxista. Lo describió como «uno de esos partidos comunistas disidentes que han aparecido en los últimos años en muchos países como resultado de la oposición al "estalinismo", es decir, al cambio, real o aparente, de la política comunista. Lo integraban en parte ex comunistas y en parte miembros de otro partido, el Bloque Obrero y Campesino. Numéricamente era un partido pequeño, sin demasiada influencia fuera de Cataluña [...] donde su principal plaza fuerte era Lérida» (*Homenaje a Cataluña*, p. 207). Probablemente no lo habría hecho de haber sabido, antes de partir de Inglaterra, que los comunistas soviéticos estaban decididos a eliminarlo. En octubre de 1936,

Victor Orlov, el jefe del NKVD en España, aseguró a su cuartel general que «la organización trotskista POUM puede liquidarse fácilmente» (Christopher Andrew y Vasili Mitrokhin, *The Mitrokhin Archive* [1996], p. 95). Así, la descripción de Orwell y Eileen como «trotzquistas pronunciados» en el informe elevado al Tribunal de Espionaje y Alta Traición de Valencia (un documento de cuya existencia Orwell no tenía noticia) les condenaba sin remedio. De haberse hallado en España en la época del juicio de compañeros como Jordi Arquer podría haber supuesto su encarcelamiento e incluso su ejecución.

Orwell se encontraba de permiso en Barcelona durante «los sucesos de mayo», cuando los comunistas intentaron eliminar los partidos revolucionarios (entre ellos, el POUM). Volvió al frente de Huesca y, el 20 de mayo de 1937, recibió un disparo en la garganta. Eileen y él escaparon de España y regresaron a su casa de Wallington donde Orwell escribió *Homenaje a Cataluña*. En marzo de 1938 contrajo tuberculosis, cayó gravemente enfermo y pasó más de cinco meses en el sanatorio de Preston Hall, en Kent. El 2 de septiembre, Eileen y él partieron hacia el Marruecos francés, convencidos de que eso le devolvería la salud.

De una carta de Orwell a su madre, 2 de diciembre de 1911.

Jennie Lee* a propósito de la llegada de Orwell a Barcelona

Orwell vio a Gollancz el 21 de diciembre de 1936 para hablar de la publicación de El camino a Wigan Pier. *Llegó a Barcelona en torno al 26 (Crick, p. 315). Tras la muerte de Orwell, Jennie Lee escribió el 23 de junio de 1950 a una tal señorita Margaret M. Goalby de Presteigne, Radnorshire, que le había preguntado por Orwell. He aquí parte de dicha carta.*

En el primer año de la Guerra Civil española estaba sentada con unos amigos en un hotel de Barcelona cuando un hombre alto y delgado de tez demacrada se acercó a la mesa. Me preguntó si era Jennie Lee, y, en tal caso, si podía indicarle dónde alistarse. Dijo ser escritor, que Gollancz le había pagado un anticipo por un libro,[1] y que había llegado dispuesto a conducir un coche o a hacer cualquier otra cosa, preferiblemente a combatir en primera línea del frente. Despertó mis sospechas y le pregunté qué referencias traía de Inglaterra. Por lo visto, no traía ninguna. No había visto a nadie, se había limitado a costearse el billete. Me convenció al enseñarme las botas que llevaba al hombro. Sabía que no iba a encontrar botas de su talla, pues medía más de un metro ochenta. Eran George Orwell y sus botas llegados para combatir en España.

Después lo conocí y vi que era un hombre muy amable y un escritor muy imaginativo. [...] Un satírico que no encajaba en ninguna ortodoxia política o social. [...] De lo único que puedo estar segura es de que, hasta el final de sus días, George fue un hombre de una integridad absoluta; muy bondadoso y dispuesto a sacrificar todas sus posesiones terrenales —nunca tuvo gran cosa— por la causa del socialismo democrático. Parte de su malestar se debía a que no solo era socialista sino profundamente liberal. Odiaba la burocracia allí donde la veía, incluso en las filas socialistas.

[XI, 355A, p. 5]

1. El anticipo por *El camino a Wigan Pier*.

De Eileen Blair* a Norah Myles*

[¿16 de febrero de 1937?]
24, Croom's Hill
Greenwich[1]

[*sin encabezamiento*]

Una nota para contarte que parto hacia España a las 9 a.m. de mañana (o eso creo, porque la gente telefonea de París con una grandeur inconcebible, y puede que no me vaya hasta el jueves). Me voy con prisas, pero no porque ocurra nada, sino porque cuando dije que me marchaba el 23, tal como había sido siempre mi intención, me nombraron de pronto secretaria tal vez del ILP en Barcelona. No parece que les haga mucha gracia. Si Franco me hubiese contratado para hacerle la manicura habría aceptado a cambio de un salvoconducto, así que todos contentos. El ILP en Barcelona lo integra un tal John McNair,[2] que ha sido muy amable a distancia, pero tiene una voz un tanto desafortunada al teléfono y una prosa calamitosa en la que escribe artículos que tal vez yo tenga que pasar a máquina. Pero teóricamente a George le concederán un permiso a finales de este mes[3] y yo tendré vacaciones lo quiera o no. A propósito, ¿te dije que George se ha alistado en la milicia española? No lo recuerdo. El caso es que así es, con mi aprobación, hasta que llegó. Se encuentra en el frente de Aragón, donde me consta que el gobierno debería estar atacando a menos que crea que con eso es suficiente. Si la fuerza aérea fascista continúa sin alcanzar sus objetivos y la línea férrea a Barcelona sigue funcionando, tendrás noticias desde allí algún día. Aunque, por lo general, las cartas tardan entre 10 y 15 días, y no sé cuánto tardarán si cortan la vía. En cualquier caso, sería un detalle que me escribieras una bonita carta, a la atención de John McNair, hotel Continental, Boulevard de las Ramblas, Barcelona.[4] De momento, yo también me alojaré en el Continental, pero como nos hemos gastado casi todo el dinero del que dispondremos hasta noviembre, cuando volveremos a ser ricos gracias al Club del Libro de Izquierdas,[5] creo que tendremos que hacer lo que los esperantistas llaman dormir sobre la paja —y, como son esperantistas, se refieren a dormir sobre la paja—. El ILP, por supuesto, no contribuye a mi mantenimiento, pero el gobierno español alimenta a George con pan sin mantequilla y «comida más bien escasa» y no le deja dormir, así que no tiene preocupaciones.

La carta se está alargando más de lo que pretendía (ahora debería poner puntos suspensivos, pero tendría que desplazar el carro de la máquina). Escríbeme, porque creo que Barcelona me va a parecer detestable, aunque me gustaría ver algunas de las cosas que no sucederán.[6] Por supuesto, no sé cuánto tiempo estaremos allí. A no ser que George resulte herido, supongo que se quedará hasta que la guerra *qua* termine, igual que haré yo a menos que me evacuen por la fuerza o que tenga que volver a por dinero. Pero las noticias de hoy dan a entender que la guerra podría no durar mucho: dudo que Mussolini o ni siquiera Hitler pongan mucho entusiasmo en llevar a Franco hasta Cataluña, y desde luego necesitarían muchos más hombres para conseguirlo.[7]

Ha sonado la campana para cenar. No resulta agradable pensar que podría ser mi última cena no racionada.

Pig

Recuerdos a todos, a ti también. Eric ha ido a Bristol a dar clases,[8] pero creo que no empieza hasta mayo. Hey Groves[9] asistió a la conferencia sobre cirugía cardíaca en el Colegio de Cirujanos y le invitó a impartir otra para vosotros, pero aún no han fijado la fecha. Tiene fotos muy bonitas. Podría haber ido con él, tal vez aún lo haga. Si lo ves, dile que fije la fecha para después de la guerra.

¿Podrías decirle a Mary[10] (no hay prisa) que no he tenido tiempo de escribir dos cartas distintas a mis dos viejas amigas de Oxford, lo cual no puede ser más cierto?

[*LO*, pp. 68-70; XI, 361A, p. 12; mecanografiada]

1. La casa familiar de los O'Shaughnessy en Londres, SE10.

2. John McNair era de Tyneside, por lo que su «desafortunada voz al teléfono» podía haber sido su acento geordie, con el que Eileen, que procedía de South Shields, debía estar familiarizada. Probablemente estaba siendo irónica.

3. No le concedieron el permiso.

4. La carta no ha sobrevivido.

5. Es un error habitual pensar que el Club del Libro de Izquierdas encargó a Orwell viajar a Wigan y escribir *El camino a Wigan Pier*. De hecho, el Club ni siquiera existía cuando partió a Wigan y no se decidieron a publicar el libro hasta enero de 1937, mucho después de que Orwell enviara el manuscrito.

6. El 22 de marzo, a su regreso del frente, le dice a su madre: «Vuelvo a disfrutar de Barcelona», así que sus peores temores no se habían cumplido, aunque viviría los dolorosos «sucesos de mayo» en Barcelona, cuando sus «aliados» comunistas suprimieron violentamente el POUM.

7. Orwell recibió un disparo en el cuello (véase la nota anterior al **2-7-1937**). Los ataques comunistas contra el POUM los obligaron a huir a escondidas el 23 de junio de 1937 (en compañía de John McNair y el joven Stafford Cottman).

8. Aquí Eric es su hermano Laurence, a quien la familia llamaba Eric (por su segundo nombre Frederick).

9. Ernest William Hey Groves (1872-1944) era un eminente cirujano especialista en cirugía reconstructiva de la cadera; desarrolló el uso de grapas de hueso.

10. Bertha Mary Wardell se graduó con Eileen. Se casó con Teddy (A. E. F.) Lovett, un teniente de la Royal Navy. Estaba sirviendo en el HMS *Glorious*, que, junto con los dos destructores de la escolta, el *Ardent* y el *Acasta*, fue hundido en la costa de Noruega el 8 de junio de 1940; solo hubo cuarenta supervivientes del *Glorious*, dos del *Ardent* y uno del *Acasta*.

De Eileen Blair* a su madre, Marie O'Shaughnessy

22 de marzo de 1937
Sección Inglesa
Rambla de los Estudios, 10
Barcelona[1]

Queridísima mamá:

¡Te incluyo una «carta» que empecé a escribir en las trincheras! Termina bruscamente —creo que he perdido una hoja— y es prácticamente ilegible, pero al menos tendrás una carta escrita desde la auténtica línea de combate y podrás leer lo suficiente para tener las noticias más importantes. Me gustó, y mucho, estar en el frente. Si el médico hubiese sido un buen médico no habría dejado piedra sin remover con tal de quedarme como enfermera (en realidad, antes de verlo ya lo había hecho); el frente sigue tranquilo y podría haber aprendido para cuando empiece a haber actividad. Pero es bastante ignorante y muy sucio. Tienen un hospital minúsculo en Monflorite donde hace curas a los lugareños que se cortan en un dedo y demás, y atiende cualquier emergencia por herida de guerra que se presente. Los vendajes sucios los tira por la ventana, a no ser que esté cerrada, en cuyo caso rebotan al suelo, y nadie le ha visto nunca lavarse las manos. Así que decidí que debía tener un ayudante con formación (tengo pensado uno, un hombre). Eric fue a verlo, pero afirma que no tiene más que «frío, exceso de cansancio, etc.». Lo cual es cierto. No obstante, el tiempo ha mejorado y ya hace mucho que deberían haberle concedido un permiso, aunque el otro día otra sección del frente de Huesca llevó a cabo un ataque por sorpresa que tuvo un resultado bastante catastrófico y de momento han suspendido los permisos. Bob Edwards,[2] que capitanea el contingente del ILP, tiene que marcharse un par de semanas y Eric quedará al mando en su ausencia, lo cual en cierto sentido será divertido. Mi visita al frente acabó de la mejor manera posible porque Kopp decidió que debía disponer de «unas horas más» y lo arregló para que un coche saliera de Monflorite a las 3.15 a.m. Nos acostamos a eso de las 10 y a las 3 Kopp llegó dando gritos, me levanté y espero que George[3] (he olvidado a qué mitad de la familia escribo) volviera a quedarse dormido. De ese modo pudo descansar dos noches enteras y parece encontrarse mejor. La nota surrealista de la visita la acentuó el hecho de que no hubiese luz, ni siquiera una vela o una linterna; una se levantaba y se iba a la cama en total oscuridad, y la última noche estuve andando a oscuras entre las casas con el barro hasta la rodilla hasta que vi el resplandor del Comité Militar donde Kopp estaba esperando con el coche.

El martes sufrimos el único bombardeo de Barcelona desde mi llegada. Fue muy interesante. Los españoles son increíblemente ruidosos y apremiantes, pero ante una emergencia se vuelven silenciosos. No fue una verdadera emergencia aunque las bombas cayeron más cerca del centro de lo habitual e hicieron ruido suficiente para asustar a la gente. Hubo muy pocas víctimas.

Vuelvo a disfrutar de Barcelona; me hacía falta un cambio. Puedes enviarles esta carta a Eric y a Gwen, a quienes les agradezco que nos enviaran el té. He recibido tres libras que serán muy apreciadas. Según me ha contado Bob Edwards, ya casi estaba acabándose. El otro mensaje para Eric es que, como de costumbre, estoy escribiendo en el último momento, justo antes de que alguien salga hacia Francia y, también como de costumbre, no tengo conmigo mi talonario, pero le enviaré el cheque por 10 libras dentro de dos semanas y de momento le quedaría muy agradecida si le diese a Fenner Brockway[4] las pesetas (por si no recibió la última carta, le pedí que cambiara 10 libras en pesetas y se las diese a Fenner Brockway para que las trajera en mano. Aquí la vida es muy barata, pero gasto mucho en el contingente del ILP porque ninguno ha cobrado ninguna paga y todos necesitan cosas. También le he prestado a John [McNair] 500 pesetas porque se había quedado sin nada. Guardo mis cinco libras inglesas que podría cambiar a buen precio,[5] porque tengo que tener algo para cuando volvamos a cruzar la frontera, quienesquiera que la crucemos).

Espero que estéis todos bien y recibir pronto una carta que lo confirme. Gwen me envió una carta muy larga y emocionante; hasta yo padezco el extendido hábito de echar de menos Inglaterra. Tal vez ocurra lo mismo en las colonias. El otro día le dije a un camarero que me dio fuego que tenía un encendedor muy bonito y respondió: «¡Sí, sí, es bien, es inglés!». Luego me lo dio, evidentemente para que pudiera admirarlo. Era un Dunhill, supongo que comprado en Barcelona, porque de hecho los hay en abundancia, aunque muy poca gente los compra. Kopp, el comandante de Eric, echaba de menos la salsa Worcester Lea & Perrins. Lo descubrí por casualidad y encontré un poco en Barcelona, también hay encurtidos Crosse & Blackwell, pero la buena mermelada inglesa se ha agotado, y eso que los precios son exorbitantes.

Después de ver a George confío en que estaremos en casa en invierno y tal vez mucho antes, claro. Cuando puedas, escríbele otra carta a su tía.[6] No he tenido noticias suyas y Eric tampoco,[7] y empiezo a estar preocupada. Creo que puede estar deprimida de vivir en Wallington. A propósito, George necesita con urgencia el infiernillo de gas, me pidió que escribiera para encargar uno cuanto antes, pero sigo pensando que sería mejor esperar hasta que estemos a punto de volver, sobre todo porque no he tenido noticias de Moore sobre el adelanto del libro.[8] Lo cual me recuerda que las reseñas han sido mejores de lo que esperaba, pues las más interesantes no se han publicado todavía.

Anoche me di un baño, gran novedad. Y he cenado de maravilla tres veces seguidas. No sé si echaré de menos la vida en los cafés. Tomo café tres veces al día y alguna copa con mayor frecuencia, aunque teóricamente como en una lúgubre pensión, al menos seis veces por semana voy a uno de los cuatro sitios donde sirven comida buena, pero escasa. Todas las noches pienso volver a casa pronto y escribir cartas y todas las noches llego de madrugada. Los cafés están abiertos hasta la 1.30 y el café de sobremesa se toma a eso de las 10. Pero el jerez es imbebible, ¡y yo que quería llevar a casa unos barriles!

Dale recuerdos a Maud[9] y dile que le escribiré cuando tenga tiempo. Y dale recuerdos a todo el mundo, aunque no les vaya a escribir. (Esta carta es para los tres O'Shaughnessey,[10] así que va dirigida a vosotros y no a ellos.) Creo que vuelve a ser una carta aburrida. Le haré más justicia a esta vida de viva voz... o eso espero.

Con mucho cariño,
Eileen

[XI, 363, pp. 13-15; manuscrita]

1. Las oficinas del periódico del POUM *The Spanish Revolution*.
2. Robert Edwards (1905-1990), candidato por el Partido Laborista Independiente en 1935, fue parlamentario laborista desde 1955 hasta 1987. En enero de 1937 fue capitán del contingente del ILP en España, vinculado al POUM. Dejó España a finales de marzo para asistir al congreso del ILP en Glasgow. En 1926 y en 1934 presidió las delegaciones en la Unión Soviética y conoció a Trotski, Stalin y Molótov; fue secretario general del Sindicato de Trabajadores de la Industria Química entre 1947-1971, representante nacional del Sindicato General de Transportes entre 1971 y 1976; y miembro del Parlamento Europeo entre 1977 y 1979. (Véanse *Orwell Remembered*, pp. 146-148 y, sobre todo, Shelden, pp. 264-265, que echa por tierra la acusación de Edwards de que Orwell había ido a España en busca de material para un nuevo libro.)
3. Eileen empezó a escribir «Eric», pero se corrigió y escribió «George».
4. Fenner Brockway (1888-1988, nombrado lord en 1964) fue secretario general del ILP en 1928, y entre 1933 y 1939, y su representante en España por un tiempo. Defensor ferviente de varias causas, entre ellas la de la paz, abandonó el ILP en 1946 e ingresó en el Partido Laborista que representó en el Parlamento entre 1950 y 1964.
5. En una nota a pie de página de *Homenaje a Cataluña* (p. 156) Orwell dice que el valor de cambio de la peseta eran «unos cuatro peniques» en el sistema premétrico; 500 pesetas serían unas 8 libras, 6 chelines y 8 peniques, o unas 320 libras en moneda actual.

6. Nellie Limouzin, la tía de Orwell, que estaba viviendo en The Stores, en Wallington, la casa de los Orwell.
7. Eileen debe de referirse a su marido.
8. *El camino a Wigan Pier.*
9. Posiblemente una tía de Eileen cuyo segundo nombre era Maud.
10. La madre de Eileen, su hermano «Eric» y su mujer, Gwen.

A Eileen Blair*

[¿5? de abril de 1937]
[Hospital de Monflorite]

Queridísima:

Desde luego eres una esposa estupenda. Cuando vi los cigarros me llegaron al alma. Compensarán la falta de tabaco durante una larga temporada. McNair me ha dicho que estás bien de dinero, y que puedes pedir prestado y devolverlo después cuando B[ob] E[dwards] te traiga unas pesetas, pero no quiero que te dediques a mendigar y, sobre todo, no te prives de comida, tabaco, etc. Detesto saber que estás resfriada y deprimida. Tampoco dejes que te hagan trabajar demasiado, y no te preocupes por mí, pues me encuentro mucho mejor y espero volver al frente mañana o pasado mañana. Por suerte, la infección de la mano no se ha extendido y ya casi está curada, aunque por supuesto la herida sigue abierta. Puedo moverla bastante bien y hoy pienso afeitarme por primera vez en 5 días. El tiempo ha mejorado mucho y es casi primaveral, el aspecto del campo me recuerda al jardín de casa, quién sabe si habrán brotado ya los alhelíes y si el viejo Hatchett[1] estará sembrando las patatas. Sí, la reseña de Pollitt[2] fue bastante mala, aunque la publicidad nunca viene mal. Supongo que debe de haberse enterado de que estoy sirviendo en la milicia del POUM. No hago mucho caso de las reseñas del *Sunday Times*,[3] pues G[ollancz] se anuncia tanto en él que no se atreverían a poner mal sus libros, pero la del *Observer* es mejor que la última vez. Le he dicho a McNair que, cuando me concedan el permiso, escribiré un artículo en el *New Leader*, aunque será tan distinto de los de B. E. que no creo que lo publiquen. Me temo que no hay que tener muchas esperanzas de que me concedan el permiso antes del 20 de abril. En mi caso es un fastidio, pues se debe al cambio de unidad; muchos de los que llegaron al frente a la vez que yo ya lo han disfrutado. Si me propusieran concedérmelo antes no creo que me negara, aunque no es probable que lo hagan y no voy a presionarles. Además, hay ciertos indicios —aunque no sé hasta qué punto son fiables— de que se espera actividad en los alrededores, y, si puedo evitarlo, no me iré de permiso justo antes de que empiece. Todo el mundo se ha portado muy bien conmigo durante mi estancia en el hospital, me han visitado a diario etc. Creo que ahora que ha mejorado el tiempo me las arreglaré para pasar otro mes sin ponerme enfermo, y luego podremos descansar e ir a pescar si es posible.

Mientras escribía esto, han llegado Michael, Parker y Buttonshaw,[4] y tendrías que haber visto sus caras al ver la margarina. En cuanto a las fotos, por supuesto hay muchos que quieren copia y he escrito los números en la parte de atrás, tal vez puedas conseguir reproducciones. No creo que cueste mucho. No querría decepcionar a los ametralladores españoles, etc. Claro que algunas fotos eran un desastre. En la que sale Buttonshaw movido en primer plano se ve el estallido de un obús más bien borroso a la izquierda, justo detrás de la casa.

Tengo que dejar de escribir enseguida, pues no sé cuándo volverá McNair y quiero que la carta esté terminada. Muchísimas gracias por enviar las cosas, cuídate y procura estar contenta.[5] Le he dicho a McNair que hablaría con él de la situación cuando me dieran el permiso y si ves el momento oportuno dile que quiero ir a Madrid, etc. Adiós, mi amor. Te escribiré pronto.

Con todo mi cariño,
Eric

[XI, 364, pp. 15-17, manuscrita]

1. El viejo Hatchett era un vecino de Wallington que a menudo ayudaba a Orwell con el huerto.
2. Harry Pollitt (1890-1960), calderero de Lancashire y miembro fundador del Partido Comunista de Gran Bretaña en 1920, se convirtió en su secretario general en 1929. Con Rajani Palme Dutt (1896-1974, expulsado de Oxford en 1917 por repartir propaganda marxista; miembro del comité ejecutivo del Partido Comunista y de 1936 a 1938 director del *Daily Worker*) dirigió el partido hasta su muerte. No obstante, en otoño de 1939 fue apartado de la dirección hasta la invasión de Rusia por Alemania en julio de 1941, debido a su defensa de la guerra contra el fascismo. Su reseña de *El camino a Wigan Pier* se publicó en el *Daily Worker* el 17 de marzo de 1937.

3. *El camino a Wigan Pier* lo reseñaron Edward Shanks en el *Sunday Times* y Hugh Massingham en *The Observer* el 14 de marzo de 1937.

4. Michael Wilton (inglés), también llamado Milton, Buck Parker (sudafricano) y Buttonshaw (estadounidense) eran miembros de la unidad de Orwell. Douglas Moyle, otro miembro, le contó a Ian Angus, el 18 de febrero de 1970, que Buttonshaw simpatizaba con la izquierda europea y consideraba a Orwell «el típico inglés, alto, contenido, bien educado y con acento culto».

5. Orwell no reparó en la ironía de recomendarle que procurase «estar contenta». Sir Richard Rees escribió en su *For Love or Money* (1960, p. 153), a propósito de las vivencias de Eileen en Barcelona: «En Eileen Blair había visto por primera vez los síntomas de una persona bajo el Terror político».

De Eileen Blair* al doctor Laurence («Eric») O'Shaughnessy

1 de mayo de 1937
Rambla de los Estudios, 10
Barcelona

Querido Eric:

Qué vida tan dura llevas. Pensaba escribir a mamá para contarle las noticias, pero también quiero hablarte de asuntos financieros. Aunque, ahora que lo pienso, están tan inextricablemente ligados a las demás noticias que la carta también es para ella.

George ha venido de permiso. Llegó con la ropa hecha jirones, casi descalzo, cubierto de piojos, bronceado y con muy buen aspecto. Había pasado doce horas en trenes bebiendo anís, moscatel en botellas de anís, sardinas y chocolate. En Barcelona, de momento, abunda la comida, pero es difícil encontrar platos sencillos, no me extraña que cayera indispuesto. Ha pasado unos días en cama y se ha recuperado, pero aun así le he convencido de que descanse. Es la mejor manera de pasar el 1 de mayo. Tenía que presentarse en el cuartel, pero no se encontraba con fuerzas y ya ha solicitado los papeles de la licencia, así que no ha ido. El resto del contingente tampoco tenía intención de presentarse. Cuando le concedan la licencia es probable que se aliste en las Brigadas Internacionales.[1] Por supuesto, somos —y sobre todo yo— sospechosos políticamente, pero le contamos todo al representante de las BI y se quedó tan perplejo que al cabo de media hora prácticamente me estaba ofreciendo un puesto ejecutivo y supongo que aceptarán a George. Por supuesto, tendré que irme de Barcelona, aunque iba a hacerlo de todos modos, pues quedarme no tendría sentido. Probablemente no pueda ir a Madrid, así que tendré que ir a Valencia, lejos de Madrid y Albacete. Es raro que una persona con el historial de George se aliste en las BI, pero es lo que tenía pensado en el primer momento y es la única manera de ir a Madrid. En fin. De todo esto surge otro problema financiero, porque cuando me vaya de Barcelona dejaré de tener contactos, señas e incluso crédito en el banco, por lo que es posible que tarde un tiempo en volver a escribiros. Ahora necesitamos mucho dinero para comprar equipo nuevo, etc. Te escribí para explicarte el procedimiento de transferir dinero a través del banco, es decir, que ellos compren pesetas a cambio de tus libras y den instrucciones a un banco de Barcelona para que me pague. Si es posible, ¿podrías encargarte de pedirles que me las envíen? (otras 2.000 pesetas, diría yo). Es probable que me quede todavía unas semanas, pero no estoy segura de adónde iré y, de ser posible, querría tener dinero disponible antes de marcharme. Si lo del banco no es factible, no sé qué haré, tendré que aceptar el crédito a 60 la libra antes de marcharme, y encontrar el modo de conseguir dinero a través de nuevos amigos, quienesquiera que sean (he conocido al corresponsal del *Times* en Valencia).

La otra cuestión es la casa. He sabido por la señora Blair que la tía no solo está pesadísima, sino que se ha cansado, y le he escrito sugiriéndole que se mude tal como convinimos. Por así decirlo, quedas tú al mando. Si te enseña la carta tal vez te alarmes, pero en veinte minutos lo habrás solucionado. Hay que pagar varias cosas, pero son solo unos chelines y en la caja hay —o debería haber— varias libras. Habrá que cerrar la tienda. Le he dicho que puedes comprar los productos perecederos. Por supuesto, eso no significa que los pagues, aunque a ella le digas que sí, pero ella es de las que no tiran nada, así que puedes meter lo que quieras en el maletero y hacer lo que mejor te parezca. Si mamá está en Greenwich tal vez pueda pasarse cuando se haya ido la tía y comprobar que no ha quedado nada que atraiga a los ratones. Cabe la posibilidad de que Arthur Clinton,[2] que está herido, vaya a recuperarse a la casa. Es el hombre más simpático del mundo y espero que pueda instalarse en ella. Cuando vuelva a Inglaterra estará incapacitado, sin derecho al subsidio de desempleo y sin un penique. Si quiere la casa, te preguntará, claro.

Te deberemos dinero. Lo tenemos, pero no me apetece enviar cheques por si se extravían.

Tengo que llevar esto a la oficina de correos; uno del contingente vuelve a casa mañana y lo llevará. Hace dos o tres semanas empecé una larguísima carta a mamá, que llegará en su momento. Estoy muy bien.

En cuanto a la paga del LCC, no puedo estar más en contra de los pagos por sesión, es un sistema despiadado.[3]

Dale recuerdos a Gwen. A propósito, deduzco por su correspondencia que no va a venir. De lo contrario, por supuesto, la esperaré en Barcelona.

Tuya,
Eileen

Los datos bancarios son los siguientes: Eileen Maud Blair, número de pasaporte 174234.

Lo siento por ti, pero ¿qué otra cosa puedo hacer?

[XI, 367, pp. 20-22; manuscrita]

1. Las Brigadas Internacionales las integraban voluntarios extranjeros, en su mayoría comunistas, y desempeñaron un papel de importancia en la defensa de Madrid. Su cuartel general estaba en Albacete, donde se encontraba la prisión de las Brigadas. George Woodcock comentó que Orwell «no habría pasado inadvertido mucho tiempo para los comisarios políticos de Marty, si se hubiese alistado en las Brigadas Internacionales». A André Marty (1886-1956), miembro destacado del Partido Comunista francés, se le conocía por el sobrenombre del «Carnicero de Albacete». Afirmaba haber ejecutado a unos 500 brigadistas, y eso que el contingente de extranjeros apenas llegaba a los 60.000.

2. Un miembro del contingente del ILP. Estuvo con Orwell en el sanatorio Maurín (véase *Homenaje a Cataluña*, VI, p. 158).

3. Eileen se oponía al pago por parte del Consejo del Condado de Londres de una tasa por sesión en lugar de una tasa anual.

A Victor Gollancz*

9 de mayo de 1937
Hotel Continental
Barcelona

Apreciado señor Gollancz:

No he tenido ocasión de escribirle antes y agradecerle el prólogo que escribió para *Wigan Pier*, en realidad ni siquiera había visto el libro, o más bien la edición del C[lub] del L[ibro] de I[zquierdas], hasta hace unos diez días cuando vine de permiso, y desde entonces he estado muy ocupado. La primera semana de permiso estuve ligeramente indispuesto, después hubo 3 o 4 días de combates callejeros en los que todos nos vimos más o menos implicados, de hecho fue imposible quedarse al margen. Me ha gustado mucho el prólogo, aunque, por supuesto, he respondido a alguna de las críticas que usted hacía. Era la típica discusión acerca de lo que uno dice en realidad y que uno siempre quiere tener, aunque sin éxito, con los críticos profesionales. Me han enviado muchas reseñas, algunas muy hostiles, pero yo diría que en su mayoría son buenas desde el punto de vista publicitario. También muchas cartas de lectores.

Probablemente vuelva pronto al frente y si nada lo impide calculo que estaré allí hasta agosto. Después creo que volveré a casa, pues ya va siendo hora de empezar otro libro. Espero salir con vida de esta, aunque solo sea para escribir un libro sobre lo que está pasando. No es fácil hacerse idea de los hechos fuera del círculo de las propias vivencias, pero dentro de esas limitaciones he visto muchas cosas de enorme interés para mí. En parte por casualidad me alisté en la milicia del POUM en lugar de en las Brigadas Internacionales, y en cierto sentido fue una lástima porque no he visto el frente de Madrid; pero, por otro lado, gracias a eso he estado más en contacto con españoles que con ingleses y, sobre todo, he conocido a auténticos revolucionarios. Espero tener ocasión de escribir la verdad sobre lo que he visto. Casi todo lo que se ha publicado en los periódicos ingleses es una espantosa sarta de mentiras; no puedo decir más a causa de la censura. Si vuelvo en agosto, espero tener un libro listo terminado para que lo publique a principios del año que viene.

Atentamente,
Eric A. Blair

[XI, 368, pp. 22-23; mecanografiada]

Orwell fue alcanzado en el cuello por el disparo de un francotirador a las 5.00 a.m. del 20 de mayo de 1937. Él mismo describe el incidente en Homenaje a Cataluña, *VI, pp. 143-146. Eileen envió un telegrama a los padres de Orwell en Southwold desde Barcelona el mediodía del 24 de mayo de 1937. Decía así: «Eric levemente herido, evolución excelente, envía recuerdos, no os preocupéis Eileen». El telegrama llegó a Southwold justo después de las 2.00 p.m. El superior de Orwell, George Kopp, escribió un informe sobre su estado el 31 de mayo y el 1 de junio de 1937. El informe se extravió y Kopp escribió otro para el doctor Laurence O'Shaughnessy, el cuñado de Orwell, con fecha «Barcelona, 10 de junio de 1937». Es ligeramente distinto de la versión ofrecida en* Orwell Remembered, *pp. 158-161. Kopp ilustró su informe con un dibujo del recorrido de la bala por el cuello de Orwell:*

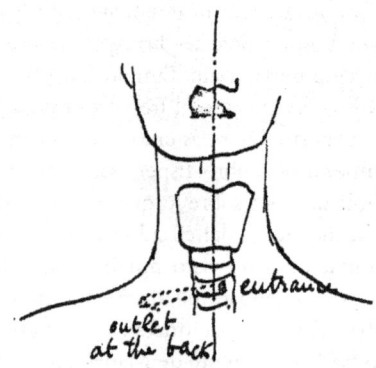

Bert Govaerts, que investigó la vida de Kopp, sugiere que esto demuestra que había recibido formación en ingeniería. (Véase XI, 369, pp. 23-26.)

A Cyril Connolly*

8 de junio de 1937
Sanatori Maurín
Sania, Barcelona

Querido Cyril:
No sé si estarás en Londres las próximas semanas. De ser así, y si quieres que nos veamos, podrías escribirme unas líneas a:

24 Crooms Hill
Greenwich S. E. 10.

Si consigo los papeles de la licencia, debería estar de regreso en unos quince días. He sufrido una herida muy desagradable, aunque no exactamente grave: me atravesó la garganta una bala que por supuesto debería haberme matado, pero solo me ha producido dolores nerviosos en el brazo derecho y me ha dejado casi sin voz. Los médicos no parecen estar muy seguros de si la recobraré o no. Personalmente creo que sí, pues hay días que estoy mucho mejor, pero en cualquier caso quiero volver a casa y seguir un tratamiento como es debido. Acabo de leer uno de tus artículos sobre España en un ejemplar de febrero del *New Statesman*. Dice mucho a favor del *New Statesman* que haya sido el único periódico, aparte de unos cuantos no muy conocidos como el *New Leader*, que ha permitido la publicación de algún punto de vista distinto del comunista. El reciente artículo de Liston Oak[1] sobre los disturbios de Barcelona era muy bueno y ecuánime. Estuve presente mientras duraron y me consta que la mayor parte de lo que publicaron los periódicos era una sarta de mentiras. Gracias también por decirle a la gente que probablemente debería escribir un libro sobre España, como, por supuesto, haré en cuanto se me cure este condenado brazo. He visto cosas asombrosas y por fin creo de verdad en el socialismo como nunca había hecho hasta ahora. En conjunto, y aunque lamento no haber visto Madrid, me alegro de haber estado en un frente relativamente poco conocido, entre anarquistas y gente del POUM en lugar de en las Brigadas Internacionales, como habría hecho si hubiese llegado con credenciales del PC en lugar de las del ILP. Es una lástima que no vinieses a nuestras posiciones cuando estuviste en Aragón. Me habría encantado ofrecerte un té en un refugio.

Tuyo,
Eric Blair.

[*Orwell in Spain*, p. 22]

1. «Behind Barcelona's Barricades», de Liston M. Oak, *The New Statesman and Nation*, 15 de mayo de 1937.

A Serguéi Dinámov,* director de *International Literature*, Moscú

El profesor Arley Blyum de la Academia de Cultura de San Petersburgo, en An English Writer in the Land of the Bolsheviks *(The Library, diciembre de 2003), reproduce el fascinante intercambio de cartas entre Dinámov y Orwell.* International Literature *disponía de bastante libertad y presentó a sus lectores a escritores como John Steinbeck, Ernest Hemingway, Thomas Mann y John Dos Passos, creando así «una imagen favorable del país de los sóviets». El editor escribió a Orwell el 31 de mayo de 1937 contándole que había leído reseñas de* El camino a Wigan Pier *y pidiéndole un ejemplar para poder presentárselo a los lectores del periódico. He aquí la respuesta de Orwell, hallada en el Archivo Estatal Ruso de Arte y Literatura.*

2 de julio de 1937
The Stores
Wallington

Apreciado camarada:

Lamento no haber respondido antes su carta con fecha de 31 de mayo, pero acabo de regresar de España y me habían guardado las cartas. Es una suerte, pues de lo contrario algunas podrían haberse extraviado. Le envío, en correo aparte, un ejemplar de *El camino a Wigan Pier*. Espero que le interese algún fragmento. Debo advertirle de que parte de la segunda mitad trata de asuntos que pueden parecer triviales fuera de Inglaterra. Me interesaban cuando la escribí, pero mis vivencias en España me han hecho reconsiderar muchas de mis opiniones.

Aún no me he recuperado de la herida que sufrí en España, pero cuando esté mejor intentaré escribir algo para su periódico, tal como me sugirió en su carta anterior. No obstante, quiero ser franco con usted y he de decirle que en España combatí en la milicia del POUM, que, como sabrá, ha sido denunciado por el Partido Comunista y prohibido por el gobierno, así como también que, después de lo que he visto, coincido más con la política del POUM que con la del Partido Comunista. Se lo digo porque es posible que su revista no esté interesada en publicar artículos de un miembro del POUM[1] y no quiero que se llame usted a engaño.

La de arriba es mi dirección permanente.

Fraternalmente suyo,
George Orwell

[LO, pp. 99-100; XI, 374B, p. 37; mecanografiada]

1. La revista respondió que, debido a la relación de Orwell con el POUM, *International Literature* no podía «tener relaciones» con él (XI, 362, p. 12).

A Rayner Heppenstall*

31 de julio de 1937
The Stores
Wallington

Querido Rayner:

Muchas gracias por tu carta. Me alegró tener noticias tuyas. Espero que Margaret esté mejor.[1] Lo que me cuentas suena fatal, pero por lo que dices, deduzco que al menos ya está levantada.

La temporada que hemos pasado en España ha sido interesante pero muy difícil. Por supuesto, nunca habría dejado ir a Eileen, y probablemente tampoco habría ido yo, de haber previsto el curso de los acontecimientos políticos, sobre todo la prohibición del POUM, el partido en cuya milicia estaba combatiendo. Fue todo muy extraño. Empezamos siendo heroicos defensores de la democracia y acabamos cruzando la frontera a hurtadillas con la policía pisándonos los talones.[2] Eileen estuvo maravillosa, de hecho creo que hasta disfrutó. Pero, aunque nosotros salimos bien parados, casi todos nuestros amigos y conocidos están en la cárcel y es probable que sigan allí indefinidamente, sin que les hayan acusado de nada, solo por ser sospechosos de «trotskismo». Cuando me fui estaban ocurriendo aún cosas terribles, detenciones masivas, heridos sacados a rastras de los hospitales para meterlos en la cárcel, gente hacinada en sucios calabozos donde apenas hay sitio para tumbarse, presos apaleados y medio muertos de hambre, etc., etc. De momento, no hay forma de que la prensa inglesa diga una sola palabra de esto, pues ha prohibido las publicaciones del ILP, por estar afiliado al POUM. He pasado una temporada muy entretenida con el *New Statesman* a propósito de este asunto. Nada más salir de España, envié un telegrama desde Francia preguntándoles si querían un artículo y, por supuesto, respondieron que sí, pero, cuando vieron que era sobre la prohibición del POUM, dijeron que no podían publicarlo. Para dorarme la píldora me pidieron que escribiera una reseña de un libro muy bueno que ha aparecido hace poco, *El reñidero español*,[3] que deja al descubierto lo que está sucediendo. Pero, una vez más, al ver la reseña, dijeron que no podían publicarla porque iba «en contra de su política editorial». Se ofrecieron a pagármela, en la práctica un soborno para silenciarme. También tendré que cambiar de editor, al menos para este libro.[4] Por supuesto, Gollancz forma parte del tinglado comunista, y, en cuanto supo que había tenido relación con el POUM y los anarquistas y que había presenciado en primera fila los disturbios de mayo en Barcelona, me informó de que no creía que pudiera publicar mi libro, y eso que todavía no he escrito ni una palabra. Creo que debió de prever astutamente que ocurriría algo así, pues antes de mi partida a España firmó un contrato comprometiéndose a publicar mis libros de ficción, pero no los demás. En cualquier caso, hay otros dos editores interesados y creo que mi agente ha sido listo y los tiene pujando el uno contra el otro. He empezado a escribir el libro, pero, claro, aún tengo los dedos entumecidos.

La herida no fue gran cosa, aunque no me mató de milagro. La bala me atravesó limpiamente el cuello, pero solo tocó una cuerda vocal, o más bien el nervio que la controla, que ha quedado paralizado. Al principio no podía hablar, pero ahora la otra cuerda vocal está compensando a la primera, que puede que se recupere o no. Mi voz es casi normal, aunque no puedo gritar. Tampoco puedo cantar, pero todo el mundo dice que es mejor. Me alegro de haber recibido un balazo, porque creo que a todos nos ocurrirá en un futuro no muy lejano y me gusta saber que no es doloroso. Lo que vi en España no me ha convertido en un cínico, pero sí me ha convencido de que nos espera un futuro bastante sombrío. Es evidente que se puede engañar a la gente con cuentos antifascistas igual que se la engañó con el cuento de la pequeña y valerosa Bélgica, y cuando llegue la guerra es lo primero que harán. No obstante, no coincido con la actitud de los pacifistas como tú. Creo que hay que combatir por el socialismo y contra el fascismo, y me refiero a combatir físicamente, con las armas en la mano, aunque antes habrá que distinguir lo uno de lo otro. Estoy deseando ver a Holdaway[5] para ver qué opina de lo de España. Es el único comunista más o menos ortodoxo que conozco que me merece cierto respeto. Me asquearía descubrir que se dedica a repetir los mismos tópicos sobre la defensa de la democracia y el trotskismo-fascismo que los demás.

Tengo ganas de verte, pero la verdad es que no creo que vaya a Londres en una temporada, como no sea por motivos de trabajo. Acabo de empezar el libro, que quiero tener terminado en Navidad, y también estoy muy ocupado con el huerto, que está muy descuidado después de mi ausencia. De todos modos, escríbeme y envíame tus señas. No puedo ponerme en contacto con Rees. Estaba en el frente de Madrid y las comunicaciones estaban prácticamente cortadas. He tenido noticias de Murry, que parecía apesadumbrado por algo. *Au revoir*.

Tuyo,
Eric

[XI, 381, pp. 53-54; mecanografiada]

1. La esposa de Rayner Heppenstall.
2. En *Homenaje a Cataluña*, Orwell cuenta que seis policías de paisano registraron la habitación de su hotel y se llevaron «hasta el último papel que teníamos», excepto, por suerte, sus pasaportes y su talonario de cheques. Luego supo que la policía había confiscado parte de sus pertenencias, entre ellas una bolsa de ropa sucia en el sanatorio Maurín (véase VI, p. 169). Más de cincuenta años después, Karen Hatherley descubrió un documento que lo confirma en el Archivo Histórico Nacional de Madrid (XI, 374A, pp. 30-37).
3. La crítica de Orwell de *El reñidero español* aparece en XI, 379, pp. 51-52. Al reseñar su *The Communist International* en 1938 escribió que seguía pensando que el anterior era «el mejor libro sobre el asunto». El doctor Borkenau (1900-1957) fue un

sociólogo austríaco y escritor político. Entre 1921 y 1929 fue miembro del Partido Comunista alemán. Emigró a Gran Bretaña en 1933 cuando los nazis llegaron al poder. Orwell era un gran admirador suyo y de su obra.
4. *Homenaje a Cataluña.*
5. N.A. Holdaway era un maestro de escuela y teórico marxista, miembro del Partido Laborista Independiente, colaborador de *The Adelphi*, y director del Adelphi Centre.

A Charles Doran*

2 de agosto de 1937
The Stores
Wallington

Querido Doran:

No tengo tus señas, aunque confío en que me las den en la escuela de verano del ILP, donde tengo intención de ir el jueves. También estuve ayer, para oír el discurso de John McNair.

No sabes qué peso se me quitó de encima cuando vi al joven Jock Branthwaite,[1] que ha estado viviendo con nosotros, y me contó que los que quisisteis habíais logrado salir de España sanos y salvos. Llegué del frente el 15 de junio para obtener la licencia médica, pero no pude acercarme a verte porque se dedicaron a enviarme de hospital en hospital. Regresé a Barcelona y me enteré de que en mi ausencia habían prohibido el POUM y se lo habían ocultado a las tropas con tanta eficacia que hasta el 20 de junio nadie sabía nada ni siquiera en Lérida, aunque la prohibición se produjo el 16-17. Mi primera noticia fue al entrar en el hotel Continental, cuando Eileen y un francés llamado Pivert,[2] que se portó muy bien con todos durante los disturbios, se me acercaron corriendo, me sujetaron de los brazos y me dijeron que me fuese. Hacía poco que habían detenido a Kopp en el Continental, después de que algún empleado llamara a la policía y lo delatase. MacNair, Cottman y yo pasamos varios días huidos, durmiendo en iglesias en ruinas, etc., pero Eileen se quedó en el hotel y, aunque registraron su habitación y confiscaron todos mis documentos, no la molestaron, probablemente porque la policía la estaba usando como señuelo para atraparnos a MacNair y a mí. Nos escapamos precipitadamente la mañana del 23 y cruzamos la frontera sin muchas complicaciones. Por suerte, en el tren había primera clase y coche restaurante, así que procuramos parecer turistas ingleses normales y corrientes, porque nos pareció lo más seguro. En Barcelona se estaba a salvo de día, y Eileen y yo visitamos a Kopp varias veces en el sucio agujero donde lo tenían preso junto a otros muchos, entre ellos Milton.[3] La policía llegó al extremo de detener a los heridos del POUM que había en el [hospital] Maurín; en la cárcel vi a dos hombres con las piernas amputadas y también a un niño de unos diez años. Hace unos días recibimos varias cartas, fechadas el 7 de julio, que Kopp había logrado enviar desde España. Entre ellas había una queja dirigida al jefe superior de policía. Decía que no solo llevaban dieciocho días detenidos (ahora será mucho más, claro) sin juicio ni acusación previa, sino que estaban encerrados en cuartuchos donde apenas tenían sitio para tumbarse, estaban medio muertos de hambre y en muchos casos les insultaban y apaleaban. Enviamos la carta a McNair, y tengo entendido que, tras hablar del asunto, Maxton[4] va a entrevistarse con el embajador español y a advertirle de que, si no toma cartas en el asunto, al menos en lo que se refiere a los prisioneros extranjeros, está dispuesto a llevar la cuestión al Parlamento. McNair me cuenta también que hay una noticia fiable en los periódicos franceses de que ha aparecido en Madrid el cadáver de Nin,[5] y al parecer también de otros dirigentes del POUM, cosidos a tiros. Supongo que será un «suicidio» o tal vez un nuevo caso de «apendicitis».[6]

Por otro lado, parece casi imposible publicar una palabra acerca de todo esto… [aquí Orwell repite lo que le había escrito a Rayner Heppenstal el 31 de julio de 1937 a propósito de las reacciones del *New Statesman* y de Gollancz].

Estuve en Bristol con varios más para participar en una protesta contra la expulsión de Stafford Cottman de la YCL[7] con acusaciones como «ser un señalado enemigo de la clase trabajadora» y cosas por el estilo. Luego he sabido que miembros de la YCL habían vigilado la casa de Cottman y habían intentado interrogar a todos los que entraban y salían. ¡Menudo espectáculo! Y pensar que empezamos como heroicos defensores de la democracia y solo seis meses después éramos fascistas trotskistas escabulléndonos por la frontera con la policía pisándonos los talones. Y ser fascistas-trotskistas no parece sernos de gran ayuda con los profascistas de por aquí. Esta tarde a Eileen y a mí ha venido a vernos el vicario, que no aprueba que hayamos apoyado al gobierno de la

República. Por supuesto, tuvimos que reconocer que lo de la quema de iglesias era cierto, aunque le alegró saber que solo eran iglesias católicas.
Tenme informado de cómo te va. Eileen me pide que te envíe recuerdos.
Tuyo,
Eric Blair

P. D. [*manuscrita*] Olvidaba añadir que en Barcelona quise escribirte para advertirte, pero no me atreví porque una carta así habría atraído las sospechas sobre el destinatario.

[XI, 386, pp. 64-66; mecanografiada]

1. Jock Branthwaite (m. 1997) era el hijo de un minero. Sirvió con Orwell en España. Recordaba haber visto llegar ejemplares de *El camino a Wigan Pier* al frente y, según él, el libro no había ofendido su sensibilidad obrera. Le contó a Stephen Wadhams que Orwell no era nada estirado: «Me pareció un tipo estupendo». Salió de España en el último barco de refugiados de Barcelona a Marsella. (Véase *Remembering Orwell*, pp. 83-84, 93 y 99.)
2. Marceau Pivert era un colaborador de *Controversy*.
3. Harry Milton era el único estadounidense que había en la unidad de Orwell. Orwell y él estaban hablando cuando a Orwell le pegaron el tiro en el cuello (*Homenaje a Cataluña*, p. 144). Era trotskista y consideraba a Orwell «virgen políticamente hablando» a su llegada a España. Pasaron horas hablando de política. Según él, Orwell era «frío como un pescado» y «un tipo muy disciplinado». (Véase *Remembering Orwell*, pp. 81, 85 y 90.)
4. James Maxton (1885-1946) fue parlamentario independiente laborista entre 1922 y 1946, y presidente del ILP entre 1926 y 1931 y 1934 y 1939.
5. Andrés Nin (1892-1937), dirigente del POUM; había sido secretario personal de Trotski en Moscú, pero rompió con él cuando Trotski criticó el POUM. Fue asesinado por los comunistas después del habitual interrogatorio soviético en mayo de 1937. (Véase Thomas, p. 523.)
6. Se refiere a Bob Smillie, encarcelado en Valencia, donde, según sus carceleros, murió de apendicitis. (Véase *Homenaje a Cataluña*, p. 175.)
7. La Liga Juvenil Comunista.

Orwell y El camino a Wigan Pier *se vieron sometidos a despiadados ataques por parte de los comunistas y la prensa de extrema izquierda. Ruth Dudley Edwards cuenta que Orwell fue «vilipendiado» por Harry Pollitt, dirigente del Partido Comunista de Gran Bretaña, en el* Daily Worker *el 17 de marzo de*

*1937 (*Victor Gollancz *[1987], p. 248). Pollitt escribió: «He aquí George Orwell, un muchacho desencantado de clase media que, al ver los defectos del imperialismo, decidió descubrir lo que podía ofrecerle el socialismo [...] un antiguo policía imperialista [...] si alguien lleva el sello del esnobismo es el señor Orwell. [...] Deduzco que lo que más preocupa al señor Orwell es el "olor" de la clase trabajadora, pues dedica la mayor parte del libro a los olores. [...] De una cosa estoy seguro: si el señor Orwell oyese lo que se dice de su libro en los círculos del Club del Libro de Izquierdas, no volvería a escribir sobre asuntos que no entiende». Los ataques contra Orwell duraron todo el verano hasta que por fin pidió ayuda a Gollancz.*

A Victor Gollancz*

20 de agosto de 1937
The Stores
Wallington

Apreciado señor Gollancz:

No creo que haya visto el recorte que le adjunto, pues no se refiere a ningún libro mío que haya publicado.

Esta (fíjese en las palabras subrayadas) es, según creo, la tercera referencia en el *Daily Worker* a mi supuesta afirmación de que la clase obrera «huele». Como sabe, nunca he dicho nada semejante, de hecho he escrito precisamente lo contrario. Lo que escribí en el capítulo VIII de *Wigan Pier*, como tal vez recuerde, es que a la clase media se la educa para creer que la clase obrera «huele», lo cual es un hecho comprobable. He recibido numerosas cartas de lectores a propósito de esto que me felicitan por señalarlo. La insinuación de que opino que los obreros huelen es una mentira malintencionada y dirigida a quienes no han leído este u otro de mis libros para darles a entender que soy un vulgar esnob y atacar así de forma indirecta a los partidos políticos con los que he estado vinculado. Estos ataques del *Worker* empezaron justo después de que el Partido Comunista supiera que serví en la milicia del POUM.

No tengo relación con esa gente (la plantilla del *Worker*) y nada que pueda decirles servirá de mucho, pero por supuesto usted está en una situación muy distinta. Lamento mucho importunarle con un asunto más o menos personal, pero creo que tal vez valga la pena que intervenga para que cesen estos ataques que, por descontado, no harán ningún bien a los libros míos que ha publicado o podría publicar en el futuro. Por ello, si entra en contacto con alguien que tenga autoridad en la plantilla del *Worker*, le quedaría muy agradecido que les dijera dos cosas:

1. Que si repiten la falsedad de que he dicho que la clase obrera «huele» publicaré una réplica con las citas necesarias e incluiré en ella lo que me dijo al respecto John Strachey[1] justo antes de que me fuese a España (a eso del 20 de diciembre). Strachey lo recordará, y no creo que al PC le guste verlo publicado.

2. Este es un asunto más grave. Hay una campaña de difamación en marcha contra quienes servimos en el POUM en España. Un camarada mío, un joven de dieciocho años a quien conocí en el frente,[2] no solo fue expulsado hace poco de su rama de la YCL por su relación con el POUM, lo cual tal vez esté justificado porque la política del POUM y el PC son bastante incompatibles, sino que se le describió en una carta asegurando que estaba «a sueldo de Franco». Esta última afirmación ya es otro cantar. No sé si es difamatoria en sentido estricto, aunque pienso consultar a un abogado, pues, por supuesto, lo mismo podría decirse de mí (es decir, que estoy a sueldo de los fascistas). Tal vez, si habla usted con alguien que tenga cierta autoridad, pueda advertirles de que en caso de que digan algo parecido, no dudaré en demandarlos por libelo. Detesto adoptar esta actitud amenazadora y aún detestaré más tener que litigar contra otro partido de clase obrera, pero creo que tengo derecho a defenderme contra esos ataques personales y malintencionados que, incluso aunque el PC estuviera en lo cierto y el POUM y el ILP estuviesen equivocados, a la larga no harán ningún bien a la causa de los obreros. Verá (en el segundo párrafo subrayado) que se insinúa que no «cumplí con mi parte» en la lucha contra los fascistas. De ahí solo hay un paso a llamarme cobarde, escaqueado etc., y no me cabe duda de que lo harían si pensaran que no iba a acarrearles consecuencias.

Lamento muchísimo involucrarle en un asunto así, y entenderé y no me ofenderá si decide no hacer nada al respecto.[3] Le he escrito porque es usted mi editor y tal vez considere que su buen nombre está hasta cierto punto ligado al mío.

Atentamente,
Eric Blair

[X, 390, pp. 72-74; mecanografiada]

1. John Strachey (1901-1963) fue un teórico político y parlamentario laborista entre 1929 y 1931, luego se presentó sin éxito al Parlamento por el Partido Nuevo de Oswald Mosley (de inclinaciones fascistas) y por fin apoyó el comunismo. Fue ministro laborista de Alimentación entre 1945 y 1950 y secretario de Estado de la Guerra entre 1950 y 1951.
2. Stafford Cottman.
3. Gollancz respondió a Orwell que haría llegar su carta «a las instancias oportunas», que resultaron ser las oficinas del Partido Comunista en King Street, en Londres. Escribió a Pollitt: «Querido Harry: deberías ver esta carta de Orwell. Se la he leído a John [Strachey] por teléfono y me ha asegurado que está casi seguro de no haber dicho nada indiscreto». Se desconoce lo que pudo decir Strachey. No obstante, los ataques cesaron por el momento.

A Geoffrey Gorer*

15 de septiembre de 1937
The Stores
Wallington

Querido Geoffrey:
Muchas gracias por tu carta. Me alegro de que lo estés pasando bien en Dinamarca, aunque tengo que admitir que es uno de esos países que nunca he querido visitar. Te llamé cuando estuve en Londres, pero por supuesto no estabas. Tomo nota de que vuelves el 24. Estaremos aquí hasta el 10 de octubre, después iremos a Suffolk a pasar unas semanas en casa de mis padres. Pero, si tienes tiempo entre el 24 y el 10, escríbenos y pasa unos días con nosotros. Podemos acomodarte sin problemas.

Lo que dices de no dejar que los fascistas aprovechen nuestras disensiones es muy cierto, siempre que uno sepa a qué se refiere con eso de fascismo, y también qué o quién está haciendo imposible la unidad. Por supuesto, toda la palabrería frentepopulista que divulgan la prensa y el Partido Comunista, la plantilla de plumíferos a sueldo de Gollancz ,etc., etc., se resume en que apoyan el fascismo británico (en potencia) y se oponen al alemán. Lo que intentan es que el imperialismo-capitalista británico se alíe con la URSS y la apoye en una guerra contra Alemania. Por supuesto se hacen los santurrones y fingen no querer una guerra y que una alianza franco-ruso-británica podría impedirla de acuerdo con el antiguo equilibrio de potencias. Pero ya sabemos adónde nos llevó eso la vez pasada, y en cualquier caso es evidente que las naciones se están armando con la intención de luchar. El camelo del Frente Popular se resume en que cuando empiece la guerra los comunistas, laboristas etc., en lugar de esforzarse en impedir la guerra y derribar al gobierno, se pondrán de su parte, siempre que esté en el bando «correcto», es decir, contra Alemania. Pero cualquiera con dos dedos de frente ve que, en cuanto empiece la guerra, se impondrá el fascismo, aunque no se llame así. De manera que tendremos un fascismo con la participación de los comunistas, que, en caso de una alianza con la URSS, desempeñarán un papel de importancia. Es lo que ha pasado en España. Después de lo que he visto allí, he llegado a la conclusión de que no tiene sentido ser «antifascista» e intentar conservar el capitalismo. Al fin y al cabo, el fascismo es un producto del capitalismo y hasta la democracia más amable puede girar hacia el fascismo llegado el caso. Nos gusta pensar que Inglaterra es un país democrático, pero el gobierno en la India, por ejemplo, es tan malo como el fascismo alemán, aunque exteriormente sea menos molesto. No se me ocurre otra forma de oponerse al fascismo que derrocar el capitalismo, empezando, claro, por el del propio país. Quien colabore con un gobierno capitalista-imperialista en una lucha «contra el fascismo», es decir, contra un imperialismo rival, estará dejando entrar el fascismo por la puerta trasera. En eso se ha convertido la lucha del lado gubernamental en España. Los partidos revolucionarios, los anarquistas, el POUM, etc., querían completar la revolución, los otros querían combatir contra los fascistas en nombre de la «democracia» y, por supuesto, cuando hubiesen asegurado su posición y engañado a los obreros para que devolvieran las armas, reintroducir el capitalismo. Lo más grotesco, y muy pocas personas fuera de España lo han entendido, es que los comunistas se hallaban más a la derecha que nadie, y estaban incluso más deseosos que los liberales de perseguir a los revolucionarios y eliminar cualquier idea revolucionaria. Por ejemplo, han conseguido deshacer las milicias obreras fundamentadas en los sindicatos, en las que todos los rangos eran iguales y cobraban la misma paga, y las han sustituido por un ejército de carácter burgués donde un coronel recibe una paga ocho veces superior a la de un soldado, etc. Por supuesto, todos esos cambios se han llevado a cabo en nombre de las necesidades militares y se han apoyado en la patraña «trotskista», que consiste en decir que cualquiera que profese principios revolucionarios es un trotskista y está a sueldo de los fascistas. La prensa comunista española ha declarado, por ejemplo, que Maxton está a sueldo de la Gestapo. La razón por la que tan poca gente ha entendido lo sucedido en España es el control de la prensa por parte de los comunistas. Además de sus propios periódicos, tienen de su parte a toda la prensa capitalista antifascista (periódicos como el *News Chronicle*), que ha reparado en que el comunismo oficial es ahora antirrevolucionario. El resultado es que han divulgado una cantidad inaudita de mentiras y es casi imposible publicar nada que las contradiga. Jamás he visto una sarta de falsedades como las que se han dicho a propósito de los disturbios de mayo en Barcelona, en los que tuve la desgracia de verme involucrado. Por cierto, el *Daily Worker* me ha estado acosando personalmente con calumnias repugnantes, llamándome profascista, etc., pero pedí a Gollancz que los hiciera callar, y así lo hizo, aunque supongo que a regañadientes. Lo curioso es que sigo obligado por contrato a escribir varios libros para él, pese a que se negó a publicar el libro que estoy escribiendo sobre España incluso antes de que lo hubiese empezado.

Me gustaría mucho conocer a Edith Sitwell[1] cuando vaya a Londres. Me sorprendió mucho que hubiera oído hablar de mí y que le gustasen mis libros. Sus poemas nunca me han parecido gran cosa, pero me encantó su vida de Pope.

Intenta venir alguna vez. Espero que te hayas recuperado.[2]

Tuyo,

Eric

[XI, 397, pp. 80-81; mecanografiada]

1. Edith Sitwell (1887-1964; nombrada Dame del Imperio Británico en 1954), poeta y personalidad literaria. Publicó por cuenta propia su primer libro de poemas en 1915 y continuó escribiendo toda su vida. Consiguió un reconocimiento amplio y duradero con *Façade*, que se leyó en versión de concierto, con música de William Walton en enero de 1922. Apoyó a numerosos artistas jóvenes y se interesó mucho por la obra de Orwell. Su *Alexander Pope* se publicó en 1930.

2. De una infección de garganta.

A H. N. Brailsford*

10 de diciembre de 1937
The Stores
Wallington

Apreciado señor Brailsford:
No puedo decir que nos conozcamos, aunque creo que nos vimos una vez en Barcelona y me consta que conoció usted a mi mujer.

Estoy intentando establecer la verdad sobre ciertos aspectos de los disturbios de mayo. Veo que en el *New Statesman* del 22 de mayo afirmó usted que los partisanos del POUM atacaron al gobierno con tanques y cañones «robados de los arsenales del gobierno». Por supuesto yo estaba en Barcelona cuando se produjeron los disturbios y, aunque nada puedo decir de los tanques, estoy seguro de que no hubo fuego de artillería. En varios periódicos he visto una versión basada evidentemente en la misma historia, según la cual el POUM utilizó una batería de cañones robados de 75 mm en la plaza de España. Sé que es falsa por varios motivos. En primer lugar, testigos presenciales me han contado que no vieron ningún cañón; en segundo, inspeccioné los edificios de la plaza y ninguno tenía indicios de haber sufrido disparos de artillería; y en tercero, mientras duraron los disturbios no oí ningún cañonazo, un ruido inconfundible para quien lo conoce. Así que está claro que se ha producido algún tipo de confusión. Y quisiera saber si sería tan amable de decirme quién le contó lo de los tanques y los cañones. Lamento importunarle, pero querría aclarar este asunto si es posible.

Tal vez deba decirle que escribo con el seudónimo de George Orwell.

Sinceramente suyo,
Eric Blair

[XX, 413A, pp. 309-310; mecanografiada]

A. H. N. Brailsford*

18 de diciembre de 1937
The Stores
Wallington

Apreciado señor Brailsford:

Muchas gracias por su carta.[1] Me interesaba mucho conocer el origen de la noticia sobre los tanques y los cañones. No me cabe duda de que el embajador ruso se lo dijo de buena fe y, por lo poco que sé, no me extrañaría que fuese cierto en los términos en que se lo contó a usted. Aunque, debido a las circunstancias, esos incidentes suelen ser un tanto confusos. Espero no aburrirle si añado una o dos observaciones más sobre el asunto.

Como digo, es del todo concebible que en algún momento robasen los cañones, porque, según tengo entendido, aunque nunca lo presencié, las milicias se robaban constantemente unas a otras. No obstante, quienes no estaban en la milicia no parecen haberse hecho cargo de la situación. Se procuraba que, dentro de lo posible, las milicias anarquistas y del POUM apenas recibiesen armas y se les dejaba con el mínimo imprescindible para defender la línea del frente pero no para emprender acciones ofensivas. En ocasiones no había suficientes fusiles para todos los hombres de las trincheras y, hasta que se produjo la disolución de las milicias, no se envió artillería al frente de Aragón. Cuando los anarquistas atacaron la carretera de Jaca en marzo y abril tuvieron que hacerlo con muy poco apoyo artillero y sufrieron un espantoso número de bajas. En esa época (marzo-abril) solo había 12 aeroplanos operando en la zona de Huesca. Cuando el Ejército Popular atacó en junio, uno de los participantes en el ataque me contó que había 160. En particular, las armas rusas no se enviaban al frente de Aragón y se repartían únicamente entre la policía de la retaguardia. Hasta abril solo vi un arma rusa, un subfusil ametrallador, muy probablemente robado. En abril llegaron dos baterías de cañones rusos de 75 mm, que es posible que también fueran robados y tal vez fuesen a los que se refería el embajador ruso. En cuanto a las pistolas y los revólveres, tan necesarios en la guerra de trincheras, el gobierno no concedía permiso para comprarlos a los milicianos ni a los oficiales de la milicia y la única forma de adquirirlos era comprárselos ilegalmente a los anarquistas. En esas circunstancias todo el mundo estaba dispuesto a conseguir armas por las buenas o por las malas, y las milicias siempre se robaban unas a otras. Recuerdo que un oficial me contó que él y otros más habían robado un cañón de campaña de un parque de artillería del PSUC,[2] y yo habría hecho lo mismo sin dudarlo en esas circunstancias. Cosas así ocurren siempre en tiempo de guerra, pero unidas a las noticias de los periódicos de que el POUM era una organización fascista, sirvieron para dar a entender que robaban las armas no para combatir a los fascistas, sino para utilizarlas contra el gobierno. Gracias al control de la prensa por los comunistas se pudo ocultar que otras unidades estaban haciendo lo mismo. Por ejemplo, está demostrado que en marzo unos partisanos del PSUC robaron 12 tanques de un arsenal del gobierno utilizando una orden falsificada. *La Batalla*, el periódico del POUM, estuvo prohibido cuatro días y tuvo que pagar una multa de 5.000 pesetas por publicar esa información; en cambio, *Solidaridad Obrera*, el periódico anarquista, pudo publicarla impunemente. En cuanto a la posibilidad de que los cañones, si es que los robaron, se quedaran en Barcelona, me parece muy improbable. Alguien se habría enterado en el frente y, de haber sabido que estaban reteniendo las armas, se habría organizado un escándalo. Además, dudo mucho que pudieran esconder dos baterías de cañones incluso en una ciudad del tamaño de Barcelona. En cualquier caso, se habría sabido después, cuando se prohibió el POUM. Por supuesto, ignoro lo que había en todos los reductos del POUM, pero estuve en tres de los más importantes durante los disturbios y me consta que apenas tenían armas suficientes para los centinelas que vigilaban los edificios. Por ejemplo, no tenían ametralladoras. Y creo que es seguro que no hubo fuego de artillería durante los combates. Veo que afirma usted que los Amigos de Durruti[3] estaban más o menos controlados por el POUM, y John Langdon-Davies dice algo parecido en su reportaje para el *News Chronicle*. Ese bulo se puso en circulación para tildar al POUM de «trotskista». En realidad, los Amigos de Durruti, una organización extremista, odiaban a muerte al POUM (que, a su entender, era una organización más o menos de derechas) y, por lo que sé, nadie militaba en ambas organizaciones al mismo tiempo. La única relación entre las dos es que se dice que, cuando se produjeron los disturbios, el POUM apoyó la distribución de un cartel incendiario por parte de los Amigos de Durruti. Una vez más, resulta dudoso; está demostrado que no hubo ningún cartel, tal como se afirma en el *News Chronicle* y en otros sitios, aunque es posible que se repartiese una especie de panfleto. Es imposible saberlo, pues se han destruido los archivos y las autoridades españolas no me permitieron enviar recortes ni siquiera de los periódicos del POUM. Lo único seguro es que las informaciones de los comunistas sobre los disturbios de mayo, y aún más sobre la supuesta conjura fascista del POUM son totalmente falsas. Lo que me preocupa no es que se divulguen esas mentiras, normales en tiempo de guerra, sino que la prensa inglesa de izquierdas se haya negado a oír la versión del otro bando. Por ejemplo, los periódicos organizaron un gran revuelo con lo de que Nin[4] y los demás estaban a sueldo de los fascistas, pero no han publicado que los miembros no comunistas del gobierno español lo han desmentido. Supongo que creen que, al dejar actuar a los comunistas, están ayudando al gobierno de la República. Lamento aburrirle con este asunto, pero he intentado hacer cuanto estaba en mi mano, aunque no sea mucho, por dar a conocer la verdad de lo sucedido en España. Me trae sin cuidado que digan que estoy a sueldo de los fascistas, pero para los miles que siguen en la cárcel en España y que podrían ser asesinados por la policía secreta como tantos otros es muy distinto. Dudo que sea posible hacer gran cosa por los presos antifascistas españoles, pero una protesta organizada podría servir para que liberasen a muchos de los extranjeros.

Mi mujer me pide que le envíe recuerdos. Nuestra estancia en España no nos ha dejado secuelas graves, aunque, por supuesto, ha sido una vivencia agotadora y decepcionante. Los efectos de mi herida desaparecieron mucho antes de lo que esperaba. Si le interesa, le enviaré un ejemplar de mi libro sobre España en cuanto se publique.

Sinceramente suyo,
Eric Blair

[XX, 413B, pp. 310-311; mecanografiada]

1. Brailsford respondió el 17 de diciembre de 1937 (XI, 424, p. 119). Contó que había recibido la información del cónsul general soviético, Vladímir Antónov-Ovséienko (1884-1937) en Barcelona. Fue «purgado posteriormente». Él y su mujer, Sofía, fueron llamados a la URSS después de los «sucesos de mayo» y detenidos en octubre de 1937 junto con su hija Valentina (de quince años). Los padres fueron fusilados el 8 de febrero de 1938. Respecto a la vida de la hija, véase Orlando Figes, *Los que susurran* (Barcelona, Edhasa, 2009).

2. El Partido Socialista Unificado de Cataluña, un partido comunista.

3. Los Amigos de Durruti era un grupo anarquista extremista perteneciente a la Federación Anarquista Ibérica. (Véanse *Homenaje a Cataluña*, pp. 223-226 y 235-240, y Thomas p. 656, n. 1.) Se llamaba así por Buenaventura Durruti (1896-1936), que resultó mortalmente herido en Madrid y se convirtió en un «legendario guerrero anarquista» (véase Thomas, p. 36).

4. John Langdon-Davies (1897-1971), periodista y escritor. Escribió para el *News Chronicle* en España y fue secretario adjunto, con el abogado comunista Geoffrey Bing, de la Comisión de Investigación de las Supuestas Infracciones del Pacto de No-Intervención, promovida por el Comintern (véase Thomas, pp. 397-398). La negativa de Orwell a «aceptar la política de liquidación y eliminación» le granjeó el desprecio de los «comunistas más curtidos», uno de los cuales era Langdon-Davies (veáse Valentine Cunningham, *British Writers of the Thirties*, 1988, p. 4). Después de sus vivencias en Barcelona, escribió *Air Raid* (1938), donde propugnaba la evacuación a gran escala y la construcción de carreteras subterráneas.

De Eileen* a Norah Myles*

En The Stores no había electricidad. Esta carta se escribió al parecer a la luz de una vela, que hacia el final debía de estar consumiéndose, y contiene varios errores tipográficos que se han corregido sin indicarlo.

Día de Año Nuevo de 1938
The Stores, Wallington

[*sin encabezamiento*]

Ya ves que no tengo pluma, ni tinta, ni gafas, y pronto me quedaré sin luz, porque la pluma, la tinta, las gafas y las velas están en la habitación donde trabaja George y, si vuelvo a interrumpirlo, será la decimoquinta vez esta noche. Pero haciendo gala de ingenio y resolución he encontrado una máquina de escribir, y se supone que los ciegos escriben en la oscuridad.

También tengo que responder a una mujer que me ha enviado un regalo de Navidad (creo que es más bien un regalo de boda, después de cinco o diez años distanciadas), y al ir a buscar sus señas he encontrado una carta dirigida a ti, una carta muy rara e histérica, más típica de España que cualquiera de las que escribí en aquel país. Así que aquí la tienes. Lo malo de la guerra de España es que sigue dominando nuestra vida de manera muy poco razonable porque ~~Eric~~ George (¿o tú lo llamas Eric?) está terminando un libro sobre eso y yo le paso las copias a máquina con un sinfín de correcciones manuscritas que no entiende, y siempre tiene que venir a preguntarme, por lo que he vuelto a hacerme pacifista y he ingresado en la PPU.[1] (Por cierto, tú también deberías apuntarte a la PPU. La guerra está muy bien mientras duran los disparos y es mucho menos alarmante que un aeroplano en un escaparate, pero tiene efectos terribles en la gente cuerda e inteligente; algunos hacen esfuerzos desesperados por conservar cierta integridad y otros, como Langdon-Davies, no hacen ninguno, pero muy pocos logran seguir siendo razonables, y mucho menos honrados.) La situación de Georges Kopp[2] es ahora más délica[3] que nunca. Continúa en la cárcel, pero se las ha arreglado para enviarme varias cartas; George abrió una de ellas y la leyó porque yo había salido. Quiere mucho a Georges, que desde luego cuidó de él con verdadera ternura en España y, además, es un soldado admirable por su enorme valor, y ha sido muy magnánimo siempre, igual que Georges lo fue en su momento. De hecho, se dedicaron a salvarse mutuamente la vida, o al menos a intentarlo, de un modo que casi me resultó horrible, aunque entonces George no había reparado en que Georges estaba «colado» por mí. A veces pienso que nadie ha tenido mayor sensación de culpa que yo. Siempre quedó claro que no estaba lo que se dice enamorada de Georges; nuestra relación avanzó a pequeños saltos, cada uno de ellos antes de algún ataque u operación en el que era casi inevitable que lo matasen,[4] pero la última vez que lo vi estaba en la cárcel, esperando a que lo fusilaran, y sencillamente no pude explicarle, a modo de despedida, que nunca sería un rival para George. Así que lleva más de seis meses pudriéndose en una cárcel inmunda sin nada más que hacer que acordarse de mí en los momentos más complacientes. Si no lo sueltan, que de hecho es lo más probable, me alegraré de que se las haya arreglado para tener recuerdos agradables, pero, si lo liberan, no sé cómo recordarle a un hombre que acaba de recobrar la libertad que solo una vez no le di a entender que por nada en el mundo me casaría con él. Estar encarcelado en España supone vivir en una celda con varias personas (unas quince o veinte, en una habitación como tu cuarto de estar) y no salir nunca; si la ventana tiene postigos de acero, como ocurre a menudo, no ver la luz del sol; no recibir cartas; no ser acusado formalmente y mucho menos llevado a juicio; y no saber si te van a fusilar o a soltar al día siguiente, en ambos casos sin la menor explicación; y, si se te acaba el dinero, no comer otra cosa que un cuenco de la sopa más asquerosa que puedas imaginar y un mendrugo de pan a las 3 p.m. y otro a las 11 p.m.

En general es una pena que haya encontrado la carta porque después de todo no estamos tan obsesionados con España. Tenemos diecinueve gallinas, dieciocho a propósito y una por accidente porque compramos unos patitos y una gallina los acompañó. Pensamos preparar un caldo con ella este otoño e hicimos turnos para vigilar los ponederos para ver si ponía algún huevo que justificase concederle una vida más larga, y lo hizo. Es una buena madre y tendrá descendencia en primavera. Esta tarde hemos construido un gallinero nuevo —es decir, hemos colocado las tablas— que servirá de núcleo para el corral. Dudo que haya algo sobre la cría de pollos que no sepa. A lo mejor te convendría tener una batería (digamos tres unidades) en el baño y aprovechar mis consejos. Sería muy conmovedor recoger un huevo justo antes de lavarte los dientes y comértelo justo después. Lo que me recuerda que, desde que volvimos de Southwold, donde pasamos unas increíbles Navidades en familia con los Blair, hemos comido huevos duros casi todos los días. Antes teníamos solo una huevera de Woolworths; no, dos de Woolworths y una que le regalé a George con un huevo de Pascua antes de casarnos (me costó tres peniques con el huevo). Así que fue una idea estupenda, querida, y son muy bonitas, hacen juego con el platillo de la mantequilla y la panera de tu madre y dan tono a la mesa.

También tenemos un cachorro de caniche. Lo llamamos Marx para acordarnos de que no habíamos leído a Marx[5] y ahora que lo hemos leído un poco le hemos cogido tanta manía que no podemos mirar al perro a la cara. Marx, el perro, es un caniche francés, en teoría miniatura, con pedigrí de ganador de concursos y pelo plateado. De momento es blanco y negro, con las sienes grises, y a los cuatro meses y medio es bastante más grande que su madre. No obstante, pensamos que podría ganar el premio a la mayor miniatura. Es muy simpático y hace muy bien la digestión. Esto último me tiene muy orgullosa. Nunca ha vomitado, y eso que encuentra casi a diario huesos en el jardín que llevaban veinte años sin desenterrar y se ha comido varias alfombras, sillas y taburetes. No queríamos cortarle el pelo, pero literalmente chorrea de barro los días secos, se retuerce sobre los cojines y luego salta sobre mi regazo, así que decidimos trasquilarlo un poco. Pero ahora no volverá a ser simétrico hasta que lo pelemos. Laurence (es vergonzoso que no conozcas a Laurence)[6] se lleva con él estupendamente y eso que ni siquiera le ha rascado nunca el hocico.

Estuve con Mary.[7] Te habrás enterado de los cambios domésticos. Fue a pasar una temporada con una prima que estaba en estado, leyó un libro sobre alimentación infantil, y descubrió que todo lo que hacía la niñera estaba equivocado. Así que tuvo que volver a casa para advertírselo o habría matado a los niños. Ahora tienen una niñera noruega. Creo que es mejor, pero David ha salido perdiendo porque era el favorito de la otra niñera y la noruega no le hace mucho caso, nunca levanta la voz y lo castiga cara a la pared. Mary ha resultado ser una buena madre, cuando tiene a los niños. Es muy razonable. No sé qué habrá ocurrido. David es muy inteligente y me hace sentir un poco celosa porque me gustaría tener un hijo y no lo tenemos. Mary y yo resumimos la historia de la humanidad de un modo espantoso durante mi visita; yo tuve síntomas de estar a punto de contraer la peste y llegué a pensar que la padecía, y Mary no tuvo síntomas, pero le subió la fiebre y tuvo que ir a la farmacia a comprar un analgésico o alguna otra medicina. Dimos dos fiestas; fuimos a ver a Phyl Guimaraens y la MAMMETT VINO A TOMAR EL TÉ.[8] Podía haber llevado el uniforme de las Girl Guides, pero ahora organiza lecturas dramatizadas, en las que todas las antiguas alumnas de Saint Hughs van a su casa a leer *Julio César*. Mary fue una vez, pero pensó que habría algo de comer y no había nada, ni siquiera un bollo o una taza de té, así que se enfadó y ya no ha vuelto a ejercer de alumna modélica. David y la Mammett tuvieron una conversación muy simpática. David me había contado que iba a venir a tomar el té y que la conocía muy bien; se lo conté y ella se quedó encantada. Cuando lo llamaron a saludar ocurrió lo siguiente:

—Caramba, David [*alargando la mano*], ¿sabes quién soy?

—Sí... eres la abuelita [*con total confianza, mientras dejaba que le cogiese y acariciara la mano*].

—No [*amabilísima*], no soy la abuelita.

—¡Ah! Entonces, ¿qué eres?

Phyl sigue tan encantadora como siempre y fue muy divertido volver a verla. Creo que tal vez deberíamos juntarnos todas algún día. ¿No podrías instalarte con ella y mientras está en la oficina ir a comer patatas fritas al Criterion (Mary y yo lo hicimos, en recuerdo de los viejos tiempos y porque hacía frío)? Me parece muy inteligente seguir en el mercado, como ella dice. Me maravilla cada vez que la veo.

La última vela se está consumiendo y no sé cómo acabar esta carta. Aunque tal vez se haya roto el hechizo. ¿Significa la tuya que June está en Oxford? No lo sabía. De todos modos, no tendrá más de quince años. ¿Y Norman? ¿John? ¿Elisabeth? ¿Jean? ¿Ruth? ¿Tu madre? ¿Tu padre?[9] No sé si quiero recibir noticias tuyas y de Quartus porque creo saberlo todo y sería terrible enterarme de que no es así. Lo único que puedo hacer es ir a veros. Supongo que tendré vacaciones cuando el libro esté terminado a finales de mes, aunque a pesar de lo ricos que éramos,[10] no tendremos un penique. ¿Cuándo piensas venir de rebajas? ¿Vas a venir? No sé si podré escaparme siquiera un día, porque el libro se está retrasando y aún no he mecanografiado el último borrador y Eric está escribiendo un libro con varias personas, entre ellas un alemán, y tengo que revisar el manuscrito y no entiendo nada de lo que dice,[11] pero si vienes a las rebajas todas estas cosas no tendrán importancia para Pig.

¿Te he deseado feliz Año Nuevo?
Por favor, felicita el año a toda tu familia.
Eric (es decir, George) acaba de llegar para decirme que se ha apagado la luz (él tenía el quinqué porque estaba trabajando), y que si queda aceite (menuda pregunta), y que no puedo escribir con esta luz (lo cual tal vez sea cierto, aunque no puedo verlo), y que tiene hambre, y que quiere chocolate caliente con galletas, y que es más de medianoche y que Marx está mordisqueando un hueso y ha dejado un trozo en cada silla, y que dónde va a sentarse él ahora.

[*LO*, pp. 70-75; XI, 415A, p. 109; mecanografiada]

1. La Unión Por la Paz. Se ha dicho que Orwell fue uno de sus miembros, pero es casi seguro que no fue así. Compró algunos de sus panfletos y en el Archivo Orwell hay un recibo n.º 20194 por 2 chelines y 6 peniques, con fecha 12 de diciembre de 1937, de la señora E. Blair (Eileen). Se pensaba que era un recibo por los panfletos, pero parece que era por su suscripción.

2. George(s) Kopp fue el superior de Orwell en España. Se hicieron muy amigos, pero su amistad se enfrió a finales de la década de 1940. Kopp hizo todo lo posible por cuidar a Orwell después de que recibiera el disparo en el cuello. La confesión de Eileen

a Norah nos dice mucho más de lo que se había conjeturado antes sobre su posible relación.

3. Relacionado con la isla griega de Delos, donde había un oráculo que daba respuestas oscuras y enrevesadas a las preguntas que le hacían.

4. Tales operaciones dan la impresión de una mayor actividad en el frente de Huesca de lo que modestamente da a entender Orwell.

5. Se ha discutido mucho sobre cuándo leyó Orwell a Marx por primera vez (véase XI, pp. 65-66, n. 1). Richard Rees cuenta en *George Orwell: Fugitive from the Camp of Victory* (1961) que todo el mundo en la escuela de verano Adelphi en 1936 estaba impresionado de lo bien que conocía sus escritos (p. 147). (Véase Crick, p. 629, n. 49.)

6. Debe tratarse del hermano de Eileen, Laurence D'Shaughnessy. El hijo de Laurence, también llamado Laurence, no nació hasta el 13 de noviembre de 1938.

7. Presumiblemente Bertha Mary Wardell, que se había graduado con Eileen. (Véase **16-2-1937**, n. 10.)

8. Phyllis Guimaraens estudiaba lenguas modernas en Saint Hughs. Su padre era importador de vino de Oporto; vivían en Petridge Wood, Redhill, Surrey. Se casó con Harold Gabell el 5 de junio de 1926 en Eaton Square, Londres. Jenny Joseph sugirió en conversación privada que la Mammett era una tutora que tuvo en Saint Hughs o que estaba relacionada con la Asociación de Antiguas Alumnas.

9. Norah tenía dos hermanas, Jean y Ruth. Jean se casó con Maurice Durant y dio a luz a John, el marido de Margaret Durant.

10. El 10 de febrero de 1938, Orwell llevó una copia en papel de calco de *Homenaje a Cataluña* a su agente, Leonard Moore. La referencia de Eileen a su riqueza puede ser irónica, aunque tal vez aluda al dinero por derechos de autor recibido de la edición de *El camino a Wigan Pier* por el Club del Libro de Izquierdas, unas 600 libras, la mayor parte de las cuales debieron de gastar en España. Las «vacaciones» a las que se refiere Eileen tal vez se retrasaron por la enfermedad de Orwell; estuvieron en Chapel Ridding, en Windermere, a mediados de julio. No se sabe dónde se alojaron.

11. Es posible que aquí haya una confusión entre Eric/marido y Eric/hermano. Eileen podía estar refiriéndose a este último y a un libro de medicina en el que estaba colaborando.

El 5 de febrero de 1938, Orwell escribió una carta al director de Time and Tide, *que había publicado su reseña de* El reñidero español *de Frank Borkenau, a propósito de su rechazo por motivos políticos «por otro semanario bien conocido». Raymond Mortimer, crítico y director literario de* The New Statesman and Nation *escribió una queja a Orwell, el 8 de febrero de 1938, en la que decía: «Por supuesto, es posible que "el semanario bien conocido" al que se refiere no sea el* New Statesman, *pero lo tomo como una alusión a nosotros, igual que harán casi todos los lectores de su carta». Las oficinas de* The New Statesman *fueron bombardeadas en la guerra, por lo que toda la correspondencia de esa épo-*

ca se ha perdido, pero entre sus papeles Orwell conservó los originales de las cartas de Kingsley Martin, director de The New Statesman *y Raymond Mortimer y una copia en papel de calco, reproducida aquí, de su réplica a Mortimer.*

A Raymond Mortimer*

9 de febrero de 1938
The Stores
Wallington

Apreciado Mortimer:

En relación con su carta del 8 de febrero, lamento muchísimo haber herido sus sentimientos o los de cualquier otro, pero antes de pasar a cuestiones más generales, debo señalar que lo que dice es inexacto. Escribe usted: «Su reseña de *El reñidero español* fue rechazada porque ofrecía una descripción muy insuficiente y engañosa del libro. Utilizó la reseña solo para expresar sus opiniones y para relatar unos hechos que quería dar a conocer. Además, la última vez que nos vimos, así lo reconoció. ¿Por qué da a entender ahora equivocadamente que la reseña se rechazó porque "contravenía la política editorial"? Confunde usted la reseña con el rechazo de un artículo que nos envió anteriormente y que le devolvimos porque acabábamos de publicar tres sobre el mismo asunto».

Le incluyo una copia de la carta de Kingsley Martin.[1] Verá que la reseña se rechazó porque «contraviene la orientación política de la editorial» (yo debería haber dicho la «orientación política» y no «la política editorial»). En segundo lugar, dice usted que me devolvieron el anterior artículo porque «acabábamos de publicar tres sobre el mismo asunto». Pues bien, el artículo en cuestión trataba de la supresión del POUM, la supuesta conjura «trotskifascista», el asesinato de Nin, etc. Que yo sepa, el *New Statesman* no ha publicado nada sobre dicho asunto. Desde luego, admití y sigo admitiendo que la reseña que escribí era tendenciosa y tal vez inexacta, pero no se rechazó por esos motivos, como verá en la carta adjunta.

Nada me resulta más detestable que verme envuelto en estas polémicas y escribir, por así decirlo, contra gente y periódicos que siempre he respetado, pero es preciso entender lo que está en juego y la enorme dificultad que supone dar a conocer la verdad en la prensa inglesa. Por lo que sabemos, hay en las cárceles españolas no menos de 3.000 presos políticos (es decir, antifascistas), y la mayoría llevan seis o siete meses en celdas inmundas, como tuve ocasión de comprobar personalmente, sin haber sido juzgados o acusados de nada. Muchos han sido eliminados ya, y no cabe duda que se habría producido una matanza en toda regla si el gobierno español no hubiese tenido el sentido común de hacer oídos sordos al clamor de la prensa comunista. Se dice que varios miembros del gobierno español han repetido hasta la saciedad a Maxton, McGovern, Félicien Challaye[2] y otros que están deseando ponerlos en libertad, pero que no pueden hacerlo a causa de la presión de los comunistas. Lo que ocurre en la España republicana está dirigido en gran parte por la opinión extranjera, y no cabe duda de que, si hubiese [habido] una protesta generalizada de los socialistas extranjeros, se habría liberado a los prisioneros antifascistas. Incluso las protestas de un partido pequeño como el ILP habrían tenido algún efecto. Pero hace unos meses, cuando se presentó una petición solicitando la liberación de los presos antifascistas, casi todos los dirigentes socialistas ingleses se negaron a firmarla. No tengo la menor duda de que, aunque no daban crédito a la monserga sobre una conjura «trotskifascista», tenían la impresión general de que el POUM y los anarquistas estaban en contra del gobierno, y, en particular, se habían tragado las mentiras publicadas por la prensa inglesa a propósito de los disturbios de mayo de 1937 en Barcelona. Por citar un ejemplo concreto, Brailsford afirmó, en uno de sus artículos en el *New Statesman*, que el POUM había atacado al gobierno con tanques y baterías de cañones previamente robados, etc. Estuve en Barcelona durante los disturbios y, hasta donde es posible probar una negativa, puedo demostrar con testigos oculares, etc., que la historia es totalmente falsa. En la época en que mantuvimos correspondencia acerca de la reseña escribí a Kingsley Martin para decírselo, y hace poco escribí a Brailsford para preguntarle dónde había oído la historia. Se vio forzado a admitir que la había obtenido de una fuente no autorizada. (Stephen Spender tiene ahora la carta, pero si quiere verla podría hacérsela llegar.) No obstante, ni el *New Statesman* ni Brailsford se han retractado de una afirmación que equivale a acusar de robo y traición a personas inocentes. No creo que me culpe por creer que el *New Statesman* tiene su parte de responsabilidad en esta visión sesgada de los hechos.

Una vez más, permita que le diga lo mucho que lamento todo este asunto, pero tengo que hacer lo poco que esté en mi mano por lograr que se haga justicia a unas personas que han sido encarceladas sin juicio previo y vilipendiadas en la prensa, y una forma de hacerlo es llamar la atención sobre la censura procomunista que sin duda existe. Si creyese que iba a ayudar al gobierno español guardaría silencio (de hecho, antes de partir de España, algunos de los presos nos pidieron que no diésemos publicidad al asunto en el extranjero, por miedo a desacreditar al gobierno), pero no creo que a la larga sea de ninguna ayuda ocultar la verdad como se ha hecho en Inglaterra. Si las acusaciones de espionaje, etc., que se hicieron contra nosotros en la prensa comunista hubiesen sido analizadas como es debido en su momento en la prensa extranjera, se habría visto que eran absurdas y el asunto hace tiempo que habría caído en el olvido. Pero las mentiras sobre la conjura trotskifascista se divulgaron a los cuatro vientos y solo publicaron desmentidos, y a regañadientes, algunos periódicos poco leídos como el [*Daily*] *Herald* y el *Manchester Guardian*. El resultado fue que no se produjo ninguna queja en el extranjero y miles de personas continúan en la cárcel y varias han sido asesinadas, con el resultado de que se ha sembrado el odio y la disensión en el movimiento socialista.

Le devuelvo los libros que me envió para reseñar. Creo que es mejor que no vuelva a colaborar con ustedes; lamento muchísimo todo este asunto, pero tengo que apoyar a mis amigos, y eso supone atacar al *New Statesman* si creo que están ocultando información importante.

Atentamente.

[XI, 424, pp. 116-120; mecanografiada con añadidos manuscritos]

En una hoja suelta hay una nota manuscrita de Orwell, que, al ir sin encabezamiento, es casi seguro que se envió a Raymond Mortimer con la anterior carta mecanografiada. Orwell incluyó la carta de H. N. Brailsford, que, según él, tenía Spender. (Véase XI, p. 118.)

1. Basil Kingsley Martin (1897-1969), escritor y periodista de izquierdas, fue director de *The New Statesman and Nation* entre 1931 y 1960.
2. John McGovern (1887-1968), parlamentario del ILP entre 1930 y 1947 y parlamentario laborista entre 1947 y 1959 encabezó una «marcha del hambre» de

Glasgow a Londres en 1934. Félicien Challaye, político izquierdista francés, miembro del comité de la Ligue des Droits des Hommes, un movimiento liberal y antifascista para proteger las libertades civiles en el mundo. Dimitió en noviembre de 1937, junto a otros siete, en protesta por lo que consideraban un cobarde sometimiento de la Liga a la tiranía estalinista.

Raymond Mortimer se apresuró a responder a Orwell con una nota manuscrita que decía: «Apreciado Orwell: Le pido que por favor acepte mis humildes disculpas. Desconocía que Kingsley Martin le hubiese escrito en esos términos. Los motivos por los que rechacé la reseña fueron los que le he dicho. Lamentaría que dejase de colaborar con nosotros, y quisiera convencerle por pasadas reseñas de que no favorecemos la ortodoxia estalinista». El 10 de febrero, Kingsley Martin escribió a Orwell: «Raymond Mortimer me ha enseñado su carta. Sin duda le debemos una disculpa en relación con su carta sobre El reñidero español. *En la carta hay varias cosas que me inducen a pensar que se ha producido un malentendido del que creo que sería mejor hablar que escribir. ¿Tendría la amabilidad de pasar a verme la próxima semana? Tengo libres el lunes por la tarde y el martes». Se desconoce si Orwell aceptó la invitación de Martin, aunque es probable que lo hiciera. La reseña de Orwell de* Glimpses and Reflections *de Galsworthy se publicó en* The New Statesman *el 12 de marzo de 1938, y colaboró con otras reseñas en el periódico desde julio de 1940 hasta agosto de 1943. No obstante, se sabe por conversaciones con sus amigos que nunca perdonó a Martin su postura en la Guerra Civil española.*

A Cyril Connolly*

14 de marzo de 1938
The Stores
Wallington

Querido Cyril:
Veo en la lista del *New Statesman & Nation* que vas a sacar un libro esta primavera.[1] Si pides que me envíen un ejemplar, escribiré una reseña para el *New English*, y tal vez también para *Time & Tide*. Le he pedido a Warburg que te mande un ejemplar de mi libro sobre España[2] (el mes que viene) con la esperanza de que puedas escribir una crítica. Hoy por mí, mañana por ti.

Te escribo desde la cama. Puede que al final no vaya a la India, y en cualquier caso no iré antes del otoño. Los médicos opinan que no debería. He vuelto a escupir sangre, probablemente no sea grave, pero es alarmante y voy a ir a un sanatorio en Kent[3] a que me hagan radiografías. No me cabe duda de que me dirán que estoy bien, como las otras veces, pero en cualquier caso me servirá como excusa para no viajar a la India, que no me apetecía nada.[4] La situación en Europa me tiene tan preocupado que no puedo escribir. Veo que Gollancz ha puesto ya mi nueva novela[5] en su lista, y eso que aún no he escrito ni una línea y ni siquiera la tengo bosquejada. Tengo la sensación de que más nos valdría ir haciendo las maletas para el campo de concentración. King-Farlow vino el otro día y la semana que viene me quedaré con él antes de dejar el sanatorio. Cuando esté en Londres intentaré localizarte. Si tienes la amabilidad de escribirme al 24 de Croom's Hill, Greenwich S. E. 10,[6] para decirme tu teléfono, que por supuesto he vuelto a perder, te llamaré si tengo ocasión. Por favor, dile a tu mujer que le envío recuerdos.

Tuyo,
Eric Blair

[XI, 431, p. 127; manuscrita]

1. *Enemigos de la promesa* (véase la carta de Orwell a Connolly del **14-12-1938**).
2. *Homenaje a Cataluña*.
3. El historial de Orwell en el sanatorio de Preston Hall muestra que escupió sangre cuando estuvo enfermo en 1929, 1931 y 1934; que contrajo neumonía en 1918, 1921, 1933 y 1934; y dengue durante su estancia en Birmania.
4. Habían ofrecido a Orwell escribir editoriales, reseñas y cartas al director para *The Pioneer*, Lucknow, en Pakistán. (Véase XI. 426, pp. 120-122.)
5. *Subir a por aire*. Orwell no está siendo del todo justo; él mismo le había sugerido que lo hiciera (véase su carta a Leonard Moore del 6 de diciembre de 1937, XI, 412, pp. 100-101).
6. La casa del hermano de Eileen.

La secuencia de acontecimientos que condujeron al ingreso de Orwell en el sanatorio de Preston Hall es incierta y se complica por las dudas respecto a la fecha de la carta de Eileen a Jack Common. El historial de Orwell (hallado por Michael Shelden) muestra que ingresó en Preston Hall el martes 15 de marzo, y que le dieron el alta ese mismo día; luego volvió a ingresar el jueves 17 y se quedó hasta el 1 de septiembre de 1938. El historial incluye también un análisis radiológico de los pulmones de Orwell fechado el 16 de marzo. Podría suponerse razonablemente que fue ingresado de urgencias el 15 de marzo; que cortaron la severa hemorragia descrita por Eileen y le hicieron radiografías; una vez examinadas al día siguiente, volvieron a ingresarlo para someterlo a tratamiento. Dicho tratamiento incluía reposo absoluto, inyecciones de calcio coloidal y vitaminas A y D hasta que la tuberculosis quedara definitivamente descartada.

El sanatorio de Preston Hall, en Aylesford, Kent, estaba a una milla o dos al norte de Maidstone. Era un hospital de la Legión Británica para militares retirados (de ahí que el pabellón donde estaba Orwell se llamara Jellicoe, en honor al famoso almirante de la Primera Guerra Mundial). Al principio, le dieron una habitación individual; eso despertó comentarios sobre un trato preferente, pero él insistió en estar con los demás y se llevaba bien con ellos. (Véanse Crick, 358-360; Shelden, 316-319, y para mayor información, XI, 432, pp. 127-128.)

De Eileen Blair* a Jack Common*

Lunes [y martes, 14-15 de marzo de 1938]
24 Croom's Hill
Greenwich

Querido Jack:

Probablemente te habrás enterado del susto de ayer. Espero que no acabaras calado hasta los huesos.[1] Daba la impresión de que la hemorragia no cesaría y el domingo todos coincidían en que había que llevar a Eric a algún sitio donde, en caso necesario, pudiesen tomar las medidas oportunas: practicarle un neumotórax artificial para que dejara de sangrar o hacerle una transfusión. Fueron a un especialista que visita en un pequeño hospital cerca de aquí y él también recomendó su traslado, que se llevó a cabo en una ambulancia que parecía un lujoso dormitorio con ruedas. El viaje no tuvo consecuencias, su presión arterial era más o menos normal, y cortaron la hemorragia sin necesidad de practicarle el neumotórax. Así que valió la pena. Todo el mundo temía aceptar la responsabilidad del traslado, pero al final nos pusimos de acuerdo. Eric está un poco deprimido por estar en una institución pensada para el asesinato, pero por lo demás se encuentra muy bien. Dicen que no tendrá que quedarse mucho tiempo,[2] aunque el especialista tiene la esperanza de poder localizar el lugar concreto donde se producen las hemorragias y controlarlas en el futuro.

En realidad, te escribo para darte las gracias por ser tan buen vecino y más con el mal tiempo que hacía. Es desquiciante no poder hablar más que con la gente del pueblo, que no se puede decir que sea muy tranquilizadora.

Te tendré al corriente de lo que ocurra. He de escribir varias cartas terribles a nuestros parientes.

Besos a Mary y a Peter,[3]
Eileen

[XI, 432, pp. 127-129; manuscrita]

1. Aunque Jack Common vivía solo a seis millas de Wallington, el viaje era complicado y no tenía coche.
2. No salió del sanatorio hasta el 1 de septiembre de 1938.
3. La mujer y el hijo de Jack Common.

Orwell escribió a Spender el 2 de abril. Spender, en una carta sin fechar, respondió que había acordado escribir una reseña de Homenaje a Cataluña *para el* London Mercury. *Luego sacó a colación la actitud de Orwell. Afirmó que le había atacado sin conocerlo, que le «había extrañado que, todavía sin conocerme, y después de verme solo una o dos veces, interrumpiese dichos ataques» y aseguró que le gustaría hablar con él. Además, decía que lamentaba mucho saber que Orwell estaba enfermo y le enviaba su obra de teatro* Trial of a Judge, *que, si no tenía otra cosa que hacer, tal vez podría interesarle: «Si no le apetece, no la lea. No me ofenderé».*

A Stephen Spender*

Viernes [¿15? de abril de 1938]
Pabellón Jellicoe
Preston Hall
Aylesford, Kent

Apreciado Spender:
Muchísimas gracias por su carta y por el ejemplar de su obra de teatro. He esperado a haberla leído para escribirle. Me ha interesado, aunque no

estoy seguro de qué opinión me merece. Creo que tendría que verla interpretada, porque es evidente que, cuando la escribió, pensaba usted en diversos efectos escénicos, ruidos, etc, que influirían en el ritmo del verso. Pero hay muchas cosas de las que me gustaría hablar cuando nos veamos.

Pregunta usted por qué le ataqué sin conocerle y por qué cambié de opinión después de verle. No recuerdo haberle atacado, aunque desde luego hice algunos comentarios ofensivos de pasada sobre los «bolcheviques de salón, como Auden y Spender» o algo por el estilo. Quise utilizarle como símbolo del bolchevique de salón porque *a*) los versos suyos que había leído no me habían parecido gran cosa, *b*) me parecía usted una especie de persona elegante y de éxito, amén de comunista o simpatizante comunista, y como no nos conocíamos podía considerarlo un tipo y hasta una abstracción. Incluso si me hubiese desagradado usted, después de conocerle, tendría que haber cambiado mi actitud, porque al conocer a alguien uno repara enseguida en que se trata de una persona y no una especie de caricatura que personifica determinadas ideas. En parte por esa razón no frecuento mucho los círculos literarios, porque sé por experiencia que después de conocer y hablar con alguien ya no podré demostrar ninguna brutalidad intelectual, incluso aunque lo considere mi obligación, igual que esos parlamentarios laboristas que se pierden sin remedio cuando los duques les dan palmaditas en la espalda.

Es muy amable al reseñar mi libro sobre España. Pero no se meta en líos con su propio partido. No vale la pena. Aunque puede usted disentir de todas mis conclusiones, como probablemente hará, sin llamarme mentiroso. Me gustaría mucho que viniese a verme, si no es demasiada molestia.[1] No soy infeccioso. No creo que llegar aquí sea complicado, porque los autobuses de la línea verde paran en la puerta.[2] Estoy bastante contento y muy bien cuidado, aunque por supuesto es un incordio no poder trabajar y me paso el rato haciendo crucigramas.

Suyo,
Eric Blair

[XI, 435, pp. 132-133; manuscrita]

1. Spender fue a visitar a Orwell a Aylesford. Otros que hicieron el a menudo largo y complicado viaje fueron sus antiguos camaradas del contingente español, que

viajaron en autoestop, Jack Common, Rayner Heppenstall y Max y Dorothy Plowman, que llevó al novelista L. H. Myers.

2. Los autobuses de la línea verde eran autobuses de larga distancia que hacían pocas paradas e iban de un distrito a otro en las afueras de Londres.

Homenaje a Cataluña *se publicó el 25 de abril de 1938, pero, como de costumbre, los ejemplares para los críticos se enviaron antes. Un sábado antes de la carta de Orwell a Gorer, probablemente el 16 de abril, Gorer le escribió una breve nota para decirle que* Homenaje a Cataluña *le parecía «sin ninguna duda un libro de primera fila», y adjuntó una copia en papel de calco de su crítica en* Time and Tide *«por si ponen objeciones a su insólita extensión» y para que Orwell le dijera si había alguna errata, antes de que Gorer recibiese las pruebas de imprenta. La reseña se publicó el 30 de abril.*

A Geoffrey Gorer*

18 de abril de 1938
Pabellón Jellicoe
Aylesford

Querido Geoffrey:
Debo escribirte para agradecerte tu maravillosa crítica. Tuve que pellizcarme para asegurarme de que estaba despierto, aunque tendré que volver a hacerlo si los de *T. & T.* la publican; me temo que pensarán que es demasiado larga y laudatoria. No creo que el asunto les preocupe, pues han sido bastante decentes con la guerra de España. Pero, incluso si la recortan, te agradezco mucho tu buena intención. Solo hay una o dos cosas que habría que corregir. Una es que dices que los disturbios de Barcelona los iniciaron los guardias de asalto. En realidad, fueron guardias civiles.[1] En esa época no había guardias de asalto en Barcelona y la diferencia es importante, porque la Guardia Civil es la antigua gendarmería española que data de principios del XIX y en realidad es un cuerpo más o menos profascista, es decir, que siempre que ha podido ha apoyado a los fascistas. La Guardia de Asalto es un cuerpo más reciente, creado por la República en 1931, prorrepublicano y no tan odiado por los obreros. La otra es que si te ves obligado a abreviar o modificar la reseña, no vale la pena insistir, como haces ahora, en que solo participé

en los disturbios montando guardia. Es cierto que fue así, pero si me hubiesen ordenado combatir lo habría hecho, porque en mitad de aquel caos lo único que se podía hacer era obedecer a tu partido y a tus superiores militares inmediatos. No obstante, me alegra que te gustara el libro. Por lo visto, han enviado varios ejemplares a los críticos, pero yo aún no he recibido ninguno y me inquieta pensar cómo será la sobrecubierta. Warburg pensó en adornarla con los colores catalanes, que se confunden fácilmente con *a.* la bandera monárquica española o *b.* el MCC.[2]

Espero que te vayan bien las cosas. Yo estoy mucho mejor; de hecho, empiezo a albergar dudas sobre si estaré enfermo de verdad.[3] Eileen se está peleando sola con los pollos, etc., aunque viene a verme una vez cada quince días.

Tuyo,
Eric Blair

[XI, 436, pp. 133-134; manuscrita]

1. Orwell estaba confundido. Luego indicaría que, en caso de que se publicase una segunda edición de *Homenaje a Cataluña* (solo hubo una edición inglesa mientras vivió y las ediciones francesa y estadounidense no se publicaron hasta después de su muerte), se subsanara el error. La corrección se hizo en la edición de *Complete Works* (véase VI, p. 253 y p. 257, nn. 102-115).

2. Marylebone Cricket Club, el principal club de críquet de la época. Su corbata era de rayas rojas y amarillas.

3. Según la velocidad de sedimentación en los análisis de sangre de Orwell practicados el 27 de abril (y el 17 de mayo), la enfermedad estaba «moderadamente activa». Hasta el 4 de julio no pasó a ser «latente». Nunca dio resultados normales.

De Eileen Blair* a Leonard Moore*

30 de mayo de 1938
[The Stores], Wallington

Apreciado señor Moore:
Prometí a Eric que le escribiría para ponerle al corriente de las novedades, que se resumen en que va a pasar el invierno en el extranjero, aunque seguirá en Preston Hall hasta que se vaya de Inglaterra, es decir,

probablemente hasta agosto o septiembre. Después tenemos la esperanza de que pueda regresar a casa, aunque no aquí. Estamos pensando en buscar algún sitio en Dorset. No es que esté peor, pero su estado está ahora más claro. De hecho, el diagnóstico original estaba equivocado: tenía bronquiectasia y es probable que no fuese tisis.[1] Por lo visto, no tiene sentido tratar la bronquiectasia con reposo absoluto, como se hace a veces para curar la tisis, y creo que lo dejarán levantarse en cuanto el tiempo mejore.[2] También debería poder trabajar un poco en su novela en julio o agosto. Por supuesto, no es fácil trabajar en un sanatorio, donde no para de entrar gente y hay un horario que casi seguro interfiere con su horario de trabajo, pero ya tiene bosquejado el libro y está deseando ponerse a trabajar. Debería haberle escrito hace tiempo para hablarle de esta novela, cuando Eric comprendió por primera vez que no podría terminarla en octubre, pero él quería decirle a Gollancz que estaría terminada antes de Navidad. Ahora cree que estará lista en primavera y es probable que lo esté. Le quedaré muy agradecida si pudiera comunicárselo a Gollancz en los términos que considere adecuados.

He oído que han publicado una crítica estupenda de *Homenaje a Cataluña* en el *Observer*,[3] pero aún no la he leído. En general, las reseñas han sido muy buenas, ¿no cree? Es interesante que el PC haya decidido guardar las formas, y también muy inteligente por su parte que hayan sido tan discretos en la prensa claramente comunista y hayan dicho lo que querían de manera anónima en el *TLS* y el *Listener*.[4] A propósito, ¿sabe cuándo tiene pensado Warburg pagarnos un anticipo? Pensábamos que nos pagaría 75 libras en enero y otras 75 el día de la publicación, pero puede que nos equivocáramos.

Eric continúa siendo muy razonable y plácido y todo el mundo está muy contento de su estado general.

Atentamente,
Eileen Blair

[XI, 447, pp. 154-155; mecanografiada]

1. La bronquiectasia es una enfermedad vírica crónica que afecta a los tubos bronquiales.
2. A Orwell le permitieron levantarse una hora al día a partir del 1 de junio y tres horas al día una semana después.

3. La reseña, del 29 de mayo de 1938, la escribió Desmond Flower (1907-1997; Cruz al Mérito Militar), autor, editor y director. Fue director de Cassell & Co. en 1931, director literario en 1938 y presidente entre 1958-1970. También fue fundador y director, junto con A.J.A. Symons, de *Book Collector*.
4. El *Times Literary Supplement*. *The Listener* lo publicaba la BBC y, entre otras cosas, imprimía algunas de las charlas que emitía (a menudo resumidas). Orwell escribió reseñas para *The Listener* y ellos publicaron algunas de sus charlas. (Véase la carta del **16-06-1938** a propósito de la reseña en *The Listener*.)

Al director de *The Listener*

16 de junio de 1938
Aylesford

Reseña de *Homenaje a Cataluña*

El modo en que su crítico[1] aborda los hechos es un tanto curioso. En su reseña de mi libro *Homenaje a Cataluña* en *The Listener* del 25 de mayo emplea cuatro quintas partes de su columna para resucitar la acusación de la prensa comunista de que el partido político español conocido como POUM es una organización quintacolumnista a sueldo del general Franco. Primero afirma que dicha acusación era «hiperbólica», para luego añadir que era «creíble», y que los dirigentes del POUM eran «traidores a la causa gubernamental». Dejo de lado la cuestión de cómo puede ser creíble que la «quinta columna» de Franco la integren los obreros más pobres y la dirijan personas que en su mayoría habían estado en la cárcel bajo el régimen que Franco estaba intentando restaurar, y que, al menos uno de ellos, estuviese en la lista de Franco de «individuos que hay que fusilar». El crítico está en su derecho de creer semejante historia. A lo que no tiene derecho es a repetir su acusación, que, dicho sea de paso, es una acusación contra mí, sin indicar siquiera de dónde procede o que yo tenía algo que decir al respecto. Todo el artículo da a entender que los absurdos cargos de traición y espionaje partieron del gobierno español. Pero, tal como señalé con todo lujo de detalles (capítulo XI de mi libro), dichas acusaciones nunca encontraron apoyo fuera de la prensa comunista y no hay pruebas que las demuestren. El gobierno español ha desmentido varias veces que sean ciertas y se ha negado reiteradamente a procesar a las personas denunciadas por los periódicos comunistas. He citado literalmente las declaraciones del gobierno español, repetidas en numerosas ocasiones. Su crítico sencillamente las pasa por alto, sin duda con la esperanza de haber desanimado a los lectores y de que nadie repare en sus tergiversaciones.

No espero ni quiero «buenas» reseñas y, si un crítico decide utilizar su columna para expresar sus opiniones políticas, eso es problema suyo y de usted. Pero creo estar en mi derecho de exigir que, cuando dicha columna se dedica a hablar de un libro mío, que se aluda al menos a algo de lo que he dicho.

George Orwell

[XI, 452, pp. 160-162]

La queja de Orwell produjo esta respuesta del crítico de The Listener.

Hemos enviado la carta anterior a nuestro crítico, que responde:

«La carta del señor Orwell pasa por alto el hecho de que la situación en Barcelona llegó a ser tan difícil que el gobierno español se vio obligado a enviar a la policía armada para reprimir lo que se había convertido en una insurrección. Los dirigentes de dicha insurrección eran los elementos extremistas anarquistas aliados con el POUM. No se trata de "resucitar" las acusaciones de la prensa comunista, sino de un hecho histórico. He pasado gran parte de la guerra en España y no me he basado en notas de agencia para redactar mi columna.

»Como he dejado claro en mi reseña, los militantes del POUM creían combatir contra Franco. Eran personas pobres e ignorantes y la complejidad de la situación revolucionaria los superaba; los culpables fueron sus jefes. En cuanto a lo de ser parte de la quinta columna de Franco, no hay duda de que quien se negase a cooperar con el gobierno central y a someterse a la ley estaba debilitando de hecho la autoridad de dicho gobierno y ayudando al enemigo. En una guerra, el desconocimiento es tan reprochable como el sabotaje intencionado. Lo importante son las consecuencias, no los motivos de sus actos.

»Lamento que el señor Orwell piense que mi intención era desanimar a los lectores para que no leyeran un libro magníficamente escrito; no es así: quiero que la gente lo lea, pese a que, en mi opinión, su análisis está equivocado. La esencia de la democracia en tiempo de paz es que todas las opiniones estén disponibles para todos».

Debemos decir, al publicar la réplica de nuestro crítico, que no responde a las cuestiones que plantea el señor Orwell, a quien expresamos nuestro pesar.

Director, THE LISTENER[2]

1. Philip Furneaux Jordan (1902-1951), periodista, novelista y crítico. Estaba en la plantilla del periódico parisino *Daily Mail* y dirigía la edición de la Riviera del *Chicago Tribune*. En 1936 empezó a trabajar para el *News Chronicle* y ejerció el cargo de corresponsal en España entre 1936 y 1937. Luego se convirtió en director de reportajes y en corresponsal extranjero. Entre 1946 y 1947 fue secretario de la embajada británica en Washington, y posteriormente asesor de relaciones públicas del primer ministro Clement Attlee.

2. J. R. Ackerley (1896-1967) fue director literario entre 1935 y 1959. Su apoyo a Orwell, a pesar de las explicaciones del crítico, resulta revelador. (Véase *Ackerley* de Peter Parker [1989].)

De Eileen Blair* a Denys King-Farlow*

22 de junio de 1938
[The Stores], Wallington

Querido Denys:
Cuando te dije por teléfono que más o menos te estaba escribiendo era cierto. Pero también tenía la gripe, aunque no acababa de creérmelo, porque me parecía muy raro en esa época, incluso en un año tan raro como ese.

No había olvidado el dinero; de hecho, lo fui apreciando cada vez más porque el «adelanto» por el libro sobre España no llegaba. ¡Al final lo cobramos a plazos! Pobre hombre (me refiero al editor). Espero que no te hiciese falta. No me habría quedado el cheque si hubiese pensado que no podía devolverlo en el acto. O al menos eso creo.

Ya te habrás enterado de que Eric no está tan enfermo como pensaban. Por supuesto, él nunca ha creído estarlo, pero los dos primeros meses daba la impresión de que tenía los dos pulmones afectados de tisis y en tal caso habría estado desahuciado. Ahora resulta que es una bronquiectasia, con la que la gente vive más o menos indefinidamente en condiciones bastante buenas. Supongo que te habrá contado que probablemente iremos a pasar el invierno en el extranjero en lugar de ir a un sanatorio, y que luego tendremos que encontrar la casa perfecta en uno de los condados del sur por un alquiler de 7 libras y 6 chelines. Volveré pronto a buscarla. Incluso creen que podría salir de Preston Hall en agosto y pasar un mes o así en condiciones normales en Inglaterra. Por supuesto, tiene que ser muy «cuidadoso», pero el tratamiento consiste solo en descansar y comer mucho. Puede que nos quedemos en una granja en algún sitio. Luego le devolveremos esta casa al casero o a un desdichado tío anciano de Eric que se ha ofrecido como posible inquilino.[1]

Me alegra mucho que fueses a ver a Eric y lo sacases de allí. Creo que le deprime más estar en esa especie de semiconfinamiento que estar en cama, y la fiesta le encantó.[2] Fue un bonito detalle por tu parte enviar el dinero, en lugar de ofrecerte a hacerlo.

Muchas gracias.
Un abrazo,
Eileen Blair

[XI, 455A, pp. 164-165, manuscrita]

1. Aunque los padres de Orwell tenían entre los dos diecisiete hermanos y hermanas, los únicos tíos a los que podía estar refiriéndose Eileen eran Charles Limouzin, que había sido secretario de un club de golf en Parkstone, Bournemouth; George Limouzin, que estaba casado con Ivy; y Eugène Adam, que estaba casado con Nellie Limouzin. Ninguno alquiló la casa.

2. Si la fiesta fue para celebrar algo, es posible que fuera la publicación de *Homenaje a Cataluña* el 25 de abril; o una fiesta adelantada de cumpleaños por el trigésimo quinto aniversario de Orwell el 25 de junio.

A Jack Common*

5 de julio de 1938
New Hostel
Preston Hall
Aylesford, Kent

Querido Jack:
Como sabes, tengo que pasar el invierno en el extranjero, probablemente unos seis meses a partir de finales de agosto. ¿Te gustaría disfrutar

de nuestra casa sin pagar el alquiler a cambio de cuidar de los animales? Te explicaré la situación para que puedas ver las ventajas e inconvenientes por ti mismo.

i. Los médicos dicen que debo vivir más al sur. Eso significa dejar la casa como muy tarde cuando regresemos. Pero no quiero deshacerme de los animales porque tenemos ya casi 30 gallinas, que el año que viene podrían ser 100, y además eso significaría vender los gallineros, que cuestan muy caros pero por los que apenas te dan nada si los vendes. De modo que podemos elegir entre buscar a alguien que se instale en la casa o pagar a otra persona para que cuide de los animales, que, con lo que nos costará guardar los muebles en un almacén, ascenderá casi a lo mismo que pagar el alquiler de la casa.

ii. Sabes cómo es nuestra casa. Es horrible. Aun así, resulta más o menos habitable. Hay una habitación con una cama doble y otra con una individual, y creo que hay sábanas suficientes y demás para dos personas y un niño. Cuando cae algún chubasco en invierno la cocina a veces se inunda; por lo demás, la casa es tolerablemente seca. Tal vez recuerdes que la chimenea del cuarto de estar echa mucho humo, pero creo que le daremos un vistazo antes de irnos; en todo caso, es un arreglo de poca importancia. Hay agua corriente, aunque no caliente, claro. Hay una estufa Calor Gas, que resulta bastante cara (por el gas), pero también hay un hornillo de aceite que podrías resucitar. No habrá demasiadas verduras, pues Eilèen no ha podido atender el huerto ella sola, pero en cualquier caso tendréis patatas para todo el invierno. También habrá leche, más o menos un cuarto de litro al día porque la cabra acaba de parir. Mucha gente tiene prejuicios con la leche de cabra, pero en realidad es muy parecida a la de vaca y dicen que es muy buena para los niños.

iii. En cuanto a lo de cuidar de los animales, me refiero a dar de comer, etc., a unas 30 aves y a dar de comer y ordeñar a las cabras. Dejaré instrucciones detalladas sobre la comida, etc., y quedaré con el vendedor de trigo para que te entregue el grano y me envíe la factura. También podrías vender los huevos (el carnicero, que pasa dos veces a la semana, te los comprará todos) y guardarnos el dinero. Al principio, no habrá muchos, pues la mayoría son gallinas nacidas este año, pero a principios de primavera deberían estar poniendo unos 100 a la semana.

Ya me dirás si te interesa. A nosotros nos vendría muy bien y como mínimo tú tendrías un sitio tranquilo donde trabajar.[1]

Recuerdos a Mary y Peter.
Tuyo,
Eric Blair

[XI, 461, p. 171; manuscrita]

1. Aceptaron la oferta.

De Marruecos a la BBC
1938-1941

Todo el mundo pensó que el clima del norte de África beneficiaría la salud de Orwell. No obstante, resultó ser más bien ilusorio, aunque probablemente le sentara bien el relativo descanso. Aun así se las arregló para cultivar algunas verduras y criar dos cabras y gallinas. Mientras estuvo en Marruecos, le angustió la preocupación de haber pedido prestado más de lo que podía devolver, aunque, sin que él lo supiera, el novelista L. H. Myers había adelantado las 300 libras como regalo. Orwell insistió en muchas ocasiones en devolver esa «deuda» y llegó a pagar lo que creía deber a un intermediario, Dorothy Plowman.

Mientras estaban en Marruecos, los Orwell pasaron unos días en las montañas del Atlas y él escribió *Subir a por aire*, cuyo manuscrito entregó a Leonard Moore, su agente, para que se lo llevase a Gollancz nada más regresar a Inglaterra el 30 de marzo de 1939. El 28 de junio de 1939, el padre de Orwell murió de cáncer y él describió de forma conmovedora su paseo frente al mar en Southwold mientras pensaba qué hacer con los peniques que habían utilizado para cerrar los ojos de su padre al morir. Al final los arrojó al mar.

El estallido de la guerra el 3 de septiembre de 1939 supuso el inicio de un período de gran frustración para él. No consiguió ningún puesto desde el que colaborar con la causa aliada y tampoco lo aceptaron en el ejército. Eileen al principio encontró empleo (irónicamente) en una oficina del Departamento de Censura en Whitehall. Más irónico resulta todavía que Orwell utilizara después uno de los cuadernos donde se registraba el correo censurado para apuntar sus ingresos y declararlos a Hacienda. Reseñó libros, obras de teatro y películas y, en mayo de 1940, después de Dunkerque, se alistó en lo que se convertiría en la Home

Guard, donde sirvió activamente como sargento. Uno de los miembros de su unidad era su editor Fredric Warburg, que había combatido en Passchendaele en 1917. Otros miembros de la unidad de Orwell eran dos verduleros, el dueño de un garaje y su hijo, un repartidor de Selfridge's, Denzil Jacobs (un censor de cuentas que luego sirvió como piloto de la RAF) y su padre, que fueron ambos a visitar a Orwell al hospital del University College en 1949. Denzil Jacobs afirmó que, para Orwell, «el compromiso lo era todo».

Su *El león y el unicornio* se publicó en 1941. Colaboró en unas cuantas emisiones de la BBC, entre ellas cuatro para el Servicio Exterior de la BBC. Luego, el 18 de agosto de 1941, lo nombraron asesor del Servicio Exterior de la BBC con un sueldo de 640 libras anuales. Tras asistir a un breve curso de formación (llamado con cierta injusticia «La escuela de los mentirosos»; en realidad era muy práctico y directo), empezaron dos años de trabajo duro e intenso. Aunque llegó a considerarlos «dos años desperdiciados», en realidad fueron más valiosos de lo que pensaba. Para entonces Eileen había cambiado el alienante Departamento de Censura por el Ministerio de Alimentación, donde trabajaba en programas como «La cocina del frente» y aconsejaba a la población cómo aprovechar al máximo la poca comida disponible en una época de estricto racionamiento.

De una carta de Orwell a su madre, 25 de febrero de 1912.

De Eileen* a Ida,* la madre de Orwell

15 de septiembre de 1938
Hotel Majestic
Marrakech

Querida señora Blair:

Creo que Eric le ha enviado unas postales explicando, como dice él, que he estado «indispuesta». Podría decirse que los dos lo hemos estado, supongo que en parte por el clima y en parte por el espanto que nos inspiraba este país. Yo tuve además una especie de fiebre, tal vez por comer comida en mal estado, aunque es más probable que fuese por los mosquitos; Eric ha comido lo mismo que yo pero no le han picado, y yo parezco hecha de brioches.

El viaje, hasta que partimos de Tánger, fue tan agradable que nos confiamos demasiado. Es cierto que fuimos a Gibraltar por error y luego tuvimos que quedarnos en Tánger porque los barcos a Casablanca estaban llenos, pero Gibraltar fue muy interesante y Tánger es una delicia. Las medicinas de Eric para el mareo funcionaron incluso en el viaje de Gibraltar a Tánger y eso que había mala mar (se paseó por cubierta con una sonrisa seráfica viendo cómo la gente vomitaba e insistiendo en que entrase en el lavabo de señoras para informarle de los desastres que acontecían allí); y el hotel Continental en Tánger estaba muy bien. Si hubiésemos podido venir en barco, como teníamos pensado, probablemente Marruecos nos habría gustado más, pero tuvimos que venir en tren, lo que supuso desayunar a las 5 a.m., padecer interminables tormentos hasta contentar a la policía y las autoridades de aduanas de todas las naciones antes de subir al tren y luego responder a las preguntas de más policías y oficiales de aduanas a) antes de que el tren saliera de la zona internacional, b) antes de entrar en la zona española, y c) antes de entrar en la zona francesa. Los españoles fueron muy amables y descuidados, y menos mal porque en el último minuto llegó un hombre para llevarse los periódicos franceses que llevaba todo el mundo y cuya entrada estaba prohibida en territorio español. Llevábamos en las maletas una colección de unos 20 periódicos, fascistas y antifascistas. Los franceses, como es típico en ellos, se negaron a creer que nuestros motivos para ir a Marruecos fuesen honrados. No obstante, dejaron que la policía de Marruecos se encargase de detenernos y llegamos hasta el enlace donde había que cambiar a un tren con coche restaurante. Eran las 11.45 y debían ser las 11.00. Todo el mundo corrió por la estación acompañados de un sinfín de mozos de cuerda árabes de edades que oscilaban entre los 10 y los 70 años, y el tren arrancó antes de que subiésemos. Nuestro mozo de cuerda, que medía 3 pies y 6 pulgadas, se las arregló para dejar nuestras maletas en la plataforma para perseguirnos y cobrar su propina (aseguró que las había dejado en el coche restaurante), pero averiguarlo nos costó horas y tardamos dos días en recuperarlas en Casablanca. Luego fuimos a Marrakech, otra vez partiendo a las 7 a.m., y nos alojamos en el hotel Continental que nos habían recomendado y que tal vez fuese bastante bueno en otro tiempo. Ahora ha cambiado de dueño y es evidente que es un burdel. No conozco muchos burdeles, pero, como ofrecen un servicio especial, probablemente pueden permitirse ser sucios y no ofrecer otras comodidades. No obstante, nos quedamos un día, en parte porque Eric no notó que ocurriera nada raro hasta que intentamos vivir en él y en parte porque la fiebre me estaba subiendo un grado cada hora y necesitaba acostarme, lo cual resultó fácil, y pedir alguna bebida, que nos trajo una ilimitada variedad de árabes callejeros de aspecto patibulario pero muy amables. Eric, por supuesto, comió fuera y eso es muy caro en Marruecos, así que nos trasladamos aquí lo antes posible. Es el segundo hotel más caro de Marrakech, pero resulta mucho más barato pagar una pensión completa (95 francos al día para dos personas)[1] que ir a restaurantes.

Domingo.

Eric me obligó a acostarme y hasta ahora no he podido reanudar la carta. Esta mañana le ha escrito mientras yo deshacía las maletas, así que ya sabrá lo de madame Vellat y la villa que tenemos en perspectiva.

Creo que lo de la villa será divertido desde nuestro punto de vista. Está totalmente aislada y solo hay unos árabes que viven en las dependencias para cuidar de la plantación de naranjos. Vamos a comprar los muebles necesarios para instalarnos. Como serán los más baratos que podamos conseguir, el efecto estético tal vez no sea muy afortunado, pero tenemos la esperanza de encontrar alguna alfombra decente, pues queremos llevárnoslas cuando volvamos. Hay un salón muy grande, dos dormitorios, un baño y una cocina. No hay dónde cocinar, pero compraremos unos botes de carbón y un infiernillo Primus. El campo parece desértico, pero tal vez sea diferente después de las lluvias. En cualquier caso, podemos tener una cabra y el clima será beneficioso para Eric. En Marrakech no lo habría sido. El barrio europeo es insoportable, con una respetabilidad de segunda y muy caro. El barrio nativo es «pintoresco», pero el ruido es aún peor que los olores. Eric estaba tan deprimido que pensé que tendríamos que volvernos, pero ahora está emocionado con lo de la villa y creo que se sentirá a gusto. Según el doctor Diot (que nos recomendó un amigo de mi hermano en París), el clima es ideal para él, o lo será dentro de unas semanas cuando refresque. Y la villa tiene una especie de observatorio en el tejado donde podrá trabajar.

El segundo dormitorio, por supuesto, es para Avril, si lo quiere. Si viajase a Tánger por mar el billete de ida y vuelta le costaría unas 12 libras. En Tánger puede alojarse en el Continental por 10 chelines al día con todo incluido. El billete de Tánger a Marrakech en tren cuesta 155 francos en segunda clase. Por desgracia, el tren a Casablanca sale hacia las 3 p.m. y el primer tren a Marrakech no sale hasta las 8 y tarda toda la noche en llegar. Sería mejor que pasara la noche en Casablanca, supongo que le costaría unos 10 chelines, y coger el tren de la mañana. Solo tarda cuatro horas y se puede ver el paisaje. A nosotros nos pareció detestable, pero solo porque estábamos condenados a vivir en él seis meses. A medida que uno se acerca a Marrakech, los camellos se van haciendo más frecuentes y al final son tan comunes como los burros, y los pueblos nativos son extraordinarias acumulaciones de cabañas de unos 5 pies cuadrados (pero por lo general de planta circular) y el tejado de paja, rodeadas a veces de una especie de cerca de madera o de un murete de adobe. No sabemos para qué sirven, pues no son lo bastante fuertes o altos para impedir que entre nadie. Marrakech también estaba hecha de adobe en su mayor parte y tiene unas murallas gigantescas. La tierra al secarse adquiere un color rojizo que es precioso cuando es adobe de verdad, pero resulta muy poco afortunado cuando los franceses, que gustan de llamar a Marrakech *la rouge*, intentan reproducirlo con pintura. Algunos de los productos nativos son preciosos, sobre todo la cerámica, los botes y las jarras que utilizan.

El doctor Diot aún no ha reconocido a Eric, aunque tiene intención de hacerlo. No es especialmente simpático, pero debe de ser un buen médico y gracias a él sabremos si sus pulmones están reaccionando como es debido.

Por favor, dele recuerdos al señor Blair y a Avril. Espero que el señor Blair esté mejor y que Avril se anime a venir a Marruecos. Dicen que la luz es estupenda para hacer fotografías. Desde su punto de vista, sería más interesante quedarse en Marrakech, pero cuando no hace calor se puede ir andando (son unas 3 millas) y creo que un taxi cuesta 2 chelines y 6 peniques. Si quisiera, podría alquilar un coche para sacarse el carnet internacional de conducir antes de venir. En todo caso, de Marrakech salen autobuses a todas partes.

Con cariño,
Eileen

[XI, 481, pp. 198-200, manuscrita]

1. A un tipo de cambio de 170 francos la libra, unos 11 chelines y 2 peniques (unas 22 libras al cambio actual).

De Eileen* a Marjorie Dakin*

27 de septiembre de 1938
Chez Mme. Vellat,
Rue Edmond Doutte Medina,
Marrakech
Marruecos francés

Mi querida Marjorie:
Acabamos de recibir nuestra primera carta —de la señora Blair—. Traía muchas buenas noticias. Me alegro mucho de que tu familia esté bien y de que Marx sepa apreciar su buena suerte.[1] Solo espero que se comporte como dicen.

Ayer pasamos el día bastante histéricos escribiendo cartas semiprofesionales con la esperanza de que las entregaran antes de que estallase la guerra. Hoy los periódicos están más tranquilos, pero resulta desquiciante no poder leer más que los que se publican en Marruecos (los demás pueden conseguirse con entre 4 y 8 días de retraso y en el momento actual es como si tuviesen años de antigüedad). Lo más extraordinario es que nadie parece interesado. Ayer estábamos en un café cuando llegó el periódico vespertino y solo lo compró una persona que ni siquiera se molestó en hojearlo. Y eso que aquí viven muchos jóvenes franceses a los que supongo que movilizarán para servir en Francia. La idea más extendida es que Marruecos será un país muy seguro, al menos en el interior. Los árabes no parecen dispuestos a armar jaleo e, incluso si lo estuvieran, los pobres desgraciados tendrían que vérselas, solo en Marrakech, con 15.000 soldados regulares con artillería y demás. Mientras nos permitan quedarnos, y probablemente nos dejarán mientras tengamos dinero, probablemente tendremos más posibilidades que la mayoría de seguir con vida. Aunque Dios sabe para qué. Parece muy improbable que Eric pueda seguir publicando libros tras el estallido de la guerra. Me alegró saber lo del refugio de Humphrey.[2] Eric lleva dos años queriendo construir uno, aunque sus planes se enfriaron cuando construyó uno en España y se les cayó encima a sus compañeros y a él, no por un bombardeo, sino por la fuerza de la gravedad. Pero lo del refugio es solo una distracción; sus especialidades son los campos de concentración y el hambre.

Enterró unas patatas por si acaso y podrían haber sido muy útiles si no se hubiesen podrido casi en el acto. Para mi sorpresa, tiene intención de quedarse aquí pase lo que pase. En teoría parece muy razonable e incluso cómodo; en la práctica, tal vez no lo sea tanto. En cualquier caso, estoy agradecida de haber venido. Si hubiésemos estado en Inglaterra supongo que lo habrían metido en la cárcel y los médicos me han advertido solemnemente de que no le conviene, aunque ninguno me ha dicho cómo evitarlo. Sea cual sea la solución, sigo teniendo la desesperada esperanza de que no haya una guerra que estoy segura de que para los checos sería mucho peor. Al fin y al cabo, la opresión política, aunque se le dé mucha publicidad, solo puede afligir a una pequeña parte de la nación porque un régimen político, sobre todo una dictadura, necesita ser popular. Nos exaspera ver las fotos de las muchedumbres londinenses «manifestándose» sin saber por qué se manifiestan, y hay referencias dispersas a la detención de «extremistas», aunque no se aclara sin son comunistas que se manifiestan contra la moderación de Chamberlain, fascistas, socialistas o pacifistas. Eric, que a pesar de todo conserva una extraordinaria ingenuidad política, quiere oír lo que llama la voz del pueblo. Cree que podría impedir la guerra, pero yo estoy segura de que la voz diría que no quiere combatir, pero lo haría si el gobierno se lo ordenase. Se me hace muy raro pensar que Chamberlain es nuestra única esperanza, aunque creo que no desea la guerra en este momento y, desde luego, es un hombre valiente.[3] Aun así, resulta espantoso e increíble pensar que en este momento podéis estar probándoos las máscaras antigás.[4]

Probablemente habrás oído decir que no nos gusta Marrakech. Es interesante, pero al principio nos pareció un sitio espantoso. Hay unas arcadas preciosas de las que salen olores horribles y niños adorables cubiertos de tiña y moscas. Encontré un sitio despejado para contemplar la puesta de sol y, cuando ya era demasiado tarde, descubrí que parte del terreno que teníamos detrás era un cementerio; la conversación de Eric diciendo que la vista estaba dominada por gusanos invisibles se me hizo insoportable y acabamos yéndonos sin ver la puesta de sol. No obstante, en general me he aclimatado y pensaba que Eric también, aunque él dice que no. Pero, cuando tengamos nuestra villa (nos mudamos el día 15), será feliz. Incluso está comprando cosas para la casa, entre ellas una bandeja de latón de cuatro pies de lado que dominará lo que queda de nuestra existencia. También tenemos dos palomas. Están en una jaula, pero en la villa las dejaremos sueltas. Aquí no se pueden tener animales domésticos porque llevan una vida horrible, y seis semanas de cuidados harían que el futuro les resultara aún peor. De todos modos, tendremos algunos burros, cada uno cuesta 100 francos.[5]

Supongo que no entenderás ni una palabra por culpa de mi letra. Solo tenemos una mesa y Eric está escribiendo a máquina unas notas para su diario. Os manda recuerdos a todos, también a Marx. Y yo también.

Eileen.

No sé cómo será Bristol,[6] o cualquier otro sitio, si hay una guerra. Pero, si en algún momento, necesitas un lugar más apartado para los niños, es muy posible que nuestra casa esté vacía. No sé qué harán al final los Common, pero le hemos dicho a mi hermano que deje la casa *in statu quo*. Será tan segura como cualquier otro lugar de Inglaterra, pero es capaz de autoabastecerse, así que hemos pensado que a alguien podría gustarle. Claro que tal vez se queden los Common. En casa de mi hermano (24 Croom's Hill, S.E.10) lo sabrán. Supongo que a él también lo movilizarán, pues está en el RAMC.[7]

[*En el encabezamiento*] Todavía no tenemos noticias fiables sobre la salud de E. El médico dice que debemos esperar a que pasen 3 o 4 semanas para que termine la «aclimatación» y se puedan apreciar los resultados.

[XI, 487, pp. 205-207; manuscrita]

1. Marx, el caniche negro de los Orwell, quedó al cuidado de Marjorie y de su marido, Humphrey Dakin.
2. Un refugio antiaéreo excavado en el jardín trasero. Ese tipo de refugios —poco más que una lámina de acero corrugado cubierta de tierra— los introdujo en noviembre de 1938 el ministro del Interior, sir John Anderson, y se bautizaron con su nombre. Se construyeron o excavaron más de dos millones. Eran gratis para quienes ganasen menos de 250 libras al año y costaban 7 libras para quienes ganasen más. Aunque fueron objeto de incontables burlas y tendían a inundarse, es probable que sirvieran para salvar vidas.
3. A principios de septiembre de 1938, los alemanes de los Sudetes, encabezados por Konrad Henlein (1898-1945, por suicidio), organizaron manifestaciones exigiendo la reunificación de las zonas fronterizas checas con Alemania. El 14 de septiembre, el gobierno checo había declarado la ley marcial en los Sudetes, el gobierno francés había reforzado la Línea Maginot y el gobierno británico había animado a los checos a acceder a las exigencias alemanas, pero el 23 de septiembre el gobierno checo ordenó la movilización general y la guerra pareció inevitable. Al día siguiente de que Eileen escribiese esta carta, Hitler convocó a una conferencia a los checos, los franceses y los británicos; el primer ministro Neville Chamberlain voló a Munich para asistir a ella. A cambio de ganar un poco de tiempo, se obligó a los checos a aceptar las exigencias alemanas y la anexión de los Sudetes empezó el 1 de octubre. Polonia aprovechó la ocasión para invadir la Silesia checa. El comentario de Eileen a propósito de la criticada frase de Chamberlain en su discurso radiofónico del 1 de octubre cuando afirmó creer que «era la paz en nuestro tiempo [...] una paz con honor», resulta particularmente revelador, y probablemente refleje lo que, sin la perspectiva que da el tiempo, sintió entonces mucha gente.
4. A finales de septiembre de 1938 se repartieron máscaras antigás.
5. Unos 11 chelines y 2 peniques, el equivalente a unas 22 libras actuales.
6. Donde vivían Marjorie y su familia.

7. El Royal Army Medical Corps. Laurence O'Shaughnessy fue llamado a filas nada más declararse la guerra un año después.

A Jack Common*

29 de septiembre de 1938
Chez Madame Vellat
Marrakech

Querido Jack:

Ayer te escribí dándote ideas por si estallaba la guerra; esta mañana he recibido tu carta que da a entender que la guerra no es tan probable, así que vuelvo a escribirte con ánimo más sereno. En este extremo del mundo es difícil hacerse una idea de lo que pasa. Los soldados llevan el equipo completo, la artillería hace maniobras en el extremo proletario de la ciudad «por si hay problemas» y esta tarde ha habido un ejercicio antiaéreo que no he llegado a entender; por su parte, la población francesa no demuestra el menor interés y es evidente que no cree en la inminencia de la guerra. Claro que aquí no corren peligro más que los jóvenes a los que movilizarían, y tal vez eso influya en su actitud. Todo es tan absurdo que me pone enfermo. De una cosa estoy seguro. A no ser que su prestigio se vea tremendamente comprometido, como ocurriría si Hitler invadiera Checoslovaquia entera sin que Inglaterra y Francia moviesen un dedo, y devolvieran al embajador británico a Inglaterra con el culo pintado de verde, Chamberlain ganará las próximas elecciones por mayoría. Los supuestos partidos de izquierdas se las han puesto en bandeja con la estupidez de su política.

Lamento saber que no te dan nada por los pollos. Cruzamos las gallinas con un Leghorn porque así son buenas ponedoras y sale más a cuenta vender los huevos que los pollos. Lo mejor que podéis hacer es coméroslos. La carne está buena, pero son tan pequeños que apenas se pagan. Las más tempranas deberían empezar a poner este mes y las otras supongo que en noviembre. Intenta darles un poco de Karswood, que es muy barato, para criarlas. Espero que Muriel[1] se esté portando bien. Sigo sin recordar lo que le dábamos de comer. ¿Te están entregando los de Clarke's los suministros? Si es así, pídeles la factura. Saben que soy buen pagador, y a lo mejor se les ocurre un modo de enviarme las facturas o dan con alguna otra solución. Corta el teléfono, si no lo han hecho ya. Pensé que mi cuñado se encargaría. ¿Podrías escribirle para decírselo? Te di su dirección en mi última carta. No sé si habrá manzanas en el árbol del huerto. Algunos años da entre 30 y 40 libras. Son muy buenas para cocinar, pero conviene consumirlas pronto porque no se conservan bien.

Me entristece que nunca hayas salido de Inglaterra, sobre todo cuando pienso en los cabrones que sí viajan y se limitan a ir de hotel en hotel sin notar más diferencia que la temperatura. Aunque, por otro lado, no estoy muy seguro de los beneficios de viajar. Siempre he creído que uno no llega a aprender nada de un país extranjero si no trabaja en él o hace algo que lo obligue a entrar en contacto con sus habitantes. Este viaje es nuevo para mí, porque por primera vez me siento como un turista. El resultado es que es casi imposible, al menos de momento, entrar en contacto con los árabes, mientras que si, pongamos por caso, hubiese venido a vender armas de contrabando, habría conocido a un montón de gente interesante pese a la dificultad del idioma. A menudo me ha llamado la atención lo fácil que es que la gente te acepte cuando estás en su mismo barco y lo difícil que resulta en caso contrario. Por ejemplo, cuando estuve con los vagabundos, daban por hecho que vivía en la calle, les traía sin cuidado mi acento de clase media y estaban dispuestos a ser más cercanos de lo que yo quería. Mientras que si, digamos, llevases a un vagabundo a tu casa e intentaras que hablase contigo, la relación sería paternalista y bastante absurda. Como de costumbre, estoy tomando notas detalladas de todo lo que veo, aunque no sé qué haré luego con ellas. En Marrakech es más difícil hacerse una idea de la situación en Marruecos que en un sitio menos típico. En una ciudad como Casablanca hay una enorme población francesa y un proletariado blanco, y en consecuencia ramas locales del Partido Socialista y demás. Esto no es muy diferente de la sociedad angloindia y uno está más o menos obligado a ser un sahib auténtico o a afrontar las consecuencias. Aún nos quedaremos otras dos o tres semanas en la ciudad antes de instalarnos en la villa. Será un poco más caro, pero también más tranquilo para trabajar y necesito tener un huerto y unos animales. Además me interesa ver un poco cómo viven los campesinos árabes. Aquí en la ciudad las condiciones son espantosas, los salarios rondan 1 chelín o 2 la hora y es el primer sitio donde he visto a los mendigos pedir pan y engullirlo con ansia cuando se lo dan. Sigue haciendo bastante calor, pero empieza a refrescar y los dos estamos bastante bien de salud. En realidad, no me pasa nada y, aunque me fastidia haber perdido tanto tiempo, probablemente me haya sentado bien dejar el trabajo estos siete meses. La gente que no escribe, no cree que escribir sea un trabajo, pero tú y yo sabemos que sí. Gracias a Dios he empezado ya mi nueva novela, que estaba programada para este otoño, pero tal vez aparezca en primavera. Aunque, si hay guerra, sabe Dios si seguirán publicándose libros. Lo de la guerra me parece una auténtica pesadilla. Richard Rees hablaba como si ni siquiera la guerra pudiera ser peor que la situación presente, pero creo que se refiere a que no ve ninguna utilidad a las actividades propias del tiempo de paz. Muchos intelectuales piensan igual, y creo que es una explicación de por qué los supuestos izquierdistas se han convertido en los más patrioteros. Personalmente se me ocurren muchas cosas que hacer y que quiero seguir haciendo los próximos treinta años, y me saca de quicio pensar que tendré que interrumpirlas y marcharme o acabar en un sucio campo de concentración. Eileen y yo hemos decidido que, si hay guerra, lo mejor que podemos hacer es seguir con vida y procurar que prevalezca la cordura.

Estaré en las señas de arriba durante un tiempo. Te enviaré las nuevas cuando las tenga, probablemente sea una lista de correo, pues no creo que el cartero llegue a donde vamos. Muchos recuerdos a Mary y Peter. Eileen también os manda besos.

Tuyo,
Eric

P. D. [*manuscrita en el encabezamiento de la primera página*] Sí, coincidí una vez con Alec Henderson[2] en una fiesta. La gente del pueblo es muy amable, sobre todo los Hatchett, la señora Anderson, Titley, Keep, Edie (la hija de la señora Ridley) y su marido Stanley, y Albert, el otro yerno de la señora R. No sé qué hacer por el viejo H. excepto darle huevos cuando sus gallinas no pongan. Es un anciano muy amable. Dile a todos que has tenido noticias mías y que les envío recuerdos.

[XI, 489, pp. 210-212, mecanografiada]

1. La cabra de Orwell con la que aparece en una foto familiar (véase Crick, ilustración 19). También es el nombre de la cabra en *Rebelión en la granja*.
2. Posiblemente sea un vecino de Wallington, pero puesto que no lo incluye con «la gente del pueblo» tal vez no sea uno de los lugareños. «Alec» podría ser una equivocación y referirse a Arthur Henderson padre (1863-1935). Su hijo (1893-1966) fue parlamentario laborista entre 1923 y 1924, 1929 y 1931 y 1935-1966.

De Marjorie Dakin* a Eileen Blair* y a Orwell

3 de octubre de 1938
166 Saint Michael's Hill
Bristol

Queridos Eileen y Eric:

Muchísimas gracias por vuestras cartas, y por la libra que enviasteis. Marx se está portando muy bien, aunque tiene cierta perversidad innata que nunca podrá erradicarse del todo. Es muy obediente fuera de casa y acude cuando le llamas, también está aprendiendo a no bajar de la acera y lo llevamos sin correa por las calles tranquilas para que aprenda. Juega mucho con los niños, sobre todo en el campo. Sobre su cabeza pende una espada de Damocles, pues le hemos amenazado con convertirlo en salchichas si racionan la comida; a Tor también, aunque su carne estará un poco correosa.

Ya supondréis que todo el mundo ha estado preocupadísimo con la guerra, pensábamos que esta vez era inevitable, y puede que aún lo sea. Los preparativos continúan. El otro día llevé a los niños a por sus máscaras antigás, no es que tenga demasiada fe en ellas, pero qué se le va a hacer. He oído que las ARP son una farsa y que, si nos bombardearan, nadie sabría qué hacer.[1] También he oído que en Bristol solo tendríamos cuatro minutos para reaccionar y en Londres 25 segundos, pero no sé si será cierto.[2] Si lo es, casi no vale la pena hacer nada porque no me veo poniéndoles las máscaras a los niños y llevándolos al refugio en cuatro minutos.

A Humph lo han trasladado provisionalmente al Ministerio de Transportes, y lo han enviado a Salisbury, aunque supongo que no tardará en volver. Por lo que ha podido averiguar, todos los altos funcionarios de Londres (del transporte) se han trasladado en masa al sur de Inglaterra con sus mujeres y sus familias. El jefe se ha ido al distrito de

Truro. Y como Humph era el único que llegaba de fuera le dieron Salisbury, que era el destino más peligroso.

Aquí todo está muy tranquilo, sin mítines de ningún tipo. Todos los parques y jardines han sido excavados para construir refugios, y en Inglaterra no queda hierro corrugado ni sacos terreros. Creo que en los colmados han vendido más que en Navidad. Yo no he acumulado comida, aunque compré un saco de patatas que me ofreció el verdulero.

Devon y Cornualles están abarrotados, no se puede encontrar casa ni alojamiento a ningún precio, la gente que fue a Londres el viernes dijo que estaba prácticamente vacío, Hyde Park y los jardines de Kensington tienen millas de trincheras excavadas. Ahora habrá que pagar los gastos.

Espero que Chamberlain lo deje todo bien atado, ofrezca a Alemania la devolución de sus colonias e intente eliminar los aranceles. De lo contrario, tendremos que vivir con la vergüenza de haber salvado el pellejo a costa de los checos. Aunque apuesto a que no lo hará. Da la impresión de que a la pobre Francia le han dado una patada en el culo, por decirlo de forma vulgar, pues los tratados se han firmado sin contar con ella. Personalmente, creo que se va a organizar una buena cuando se haya calmado un poco la histeria. Unos aseguran que no estaremos preparados para la guerra hasta dentro de dos años y que el gobierno hará cualquier cosa por posponerla hasta entonces;[3] otros, que ahora que los grandes de la tierra se han dado cuenta de que va a ser un una lucha generalizada y no solo cuestión de «sacrificar» a un hijo, todo se ve con una luz nueva.

Creo que si hay otra guerra, meteré a Humph en un manicomio una temporada, porque tiene los nervios destrozados; me alegró que lo enviaran a Salisbury, porque no hacía más que empeorar las cosas y por supuesto a los niños[4] les importaba un comino y lo estaban pasando en grande. Hen[ry] estuvo por ahí y se hartó de ver reflectores y ametralladoras, y Jane no se inmutó, aunque dijo que esperaba que no convirtieran la escuela de arte en un hospital.

Os envío mi cariño por encima de la bandeja de cuatro pies de lado; tengo una parecida con un trípode debajo para poder usarla como mesa. He recibido unos P.[5] muebles de la casa del doctor Dakin,[6] cosas que he odiado desde mi infancia, pero tengo la esperanza de poder deshacerme pronto de ellos. Disculpad mis faltas de mecanografía, estoy practicando tenazmente con todos mis amigos y parientes.

¿Habéis leído algún libro de un hombre llamado R. C. Hutchinson?[7] Acabo de terminar un libro suyo titulado *Shining Scabbard* que me ha parecido muy bueno. Tengo entendido que el último, *Testament*, es aún mejor.

Muchas gracias por el ofrecimiento de la casa, pero si las cosas se ponen verdaderamente feas, creo que iremos a Middlesmoor;[8] la casa aún sigue amueblada, un amigo nuestro se ha instalado en ella, pero creo que cabríamos todos, como si fuese una casa encantada capaz de albergar un número ilimitado de personas.

Muchos besos para los dos,
Marge

[XI, 492, pp. 215-217, mecanografiada]

1. En enero de 1938, el gobierno decretó que se repartiesen máscaras antigás a los niños y, en abril de 1938, que se tomasen medidas al resto de la población, muchos meses antes de la crisis de Munich. Las ARP (Air Raid Precautions), eran las precauciones antiaéreas (que fueron más efectivas de lo que temía Marjorie).

2. No era cierto; por lo general había tiempo suficiente para llegar a los refugios. Bristol fue severamente bombardeado.

3. Era una descripción razonable de la situación.

4. Marjorie y Humphrey Dakin tenían tres hijos: Jane, nacida en 1923; Henry, en 1925, y Lucy, en 1930.

5. Puñeteros.

6. El padre de Humphrey. Humphrey y él habían combatido en la Primera Guerra Mundial, y estuvieron juntos en el Somme. Humphrey resultó herido y perdió un ojo. Su padre, que era capitán del Royal Army Medical Corps, le practicó las primeras curas.

7. Ray Coryton Hutchinson (1907-1975). *Shining Scabbard* se publicó en 1936 y *Testament* acababa de aparecer.

8. Orwell había ido a alojarse allí con Marjorie y Humphrey.

De Eileen Blair* a Geoffrey Gorer*

4 de octubre de 1938
Chez Mme. Vellat,
Marrakech

Querido Geoffrey:
Acaba de llegar tu carta. Por supuesto, la culpa es nuestra. Pensaba que Eric te había escrito y ahora veo que es imposible. Por mi parte, lo único que recuerdo de las últimas semanas en Inglaterra es que pasamos casi todo el tiempo en trenes. Teníamos que despedirnos de la gente e ir a buscar cosas (entre ellas las de Eric) por todo el país; además, había que dejarles la casa vacía pero amueblada a los Common, que están pasando allí el inverno y cuidando de las cabras, etc. Salimos a toda prisa de Inglaterra en parte por si estallaba la guerra y en parte porque Eric empezaba a ponerse rebelde y yo me rebelé. Resultó ser una lástima. Marrakech es el *dernier cri* de la medicina. Desde luego el clima es seco. Llevan tres años con sequía y no ha llovido en 17 meses. El clima no empieza a ser tolerable hasta finales de septiembre y este año aún persiste el calor. Los dos habíamos escogido ya nuestras mortajas (los árabes prefieren el color verde y no tienen ataúdes, lo cual es de agradecer los días de funeral porque las moscas se marchan incluso de los restaurantes para echarles un vistazo a los cadáveres),[1] al final hemos preferido escoger una villa. Está en mitad de una plantación de naranjos en la zona de los palmerales al pie del Atlas, de donde sopla el aire saludable. Creo que a Eric le sentará muy bien que nos instalemos allí, lo malo es que no está disponible hasta el día 15. Hemos comprado el mobiliario por unas 10 libras. Solo he visto la casa una vez durante cinco minutos; no pude abrir las persianas y no había luz artificial, pero creo que puede ser bonita. Adornada con nosotros y nuestros muebles de diez libras parecerá un poco rara, pero será reconfortante para el espíritu. Incluso tendremos cabras, que serán importantes emocional y físicamente, porque de lo contrario no hay forma de encontrar leche fresca. Está a unas tres millas de Marrakech.

¿Conoces Marruecos? Nos ha parecido un país muy desolado, millas y millas de terreno que técnicamente no puede llamarse desierto, es decir, que podría cultivarse si estuviese irrigado, pero que sin agua no es más que piedra y tierra en proporciones iguales en donde no crecen ni las malas hierbas. El otro día nos emocionamos mucho porque encontramos una acedera. La villa está en una de las zonas más fértiles. Marrakech tiene partes muy bonitas. Está amurallada y muchos edificios están hechos de barro excavado cinco pies por debajo del nivel del suelo. Al secarse adquiere un suave color rojizo y por eso los franceses llaman a la ciudad *la rouge*, y pintan todo lo que no es adobe de un espantoso color salmón. Lo mejor es la cerámica local. Por desgracia, no está vidriada (salvo algunas partes pintadas con horribles dibujos para los turistas), pero estamos intentando conseguir alguna que no pierda agua. Hay unas exquisitas tazas de arcilla blanca con un dibujo muy sencillo en el interior. Cuestan un franco y por lo visto la gente gana uno o dos francos la hora.

Eric tiene intención de escribirte, así que dejaré que se ocupe él de la crisis. Estoy decidida a darle la razón a Chamberlain porque necesito descansar un poco. En cualquier caso, Checoslovaquia debería estarle agradecida; parece indudable desde el punto de vista geográfico que el país será arrasado en cualquier guerra librada para defenderlo. Pero, claro, la izquierda inglesa siempre es espartana; también está combatiendo con el último español contra Franco.

Espero que el libro anterior y el nuevo estén yendo bien.[2] ¿Vas a ir a Estados Unidos? Si pasas por el sur de Europa, ven a visitarnos. No es demasiado difícil —de hecho, hay un vuelo desde Tánger— y tenemos una habitación vacía (demasiado vacía, ni siquiera hay muebles); podríamos visitar la región en burro y tal vez el desierto en camello, y lo pasaríamos en grande.

Más vale que te envíe recuerdos de los dos por si se retrasa la carta de Eric. Ha empezado su novela[3] y también está haciendo de carpintero (está construyendo un comedero para las cabras y un gallinero, y eso que todavía no tenemos ni cabras ni gallinas).

Abrazos,
Eileen

La villa no figura en ningún distrito postal y supongo que tendremos que contratar un apartado de correos. Te enviaremos nuestras señas en cuanto las sepamos.

[XI, 493, pp. 217-218; manuscrita]

1. Compárese con el primer párrafo del ensayo de Orwell, «Marrakech» (publicado las Navidades de 1939; XI p. 416): «Al pasar el cadáver, las moscas abandonaron la mesa del restaurante y lo siguieron volando en tropel, aunque volvieron al cabo de unos minutos». (Véase también **14-17.12-1938**, n. 6.)
2. Probablemente *Hot Strip Tease and Other Notes on American Culture* (1937) y *Himalayan Village: An Account of the Lepchas of Sikkim* (1938; EE.UU., 1967).
3. *Subir a por aire*.

A Jack Common*

12 de octubre de 1938
Chez Madame Vellat
Marrakech

Querido Jack:

Gracias por tu carta. Había varias cosas que quería decirte, pero las olvidé por culpa de la situación en Europa. La primera es que creo que olvidamos advertiros de que no utilizarais papel higiénico grueso en el cuarto de baño. A veces el pozo negro se atasca con resultados desastrosos. Lo mejor es utilizar papel Jeyes, que cuesta 6 peniques el paquete. La diferencia de precio es ínfima y un pozo negro atascado es muy desagradable. En segundo lugar, si veis que la chimenea del cuarto de estar humea demasiado, creo que por una módica cantidad podéis hacer que pongan una pieza de latón en la chimenea, que es lo que le hace falta. Ve a Brookers en Hitchin y te informarán. Incluso es probable que puedas ponerla tú mismo. Quería haberlo hecho yo, pero lo fui posponiendo. En tercer lugar, te adjunto un cheque por 3 libras. ¿Te importaría cobrarlo y pagarle 2 a Field, el cartero de Sandon, por el arrendamiento de la tierra? De hecho, ha vencido hace mucho, pero F. nunca se acuerda. Field pasa todos los martes con su coche gris cargado de animales camino del mercado de Hitchin, y a veces puede uno pararlo plantándose en mitad de la carretera y moviendo los brazos. En cuanto a la libra restante, ¿podrías hacer que removieran la tierra en parte, o, si es posible, de todo el huerto? El viejo H[atchett] se está haciendo demasiado mayor y no me gusta pedírselo, aunque a él no le importa y, por supuesto, está dispuesto a trabajar por un salario muy bajo. No hay prisa, es solo cuestión de voltear la tierra sin cultivar en invierno y preferiblemente echar un poco de estiércol (el de cabra está bien si no tiene demasiada paja). La versión oficial es que vamos a dejar la casa en primavera, así que siguiendo los principios de un buen negociante deberíamos agotar la tierra plantando una enorme cosecha de coles de Bruselas y olvidarnos. Pero detesto agotar la tierra, y además no estoy tan seguro de que dejemos la casa. Supongo que ya habrás descubierto que no puede ser más humilde, pero no deja de ser un techo y mudarse es muy caro y un auténtico quebradero de cabeza. Creo que preferiría conservarla para instalarnos en ella en abril, aunque llegado el momento no lo hagamos, porque no sé cuál será mi situación económica. No creo que mi libro sobre España se haya vendido bien y, si tengo que regresar a Inglaterra y empezar otro con sólo 50 libras en el bolsillo, preferiría tener un techo sobre mi cabeza desde el principio. Está muy bien tener un techo, aunque sea con goteras. Cuando Eileen y yo nos casamos yo estaba escribiendo *Wigan Pier* y teníamos tan poco dinero que no sabíamos qué comeríamos al día siguiente, pero descubrimos que podíamos subsistir bastante bien a base de patatas. Espero que las gallinas ya hayan empezado a poner. Al menos algunas. Acabamos de comprar las de nuestra nueva casa, adonde nos trasladaremos el sábado. En este país son tan raquíticas como las de la India, más o menos del tamaño de una Bantam, y lo que se considera una buena gallina ponedora, es decir, la que pone una vez cada quince días, cuesta menos de un chelín. Deberían costar 6 peniques, pero en esta época del año el precio aumenta porque, después del Yom Kippur, todos los judíos, y en la ciudad hay unos 13.000, se zampan una gallina entera para compensar las doce horas de ayuno.

En fin, supongo que la luna mortal sobrevivió al eclipse[1] hasta 1941. No me sorprende que Chamberlain y los suyos estén un poco desfondados una vez pasado el peligro. A juzgar por las cartas que recibo de Inglaterra, diría que la gente se siente como cuando estás a punto de lanzarte desde lo alto de un trampolín y luego te lo piensas dos veces. La verdadera clave será lo que ocurra en las elecciones, y profetizo que el Partido Conservador ganará sobradamente, a menos que sufra una escisión. Porque los otros cretinos son incapaces de ofrecer otra política que la de «Queremos la guerra» y, por muy avergonzada que se sienta la gente después de dejar en la estacada a Checoslovaquia, o a quien sea, llegado el momento se volverá atrás. La única esperanza de que venzan los laboristas es que ocurra algún desastre, o que las elecciones se celebren dentro de un año, cuando haya otro millón de parados.

Creo que ahora nos espera un proceso lento de deriva hacia el fascismo, similar al de Dollfuss-Schuschnigg,[2] que es lo que introducirán Chamberlain & Co., pero prefiero eso a que la opinión pública acabe identificando a los partidos de izquierda con el partido de la guerra. La única esperanza es que si Chamberlain gana y empieza a prepararse en serio para combatir con Alemania, como sin duda hará, el P[artido] L[aborista] se verá obligado a defender una política antibelicista y aprovechará el descontento que produciría la conscripción, etc. La política de gritar a favor de la guerra y fingir que denuncian la conscripción, el rearme, etc., es una estupidez y la gente no es tan tonta como para no darse cuenta. En cuanto al resultado en caso de guerra, aunque sin duda se producirá una especie de situación revolucionaria, no creo que pueda conducir a nada que no sea el fascismo, a menos que la izquierda haya sido antibelicista desde el principio. No sabes lo mucho que desprecio a los imbéciles que creen que primero pueden empujar a la nación a una guerra por la democracia y luego, cuando la gente se harte, cambiar y decir: «Ahora hagamos la revolución». Lo que más me repugna de la gente de izquierdas, y sobre todo de los intelectuales, es su absoluta ignorancia de cómo son las cosas en realidad. Era lo que más me sorprendía cuando estaba en Birmania y leía panfletos antiimperialistas. ¿Has visto el artículo («crítico») de Kingsley Martin en el *N[ew] S[tatesman]* sobre las condiciones bajo las que el PL debería apoyar al gobierno en caso de guerra? Como si el gobierno fuese a permitir condiciones. El muy imbécil cree que la guerra es un partido de críquet. Ojalá alguien publicara el panfleto antibelicista que escribí a principios de año,[3] pero, claro, nadie lo hará.

Muchos recuerdos. Besos a Mary y a Peter. E. os manda recuerdos.

Tuyo,

Eric

P. D. [*manuscrita junto al encabezamiento en la primera página*] Escríbenos a estas señas.

[XI, 496, pp. 221-222; mecanografiada]

1. «La luna mortal sobrevivió al eclipse / y los tristes augures se burlan de sus propios presagios», Shakespeare, soneto 107.

2. Engelbert Dollfuss (1892-1934), canciller de Austria entre 1932 y 1934, fue en gran parte responsable del establecimiento de un régimen semifascista al estilo italiano que supuso el final del gobierno parlamentario en Austria, aunque no sin derramamiento de sangre. Murió asesinado por miembros del Partido Nazi. Kurt von Schuschnigg (1897-1977), ministro austríaco de Justicia y luego de Educación, se convirtió en canciller e intentó mantener la independencia de Austria. Después de la anexión por Alemania en 1938, fue encarcelado hasta el final de la Segunda Guerra Mundial. (Véase su *The Brutal Takeover* [1969].)

3. «Socialism and War.» El 28 de junio, Orwell le dijo a Leonard Moore que estaba escribiendo este artículo de entre 5.000 y 6.000 palabras (XI, 458, p. 169). No se publicó.

A John Sceats*

26 de octubre de 1938
Boite[1] Postale 48
Guéliz
Marrakech
Marruecos francés

Apreciado Sceats:[2]

Espero que estés bien. Tenía pensado ir a verte antes de irme de Inglaterra, pero al final fui casi directamente del sanatorio al barco y solo dispuse de un día en Londres, y por supuesto estuve bastante ocupado. Te escribo ahora para pedir el consejo de un experto. Se supone que el protagonista de la novela que estoy escribiendo[3] es agente de seguros. Su trabajo no tiene importancia para el argumento, solo quería que fuese un tipo de edad mediana que gana unas 5 libras a la semana y vive en una casa en las afueras, también es meditabundo, bastante bien educado e incluso un poco libresco, lo cual resulta más creíble en el caso de un agente de seguros que, digamos, en el de un viajante comercial. Pero quiero que cualquier alusión que se haga a su trabajo sea correcta. Y mis ideas sobre lo que hace un agente de seguros son muy vagas. Quiero que sea un tipo que viaja y que gane parte de sus ingresos de las comisiones, no un simple oficinista. Un tipo así, ¿tiene un «distrito» y hace una ronda igual que un viajante? ¿Hace esa ronda para captar clientes, o se limita a visitar a los que quieren una póliza? ¿Pasa todo su tiempo viajando o está parte de él en la oficina? ¿Tendría despacho propio? Las grandes compañías de seguros, ¿tienen sucursales por todo el país (este hombre vive en un barrio de las afueras como podría ser Hayes o Southall) o tienen solo una oficina central desde la que envían a todos su agentes? ¿Haría tasaciones un individuo semejante? ¿Y seguros de vida y de hogar? Me encantaría que me aclarases estas cuestiones. El retrato que hago de él es el siguiente: pasa dos días a la semana en una oficina de la sucursal que hay en su barrio y el resto del tiempo viajando en coche por un distrito que abarca más o menos medio condado, visitando a personas que le han escrito diciendo que quieren contratar una póliza, haciendo tasaciones de casas, acciones y demás y también captando pólizas que le suponen una comisión extra, gracias a lo cual gana unas 5 libras a la semana, después de 18 años en la empresa (donde empezó por abajo). Quisiera saber si resulta creíble.

En fin, «la luna mortal sobrevivió al eclipse y los tristes augures se burlan de sus propios presagios»[4] y, a juzgar por el *New Statesman*, algunos no pueden estar más tristes. No obstante, calculo que dentro de unos dos años tendrán la guerra que tanto anhelan. La verdadera postura de la clase gobernante ante este asunto se resume en una frase que le oí nada más llegar a uno de la guarnición de Gibraltar: «Es evidente que Hitler va a invadir Checoslovaquia. Es mejor dejarle. En 1941 estaremos preparados». De momento, el resultado será que los conservadores arrasarán en las elecciones generales. Juzgo por las cartas de mis parientes más o menos conservadores que, ahora que ha pasado todo, la gente está un poco harta y dice: «Qué lástima que no aguantáramos un poco más, Hitler se habría vuelto atrás». Y los cretinos del P[artido] L[aborista] deducen que los ingleses quieren otra guerra para proteger la democracia en el mundo y que la mejor línea de actuación es explotar la monserga antifascista. No parecen darse cuenta de que las elecciones revivirán el espíritu de la crisis, el mundo será Chamberlain y Paz, y, si el PL va por ahí diciendo «Queremos la guerra», que es lo que la gente corriente interpreta, con razón, como una postura firme ante Hitler, perderá. Creo que en los dos últimos años mucha gente se ha dejado engañar por fenómenos como el Club del Libro de Izquierdas. He ahí unas 50.000 personas deseando armar jaleo sobre España, China, etc., y como la mayoría guardan silencio da la impresión de que los vendedores de libros de izquierdas son la voz de la nación, en lugar de una minoría minúscula. Nadie parece pararse a pensar que lo que importa no es lo que digan unos cuantos cuando no ocurre nada, sino lo que hace la mayoría en momentos de crisis. La única esperanza es que si vapulean al PL en las elecciones, como ocurrirá casi con toda seguridad, eso los obligue a retomar la política correcta. Pero me temo que antes tendrán que pasar uno o dos años.

Tengo que ir a dar cuenta de una comida que se está enfriando, así que *au revoir*. Te quedaré muy agradecido si me aclaras estas cuestiones, pero tampoco hay prisa.

Tuyo,
Eric Blair

[XI, 498, pp. 226-228; mecanografiada]

1. Orwell no tenía acentos en la máquina de escribir y siempre escribe «Boite» en lugar de «Boîte». Puesto que su francés era muy bueno, es seguro que era consciente del error. En adelante está corregido.

2. John Sceats solo vio a Orwell una vez, en el sanatorio de Preston Hall, probablemente en mayo o junio de 1938: «Hablamos sobre todo de política y de filosofía. Recuerdo que dijo que *Los días de Birmania* le parecía su mejor libro (exceptuando, *sans dire*, el último). En ese momento estaba leyendo a Kafka. A pesar de su reciente vinculación con el POUM, había decidido ya que no era marxista, y estaba más interesado en la filosofía del anarquismo. [...] Por supuesto era antinazi, pero no podía (en la época) tragar con la idea de una guerra contra Alemania: de hecho, charlando con Max Plowman (que se pasó a vernos por la tarde) le dio a entender que colaboraría con él en contra de dicha guerra mediante las medidas clandestinas oportunas». Sceats señaló esta última frase con un asterisco y añadió una nota al pie: «De hecho, fue Max quien demostró más sentido común».

3. *Subir a por aire.*

4. Shakespeare, soneto 107; citado parcialmente en la carta de Orwell a Jack Common del **12-10-1938** (véase la n. 1).

A John Sceats*

24 de noviembre de 1938
Boîte Postale 48
Marrakech

Querido Sceats:

Muchas gracias por tu carta con la utilísima información sobre las oficinas de seguros. Veo que mi personaje tendrá que ser un representante y que he subestimado un poco sus ingresos. He trabajado mucho, pero, por desgracia, después de malgastar nada menos que una quincena escribiendo artículos para diversos periódicos caí ligeramente enfermo, así que llevo 3 semanas sin trabajar. Es horrible lo deprisa que pasa el tiempo. Con esta enfermedad he decidido considerar 1938 un año perdido y borrarlo del calendario. Pero el campo de concentración asoma en el horizonte y hay tantas cosas que quiero hacer... He llegado al punto en el que creo que podría escribir una buena novela si tuviese cinco años de paz y tranquilidad, pero de momento es como si quisiera pasar cinco años en la luna.

En general, este es un país bastante monótono. Después de Navidades queremos ir una semana a las montañas del Atlas, que están a 50 o 100 millas y parecen muy interesantes. Aquí el terreno es llano y seco como un enorme solar abandonado y prácticamente sin más árboles que unos cuantos olivos y palmeras. La pobreza es espantosa, aunque, por supuesto, siempre es más fácil de soportar en un clima cálido. La gente tiene pequeñas parcelas de terreno que cultivan con herramientas que ya estaban anticuadas en tiempos de Moisés. Es posible hacerse una idea del hambre que impera en todas partes por el hecho de que en toda la región apenas quedan animales salvajes, pues la gente ha devorado todo lo que era comestible. No sé si podría compararse con las zonas más pobres de la India, pero Birmania sería un paraíso en lo que al nivel de vida se refiere. Los franceses están exprimiendo el país sin piedad. Se quedan con casi toda la tierra fértil y con los minerales, y, si se tiene en cuenta la pobreza de la gente, los impuestos son muy altos. Exteriormente, su administración parece mejor que la nuestra y desde luego tiene menos animosidades racistas, porque el color de la piel apenas despierta prejuicios. Pero creo que, en el fondo, es muy similar. Por lo que puedo juzgar, no hay ningún movimiento antifrancés entre los árabes, y, si lo hubiese, casi seguro sería más nacionalista que socialista, pues la mayoría de la gente está en la época feudal y supongo que los franceses quieren que sigan así. No sabría decirte nada de la extensión del movimiento socialista local, porque ha sido ilegal durante un tiempo. Solicité al ILP que pidiera al Partido Socialista francés que me pusiese en contacto con algún movimiento socialista, aunque solo fuese por saber más de la situación local, pero no lo han hecho, tal vez porque es demasiado peligroso. Los franceses de por aquí, aunque son muy diferentes de la población británica en la India, en su mayor parte comerciantes minoristas e incluso trabajadores manuales, son muy rancios y conservadores y ligeramente profascistas. He escrito dos artículos sobre la situación local para el *Quarterly* que supongo que publicarán,[1] pues no son demasiado incorrectos ni sutilmente trotskistas. Espero, dicho sea de paso, que *Controversy*[2] no haya sucumbido. Sería un desastre, y aún más si el *N. L.*[3] pasara a ser mensual. En cuanto a *Controversy*, estoy seguro de que podrían aumentarse las ventas con un poco de energía y cierta voluntad de distribuir los ejemplares atrasados, y haré lo que pueda en la ciudad más próxima cuando regrese.

¿Has oído algún rumor sobre las elecciones generales? La única persona con quien puedo hablar aquí y que tal vez sepa algo es el cónsul británico, que opina que el gobierno va a retrasarlas todo lo que pueda y que se va a intentar resucitar el viejo Partido Liberal. Personalmente no creo que nada impida la victoria de Chamberlain, a no ser que se produzca un escándalo imprevisto. Los laboristas tal vez ganen alguna elección parcial, pero las generales se librarán en un ambiente emocional totalmente distinto. Lo mejor que puede ocurrir es que los laboristas aprendan la lección. Solo puedo conseguir periódicos ingleses muy de cuando en cuando y no he visto los resultados de algunas elecciones parciales. Veo que los laboristas ganaron en Dartford, pero deduzco que los conservadores vencieron en Oxford.[4]

Escríbeme algunas líneas de vez en cuando para contarme cómo van las cosas.

Tuyo,
Eric Blair

[XI, 504, pp. 237-238; mecanografiada]

1. A pesar de una meticulosa búsqueda, no se han encontrado.
2. Sobrevivió, pero se convirtió en *Left Forum* en junio de 1939.
3. *The New Leader*. Dependía de las suscripciones voluntarias. En noviembre de 1938 registró los resultados de dos colectas en las que se recaudaron respectivamente 63 libras y 51 libras, 6 chelines y 7 peniques, con una media de 6 chelines y 7 peniques por contribución. Orwell contribuyó con 5 chelines y 7 peniques.
4. En su número del 9 de diciembre de 1938, *The New Leader* informó de lo que tildó de «historias extraordinarias» a propósito de cómo los candidatos laboristas habían sido «expulsados» en las reuniones de selección para las circunscripciones de Bridgwater

y Oxford por «progresistas independientes». En Bridgwater, el «supuesto candidato progresista» lo presentó en la circunscripción sir Richard Acland (1906-1990, baronet), parlamentario liberal desde 1935 y muy activo en la campaña del frente popular a partir de 1936. Orwell escribió un perfil suyo para *The Observer* del 23 de mayo de 1943 (XV, 2095, pp. 103-106). También hubo intervenciones del «nuevo partido de izquierdas, el Club del Libro de Izquierdas». En Oxford se culpó a profesores de manipular la selección de un progresista independiente. La noticia concluía: «Esta "intelligentsia" y sus Clubes Del Libro de Izquierdas son el nuevo instrumento del Partido Comunista». Todas esas maniobras resultaron bastante inútiles, pues el escaño lo ganó el conservador Quintin Hogg.

A Charles Doran*

26 de noviembre de 1938
Boîte Postale 48
Marrakech

Querido Charlie:

Muchas gracias por tu carta con el ejemplar de *Solidarity* y la amabilísima reseña de mi libro. Veo en la primera página de *Solidarity* que esos puñeteros mentirosos del *News Chronicle* han informado del resultado del juicio del POUM bajo el titular «Espías sentenciados», dando la impresión de que los presos del POUM han sido condenados por espionaje. *The Observer* hizo algo parecido, aunque de manera más circunspecta, y la prensa francesa de este país, que es pro-Franco, informó del acta de acusación contra el POUM, afirmó que «los cargos habían sido demostrados», ¡y no publicó el veredicto! Admito que estas cosas me asustan. Significan que está desapareciendo el respeto más elemental por la verdad, no solo en la prensa comunista y fascista, sino en la prensa liberal burguesa que todavía respeta de boquilla las antiguas tradiciones del periodismo. Da la sensación de que nuestra civilización se desliza en una especie de niebla de mentiras en la que será imposible distinguir la verdad de lo demás. De momento he escrito al ILP pidiéndoles que me envíen un ejemplar del número de *Solidaridad Obrera*[1] donde se informaba del caso, para poder escribir a la prensa si es necesario, es decir, a los periódicos que se avengan a publicar mi carta, y aclarar por qué han condenado a los presos del POUM. Confío, no obstante, en que alguien lo haya hecho. Aquí es muy complicado conseguir periódicos extranjeros, sobre todo un periódico como *Solidaridad Obrera*, que solo conseguí en Gibraltar y con muchas dificultades.

Tal vez sepas que me han aconsejado pasar aquí el invierno por el bien de mis pulmones. Llevamos casi tres meses y creo que me ha sentado más o menos bien. Es un país aburrido en algunos aspectos, aunque resulta interesante echarle un vistazo a los métodos coloniales franceses y compararlos con los nuestros. Por lo que puedo deducir, creo que son tan malos como los nuestros, aunque en la superficie parezcan un poco mejor, en parte debido al hecho de que hay una numerosa población indígena blanca, parte de la cual es proletaria o casi proletaria. Por esa razón no es fácil defender los prejuicios de la carga del hombre blanco como hacemos en la India, y hay menos prejuicios raciales. Pero económicamente es el mismo timo por el que existen todos los imperios. La pobreza de la mayor parte de la población árabe es espantosa. Por lo que he podido deducir, una familia media parece vivir con un chelín al día y, por supuesto, la mayoría son campesinos o artesanos de poca monta que tienen que trabajar de firme con medios anticuados. Al mismo tiempo no me ha parecido que haya ningún movimiento antifrancés. Si apareciera alguno, creo que sería solo nacionalista al principio, pues la mayoría de la gente continúa en la etapa feudal y es estrictamente mahometana. En algunas grandes ciudades, como Casablanca, hay un proletariado blanco y de color y un incipiente movimiento socialista. Pero los partidos socialistas árabes se suprimieron hace tiempo. Estoy convencido de que, a menos que la clase trabajadora (en realidad depende de ella) de las democracias cambie de táctica dentro de un año o dos, los árabes se echarán en manos de los fascistas. Los franceses de por aquí son mayoritariamente pro-Franco, y no me sorprendería que Marruecos sirviese de trampolín para una versión francesa de Franco en el futuro. No sé qué pensar de la crisis, Maxton, etc. Creo que Maxton ha metido la pata al ser demasiado cordial con Chamberlain, y también creo que sería absurdo considerar a Chamberlain un pacificador. Estoy de acuerdo en lo que dice la gente sobre el modo en que han dejado en la estacada a los checos. Pero creo que deberíamos tener presentes dos cosas. Una que casi cualquier cosa es mejor que una guerra europea que conduciría no solo a la muerte de decenas de millones, sino a la extensión del fascismo. Ciertamente, Chamberlain & Co. se están preparando para la guerra, y quienquiera que gane las elecciones también lo hará; pero entretanto tenemos un plazo de tal vez dos años en los que sería posible agitar un movimiento verdaderamente popular antibelicista en Inglaterra, en Francia y, sobre todo, en los países fascistas. Si logramos hacerlo, hasta el punto de dejar claro que ningún gobierno irá a la guerra porque el pueblo no los seguirá, creo que Hitler estará acabado. El otro hecho es que el Partido Laborista se está causando un daño espantoso al venderse ante la opinión pública como el partido belicista. En mi opinión, es imposible que ganen las elecciones[2] a no ser que ocurra algo totalmente imprevisto. De modo que estarán en la oposición empujando al gobierno en la dirección en la que ya se dirige. De ser así, lo mismo podrían desaparecer, y de hecho dentro de un año o dos no me extrañaría ver a Attlee & Co. derrumbándose y participando en una nueva versión de un gobierno nacional.[3] Admito que ser antibelicista probablemente le sirva a Chamberlain unos meses, pero pronto llegará el momento en que los antibelicistas de todo jaez tendrán que oponerse al avance del fascismo que conlleva la preparación para la guerra.

Espero que te vayan bien las cosas. Después de la espantosa pérdida de tiempo debida a mi enfermedad he empezado mi novela, que espero que pueda salir en abril. Eileen te envía recuerdos.

Tuyo,
Eric Blair

P. D. [*en el encabezamiento*] Muchísimas gracias por tus buenos oficios con mi libro sobre España. Eso es lo que hace que se venda un libro: que la gente lo pida en las bibliotecas.

[XI, 505, pp. 238-240; mecanografiada]

1. Un periódico anarquista español de la época.
2. El 16 de noviembre de 1935 se formó un gobierno mayoritariamente conservador, con participación de los liberales y los laboristas, con una mayoría de 247 por un período máximo de cinco años. Orwell esperaba que se convocasen unas elecciones generales en 1939 o 1940, pero, debido al estallido de la guerra, no se celebraron hasta 1945.
3. Al producirse la caída de Neville Chamberlain y el nombramiento de Winston Churchill como primer ministro en mayo de 1940, los laboristas se unieron a un gobierno nacional y Clement Attlee se convirtió en viceprimer ministro. El Partido Laborista venció en las elecciones de 1945 con una mayoría de 146.

A Leonard Moore*

28 de noviembre de 1938
Boîte Postale 48
Marrakech

Apreciado señor Moore:

Acabo de recibir una carta de Allen Lane, que al parecer dirige la Penguin Series.[1] Dice lo siguiente:

«Le escribo para saber si sería posible publicar alguna de sus obras en mi editorial. De hecho, me impresionó mucho uno de los relatos que le publiqué hace un tiempo en *New Writing* cuando yo trabajaba en Bodley Head.[2] Si no es posible que nos ceda una novela, ¿tiene alguna colección de relatos breves que sirvan para publicar un volumen?».

Creo que deberíamos aprovechar la ocasión si es posible. Por supuesto, no tengo relatos breves que ofrecerles. Sencillamente no sé escribir relatos. Pero deduzco que preferirían una de mis novelas y les he escrito proponiéndoles *Sin blanca*,[3] *Los días de Birmania*[4] y *Que no muera la aspidistra*. No sé si les gustará alguna. Pero le he pedido al señor Lane que se ponga en contacto con usted si está interesado, y le he dicho que le proporcionaría ejemplares de cualquier libro que quisiera. Si se deciden por *Sin blanca*, no me quedan ejemplares y creo que a usted tampoco. La única persona que me consta que tiene uno es mi madre. Si lo pidieran, ¿podría escribirle y pedírselo usted para ahorrar tiempo? Su dirección es Señora R. W. Blair, 36 High Street, Southwold, Suffolk. Le escribiré para decirle que se lo envíe si tiene noticias suyas. Si los de Penguin se deciden a publicar algún libro, no tengo ni la menor idea de cuáles serán sus condiciones. Pero creo que, en caso necesario, valdría la pena dejarles publicar uno, aunque los términos no sean demasiado ventajosos, porque es una publicidad de primera.

Por favor, no se preocupe más por ese condenado panfleto.[5] Lamento haberle causado ya tantos problemas. Como bien dice, los panfletos no se venden, y en cualquier caso la Hogarth Press está en manos de comunistas (al menos Lehmann lo es)[6] que no publicarán ninguna obra mía si pueden evitarlo.

El tiempo ha refrescado un poco y me parece que el clima me está sentando bien. La novela está bastante avanzada. Creo que puedo prometerle que estará terminada a principios de abril; tal vez pueda usted decírselo a Gollancz si vuelve a preguntarle. Si lo hace, dígale que lamenté mucho fallarle con el plazo, pero supongo que sabrá que estuve en el sanatorio hasta finales de agosto. Espero que la señorita Periam[7] esté mejorando. Mi mujer le envía recuerdos.

Atentamente,
Eric Blair

[XI, 506, pp. 241-242; mecanografiada]

1. Allen Lane (1902-1970; nombrado caballero en 1952), uno de los editores británicos más influyentes del siglo XX, aprendió el oficio con su tío, John Lane, en la Bodley Head Press en 1919. Dimitió en 1936 y fundó Penguin Books, que revolucionó la publicación de libros en rústica en Gran Bretaña y en muchos otros lugares.
2. *New Writing* había publicado «Matar un elefante» en su segundo número de otoño de 1936. El «Marrakech» de Orwell apareció en el número de Navidad de 1939 y «Matar un elefante» se volvió a publicar en el primer número de *Penguin New Writing* en noviembre de 1940.
3. Publicado por Penguin Books en diciembre de 1940.
4. Publicado por Penguin Books en mayo de 1944.
5. «Socialism and War». El panfleto no llegó a publicarse.
6. John Lehmann tal vez no fuese, al menos formalmente, comunista, pero había estado relacionado con Lawrence & Wishart durante un tiempo y había escrito reseñas para el *Daily Worker*.
7. La señorita Periam era la secretaria de Moore y había estado gravemente enferma.

A Richard Walmsley Blair*

2 de diciembre de 1938
Boîte Postale 48
Marrakech

Querido padre:

Me alegra saber por mi madre que se encuentra usted un poco mejor y que se ha levantado un par de veces. Si sigue usted sin tener hambre, ¿por qué no prueba a tomar Haliborange? Yo lo he tomado de vez en cuando, y no está mal del todo, es nutritivo y al cabo de un tiempo parece abrir el apetito. Creo que el doctor Collings daría su visto bueno.

Es solo aceite de hígado de halibut aromatizado con naranja y unas cuantas cosas más.

El tiempo aquí ha refrescado y se parece bastante a cuando hacía frío en el norte de Birmania, por lo general soleado pero no caluroso. Casi todos los días encendemos la chimenea, aunque en realidad no hace falta hasta la noche, pero nos gusta. En este país no hay carbón, todos los fuegos son de leña y utilizan carbón vegetal para cocinar. Hemos probado a cultivar un huerto, sin demasiado éxito porque no conseguimos que las semillas germinen, supongo que por lo seco que está todo. La mayoría de las flores inglesas crecen bastante bien aquí una vez que se aclimatan, y al mismo tiempo hay plantas tropicales como la buganvilla. Los campesinos están recogiendo las cosechas de guindillas, como las que se cultivaban en Birmania. Aquí la gente vive en pueblos rodeados de tapias de adobe de unos diez pies de altura, supongo que como protección contra los ladrones, y dentro hay míseras cabañas de paja de unos diez pies de ancho. Es un país muy desolado, una gran parte es casi desierto, aunque no se considera verdadero desierto. Los lugareños llevan sus rebaños de ovejas, cabras, camellos y demás a pastar a sitios donde no parece crecer nada y los desdichados animales se dedican a escarbar hasta que encuentran hierbajos secos debajo de las piedras. Los niños, por lo visto, empiezan a trabajar a los cinco o seis años. Son extraordinariamente obedientes, y pasan fuera todo el día cuidando de las cabras y espantando a los pájaros de los olivos.

Creo que el clima me está sentando bien. La semana pasada estuve un poco indispuesto, pero en conjunto me encuentro mucho mejor y estoy ganando un poco de peso. He trabajado mucho. Vamos a hacer alguna fotografía más, entre ellas alguna de la casa, y se las enviaremos cuando estén reveladas.[1] Cuídese y repóngase pronto.

Con cariño,
Eric

[XI, 509, pp. 247-248; mecanografiada]

1. Véase *The Lost Orwell*, láminas 9-16, donde se reproducen las fotografías tomadas en Marruecos.

De Eileen Blair* a Mary Common

5 de diciembre de 1938
Boîte Postale 48
Marrakech

Querida Mary:

Acabamos de volver de hacer las compras navideñas. Todo empezó porque tuve un pinchazo con la bicicleta. Lo siguiente fue mi llegada a Marrakech, sin un penique, dos minutos después de que cerrara el banco. Cuando Eric llegó a comer yo había recorrido toda la ciudad (en la que no conocemos a nadie) en busca de ayuda y había conseguido hacer efectivo un cheque y reunir un séquito de guías, porteadores, etc., que habían esperado tanto tiempo a que les pagase que puede decirse que se habían ganado el dinero. Después de comer empezamos a comprar y pasamos dos horas y media rodeados de unos veinte hombres y muchachos que gritaban e incluso lloraban. Si alguno de los dos intentaba abrir la boca, mucho antes de que terminásemos de decir lo que queríamos todos los presentes, gritaban: «Sí, sí. Ya le entiendo. Los demás no le comprenden». Compramos un montón de cosas en una tienda porque hacen envíos a Inglaterra, o eso dicen. Las hemos mandado en tres lotes, a tres destinatarios que tendrán que repartirlas. Tú eres la destinataria principal, y deberías recibir un plato para la señora Hatchett, una bandeja de latón para la señora Anderson, y una *couverture* para ti (y para Jack). Por supuesto, es posible que te llegue algo muy distinto, o incluso nada. Cada vez que algún porteador consigue echar mano a alguna cosa es como si lo contratases y a medida que yo iba dejando cada cosa en su montón, entre una y cuatro personas la cogían para ponerlas en otro sitio, o para colocar las piezas en sitios diferentes. Suponiendo que te llegue algo, tal vez tengas que pagar los gastos de aduana. No creo que sean más de tres o cuatro chelines y espero que no sea nada. Ya hemos enviado algunas cosas a casa sin dificultades (y con eso me refiero a lo de tener que pagar dinero) y en Navidad deberían ser amables, aunque también es posible que contraten a empleados a propósito para ser desagradables. En cualquier caso, si hay que pagar algo, por supuesto os lo devolveremos cuando regresemos o antes por medio de alguien, pero de momento no se me ocurre mejor solución que la de que lo pague Peter.[1] A Peter, como a todos nuestros amigos más jóvenes, le daremos dinero por Navidad porque aquí no puede conseguirse nada para niños por menos de treinta francos y que no hagan mejor en Woolworth. Por dinero me refiero a 5 chelines. Espero que todo llegue a tiempo, aunque como es natural hemos esperado demasiado. Deberíamos haberlo hecho antes, pero Eric estuvo enfermo y tuvo que guardar cama más de una semana y en cuanto se recuperó me puse mala yo, que había contraído la enfermedad antes que él y no tuve más remedio que posponerla. Me gustó estar enferma: tuve que cocinar como de costumbre, pero en batín, y luego me llevaba la bandeja a la cama. Ahora estamos los dos bien, o al menos eso recuerdo haber pensado anoche. Hoy estamos los dos literalmente tambaleándonos y el menú de la cena, que antes era a base de salsa de champiñones y suflé, ha sido revisado: huevos cocidos, pan, mantequilla, queso; pan, nata, mermelada y fruta fresca. El criado se va a casa después de comer. Se suponía que iba a dormir aquí en una especie de establo, pero prefiere recorrer en bicicleta las cinco o seis millas que hay hasta Marrakech todas las tardes y todas las mañanas. Lo prefiero. Aquí no hay nada que hacer aparte de fregar los platos después de cenar, y hasta entonces se sentaba en las escaleras de la cocina, a menudo al borde de las lágrimas, y se levantaba cada diez minutos para ordenar la cocina y llevarse (casi siempre a la bodega) las cosas que yo estaba a punto de utilizar. Los franceses y los árabes tienen la costumbre de levantarse a las cinco como muy tarde, y llega aquí a eso de las siete con pan del día y leche para el desayuno. Para nosotros es muy pronto. Hemos llegado a entendernos muy bien, aunque casi nunca sé si me habla en árabe o en francés, y a menudo me dirijo a él en inglés. El tiempo ha refrescado mucho, lo cual es una maravilla. De hecho, es un clima estupendo y empiezo a pensar que no nos matará, como hasta hace poco parecía probable en mi caso, y desde luego en el de Eric. Tenía que mejorar por su enfermedad, pero nunca lo he visto peor que aquí. El país es, o era, tan deprimente que casi rozaba lo insoportable, sin llegar a ser desierto. Ahora es mejor porque empiezan a crecer algunas cosas, y según las guías turísticas en febrero todo el país estará cubierto con un manto de flores silvestres. El otro día nos emocionó mucho encontrar una, que resultó ser una especie de lirio sin tallo y que suponemos debía de ser una de las primeras fibras del manto. En nuestro jardín hemos tenido vivencias desgarradoras. Debemos de haber plantado unos veinte paquetes de semillas y el resultado han sido unas cuantas capuchinas, varias manzanillas y unos cuantos guisantes de olor. Han tardado tres o cuatro semanas en germinar y, o bien tardan lo mismo en crecer, o no pasan de media pulgada. Pero, por supuesto, la mayor parte de las veces ni siquiera germinan. Las dos cabras son más gratas porque enseguida dejaron de dar leche y así nos ahorramos complicaciones. Hasta hace poco las ordeñábamos dos veces al día: Mahdjub[2] les sujetaba la cabeza y la pata trasera, Eric las ordeñaba y yo respondía a sus gritos desesperados mientras hervía un poco de leche de vaca; entre las dos daban menos de un cuarto de litro al día. Las gallinas, en cambio, se han vuelto muy productivas. Han puesto diez huevos en cuatro días. Empezamos con doce gallinas, pero cuatro murieron casi en el acto, así que si quieres puedes hacer el cálculo, iba a hacerlo yo, pero es demasiado difícil. Espero que esas gallinazas de Wallington estén avergonzadas. Deberían estar poniendo muy bien (es decir, unos cuatro huevos por semana). Las Navidades pasadas tuvimos tantos que regalamos muchos con el resultado de que los felices destinatarios recibieron cartas del director de la oficina de correos diciéndoles que lamentaba tener que informarles de que un paquete dirigido a ellos había tenido que ser destruido porque apestaba. Tengo que escribir algunas felicitaciones navideñas y por eso mecanografío tan mal. Tener que decir lo mismo dos veces me sume en la melancolía, así que al llegar a la décima o decimoquinta felicitación digo cosas de lo más sorprendentes, pero al llegar a la número veinte me resigno a dicha melancolía y acabo deseándole a todos feliz Navidad. Eso mismo te deseo a ti, y un estupendo Año Nuevo, claro. Y estoy segura de que Eric hace lo mismo. Los dos os enviamos nuestro cariño.

Vuestra,
Eileen

[XI, 510, pp. 248-250, mecanografiada]

1. El hijo de Jack y Mary Common.
2. El criado de los Orwell, Mahdjub Muhammad. Orwell y Mahdjub aparecen ordeñando una cabra en *The Lost Orwell*, lámina 10.

A Cyril Connolly*

14 de diciembre de 1938
Boîte Postale 48
Marrakech

Querido Cyril:
Veo que ha salido tu libro.[1] Envíame un ejemplar, ¿quieres? Aquí no puedo conseguir libros ingleses. El *New English* [*Weekly*] quedó en enviarme un ejemplar para que les escribiese una crítica, pero no lo han hecho, así que es posible que no tengan. Llevo unos tres meses aquí, pues se supone que es bueno para mis pulmones pasar aquí el invierno. No creo en esas teorías que dicen que algunos climas son «buenos» para la salud; si escarbas siempre resultan ser un timo organizado por las agencias de turismo y los médicos locales, pero ya que estoy aquí supongo que nos quedaremos hasta abril. Marruecos me parece un país aburridísimo, sin bosques, ni animales salvajes, y la gente que vive cerca de las grandes ciudades está tan pervertida por la combinación del turismo con la pobreza que acaba convertida en una raza de mendigos y vendedores de recuerdos. El mes que viene iremos a pasar unos días al Atlas y tal vez sea interesante. Continúo trabajando en mi novela que estaba programada para otoño, pero por culpa de esta dichosa enfermedad no pude empezarla hasta hace dos o tres meses. Por supuesto, ahora tendré que escribirla deprisa y corriendo, pues tiene que estar terminada en primavera. Es una lástima porque la idea es muy buena, aunque no sé si te gustaría si la vieses. Todo lo que escribe uno en estos tiempos parece enturbiado por la espantosa sensación de que corremos hacia un precipicio y de que, aunque no conseguiremos evitar la caída, debemos ofrecer alguna resistencia. Calculo que, en realidad, nos quedan unos dos años antes de que empiecen los cañonazos. Estoy deseando ver tu libro; deduzco por las críticas que trata sobre Eton y me interesa mucho comprobar si las impresiones que conservas coinciden con las mías. Por supuesto, a ti te fue mucho mejor que a mí en el colegio y el hecho de que yo tenía mucho menos dinero que la mayoría de la gente complicó e incluso dominó mi situación allí, pero en general tuvimos las mismas vivencias desde 1912 hasta 1921. Y también incidió en ciertos aspectos de nuestro desarrollo literario. ¿Recuerdas que, en torno a 1914, alguien consiguió un ejemplar de *El país de los ciegos*, de H. G. Wells, en Saint

Cyprian's, y que nos dejó tan fascinados que siempre estábamos quitándonoslo unos a otros? Tengo el vívido recuerdo de haberme colado a hurtadillas a las cuatro de la madrugada de la noche de San Juan por el pasillo de tu dormitorio y haberte robado el libro de la mesilla. ¿Y recuerdas que por esa misma época llevé al colegio un ejemplar de *Sinister Street* de Compton Mckenzie, que empezaste a leer hasta que la asquerosa de la señora Wilkes lo encontró y organizó un lío tremendo por haber llevado «un libro así» (aunque en aquel entonces yo no sabía a qué se refería) al colegio. Siempre he querido escribir un libro sobre Saint Cyprian's. Toda mi vida he defendido que los colegios privados no están tan mal, aunque la gente se corrompe antes de tener edad de matricularse en ellos por culpa de las repulsivas academias privadas.

Por favor, envíale recuerdos a tu mujer. Espero poder veros cuando volvamos.

Tuyo,
Eric Blair

P. D. [*manuscrita*] Supongo que el Quintin Hogg[2] que ha ganado las elecciones en Oxford será aquel mequetrefe mariquita de cuando dejé el colegio.

[XI, 512, pp. 253-254; mecanografiada]

1. *Enemigos de la promesa*. Aunque trata sobre todo de los aspectos de la vida que actúan en contra del escritor creativo, también describe la vida en Saint Cyprian's (llamado Saint Wulfric's) y en Eton. Connolly estuvo en ambos colegios con Orwell, a quien alude a menudo. Describe a Orwell y a Christopher Isherwood como «los mejores exponentes del estilo coloquial entre los escritores jóvenes». La señora Wilkes era la mujer del director.

2. Quintin Hogg (1907-2001; segundo vizconde Hailsham; renunció al título en 1963 para presentarse a las elecciones; fue nombrado lord vitalicio y barón Hailsham de Saint Marylebone en 1970; miembro del Consejo Privado de la Reina en 1956; caballero de la Orden de la Jarretera en 1988 y caballero de la Orden de los Compañeros del Honor en 1974), abogado, político del Partido Conservador y escritor, había entrado en Eton poco después de Orwell. Fue elegido parlamentario por la ciudad de Oxford en 1938. El *Pictures Post* de Edward Hulton informó de que la plataforma de Hogg era una «unidad sólida en apoyo de Chamberlain».

De Eileen* a Norah Myles*

14-17 dic. de 1938
Boîte Postale 48
Marrakech

[*sin encabezamiento*]
Seguro que a mi gran amiga le gustará recibir un regalo de Año Nuevo aunque no recibiese uno por Navidad. Lo que no sé es si sabrá qué hacer luego con él. Dicen que sirve para guardar dinero y desde luego si lo haces se sostiene en pie de un modo muy interesante. Pero depende de lo que te guste. Ojalá esté lleno de dinero todo 1939 y tengas también las otras riquezas, las mejores.

La novedad es que me siento muy feliz. Por lo que puedo juzgar, la felicidad es el resultado directo de las noticias de ayer, que fueron las siguientes: a) que el señor Blair se muere de cáncer, b) que a Laurence,[1] el bebé de Gwen, tuvieron que llevarlo a Great Ormond Street (tiene cuatro semanas y media o cinco), c) que George Kopp propone venir a quedarse con nosotros en Marruecos (no tiene dinero y anteayer recibimos un telegrama diciendo que había salido de la cárcel y de España;[2] la reacción de Eric al telegrama fue decir que George debía quedarse con nosotros y su reacción al recibir la carta anunciando que venía fue decir que no debía quedarse con nosotros, aunque creo que la solución podría ser que George no encuentre quién le preste el dinero necesario). No obstante, Eric está mejor. Me quejé mucho cuando vinimos a principios de septiembre y me temo que con razón. El calor era insoportable. Tuve 38 de fiebre cuando apenas llevábamos aquí veinticuatro horas y Eric, sin sufrir ninguna crisis, perdió 9 libras de peso el primer mes y se pasó el día tosiendo, sobre todo por la noche, de modo que hasta noviembre no tuvimos media hora seguida de descanso. Ahora ha recuperado unas 5 libras y ya no tose tanto (aunque más que en Inglaterra), así que calculo que, después de pasar el invierno en el extranjero, no estará mucho peor que antes. Supongo que su vida se ha acortado uno o dos años más, pero los totalitarios han conseguido que eso carezca de relevancia. Una razón para mis reticencias al venir fue que lo había arreglado todo para ir a Bristol y llevar a Marx el caniche (que está pasando el invierno allí con la hermana de Eric) y alojarnos contigo. Por supuesto, tú no sabías nada, pero te habría encantado. Tuvimos que salir corriendo del país porque Eric desobedeció a mi hermano Eric y fue a ver a su padre, que ya estaba enfermo aunque nadie sabía que fuese cáncer. A mi hermano Eric ya no se le ocurrían más mentiras que contarle sobre la enfermedad (lo tuvieron en Preston Hall con el firme y repetido diagnóstico de tisis durante dos meses, hasta que supieron que no la tenía y descubrí que, tras las primeras radiografías, todas las opiniones estaban en contra incluso de un diagnóstico provisional de tisis), así que desvió su atención hacia Marruecos. Por supuesto, fue una tontería venir, pero no supe negarme y Eric se sintió obligado, aunque no para de quejarse con razón de que, por culpa de una campaña de mentiras, debe dinero por primera vez en su vida[3] y ha malgastado uno de los pocos años útiles que le quedan. No obstante, nos hemos acostumbrado a la aridez del país y lo estamos disfrutando, y Eric está escribiendo un libro que a los dos nos gusta mucho.[4] Y en cierto sentido, he perdonado a mi hermano, que no puede evitar ser un fascista de la naturaleza, pese a lo mucho que le disgusta serlo.[5]

Si quieres tener noticias de Marruecos te enviaré una postal. Los mercados son fascinantes si no paras de fumar (mejor si es un cigarro) y no miras al suelo. Al principio vivimos en el propio Marrakech, *en pension* (después de una primera noche que pasamos en un burdel por culpa de una guía Cooks un poco anticuada). En Marrakech abundan las enfermedades de todo tipo, parásitos, tuberculosis, disentería; y, si comes en un restaurante, los enjambres de moscas solo se dispersan para alejarse un momento para saborear un cadáver camino del cementerio.[6] Ahora vivimos en una villa a varias millas de la ciudad. Está amueblada con sillas de enea que nos hicieron por encargo (en realidad son butacas y bastante cómodas), dos alfombras y una estera de oración, varias bandejas de latón, una cama y varias *couvertures* de pelo de camello, tres mesas de madera blanca, dos braseros de carbón vegetal para cocinar, más o menos un tercio de los cacharros de cocina indispensables y unas cuantas piezas de ajedrez. Ha quedado bastante bien. La casa está en medio de una plantación de naranjos propiedad de un carnicero que cultiva los naranjos, pero prefiere ganarse la vida vendiendo carne. Los únicos vecinos son los árabes que cuidan de los árboles. También tenemos un árabe, Mahdjub.[7] La historia de su vida es así: «Moa dis ans et dus ans avec Francais… soldat». Dice muchas cosas, de carácter casi bíblico. «Dire gaz» significa: «Si echas petróleo en el depósito de alcohol de un infiernillo Primus echa un humo que apenas se distingue del Mispá.[8] Últimamente ha estado preocupado porque no recordaba cómo se decía «pescado» en francés, pero esta semana lo ha aprendido de una vez por todas: «oiseau».[9] Ahora nos entendemos de maravilla (a menudo me llama Mon Vieux Madame), aunque casi nunca sé si me habla en francés o en árabe y yo misma le hablo muchas veces en inglés. Se encarga de hacer la compra, sacar el agua del pozo y fregar el suelo (Moa porti sac chitton) y yo cocino y, aunque parezca raro, lavo los platos. Las lavanderías son muy caras (10 francos por una sábana, 11 por una camisa, 14 por un vestido) y por lo general tardan entre dos y tres semanas. Creo que nadie las utiliza, así que tienen que contratar empleados cada vez que les envío alguna cosa. Tenemos dos cabras que daban un cuarto de litro de leche al día entre las dos, después de ordeñarlas dos veces (las ordeñaba Eric mientras Mahdjub les sujetaba la cabeza y la pata trasera), pero ahora han dejado de dar leche. En cambio, nuestras gallinas ponen mucho. Compramos 12, 4 murieron enseguida y el resto han puesto 10 huevos en tres días; la respuesta es un récord para una gallina marroquí. La gente llama a la puerta de atrás deseando comprarlas. También tenemos dos palomas. No ponen huevos, pero si se deciden a hacerlo sin duda construirán el nido en nuestra almohada porque pasan casi todo el día paseando por la casa, una detrás de la otra.

Que no se me olvide la hermana de Eric. Pensaba presentártela ese fin de semana. Llegaron a Bristol en julio. Se llama Dacombe: Marjorie *aetat* 40, supongo que Humphrey es bastante mayor,[10] Jane 15, Henry 10, Lucy 7. Viven en Saint Michael's Hill, creo que en el 166. En el fondo de mi corazón no me gusta Marjorie, que no es trigo limpio, pero siempre me alegro de verla. Pasamos la Navidad juntos y Humphrey quería contarme una historia que no era apropiada para los niños. Era una historia muy larga, que iba contándome por los pasillos y siempre acababa en la despensa, que era el sitio más frío que recuerdo. Nunca llegué a saber de qué trataba la historia, y eso que los niños me explicaron un par de fragmentos, pero era una buena historia. Los críos son muy simpáticos. Estaría bien que fueses a verlos, seguro que te gustarán. Humph me recuerda a un poco a Frank Gardner,[11] aunque esto es infamante porque no tiene sus mismas costumbres. Me parece muy amable. Si no vas a verlos el encuentro tendrá lugar cuando vaya a recoger a Marx en primavera, pero si los visitaras sería mejor para mi reputación. La familia, dicho sea de paso, vive en la más absoluta miseria. Por supuesto, el Blair más simpático es el señor Blair, que se está muriendo, aunque el pobre viejo tiene 82 años y no tiene dolores, y eso ya es algo.

Escoger la tarjeta de felicitación de Navidad de tu madre siempre me ha gustado y este año me lo he perdido. En parte por las tarjetas de Navidad. En parte porque hace unos quince días tuve fiebre y sufrí de pronto una violenta neuralgia. Normalmente voy a Marrakech en una bicicleta roja fabricada en Japón para una persona de piernas muy cortas y con las manos más grandes del mundo, pero en esta ocasión he cogido un taxi para hacerme una radiografía. Parecía evidente que me había salido otro quiste, de hecho incluso hice la maleta por si tenía que volver al hospital. De todos modos, no me pasa nada en la mandíbula, la fiebre se pasó hace dos o tres días y hoy he salido por primera vez con la cabeza cubierta con un pañuelo. He enviado dos paquetes, he rellenado 12 formularios y he pagado más para franquearlos que por el contenido. Pero es demasiado tarde para las tarjetas de Navidad, así que dale recuerdos a tu madre, y a tu padre, y a Ruth, a Jean, a Billy, a Maurice, a June, a Norman, a John, a Elizabeth. Incluso a Quartus, aunque a Norah solo la quiere

Pig.

[*LO*, pp. 75-79; XI, 512A, p. 254; manuscrita]

1. Laurence O'Shaughnessy hijo nació el 13 de noviembre de 1938; 4 semanas y media después sería en torno al 14 de diciembre y 5 semanas en torno al 17 de diciembre.

2. En una carta a Frank Jellinek del 20 de diciembre de 1938 (*CW*, XI, 513, p. 257), Orwell dice: «Hoy he tenido noticias de George Kopp, que fue mi comandante en el frente, y que acaba de salir de España…», pero Orwell escribió «cárcel» antes de «España» y luego lo tachó. Tal vez se produjo una leve confusión entre la idea de Orwell y Eileen de cuándo salió Kopp de la cárcel y de España.

3. Orwell pensaba que estaba endeudado porque creía haber financiado la estancia en el Marruecos francés con 300 libras que había pedido prestadas al novelista L. H. Myers. En realidad, fue un regalo de Myers, aunque no se lo dijo; de hecho, ni siquiera supo el nombre de su benefactor, pues el dinero se transfirió a través de Max Plowman, a quien había conocido en la época en que escribía para *The Adelphi*. Cuando Orwell tuvo suficiente dinero (de las ventas de *Rebelión en la granja*) devolvió el regalo a través de la viuda de Max Plowman, Dorothy.

4. *Subir a por aire*, publicado por Gollancz el 12 de junio de 1939.

5. La descripción de Eileen de su querido hermano como «un fascista de la naturaleza» da a entender que, sin duda con la mejor intención, Laurence intentó engañar a Orwell sobre su estado de salud.
6. Compárese con el inicio del artículo de Orwell «Marrakech» y véase también **4-10-1938**, n. 1.
7. También conocido como Mahdjub Muhammad. En la entrada del 22 de noviembre de 1938 de su *Diario de Marruecos*, Orwell dice que Mahdjub había servido en un regimiento árabe casi quince años y cobraba una pensión de unos 5 francos diarios, más o menos 1,20 libras al cambio actual.
8. Mispá: topónimo palestino citado en Génesis 31, 49 y utilizado para expresar un vínculo cercano —El Señor vela entre tú y yo— en inscripciones, en broches o anillos intercambiados entre los enamorados.
9. Mahdjub confundía *oiseau* («pájaro») con *poisson* («pescado»).
10. En realidad se apellidaban Dakin. Jenny Joseph sugiere que Eileen dio por error el apellido de una compañera de Saint Hugh's, Ursula Dacombe. Los Dakin, aunque no vivían de forma desahogada con el sueldo de un funcionario, tampoco vivían en la más absoluta miseria.
11. Sin identificar.

A Jack Common*

26 de diciembre de 1938
Boîte Postale 48
Marrakech

Querido Jack:

Muchísimas gracias por tu carta. No sabes cuánto lamento lo de las puñeteras gallinas. Parece que te hemos dado unos cuantos elefantes blancos. No sé qué puede ser. Se me ocurre que si tuviesen alguna enfermedad se morirían y no dejarían de poner sin más. Y en cuanto a lo de que sea cosa del terreno, no lo creo posible. Para empezar, ya habían estado en él sin que les pasara nada. Las gallinas del viejo Desborough, que fue el dueño del campo hasta finales de 1935, murieron de coccidiosis, pero dudo que los gérmenes hayan podido resistir tanto tiempo en el suelo y que no se hayan desarrollado antes, y además la coccidiosis es inconfundible, pues las habría matado a casi todas o las habría debilitado mucho. Lo que de verdad se me escapa es por qué no ponen las gallinas más viejas (hay unas cuantas, ¿no?). Con las jóvenes ocurre a veces que no empiezan a poner hasta agosto-septiembre, y luego, entre la muda y el frío, ya no ponen hasta primavera. Lo malo es que de momento tendrás que pagar las facturas del grano. Dentro de unos días intentaré enviarte unas pocas libras (me temo que, en el mejor de los casos, tendrán que ser unas pocas) para pagar los gastos. Hace poco he escrito al banco para preguntar si me queda dinero y recibiré la respuesta dentro de unos días. Por supuesto, este viaje, que en todo caso hemos hecho con dinero prestado, ha sido muy caro y no creo que vaya a tener ingresos en tres o cuatro meses. La novela debería estar terminada a principios de abril. En realidad es un desastre, aunque algunas partes me gustan mucho y me ha descubierto un asunto que no había tratado antes y en el que no he tenido tiempo de trabajar como es debido. No sabes cuánto me gustaría seguir vivo, fuera de la cárcel y sin agobios de dinero los próximos años. Supongo que después de este libro escribiré alguno puramente alimenticio, pero me ronda la vaga idea de escribir una novela larguísima en varios volúmenes y necesito que me dejen en paz unos años para planificarla. Por supuesto con eso no me refiero a que no haya guerra, pues se puede estar en paz aunque uno esté combatiendo, aunque no creo que a lo que me refiero sea compatible con la guerra moderna y totalitaria. Los de Penguin se han interesado por volver a publicar alguno de mis libros, espero que lo hagan, porque, aunque no creo que paguen mucho, no hay publicidad mejor. Además, es muy irritante ver cómo se agotan tus libros. Uno de ellos, *Sin blanca*, está descatalogado y, a pesar de que es uno de los libros más solicitados en la biblioteca de Dartmoor, la única persona que conozco que tiene un ejemplar es mi madre. Me alegro de que Warburg haya tenido suerte al menos con un libro. Hay que reconocer que es muy emprendedor y casi nadie ha publicado libros tan variados como él. Mi libro sobre España se vendió muy mal, pero no importa, porque mi agente había cobrado un anticipo y las críticas fueron muy buenas.

Dios sabe cuándo llegará el paquete. Por lo que sé de las oficinas de correos francesas, no me sorprendería que llegase en Navidad de 1939. En realidad dejé que lo enviara, junto a otros muchos, la dueña de la tienda, porque estaba exhausto después de pasar la tarde comprando, que en este país es muy cansado como en la mayoría de los países orientales. Los árabes regatean aún más que los indios y he acabado por pensar que les gusta. Si un objeto cuesta un chelín, el vendedor empieza pidiendo dos y el comprador ofrece tres peniques, y pueden pasar media hora sin ponerse de acuerdo en el chelín, aunque los dos sepan desde el primer momento que es lo que vale. Una cosa que afecta mucho a nuestros contactos con otros países es que los ingleses no son tan pacientes como otras razas; por ejemplo, no soportan el ruido. Me gustan los árabes, son muy amables, y, teniendo en cuenta su situación, nada serviles, pero apenas he podido relacionarme con ellos, en parte porque la mayoría hablan un francés macarrónico y no me he molestado en aprender árabe. Los franceses en este país parecen mucho más grises y aburridos que los angloindios. Dudo que haya un verdadero movimiento político entre los árabes. Todos los partidos de izquierdas han sido suprimidos (por el Frente Popular), pero no creo que hayan sido nunca gran cosa. La gente vive en un Estado feudal y la mayoría parecen creer en la ficción de que siguen gobernados por el sultán. Solo se ha hecho eco de lo de Túnez la prensa francesa. Si alguna vez se produce un gran movimiento árabe creo que será profascista. Me han contado que los italianos en Libia los tratan de un modo atroz, pero sus principales opresores han sido las democracias. La postura de los supuestos partidos de izquierdas en Francia e Inglaterra respecto a la cuestión imperial sencillamente me repugna. Si siguen así acabarán convirtiendo en fascista a toda la gente de color. En el fondo lo que ocurre es que la clase obrera en Francia e Inglaterra no siente la menor solidaridad por la clase obrera de color.

Me preguntabas dónde está Marrakech. Se halla en la parte izquierda de África, justo al norte de las montañas del Atlas. Curiosamente hemos notado el frío incluso aquí y el día de Nochebuena cayó mucha escarcha, no sé si será muy frecuente, pero a juzgar por la vegetación no lo creo. Tuve la rara y placentera ocasión de ver las naranjas y los limones de los árboles cubiertos de escarcha, aunque no parece que les haya perjudicado mucho. Los efectos de la escarcha fueron muy curiosos. Algunas capuchinas que había sembrado se marchitaron, y en cambio a los cactus y a la buganvilla, que es una planta tropical del Pacífico Sur, no les afectó. Las montañas llevan ya tiempo cubiertas de nieve. En cuanto haya terminado el primer borrador de la novela, vamos a ir a pasar allí una semana. Los romanos pensaban que eran el fin del mundo, y desde luego lo parece. Durante el día hace buen tiempo, pero tenemos la chimenea siempre encendida. El único combustible es la madera de olivo, sencillamente porque no crece un árbol silvestre en varias millas a la redonda. Es uno de esos países casi desérticos capaces de mantener una población muy reducida de hombres y animales que devoran cualquier cosa que sea comestible y queman cualquier cosa que pueda arder, de modo que si hubiese solo una persona más se produciría una hambruna. Y pensar que en época de los romanos el norte de África estaba cubierto de bosques donde merodeaban leones y elefantes... Ahora apenas hay animales salvajes mayores que una liebre, y supongo que incluso la población humana debe de ser más escasa. He estado leyendo acerca de esta región en *Salammbô* de Flaubert, un libro que, por algún motivo, siempre había evitado, pero que es sencillamente deslumbrante.

No me extraña que J. M. M[urry] vaya a ingresar en la iglesia. No durará mucho. Supongo que no tardará en publicar un libro titulado *La necesidad del fascismo*.[1] Aunque ya va siendo hora de que alguien lo estudie en serio. Algo tiene que tener aparte de lo que afirma la prensa de izquierdas. Mussolini lleva «a punto» de caer desde 1926.

Los franceses apenas celebran la Navidad, solo el Año Nuevo. Los árabes puede que también lo celebren, aunque tal vez no sea el mismo que nosotros. Son musulmanes estrictos, aunque debido a su pobreza no son demasiado escrupulosos con lo que comen. Nosotros aún no hemos celebrado las Navidades, pero lo haremos cuando recibamos un pudin que nos han enviado desde Inglaterra. Eileen se puso mala el día de Navidad y a mí se me olvidó qué día era. Es triste porque mi padre está muy enfermo y mi hermana, que iba a venir a vernos, no ha podido. Tenemos dos amigos que acaban de salir de España. Uno es un tipo llamado Robert Williams,[2] que ha vuelto con las tripas llenas de fragmentos de metralla. Dice que Barcelona está tan machacada que resulta irreconocible, todo el mundo pasa hambre y una libra vale 900 pesetas. El otro es George Kopp un belga de quien hablo mucho en mi libro. Acaba de escapar después de 18 meses en una cárcel de la GPU[3] donde perdió casi cuarenta kilos. Han sido unos idiotas al dejarlo marchar después de lo que le han hecho, aunque supongo que no les ha quedado otro remedio. Es evidente por muchos detalles que los comunistas han perdido mucho poder y que la GPU existe solo extraoficialmente.

Recuerdos a Mary y a Peter. Eileen os envía muchos besos y le agradece a Mary su carta. Os escribiré cuando tenga noticias del banco. Espero que se pase pronto el frío. Puede ser muy desagradable en una casa tan pequeña. En febrero habrá que pensar en aparear a Muriel, pero no hay prisa. Pase lo que pase, no dejéis que la monte el viejo macho cabrío del señor Nicholls,[4] que está exhausto después de veinte años follándose a sus hermanas, hijas, nietas y bisnietas.

Tuyo,
Eric

P. D. ¿Les has dado a los pollos un suplemento alimenticio? El de Clarke's es muy bueno.

[XI, 516, pp. 259-263; mecanografiada]

1. Murry tenía predilección por esos títulos: *The Necessity of Art* (en colaboración) (1924), *The Necessity of Communism* (1932; Nueva York, 1933), y *The Necessity of Pacifism* (1937).
2. Uno de sus camaradas en la milicia del POUM.
3. La policía secreta de la URSS.
4. Un vecino de Wallington.

A Herbert Read*

4 de enero de 1939
Boîte Postale 48
Marrakech

Querido Read:
Gracias por tu carta y por el manifiesto.[1] Te parecerá gracioso, pero ya lo había visto en *La Flèche* y tenía pensado averiguar algo más. Desde luego lo firmaré, aunque, si solo quieres unos cuantos nombres en representación de Inglaterra, podrías encontrar gente mucho más conocida. No obstante, no dudes en utilizar mi nombre de cualquier modo que te parezca útil. Me preguntabas si quería proponer algún cambio en el manifiesto. Tan solo hay punto que me parece un poco dudoso, aunque tampoco quiero insistir demasiado. En la página 2 dices: «Para salvaguardar la burocracia rusa, se ha dejado en la estacada primero a los trabajadores alemanes, luego a los españoles y ahora a los checoslovacos». No me cabe duda de que es cierto, pero ¿es estratégicamente inteligente para gente en nuestra situación sacar a relucir en este momento la cuestión checa? No hay duda de que los rusos han puesto a los che-

cos en un aprieto, pero no creo que se hayan portado peor o de forma muy distinta a los gobiernos británico y francés, y dar a entender que deberían haber declarado la guerra para defender a los checos implica que Francia y Gran Bretaña deberían haberla declarado también, que es justo lo que dirían los del Frente Popular y con lo que no estoy de acuerdo. Es solo una sugerencia en la que no quiero insistir demasiado, pero en cualquier caso añade mi nombre al manifiesto.

Estoy pasando el invierno aquí por el bien de mis pulmones, aunque no creo haber mejorado gran cosa. Por culpa de este puñetero problema de salud he malgastado un año, pero el descanso me ha sentado bien y estoy trabajando en una nueva novela, y eso que el año pasado, después de la espantosa pesadilla de España, llegué a pensar que no podría volver a escribir una. Curiosamente, llevaba un tiempo pensando en escribirte a propósito de un asunto que no se me quita de la cabeza. Se trata de lo siguiente:

Me parece de vital importancia que quienes pensamos oponernos a la próxima guerra empecemos a organizar actividades antibélicas ilegales. Es evidente que la agitación abierta y legal será imposible no solo cuando la guerra haya empezado, sino cuando sea inminente, y si no preparamos ahora los panfletos, etc., no podremos hacerlo cuando llegue el momento decisivo. En la actualidad hay bastante libertad de prensa, y la compra de imprentas y papel no está controlada, pero no creo ni por un instante que la situación vaya a durar mucho. Si no hacemos ahora los preparativos podríamos encontrarnos silenciados e impotentes cuando empiece la deriva fascista prebélica o la propia guerra. Es difícil que la gente entienda este peligro, porque la mayoría de los ingleses son incapaces por naturaleza de creer que vaya a producirse ningún cambio. Además, los pacifistas sinceros por lo general tienen objeciones morales a trabajar en la clandestinidad o de forma ilegal. Estoy de acuerdo en que la gente con cierta notoriedad puede conseguir mejores resultados trabajando abiertamente, pero podría ser muy útil disponer también de una organización clandestina. Me parece que sería de sentido común acumular el material necesario para producir panfletos, carteles, etc., dejarlo en algún sitio discreto y no utilizarlo hasta que haga falta. Para eso necesitaríamos organizarnos y, sobre todo, dinero, probablemente unas 300 o 400 libras, aunque con la ayuda de la gente no debería ser difícil y podría hacerse poco a poco. ¿Te importaría escribirme para hacerme saber si la idea te parece interesante? Pero, aunque no te lo parezca, no se lo digas a nadie.

Te adjunto el manifiesto firmado.

Tuyo,
Eric Blair

P. D. [*manuscrita*] Me quedó el folleto de *Clé*[2] y enviaré mi contribución en cuanto pueda ir a Marrakech y enviar un giro.

[XI, 522, pp. 313-314; mecanografiada]

1. *Towards a Free Revolutionary Art*. Pedía la formación de una Federación Internacional de Arte Revolucionario Independiente. Lo firmaron André Breton, fundador y líder del movimiento surrealista, y Diego Rivera, pintor de la Revolución mexicana, a modo de rechazo, cultural y político, de la Tercera Internacional.

2. *La Clé*: el boletín mensual de la Federación Internacional de Arte Revolucionario Independiente.

A Francis Westrope*

15 de enero de 1939
Boîte Postale 48
Marrakech

Apreciado Frank:

Quisiera saber si podría tener la bondad de enviarnos los siguientes libros:

Pendennis, de Thackeray (Nelson Double vol. 2).

Eustace Diamonds, de Trollope (World's Classics).

Otra vuelta de tuerca, de H. James (Everyman, n.º 912).

Autobiografía, de J. S. Mill (World's Classics).

Creo que así casi agotaremos nuestro crédito, pero si le quedamos algo a deber, no deje de decírnoslo.

Me temo que llevaba mucho sin escribirle, y además no respondí a la carta que me envió la señora Westrope[1] cuando partimos de Inglaterra. Llevamos ya unos cuatro meses en este país y pensamos quedarnos hasta finales de abril.

Debo decir que agradecí mucho no estar en Europa durante la crisis bélica. Aquí la gente no hizo demasiado caso, en parte por miedo a agitar a los árabes, pero también porque era evidente que no creían que fuese a haber una guerra. Creo que uno de los factores determinantes de la situación es que los franceses no pueden entrar en guerra si Francia no es invadida, y sus políticos lo saben. Supongo que el próximo conflicto será por Ucrania, así que tal vez podamos regresar a Inglaterra a tiempo de que nos internen en un campo de concentración, si no nos hunde antes un submarino alemán. Espero y confío en que no sea así. Acabo de terminar el borrador de mi novela y vamos a ir a las montañas del Atlas una semana antes de empezar la revisión, que me tendrá ocupado hasta principios de abril. Creo que el clima me ha sentado bien. Ahora apenas toso y he ganado un poco de peso, casi tres kilos. Me sacan de quicio estas interrupciones por culpa de las guerras y demás.

Dicho sea de paso, creo que no le di las gracias por enviarme el manual de árabe. Siento decir que ni Eileen ni yo hemos aprendido nada de árabe, quitando algunas palabras que es imposible no aprender, porque todos los árabes hablan una especie de francés macarrónico y todos se relacionan con franceses. Además, en esta parte del mundo, hablan una especie de dialecto con palabras bereberes y españolas. Muchos son chleuhs, una raza que los franceses no conquistaron hasta hace poco y también hay bastantes negros. Para venir aquí tuvimos que pasar por el Marruecos español. Lo vislumbré solo de pasada, pero vi algunos soldados franquistas, que apenas se distinguían de las tropas gubernamentales que había un año antes. Aquí los franceses son casi todos partidarios de Franco, y creo que acabará descubriéndose que lo han ayudado mucho de forma tanto directa como indirecta. Hay una gran población judía y, en consecuencia, muchos sentimientos antijudíos, y eso que la mayoría son muy pobres y viven casi igual que los árabes. Hasta ahora no había reparado en que gran parte de la artesanía marroquí la hacen judíos. Hay cosas preciosas y muy baratas, aunque por desgracia las mejores no son fáciles de transportar.

Por favor, dé recuerdos a todo el mundo. Espero que cuando volvamos a vernos no sea detrás de una alambrada.

Suyo,
Eric Blair

[XI, 527, pp. 319-320; mecanografiada]

1. Myfanwy Westrope, la mujer de Francis Westrope, el dueño de Booklovers' Corner, donde Orwell había trabajado como dependiente a tiempo parcial entre 1934 y 1935. Orwell llama por error a Francis Westrope con el nombre de pila de otro librero, Frank Simmonds.

A lady Rees

23 de febrero de 1939
Boîte Postale 48
Marrakech

Apreciada lady Rees:[1]
Espero sinceramente que Richard esté bien. La última vez que tuve noticias suyas fue a través de los Plowman, hace unos meses, cuando todavía se encontraba en Barcelona, pero, por supuesto, desde la retirada no he vuelto a saber de él. Espero y confío en que haya podido salir y que no esté demasiado abrumado por lo que debe de haber visto. Si ha regresado y quiere escribirnos, nuestras señas serán estas hasta finales de marzo. Creo que mi mujer le contó que había estado enfermo con algo que tiene un nombre muy largo y que, después de muchas radiografías, decidieron que no era tuberculosis. Estuve seis meses en un sanatorio y luego me dijeron que debía pasar aquí el invierno. No sé si me habrá sentado muy bien, pero no me cabe duda de que ha sido mejor no estar en Inglaterra, donde al parecer ha habido un invierno muy frío. Por supuesto, todo esto ha retrasado mucho mi trabajo, pero casi he acabado otra novela y a principios de abril, en cuanto esté terminada, volveremos a casa. Dicen que debería vivir más al sur, así que creo que nos instalaremos en Dorset o en algún sitio parecido cuando encontremos otra casa.

Este es un lugar muy pacífico y silencioso. Tenemos una casita a unas pocas millas de Marrakech y no vemos más europeos que algunos soldados de la legión extranjera que pasan a visitarnos. Hace poco estuvimos una semana a unos 5.000 pies en las montañas, donde vive una raza bereber llamada chleuh. Son un pueblo interesante, muy sencillos, iguales y libres, muy sucios, pero de aspecto espléndido, sobre todo las mujeres. Tienen pequeños prados de pasto casi como en Inglaterra y uno se puede tumbar en la nieve bajo un sol cegador. Aquí el campo es llano y muy seco, sin árboles silvestres, como en el norte de la India. Los árabes son muy pobres y trabajan por un penique la hora. La vida para los europeos no es demasiado barata, desde luego menos que en Francia, aunque algunas cosas sí lo son; por ejemplo, se puede comprar un camello por trescientos francos, suponiendo que uno quiera. La artesanía de cobre y de latón es preciosa, pero lo más bonito es la baratísima cerámica local, que por desgracia es casi imposible de transportar.

Nos alegró mucho estar fuera de Inglaterra durante la crisis bélica, y confío en que no haya otra justo cuando lleguemos. La guerra me parece una pesadilla y me niego a creer que pueda tener nada bueno, o incluso que haya diferencia entre quién salga vencedor. Si Richard ha regresado y no le apetece escribir, ¿le importaría decirle que le enviamos recuerdos y que nos gustaría verlo cuando volvamos?

Atentamente,
Eric Blair

[XI, 532, pp. 329-330; mecanografiada]

1. La madre de sir Richard Rees. Rees estaba sirviendo como conductor de ambulancias en España.

A Jack Common*

23 de febrero de 1939
Boîte Postale 48
Marrakech

Querido Jack:
¿Escribiste a la señorita Woods para lo de aparear a Muriel? Si no lo has hecho, ¿te importaría enviarle una postal? No recuerdo sus señas exactas, pero creo que son: Woods, Woodcotes, Nr. Sandon, y en cualquier caso en la taberna las sabrán. [*Orwell no quería que el viejo macho cabrío del señor Nicholls se aparease con Muriel (véase 26-12-38) y el 12-1-39 le había pedido que se pusiera en contacto con la señorita Woods.*] Dicho sea de paso, espero que este año no haya fiebre aftosa. Supongo que hacen bien al no permitir el traslado de los animales, aunque no impidan el movimiento de perros y personas, pero creo que es hora de acabar con la absurda idea de sacrificar rebaños enteros ante la aparición de un solo caso.

No sé con exactitud cuándo volveremos, aunque será en abril, así que te enviaré la fecha exacta más adelante. Tengo que terminar la novela, que ha sufrido un retraso porque he estado enfermo y he tenido que guardar cama quince días, aunque ya estoy recuperado. Y, además, está lo del barco. De ser posible, queremos ir en barco desde Casablanca, pero solo hay uno al mes y aún no he conseguido averiguar la fecha. Cuando regresemos, iré directo a Southwold a ver a mi padre, y Eileen se pondrá a buscar una casa nueva cuanto antes. A no ser que para entonces haya estallado la guerra, porque en ese caso no quiero que me pille con los calzones bajados y conservaremos la casa. Si quieres quedarte hasta finales de abril, por nosotros está bien, porque, en todo caso, E. o yo tendremos que ir a Wallington a supervisar la mudanza. Nos llevaremos las gallinas, claro, a pesar de su fracaso como ponedoras, pero probablemente nos deshagamos de los gallineros y compremos otros nuevos; será igual de caro que trasladarlos y menos engorroso. Dime si ha brotado algo en el jardín. Debería haber ya alguna campanilla de invierno y azafrán silvestre.

Ignoro si la situación mundial ha mejorado o empeorado. Ahora la considero con ojos de meteorólogo, ¿va a llover o no?, aunque supongo que, como de costumbre, cuando empiece no habrá forma de quedarse al margen. Si yo fuese un buen espécimen biológico capaz de fundar una nueva dinastía dedicaría todas mis energías durante la guerra a no dejarme ver y a seguir con vida. No he tenido noticias de Richard [Rees], pero acabo de escribir a su madre para ver si averiguo algo. Supongo que habrá escapado sin dificultades. Es una catástrofe espantosa y, si uno no está implicado personalmente, lo peor será el fracaso total de los izquierdistas a la hora de aprender del desastre, las controversias estériles durarán años y todo el mundo se dedicará a culpar a los demás.

Ya me contarás qué tal va la ordenación de Murry. Supongo que, como tiene un título universitario, no tendrá que estudiar demasiado. ¿Pero acepta los 39 artículos,[1] etc.? Nunca lo habría dicho. Sería cómico que acabara de obispo. Y, a propósito, ¿has conocido al párroco de Rushden cum Wallington, el señor Rossborough? No es demasiado atractivo pero es amable y tiene un hijo muy simpático. El hijo, Rob, está en Haileybury, ingresó en la PPU[2] y se negó a apuntarse al OTC[3] Lo que me impresionó no fue tanto eso como que el padre, después de pensárselo, decidiera apoyarlo. Ha sido misionero en África y ha visto el trato que se les da a los nativos, y eso ha hecho que tenga opiniones heterodoxas sobre algunas cuestiones, como suele ocurrir con los misioneros. La mujer es muy amable, pero tengo para mí que está un poco chiflada. A propósito, ella y sus amigas rezan habitualmente por mi salud (no se lo cuentes a nadie, pues se supone que es un secreto; la señora R. se lo contó a Eileen en confianza).

Muchos recuerdos a Mary y a Peter. Eileen os manda besos.

Tuyo,
Eric

[XI, 533, pp. 330-331; mecanografiada]

1. Quienes se ordenan como sacerdotes de la Iglesia de Inglaterra deben aceptar los Treinta y Nueve Artículos. En ellos se resume la postura doctrinal de la Iglesia después de la Reforma.

2. La Peace Pledge Union, fundada en 1934. Max Plowman fue su secretario general entre 1937 y 1938. Publicó *Peace News*, para la que Orwell escribió una reseña de *Communism and Man*, de F. J. Shead, el 27 de enero de 1939 (XI, 529, pp. 322-324).

3. El Officer's Training Corps, creado antes de la Primera Guerra Mundial por lord Haldane, ministro de Justicia entre 1912 y 1915, para formar un cuerpo de oficiales; reclutaba a sus miembros sobre todo en los colegios privados.

A Lydia Jackson*

Lydia Jackson había ido a ver a Orwell al sanatorio de Aylesford en 1938 y describió así su visita:

Encontré a Orwell en el jardín en una silla de madera y vestido con ropa de calle; al verme llegar se puso en pie y me propuso dar un paseo por el parque. No fuimos muy lejos. Nada más perder de vista los edificios, nos sentamos en la hierba y me rodeó con sus brazos. Fue una situación incómoda. No me parecía atractivo y su enfermedad incluso me causaba una leve repulsión. Al mismo tiempo, saber que estaba enfermo y privado de la intimidad con su mujer hizo que me resultara difícil rechazarlo. No quise ser mojigata ni darle mayor importancia al incidente. ¿Por qué iba a apartarlo si besarme le proporcionaba unos minutos de placer? Estaba convencida de que quería mucho a Eileen y yo no era una rival para ella (A Russian's England, 1976, p. 419).

1 de marzo de 1939
Boîte Postale 48
Marrakech

Querida Lydia:

Me temo que llevo mucho tiempo sin escribirte y creo que tú tampoco me has escrito, ¿no es así? Espero que estés bien. Con toda probabilidad dejaremos este país el 23 de marzo, en cuyo caso estaremos de vuelta el 30. Supongo que pasaremos unos días en Londres antes de ir a ver a mi familia, etc. ¡Tengo muchas ganas de verte! Intenta reservar uno o dos días después del 1.º de abril. ¿Qué tal va tu trabajo? Espero tener terminada mi novela antes de embarcar, aunque no creo que haya podido pasarla a máquina para entonces. Hay partes que me gustan mucho y otras que no tanto. Eileen está bien, aunque ha estado ligeramente indispuesta un par de veces. Hace poco caí enfermo y tuve que guardar cama quince días por culpa de una gripe; no obstante, vuelvo a estar bien. No creo en las supuestas cualidades maravillosas de este clima, que no me parece ni mejor ni peor que cualquier otro. Para lo único que nos ha servido pasar aquí el invierno es para gastar enormes cantidades de dinero prestado; de todos modos, hemos estado fuera de Inglaterra durante la crisis bélica y eso ha sido un auténtico alivio. Espero que no nos topemos con otra a nuestro regreso.

Vete a saber quién será ahora tu joven pretendiente.[1] He pensado a menudo en ti… ¿has pensado tú en mí? Sé que es indiscreto escribir estas cosas en una carta, pero serás inteligente y la quemarás, ¿verdad? Estoy deseando verte y charlar un buen rato contigo. Eileen también está deseando volver a Inglaterra. Supongo que tendremos que dejar la casa de Wallington, pero de ser posible alquilaremos otra en Dorset o en algún sitio parecido. Cuídate. Espero verte a principios de abril.[2]

Con cariño,
Eric

[XI, 534A, pp. 335-337; manuscrita]

1. Era Karl Schnetzler, aunque Lydia afirma que solo eran amigos y no estaban enamorados. Sin embargo, en su opinión, él estaba enamorado de Eileen (*A Russian's England*, p. 417).

2. En *A Russian's England*, que reproduce unas líneas de esta carta, Lydia Jackson dice que la leyó con sentimientos encontrados: «Estaba deseando volver a ver a Eileen, pero no a George, sobre todo porque el tono de su carta daba a entender que pensaba continuar con el comportamiento amoroso que yo había sido demasiado blanda para rechazar en el hospital de Maidenhead» (es decir, en el sanatorio Aylesford, cerca de Maidstone). Más adelante añade: «En la época yo tenía varios amigos que me parecían más atractivos que George, y su vanidad masculina me irritaba. Lo que menos me apetecía era enturbiar su relación con Eileen, o tener algo que ocultarle a ella» (p. 430).

A Jack Common*

5 de marzo de 1939
Boîte Postale 48
Marrakech

Querido Jack:
Espero que estéis bien. Te escribo para contarte nuestros planes. Si el banco nos envía el dinero a tiempo, partiremos en el barco que zarpa de Casablanca el 22 o el 23 y deberíamos llegar a Londres a finales de marzo. Después, tengo que ir a Southwold a ver a mi familia y deberé atender varios asuntos. Tras mucho pensarlo, hemos decidido seguir viviendo en la casa hasta que acabe el verano y no mudarnos hasta el otoño. Entre otras cosas, hasta que salga mi libro no tendremos dinero y eso dificultaría mucho la mudanza, y por otro lado es mejor buscar con tiempo para encontrar un sitio mejor. Si no hay guerra nos mudaremos, porque dicen que no me conviene pasar allí el invierno y en el campo debería poderse encontrar una casa más saludable por no mucho más dinero, pero da igual dónde pasemos el verano. Por otro lado, si nos mudamos en otoño, podremos llevarnos ciertos frutales, etc., que hemos plantado. Así, el trabajo que hayas hecho o encargado al viejo Hatchett no será en vano, aunque me temo que para ti no será ningún consuelo.

Mientras tanto, podríais hacernos un gran favor, que tal vez facilite las cosas si encontráis adónde ir antes de nuestra llegada. Recordarás que en mi libro sobre la guerra española hablo de Georges Kopp,[1] que fue el comandante de mi brigada durante un tiempo. Lleva una temporada viviendo en casa del hermano de Eileen en Greenwich, pero no podemos pedirles que lo alojen indefinidamente, porque la casa está muy llena. ¿Podríais alojarle en Wallington, si hiciera falta? No digo en la casa, puede quedarse con la señora Anderson, pero ¿podríais ocuparos de alimentarlo? Gwen O'Shaughnessy, la cuñada de Eileen, te dará el dinero para comprar comida para que no tengas de desembolsarlo tú, y tal vez a Mary no le suponga un gran esfuerzo cocinar para uno más. Ya veréis que se contenta fácilmente. Creo que te caerá bien. Tal vez no sea necesario, puede que encuentre algún trabajo, aunque dudo que pueda trabajar aún, después de pasar 18 meses en la cárcel casi sin comida y demás. Así, si queréis marcharos antes de que lleguemos él podría quedarse en la casa. Estaría allí hasta nuestra llegada y luego se quedaría un tiempo hasta que encuentre trabajo, suponiendo que lo consiga. Si llega a hacer falta espero que no os suponga un gran trastorno.

Estoy deseando volver a Inglaterra. Aquí empieza a hacer calor. Esta es la única época del año en la que hay un poco de hierba, y los camellos y los asnos se atiborran mientras pueden. Muchas flores silvestres son las mismas que en Inglaterra. Los cerezos están en flor y los manzanos empiezan a echar hojas. Será agradable volver a ver eso en Inglaterra. Me gustaría saber si hay campanillas y azafrán silvestre en el jardín. Creo que terminaré la novela justo antes de embarcar, pero probablemente tenga que pasarla a máquina en el barco. Hay unas 100 páginas con las que estoy muy contento, lo demás ha sido un fracaso. No he vuelto a tener noticias de los de Penguin[2] y espero que no se hayan echado atrás.

¿Enviaste la postal a la señorita Woods para lo de Muriel?[3] No he sabido nada de Richard [Rees] aunque escribí a su madre para preguntarle por él. Si escribes, no lo hagas después del día 15 porque la carta podría extraviarse. Recuerdos a Mary y a Peter,

Tuyo,
Eric

P. D.[4] Eileen os envía muchos besos, y la posdata en realidad es para Mary. Creo que George Kopp te parecerá interesante, sobre todo si no te importa ceder los fogones. Es muy manitas en la casa y le encanta cocinar. Si podéis alojarlo, ¿te importaría escribirle e invitarlo a ir con vosotros? Por supuesto sin decir que le vais a pagar la comida. Gwen debe de estar un poco deprimida porque acaba de tener un bebé y necesita espacio en la casa para la nodriza y el interino (Gwen es médico). No puede proponerle que se vaya, pero sí animarlo a aceptar nuestra invitación. Podríais usar la excusa de que así se alojará con nosotros y de que tal vez le guste ver nuestro pueblo (seguro que sí). Es de los que están a gusto en cualquier parte si se siente bien recibido, y os resultará interesante charlar con él (habla inglés con fluidez). Si no os importa alojarlo, pero no queréis escribirle, decídselo a Gwen y le hará llegar la invitación. Lo único importante es que crea que la invitación es cosa vuestra.

[*Eileen escribió junto al encabezamiento:*] Dirección de Gwen: Dra. Gwen O'Shaughnessy, 24 Crooms Hill, Greenwich, Londres S. E.10

[XI, 535, pp. 337-338; mecanografiada]

1. Entre los papeles de Orwell había tres números de *Independent News*: un número especial, probablemente de finales de noviembre o principios de diciembre de 1938, dedicado a «El juicio del POUM en Barcelona»; el n.º 59, del 16 de diciembre de 1938, con un artículo titulado «Después del juicio del POUM»; y el n.º 60 del 23 de diciembre de 1938, que incluía un informe sobre el encarcelamiento y liberación de George Kopp. Orwell y Eileen lo visitaron en la cárcel. (Para más detalles, véase XI, 359, pp. 338-339, y VI, pp. 171-178.)
2. Véase la carta a Leonard Moore del **28-11-1938**.
3. Véanse las cartas del **23-2-1939** y del **19-3-1939** a Jack Common.
4. La posdata, quitando las tres primeras palabras, está escrita de puño y letra de Eileen.

A Herbert Read*

5 de marzo de 1939
Boîte Postale 48
Marrakech

Querido Read:

Muchas gracias por tu carta. Probablemente deje este país el 22 o 23 de marzo, por lo que debería llegar a Inglaterra a finales de mes. Estaré en Londres unos días y procuraré pasar a verte. Me gustaría echar una mano con *Revolt*,[1] pero no sabré si puedo ser útil hasta que vea qué tipo de periódico va a ser. Lo malo es que, cuando estoy escribiendo un libro, por lo general me resulta casi imposible hacer otro trabajo creativo;

no obstante, me gusta escribir críticas, si quieren alguna. Creo que si pudiéramos publicar una revista de izquierdas que no fuese estalinista (en realidad es cuestión de dinero) a mucha gente le gustaría. No todo el mundo es estúpido y la gente no tardará en darse cuenta de lo que hay detrás de la estafa «antifascista». Una idea que me alegra mucho es que cada generación, que en literatura equivale a unos diez años, se rebela contra la anterior, e igual que los Auden, etc., se rebelaron contra los Squire[2] y los Drinkwater,[3] debe de haber otros a punto de alzarse en contra de los Auden.

En cuanto a lo de la imprenta, reconozco que es un poco absurdo empezar a preparar una campaña clandestina[4] sin saber quién va a participar y en qué, pero la clave está en que, si no iniciamos cuanto antes los preparativos, cuando queramos empezar estaremos atados de pies y manos. No creo que la época en que se pueda comprar una imprenta sin que nadie haga preguntas vaya a durar siempre. Por tomar un ejemplo similar, cuando era niño podías ir a una tienda de bicicletas o una herrería y comprar cualquier arma de fuego que no fuese un cañón de campaña, y a casi nadie se le pasó por la cabeza que la Revolución rusa y la guerra civil en Irlanda pondrían punto final a eso. Lo mismo ocurrirá con las imprentas y demás. En cuanto a lo que habría que hacer, mi análisis de la situación es el siguiente: la probabilidad de que los laboristas o alguna coalición de izquierdas gane las elecciones es, en mi opinión, nula, y en cualquier caso si lo consiguieran no creo que fuesen mejores o muy diferentes de la pandilla de Chamberlain. De modo que lo que nos espera es o bien una guerra dentro de dos años, o una prolongada preparación para la guerra, o tal vez solo unos preparativos fingidos para ocultar otras cosas, pero en cualquier caso un proceso de deriva hacia el fascismo que conducirá a un régimen autoritario, es decir, a una especie de austrofascismo. Mientras el objetivo, real o fingido, sea una guerra con Alemania, la mayor parte de la izquierda se pondrá de lado de dicho proceso, que en último extremo les llevará a apoyar la reducción de los salarios, la supresión de la libertad de expresión, la brutalidad en las colonias, etc. Por tanto, será necesario rebelarse tanto contra la izquierda como contra la derecha. Dicha rebelión tendrá dos facciones, por un lado los izquierdistas disidentes como nosotros y, por otro, los fascistas, en particular los fascistas hitlerianos idealistas más o menos representados en Inglaterra por Mosley. No sé si Mosley tendrá las agallas y el sentido común de oponerse a la guerra con Alemania, pues cabe la posibilidad de que opte por jugar la baza patriótica, pero en ese caso alguien ocupará su lugar. Si la guerra conduce al desastre y la revolución, la izquierda oficial se habrá identificado ya ante la opinión pública con el partido belicista, y los fascistas tendrán el terreno allanado, a no ser que haya un grupo de gente que esté en contra de la guerra y de los fascistas. De hecho, lo habrá y será muy numeroso, pero que puedan hacer algo dependerá mucho de que dispongan de algún medio de expresión cuando empiece a cundir el descontento. Dudo que haya muchas esperanzas de salvar a Inglaterra del fascismo de uno u otro tipo, pero está claro que es necesario resistirse y parece tonto acabar silenciados por no haber tomado unas cuantas precauciones de antemano. Si guardamos las imprentas, etc., en algún sitio discreto podríamos crear una red de distribución sin llamar demasiado la atención y estaríamos preparados para cuando empezasen las dificultades. Por otro lado, estoy seguro de que, si no llegan a producirse, no nos importará haber hecho un pequeño esfuerzo en vano. En cuanto al dinero, lo más probable es que no tenga un penique hasta final de año a no ser que ocurra algo inesperado. Tal vez, si nos decidimos a hacer algo, tu amigo Penrose[5] pueda colaborar, y creo que hay otros a quienes podríamos convencer. ¿Qué me dices, por ejemplo, de Bertrand Russell?[6] Debe de tener dinero y apoyaría nuestra idea sin dudarlo si pudiéramos convencerlo de que está en peligro la libertad de expresión.

Cuando vuelva te escribiré o te llamaré para poder vernos. ¿Te importaría decirme si vas a estar en la ciudad a principios de abril o si tienes pensado ir a algún sitio? No me escribas a estas señas porque la carta podría extraviarse. Escribe al 24 Croom's Hill, Greenwich SE.10.
Tuyo,
Eric Blair

[XI, 536, pp. 340-341; mecanografiada]

1. *Revolt!*, editada conjuntamente por Vernon Richards en Londres, publicó seis números entre el 11 de febrero y el 3 de junio de 1939. Su objetivo era presentar la Guerra Civil española desde un punto de vista antiestalinista.
2. John Squire (1884-1958; nombrado caballero en 1933) fue editor literario de *The New Statesman and Nation* entre 1913 y 1919; fundó el *London Mercury* y lo dirigió entre 1919 y 1934. Se presentó a las elecciones con los laboristas en 1918 y con los

liberales en 1924, sin éxito en ambos casos. Entre los muchos libros que escribió y editó están *A Book of Women's Verse* (1921) y *The Comic Muse* (1925).

3. John Drinkwater (1882-1937) era poeta, dramaturgo y ensayista; es evidente que Orwell sentía por él un especial desprecio; Gordon Comstock alude a él con desdén como sir John Drinkwater en *Que no muera la aspidistra* (*CW*, IV, p. 287), a pesar de que no había sido nombrado caballero.

4. Véase la carta a Read del **4-1-1939**.

5. Roland Penrose (1900-1984; nombrado caballero en 1966) fue un pintor y escritor que utilizó su fortuna personal para apoyar a muchos pintores y proyectos artísticos de izquierdas.

6. Bertrand Russell, tercer conde Russell (1872-1970), filósofo y ganador del Premio Nobel, fue un destacado defensor de la paz y escribió e hizo campaña por ella. Apoyó la Segunda Guerra Mundial y defendió amenazar a la URSS con la bomba atómica al principio de la guerra fría. Véase también la crítica que escribió Orwell de su *Poder: un nuevo análisis social* (XI, 520, pp. 311-312).

A Jack Common*

19 de marzo de 1939
Marrakech

Querido Jack:

Muchísimas gracias por vuestros buenos oficios con George Kopp. Nos escribió contándonos que lo habíais invitado a ir a Wallington y que no iba a ir, supongo que para vosotros debió de ser un alivio, aunque creo que os habría gustado. Es una situación un tanto rara, Gwen O'Shaughnessy, la cuñada de Eileen, lo tiene en su casa desde hace dos meses y no podemos pedirle que lo aloje indefinidamente. Además, no sé qué haremos si decidís mudaros antes de que lleguemos; me refiero a si la casa se queda vacía. Si quisierais marcharos antes de nuestro regreso, si, por ejemplo, encontrarais otra casa, supongo que podríamos pedirle al viejo Hatchett que cuide de los animales hasta nuestra llegada. Sabe que le pagaremos y, en cualquier caso, es muy amable y siempre está dispuesto a echar una mano. No creo que lleguemos a Londres antes del 2 de abril, y luego iré directo a ver a mi padre; me temo que el pobre se está muriendo. Estaba demasiado frágil para trasladarlo y me parece increíble que haya sobrevivido a este invierno, que ha debido de ser muy frío en Suffolk. Tiene 81 años, así que ha disfrutado de una vida larga, pero qué hueco deja la desaparición de alguien a quien has conocido desde la infancia. No podemos volver antes porque el barco en el que íbamos a zarpar el 23 se ha retrasado en alta mar. Por supuesto, si no pasara algo así en cualquier viaje que estuviese a punto de emprender, no sería yo. Menos mal que hay un barco japonés que unos días después tiene que recalar en Casablanca para desembarcar un cargamento de té y podremos subir a bordo. Nunca he viajado en un carguero japonés, pero me han dicho que son muy buenos. Podríamos regresar por donde vinimos a través del Marruecos español hasta Tánger, aunque es muy incómodo cuando se lleva demasiado equipaje. Al venir perdimos casi todas las maletas y tardamos semanas en recuperarlas porque en todas las estaciones hay una horda de árabes que se pelean literalmente por ser tu mozo de cuerda, y, cada vez que el tren se detiene, lo toman al asalto, cogen el equipaje y lo amontonan en cualquier otro tren que haya en la estación, tras lo cual sale hacia diversas partes de África mientras intentas explicar lo sucedido a gente que solo habla árabe. Quisiera llegar lo más lejos posible por mar, porque en un barco al menos uno no puede equivocarse de estación.

La novela está terminada y te escribo a mano porque la están pasando a máquina. He tenido novedades de Richard [Rees], que se encuentra en Perpiñán y parece exhausto, lo cual no me extraña. Daría cualquier cosa por saber si tendremos cinco años de descanso antes de la próxima guerra. No parece probable. De todos modos, agradezco a Dios que, cuando empiece el jaleo, tengamos un techo sobre nuestra cabeza y un campo de patatas. Espero que consiguierais aparear a Muriel. Por cierto, que si tuviste ocasión de presenciarlo es un espectáculo muy poco edificante. Recuerdos a Mary y Peter. Eileen os manda besos. No nos escribas porque nos cruzaríamos. Si necesitas hacerlo, escribe a las señas de Greenwich.

Tuyo,
Eric

P. D. Tengo curiosidad por saber si ha brotado el ruibarbo. Tenía mucho y el año pasado la escarcha lo marchitó. No sé si habrá sobrevivido o no.

[XI, 539, pp. 344-345; manuscrita]

A Lydia Jackson*

[30 de marzo de 1939]
tarjeta postal[1]

Querida Lydia:
Llamé a la puerta de tu piso y me llevé una decepción al ver que no estabas en casa. El portero me dijo que en realidad no habías salido de Londres. Mañana tengo que ir a ver a mis padres el fin de semana, pero espero verte cuando regrese, a eso del martes. Además, si soy listo, tal vez pueda pasarme a verte una hora mañana por la mañana, así que procura estar en casa, ¿quieres?
    Besos,
    Eric

[XI, 542A, p. 348; manuscrita]

1. La postal reproducía *Un café en el Faubourg Montmartre*, de Edgar Degas. Tanto la postal como la nota siguiente se han fechado con referencia a las cartas adyacentes. Tanto la postal como las demás cartas se reproducen sin demasiada exactitud en su *A Russian's England*, pp. 430-431.

A Lydia Jackson*

Viernes [31 de marzo de 1939]
36 High Street
Southwold

Querida Lydia:
Has sido mala por no quedarte en casa esta mañana como te pedí. Aunque es posible que no pudieras. Llamé 3 veces. ¿Estás molesta conmigo? Te escribí dos veces desde Marruecos y creo que no me contestaste. Pero escucha, el lunes o el martes volveré a Londres y Eileen se va a quedar aquí unos días más. Estaré en la ciudad varios días para atender unos asuntos, así que podemos vernos, a no ser que no quieras. Te llamaré.
    Siempre tuyo,
    Eric

[XI, 542B, p. 348; manuscrita]

A Leonard Moore*

25 de abril de 1939
The Stores
Wallington

Apreciado Sr. Moore

Muchas gracias por su carta. Temo que debe de estar usted abrumado de trabajo sin la señorita Periam[1] y habiendo estado enfermo usted también, y siento molestarle con todo esto.

He pensado que Gollancz podría poner objeciones. El libro, claro, no es más que una novela más o menos apolítica dentro de lo posible hoy en día, pero su tendencia general es pacifista, y hay un capítulo (el capítulo i. de la III parte, supongo que no habrá visto usted el manuscrito) donde se describe una reunión del Club del Libro de Izquierdas que sin duda no agradará a Gollancz. También me parece muy posible que algunos de los amigos comunistas de Gollancz se hayan pasado para pedirle que nos tache a mí y a otros escritores políticamente dudosos de su lista. Ya sabe cómo son las presiones políticas, y por supuesto es difícil para Gollancz, o en cualquier caso para Lawrence & Wishart, publicar mis libros y al mismo tiempo otros que demuestran que la gente como yo somos espías alemanes. ¿En qué situación está nuestro contrato? No vi el último que firmamos, porque recordará que se redactó cuando yo estaba en España, aunque, por lo que me contó mi mujer, deduje que Gollancz se comprometía a publicar mis tres próximas novelas y a pagar un adelanto de 100 libras por cada uno de ellas. Aunque también es cierto que esta ha estado tres veces en su lista de próximas publicaciones, debido al retraso causado por mi enfermedad. Pero al mismo tiempo creo que sería mejor no insistir en hacerle cumplir los términos del contrato si pone reparos a publicarla. Para empezar, siempre me ha tratado muy bien y, en segundo lugar, si la novela no le gusta no la promocionará mucho una vez publicada. Tal vez lo mejor sería sincerarse con él. Si tuviésemos que cambiar de editor, ¿cuál me recomendaría? Supongo que lo mejor sería probar con uno de los grandes, suponiendo que me quieran, pero imagino que eso causaría muchos retrasos. Es un grave inconveniente. Apenas he ganado dinero desde la primavera pasada, estoy casi sin un penique y he contraído deudas, y tenía la esperanza de que este libro me permitiera sobrevivir hasta el verano mientras escribo el siguiente. Aún no he tomado una decisión clara sobre mi próximo libro, tengo ideas para dos que había pensado escribir a la vez, pero, si vamos a cambiar de editor, tal vez valiera la pena hablarlo. De modo que cuanto antes aclaremos este asunto tanto mejor. Siento causarle tantas molestias.

Espero que se haya recuperado de la gripe. Yo vuelvo a estar muy bien y estoy trabajando mucho en el huerto para recuperar el tiempo perdido. Mi mujer le envía recuerdos.

Atentamente,
Eric Blair

P. D. [*en el encabezamiento*] Si G. quiere que haga cambios en el libro, estoy dispuesto a hacer los cambios menores de costumbre para evitar demandas por libelo, pero no a hacer cambios de importancia.

[XI, 546, pp. 352-353; manuscrita]

1. La señorita Periam era la secretaria de Moore y llevaba varios meses enferma (véase la carta del **28-11-1938**, n. 7).

A Leonard Moore*

[¿4 de julio de 1939?][1]
The Stores
Wallington

Apreciado Sr. Moore:
Muchas gracias por su carta. Ayer pasé por su oficina, pero por desgracia no le encontré. Voy retrasadísimo con mi libro de ensayos[2] que tenía la esperanza de acabar como muy tarde en septiembre. Estas malditas enfermedades me han hecho perder varios meses. También lamento decirle que mi padre acaba de morir. Pasé con el pobre hombre la última semana de su vida, y luego vino el funeral etc., etc., todo muy deprimente y desasosegante. De todos modos, tenía 82 años y había sido muy activo hasta pasados los 80, así que tuvo una buena vida, y me alegra que últimamente no se sintiera tan decepcionado de mí como antes. Es curioso, pero en su último momento de conciencia oyó una crítica que me habían hecho en el *Sunday Times*. Se había enterado y quiso verla, y mi hermana se la leyó, poco después perdió la conciencia por última vez.

En cuanto al libro, no empezaré la novela hasta haber terminado el libro de ensayos y, a menos que algo frustre mis planes, mi intención es escribir una novela larga, en realidad la primera parte de una novela enorme, una especie de saga(!) que tendrá que publicarse en tres partes. Creo que debería terminar el libro de ensayos en octubre, pero la novela me llevará mucho tiempo e incluso si no hay guerra, enfermedades, etc., no es probable que esté terminada hasta finales de verano de 1940. Al menos esos son mis proyectos. Y por lo que se refiere al libro de ensayos, no sé si será del gusto de Gollancz. No son exactamente lo suyo, y como se trata de una especie de ensayos entre lo literario y lo sociológico hay comentarios políticos con los que seguro que no estará de acuerdo. Los temas que trato son Charles Dickens, los semanarios juveniles (el *Gem*, el *Magnet*, etc.) y Henry Miller, el novelista estadounidense. Estoy a punto de terminar el borrador del dedicado a Dickens, pero es probable que no tarde tanto en escribir los otros. Diría que va a ser un libro breve, de unas 50.000 o 60.000 palabras. No sé si Gollancz estará interesado, pero si quiere rechazarlo es cosa suya y de usted. Si quiere arriesgarse a ponerlo en su lista, pensaré un título, pero no puedo enviarle un ejemplar, porque todavía es un galimatías.

Veo que ha salido una segunda edición de *Subir a por aire*, así que supongo que se está vendiendo bastante bien. Tuvo algunas críticas muy buenas, sobre todo de James Agate. La francesa[3] que estaba traduciendo *Homenaje a Cataluña* ya lo ha terminado y lo está ofreciendo a varios editores sin éxito; la gente está harta de libros sobre la Guerra Civil española, y no me extraña. No obstante, cree poder convencer a alguien para que lo publique gratis, al menos parcialmente. Pero teme que Warburg se oponga, igual que por lo visto hizo con un libro de Freda Utley.[4] En caso de que suceda, creo que podremos convencer a Warburg.[5] Siempre servirá de publicidad, y en cualquier caso nunca se saca mucho de los editores franceses. *À propos* de esto, ¿sabe en qué quedó lo de aquella traducción al birmano de *Los días de Birmania* por la que me escribió aquella gente? Debió de ser el año pasado.[6]

Espero que le vaya bien. Mi mujer le envía recuerdos.

Atentamente,

Eric Blair

[XI, 555, pp. 365-366; mecanografiada]

1. Esta carta se ha datado gracias a la nota de recibo del despacho de Moore; Orwell la fechó incorrectamente el 14.
2. *Dentro de la ballena.*
3. Yvonne Davet.
4. Presumiblemente, *Japan's Gamble in China*, citado en la carta de Orwell a Yvonne Davet del 19 de junio de 1939.
5. Por una nota a propósito de esta carta encontrada en el despacho de Moore, parece que Warburg permitió la publicación por un «pago nominal de 1 libra».
6. La propuesta se quedó en nada; no obstante, a finales de la década de 1990 se «publicó» en una versión pirata fotocopiada de la edición de Penguin Twentieth-Century Classics. Podía comprarse en las proximidades de la pagoda Kuthodaw por 600 kyats (unos 2 dólares estadounidenses) en 1999.

A Leonard Moore*

4 de agosto de 1939
The Stores
Wallington

Apreciado Sr. Moore:

Como es natural, estoy encantado con lo de Albatross.[1] Ha sido usted muy hábil al gestionarlo. Siempre he querido publicar en una de esas editoriales europeas. Los ingleses cuando viajan al extranjero siempre leen los pocos libros ingleses que pueden encontrar con tanta atención que estoy seguro de que no hay publicidad mejor.

Por supuesto, no tengo objeciones a los cambios que proponen, aunque en dos de los cuatro casos he sugerido otra frase en lugar de dejar un blanco. Pueden hacer lo que prefieran, pero me ha dado la impresión de que cortar la frase sin insertar otra alteraría el equilibrio del párrafo. Ya que van a cambiar la tipografía, podrían corregir también dos erratas que se me escaparon. Lo he anotado en el documento adjunto, y tal vez pueda usted explicárselo.

Suyo,
Eric Blair

[XI, 561, pp. 384-385; mecanografiada]

1. The Albatross Modern Continental Library era una serie de libros en inglés editados en rústica por John Holroyd-Reece (nacido Johann Herman Riess) para su

distribución en el continente europeo. La mayoría se vendían en Alemania. El primero se publicó en 1932. Los registros muestran que el contrato se firmó entre Orwell y The Albatross Verlag G.m.b.H. con fecha de 31 de agosto de 1939. Estipulaba que el libro debía publicarse antes de agosto de 1940. Aunque la editorial era alemana, el contrato se emitió desde el 12 rue Chanoinesse, París.

A Leonard Moore*

6 de octubre de 1939
The Stores
Wallington

Apreciado Sr. Moore:

¿Podría decirme si hay algún modo de saber la tirada de un periódico? Como creo que le comenté, uno de los ensayos del libro que estoy escribiendo es sobre los semanarios juveniles de dos peniques como el *Gem*, *Wizard*, etc., y me gustaría saber su tirada, pero no sé cómo averiguarlo. ¿Cree que si escribe a los editores se lo dirán? Tengo una docena de periódicos en mi lista, y le quedaría muy agradecido si me ayudase a descubrirlo.

Mi mujer ha conseguido ya un empleo en una oficina gubernamental.[1] Yo no lo he logrado. Volveré a intentarlo, pero de momento me quedaré aquí a terminar el libro[2] y a preparar el huerto para el invierno, pues creo que el año que viene agradeceremos tener algunas patatas. El libro debería estar terminado en noviembre. Ya debería estarlo, pero por supuesto la guerra me ha despistado varias semanas.

Suyo,
Eric A Blair

[XI, 572, pp. 410-411; mecanografiada]

1. Eileen estaba trabajando en el Departamento de Censura del Ministerio de la Guerra en Whitehall; véase Crick, p. 382.

2. *Dentro de la ballena*, el libro de ensayos descrito en la carta a Leonard Moore del **4-7-1939**.

A Leonard Moore*

Viernes [8 de diciembre de 1939]
The Stores
Wallington

Apreciado Sr. Moore:

He terminado mi libro (el libro de ensayos, titulado *Dentro de la ballena*) y está casi pasado a máquina, aunque mi mujer está terminando de mecanografiar una parte en Londres. Cyril Connolly y Stephen Spender, que como tal vez sepa van a publicar una revista mensual llamada *Horizon*, me han pedido ver el manuscrito por si quisiera publicar uno de los ensayos en ella.[1] No sé si habrá alguno que les sirva, pero en caso de que se animaran a publicarlo, ¿estaría de acuerdo el editor? ¿Sería posible llegar a un acuerdo? Como recordará, Gollancz quería ver el libro, pero no sé si lo publicará, pues hay al menos un pasaje que políticamente no le gustará.[2] Si Gollancz no lo quiere, ¿qué le parecería volver a probar suerte con Warburg? Me lo encontré no hace mucho y estaba deseando publicar mi próximo libro de ensayos, así que tal vez nos haga una buena oferta por este, aunque desde luego lo mejor sería conseguir un adelanto si es posible. Le diré a Connolly que se quede el manuscrito solo unos días. Creo que es mejor no decirle nada a ningún editor de momento, porque si Connolly & Co. no lo quieren, como tal vez suceda, podría hacer que tuviera prejuicios en contra del libro.

¿Sabe qué ha sido de los de Albatross?[3] Recordará que firmamos un contrato con ellos para *Subir a por aire* justo antes de que estallara la guerra. Supongo que se habrán largado.

Atentamente,
Eric Blair

[XI, 581, pp. 422-423; mecanografiada]

1. *Dentro de la ballena* consistió en el ensayo «En el vientre de la ballena», «Charles Dickens» y «Semanarios juveniles». Una versión abreviada de este último se publicó en *Horizon* en marzo de 1940, el mismo mes en que apareció el libro.
2. De hecho, a Victor Gollancz le interesó mucho *Dentro de la ballena* y lo publicó. En una carta del 1 de enero de 1940 (fechada por error en 1939) escribió a Orwell para expresarle su satisfacción: «Es, si me permite decirlo, un libro de primera categoría». En ella se mostraba totalmente de acuerdo con los puntos de vista políticos gene-

rales de Orwell, «aunque lucho contra el pesimismo». Apuntaba que lo único que valía la pena era «intentar buscar el modo de conciliar la inevitable economía totalitaria con la libertad individual» y, por último, preguntaba a Orwell si podía prestarle un ejemplar de *Trópico de Cáncer*, de Henry Miller, de quien no había oído hablar. Justo cuatro semanas después de que le escribiese Gollancz, Orwell le devolvió las galeradas de *Dentro de la ballena*. La colección de ensayos se publicó el 11 de marzo de 1940.

3. Aunque Albatross y Tauchnitz eran empresas alemanas, el contrato que firmó Orwell se emitió en su oficina parisina. (Véase **4-8-1939**.) William B. Todd y Ann Bowden, en su *Tauchnitz International Editions in English* incluyen un documento de los archivos de Albatross que deja claro que en 1940 el editor aún tenía la esperanza de publicar *Subir a por aire*. Tras la ocupación de París por los alemanes el 14 de junio de 1940, se emitió un decreto prohibiendo la venta de libros británicos publicados por primera vez después de 1870 (Todd y Bowden, documento 5365), y eso acabó con las esperanzas de Orwell de contar con una edición Albatross.

A Victor Gollancz*

8 de enero de 1940
The Stores
Wallington

Apreciado Sr. Gollancz:

En este momento no puedo prestarle *Trópico de Cáncer*, porque han confiscado mi ejemplar. Cuando estaba escribiendo mi último libro se presentaron en mi casa dos detectives con órdenes del fiscal de confiscar todos los libros que hubiese «recibido por correo». En Correos habían interceptado una carta mía dirigida a Obelisk Press y la habían abierto. Los policías no hacían más que cumplir órdenes y fueron muy amables, e incluso el fiscal me escribió para decir que entendía que al ser escritor necesitase libros que era ilegal poseer. Basándose en eso me devolvió algunos libros, por ejemplo, *El amante de lady Chatterley*, pero parece que los libros de Miller no llevan suficiente tiempo publicados para haberse vuelto respetables. En cualquier caso, me consta que Cyril Connolly tiene un ejemplar de *Trópico de Cáncer*. Ahora está enfermo con gripe, pero cuando pueda hablar con él se lo pediré prestado y se lo enviaré.

En cuanto a sus observaciones sobre mi libro, me alegra que le gustara. Tal vez tenga razón al pensar que soy demasiado pesimista. Es muy posible que la libertad de opinión, etc., sobrevivan en una sociedad económicamente totalitaria. Es imposible saberlo hasta que se pruebe una economía colectivizada en un país occidental. Lo que me preocupa es si la gente normal en países como Inglaterra comprenderá lo suficiente la diferencia entre la democracia y el despotismo para querer defender sus libertades. No los sabremos hasta que se les amenace de manera inconfundible. Los intelectuales que afirman ahora que la democracia y el fascismo son la misma cosa, etc., me deprimen muchísimo. Tal vez cuando la cosa empeore la gente normal resultará ser más inteligente que los listos. Espero que así sea.

Atentamente,
Eric Blair

[XII, 583, p. 5; mecanografiada]

A Geoffrey Gorer*

10 de enero de 1940
The Stores
Wallington

Apreciado Geoffrey:
Parece que haya pasado un siglo desde la última vez que nos vimos o tuve noticias tuyas. No sé en qué parte del mundo estarás ahora, pero en todo caso mandaré la carta a Highgate y espero que te la reenvíen. Te llamé por teléfono al empezar la guerra y tu hermano me contó que estabas en Estados Unidos.

La primavera pasada regresamos de Marruecos y empecé otro libro; luego lamento decir que falleció mi padre, fue todo muy doloroso y turbador, pero me alegré de que el pobre anciano nos dejara porque tenía 82 años y había sufrido mucho los últimos meses. Luego volví a escribir hasta que me interrumpió la guerra, así que al final un libro muy breve, al que pensaba dedicar a lo sumo 4 meses, me tuvo ocupado 6 o 7. Debería publicarse en marzo y creo que hay partes que podrían interesarte. Hasta ahora no he conseguido que me dejen servir al gobierno de Su Majestad, y no es por falta de ganas, porque creo que, ya que estamos en esta maldita guerra, tenemos que ganarla y me gustaría echar una mano. En el ejército no me quieren por culpa de mis pulmones. Eileen tiene un empleo en una oficina gubernamental, que, como ocurre siempre, consiguió porque conocía a alguien que conocía a alguien, etc., etc. Yo también querría un trabajo porque quiero dejar de escribir por un tiempo, tengo la sensación de estar agotado y de que debería pasar una temporada en barbecho. Estoy incubando una novela muy larga, una especie de saga familiar, pero no quiero empezarla antes de estar preparado. Es horrible tener la sensación de que el carro alado del editor te sigue a todas partes.[1] ¿Has visto la nueva revista mensual, *Horizon*, que dirigen Cyril Connolly y Stephen Spender? Están intentando mantenerse al margen de la puñetera jaula de grillos de la política, y ya era hora de que se le ocurriera a alguien. Hace poco vi a Gollancz y está furioso con sus amigos comunistas por sus mentiras, etc., así que es posible que el Club del Libro de Izquierdas vuelva a servir al bien, si logra sobrevivir. Tengo entendido que el año que viene van a racionar el papel y el número de libros publicados se reducirá mucho. De momento los editores están encantados porque la guerra hace que la gente lea más. Cuéntame cómo te va, si estás en Inglaterra o cuándo piensas volver, y por supuesto te quedaré muy agradecido si se te ocurre algún hilo del que pudiera tirar para conseguir un trabajo. Eileen te enviaría recuerdos si estuviese aquí.

Tuyo,
Eric

[XII, 585, pp. 6-7; mecanografiada]

1. Orwell adapta el verso de «A su tímida amada» de Marvell, donde el carro es el del tiempo.

A Geoffrey Gorer*

3 de abril de 1940
The Stores
Wallington

Querido Geoffrey:
Me alegró mucho recibir tu carta y saber que al menos estás bastante cómodo y con un buen empleo. Sin novedad en el frente de Wallington. Como casi todo el mundo, he fracasado totalmente en conseguir

un «trabajo bélico». Pero estoy haciendo ímprobos esfuerzos por entrar en un centro de instrucción gubernamental y por estudiar diseño industrial, en parte porque quiero un empleo y porque estoy convencido de que dentro de un año nos llamarán a todos a filas y prefiero hacer algún trabajo más o menos especializado, y en parte porque creo que me vendría bien haber aprendido un oficio cuando termine la guerra. De todos modos, aún no sé si lo lograré. Eileen sigue trabajando en el departamento gubernamental, pero, si podemos permitírnoslo más adelante, quiero que lo deje, porque la matan a trabajar y apenas podemos estar juntos. Creo que podríamos arreglárnoslas si me dedicase solo a escribir, pero ahora mismo estoy deseando parar y no apresurarme con el próximo libro; llevo publicados 8 en 8 años y es demasiado. Supongo que no verías el último (*Dentro de la ballena*) que salió hace unas semanas. Hay un ensayo sobre los semanarios juveniles que podría interesarte, pues tiene que ver con tus propios estudios. Recordarás que hace unos años te dije que habría que estudiar a fondo cierto género de ficción popular y te puse de ejemplo a Edgar Wallace. El ensayo se publicó antes de forma ligeramente abreviada en la revista mensual de Cyril Connolly *Horizon*, y ahora el editor del *Magnet*, que sin duda recordarás de tu infancia, les ha pedido responder a mis «acusaciones». Me tiene un poco intranquilo, pues sin duda he cometido muchos errores, aunque lo más probable es que se centre en mi insinuación de que esos semanarios intentan inculcar cierto esnobismo.[1] No me quedan ejemplares, pero debería haber alguno en la biblioteca. Hay un ensayo sobre Dickens que tal vez te interese también. Esta crítica literaria, en parte sociológica, me parece muy interesante y me gustaría aplicarla a muchos otros escritores, pero por desgracia no es rentable. Gollancz me dio un adelanto de ¡solo 20 libras! Con las novelas es más fácil asegurar las ventas, pero ahora estoy pensando en una gran novela, y me refiero a grande en tamaño, y quiero estar un tiempo en barbecho antes de empezar. Por supuesto, Dios sabe qué esperanza habrá de ganarse la vida escribiendo en el futuro, o dónde estaremos dentro de unos años. Si la guerra continúa de verdad tal vez tengamos ocasión de combatir. Hasta ahora no he hecho muchos esfuerzos por alistarme en el ejército, porque, aunque uno consiga pasar la revisión médica, mandan a los hombres mayores a los Pioneros, etc. Es espantoso lo poco que tarda uno en volverse «mayor».

En Inglaterra no está pasando gran cosa. Por lo que veo, la gente está harta de la guerra pero no demasiado. Quitando a algunos, como los pacifistas, etc., la gente quiere zanjar la cuestión y creo que estaría dispuesta a combatir otros diez años si pensara que los sacrificios iban a ser iguales para todos, lo cual es, por desgracia, muy improbable con el actual gobierno. El gobierno parece haber hecho toda la propaganda con el máximo de estupidez posible y probablemente eso le pase factura cuando la gente empiece a entender que la guerra supone jornadas de 12 horas, etc., etc. La nueva revista *Horizon* está funcionando muy bien, las ventas rondan ya los 6.000 o 7.000 ejemplares. Gollancz se ha dejado barba y ha roto con sus amigos comunistas, en parte por lo de Finlandia[2] etc., y en parte por su falta de sinceridad en la que acaba de reparar. Cuando lo vi hace poco, por primera vez en tres años, me preguntó si era cierto que la GPU había estado activa en España durante la Guerra Civil y me contó que, cuando apoyó a los comunistas en 1936 no sabía que tuviesen otra política que la del Frente Popular. Es espantoso que gente tan influyente esté tan mal informada. La situación de los alimentos no está mal, y creo que el racionamiento (de carne, azúcar y mantequilla)[3] en realidad es innecesario y solo se ha hecho para que la gente se vaya acostumbrando. Hace poco han tenido que doblar la ración de mantequilla porque las reservas se estaban echando a perder. Estoy muy entretenido cultivando el huerto y quiero intentar cosechar media tonelada[4] de patatas este año, pues no me sorprendería que el que viene la comida empiece a escasear. Si pensara que iba a quedarme criaría más gallinas y también algunos conejos.

Eileen te enviaría recuerdos si estuviese aquí.
Tuyo,
Eric

[XII, 607, pp. 137-138; mecanografiada]

1. «Frank Richards» (Charles Hamilton, 1876-1961), autor de muchos de los relatos (aunque no sin ayuda, como aseguraba), respondió en el número de *Horizon* de mayo de 1940 (véase XII, 599, pp. 79-85). Abordó, entre otras cosas, la cuestión del esnobismo.
2. La Unión Soviética invadió Finlandia el 30 de noviembre de 1939. El 13 de marzo de 1940 se firmó un tratado de paz tras una sangrienta campaña de invierno.

3. El racionamiento de comida empezó el 8 de enero de 1940. A los adultos se les asignaron cuatro onzas de mantequilla a la semana; doce de azúcar; cuatro de beicon o jamón crudo, y tres y media de jamón cocido. La carne se racionó a partir del 11 de marzo de 1940, y la ropa a partir del 3 de junio de 1941. A medida que avanzaba la guerra, el racionamiento se volvió mucho más severo, y, de hecho, empeoró los primeros años de paz.

4. Una cantidad muy ambiciosa que Orwell luego rebajó a un tercio de tonelada.

A Rayner Heppenstall*

16 de abril de 1940
The Stores
Wallington

Querido Rayner:

Miles de felicidades por la niña. Espero y confío en que estén bien las dos. Por favor, felicita a Margaret y envíale recuerdos. Qué maravilla tener un hijo propio, siempre he querido tener uno. Pero, Rayner, no aflijas a la pobre mocosa con uno de esos nombres célticos que no sabe escribir nadie. Se volverá mística o algo así. La gente siempre es como sus nombres. Me costó casi treinta años superar los efectos de llamarme Eric. Si quisiera que una niña fuese guapa la llamaría Elizabeth, y si quisiera que fuese honrada y buena cocinera la llamaría Mary o Jane. Lo malo es que si le pones Elizabeth todos pensarán que lo has hecho por la reina, que supongo que llegará a serlo algún día.

Gracias por las fotos, pero no me dijiste lo que te habían costado los negativos, etc. Escogí la 3 y la 5 y se las mandé a la gente. Pensé que la 3 era la que más se me parece, aunque, como es lógico, conozco mejor mi rostro de frente. Esperemos que cause el efecto deseado. Puesto que es para gente al otro lado del mundo, no sé por qué no he enviado la de un joven guapo de la Air Force o algo por el estilo. Me temo que no tengo nada de glamour, porque recibo muchas cartas de lectores, pero siempre son de pedantes que señalan algún error que he cometido y nunca de mujeres jóvenes diciéndome que soy un galán. Una vez recibí unas cartas preciosas de una comadrona y le respondí sin decirle que estaba casado, pero al final, con gran regocijo por parte de Eileen, resultó que tenía 35 años y 4 hijos.

No sé cuándo volveré a Londres. Estoy enterrado en libros que tengo que reseñar y no avanzo con el mío. Dios sabe si llegaré a escribirlo o si seguirán publicándose novelas dentro de dos años. Muchos recuerdos.

Tuyo,
Eric

[XII, 612, pp. 146-147; mecanografiada]

A Geoffrey Trease*

1 de mayo de 1940
Como si se hubiese enviado desde The Stores
Wallington

Apreciado Sr. Trease:

Por favor, disculpe este papel que no se parece en nada al mío,[1] pero estoy en una especie de visita apresurada en Londres. Me alegró mucho recibir su carta. Por lo que dice, supongo que ha visto o bien mi último libro *Dentro de la ballena* o el ensayo que se publicó en *Horizon*, a propósito del cual me escribieron esas dos personas para hablarme de su *Bows against the Barons*, etc. Haré lo que pueda por conseguirlo, no solo porque me gustó mucho *It's Only Natural*,[2] sino porque no me cabe duda de que la cuestión de los relatos inteligentes para jóvenes es muy importante, ya que, en mi opinión, se acerca el momento en que se podrá hacer algo al respecto. No es inimaginable que un periódico como el *News Chronicle* pudiera empezar una edición para jóvenes e incluso me parece concebible que lo haga el TUC. Por supuesto, no serviría de nada si lo hiciesen los partidos de ultraizquierda. *Los muchachos de la Ogpu*, o *Los jóvenes liquidadores*, etc., etc., aunque por suerte nadie los leería. Pero creo que algún periódico un poco más de izquierdas y también un poco menos anticuado que los actuales podría intentarlo. El éxito de periódicos como el *Picture Post* y la *News Review*, que sin duda habrían sido considerados «bolcheviques» hace 20 años, demuestra que la opinión está cambiando. Por cierto, ¿ha visto la réplica a mi artículo que publicó en *Horizon* Frank Richards? No consigo decidir hasta qué punto es falsa, pero desde luego no lo era del todo, y resulta casi increíble que siga habiendo gente así, y no digamos que dirija periódicos para jóvenes.

Me hace gracia que diga que soy un hombre «famoso y con éxito». No sé si sabrá cuántos ejemplares vendo de mis libros: por lo general unos 2.000. De mi mejor libro, el que escribí sobre la Guerra Civil española, se vendieron menos de 1.000, aunque por aquel entonces la gente estaba harta de libros sobre la Guerra Civil, y la verdad es que no me extraña.

Me gustaría que nos conociéramos algún día.[3]

Atentamente,

George Orwell

[XII, 618, pp. 156-157; mecanografiada]

1. Orwell utilizó el papel de carta del doctor Laurence O'Shaughnessy con el membrete 49 Harley Street, Londres W. I.
2. El título correcto es *Only Natural*. Orwell lo reseñó el 26 de abril de 1940 (XI, 616, p. 154).
3. Trease respondió el 5 de mayo de 1940 desde Gosforth, Cumberland. Dijo que, si Orwell alguna vez tenía tiempo y ganas de poner en marcha alguna publicación para niños —con una escritura vívida y la tendencia oportuna—, podía contar con él para lo que quisiera. No pensaba que el Trades Union Congress «llegara a asimilar una idea tan nueva e interesante», pero el Movimiento Cooperativo le parecía un «campo más prometedor». También proponía a W. B. Curry, director de Dartington Hall (un colegio de Devon independiente y experimental que subrayaba la importancia de la enseñanza artística); él podría influir en algunos de los «millones que hay detrás de ese experimento».

Al director de *Time and Tide*

22 de junio de 1940

Estimado señor:

Es casi seguro que Inglaterra será invadida en los próximos días o semanas, y es probable que se trate de una gran invasión con tropas transportadas por mar. En un momento así nuestro eslogan debería ser AR-MAD AL PUEBLO. No soy competente para tratar cuestiones como el modo de rechazar la invasión, pero defiendo que la campaña en Francia y la reciente Guerra Civil española han dejado dos cosas claras. Una es que, si la población civil está desarmada, los paracaidistas, los motoristas y algún que otro tanque aislado no solo pueden causar mucho daño, sino distraer a un gran número de soldados regulares que deberían estar enfrentándose al enemigo. El otro hecho (demostrado por la Guerra Civil española) es que las ventajas de armar a la población superan el peligro de poner armas en las manos equivocadas. Las elecciones parciales celebradas desde que empezó la guerra han demostrado que en Inglaterra solo hay una minúscula minoría de desafectos que en su mayoría están identificados.

ARMAD AL PUEBLO es en sí misma una frase vaga y, por supuesto, ignoro qué armas están disponibles para su reparto inmediato. Pero hay al menos varias cosas que deberían y podrían hacerse ya, es decir, en los próximos tres días:

1. Granadas de mano. Es la única arma de guerra moderna que puede fabricarse rápida y fácilmente, y una de las más útiles. En Inglaterra hay cientos de miles de hombres que están acostumbrados a utilizarlas y que estarían dispuestos a instruir a otros. Se dice que son útiles contra los tanques y serán totalmente necesarias si paracaidistas enemigos con ametralladoras llegan a hacerse fuertes en nuestras grandes ciudades. Fui testigo de excepción de los combates callejeros en Barcelona en 1937, y me convencí de que unos cuantos cientos de hombres armados con ametralladoras pueden paralizar la vida de una gran ciudad, por el simple hecho de que una bala no atraviesa una pared de ladrillo. Pueden eliminarse con artillería, pero no siempre es posible disponer de cañones. Por otro lado, los primeros combates callejeros en Barcelona demostraron que, con granadas o incluso cartuchos de dinamita, se puede desalojar a hombres armados de un edificio de piedra, si se utilizan las tácticas oportunas.

2. Escopetas. Se habla de la posibilidad de armar a algunos de los contingentes de las Local Defence Volunteers[1] con escopetas. Podría ser necesario si los rifles y los fusiles Bren hiciesen falta para las tropas regulares. Pero en ese caso la distribución debería hacerse ahora y todas las armas deberían requisarse de las armerías. Hace semanas que se viene diciendo, pero de hecho en los escaparates de muchas armerías hay armas que son no solo inútiles, sino un peligro, pues sería fácil asaltarlas. Deberían explicarse las limitaciones de las escopetas (el retroceso y el alcance de unas sesenta yardas) por la radio.

3. Bloquear los campos para prevenir aterrizajes del enemigo. Se ha hablado mucho de esto, pero solo se ha hecho de forma esporádica. La razón es que se ha dejado en manos de voluntarios, es decir, de gente que no dispone del tiempo necesario ni puede requisar materiales. En un país pequeño y muy poblado como Inglaterra sería posible lograr en muy pocos días que ningún aeroplano pudiese aterrizar en ningún sitio que no fuese un aeródromo. Lo único que hace falta es ponerse manos a la obra. Por eso las autoridades locales deberían tener la capacidad de reclutar a gente para trabajar y requisar los materiales necesarios.

4. Borrar los nombres de los sitios. Ya se ha hecho en lo que se refiere a carteles y demás, pero en todas partes hay carteles, furgonetas, etc., que siguen luciendo el nombre de su pueblo. Las autoridades locales deberían tener autoridad para borrarlos de inmediato. Entre ellos, los nombres de los cerveceros de las tabernas. La mayoría fabrican cerveza para zonas muy concretas, y los alemanes probablemente sean lo bastante metódicos para saberlo.

5. Emisoras de radio. En todas las sedes de los Local Defence Volunteers debería haber una emisora, por si fuese necesario recibir órdenes. Es fatal confiar en los teléfonos en un momento de emergencia. Igual que ocurre con las armas, el gobierno no debería dudar a la hora de requisar lo que considerase necesario.

Todo esto podría hacerse en muy pocos días. Mientras tanto, sigamos repitiendo ARMAD AL PUEBLO con la esperanza de que se nos unan más y más voces. Por primera vez en varias décadas tenemos un gobierno con imaginación, y al menos hay una posibilidad de que nos escuche.

[XII, pp. 192-193; mecanografiada]

1. Orwell asistió a una conferencia sobre la creación de los Local Defence Volunteers, en los que se alistó, en el Lord's Cricket Ground el 12 de junio de 1940. Pronto se rebautizó con el nombre de Home Guard. Orwell no tardó en ser ascendido a sargento en la compañía C del 5.º Condado del batallón de Londres y resultó ser un miembro inteligente y comprometido. Las notas que tomó en la conferencia se han conservado y están incluidas en las *Complete Works*.

A Sacheverell Sitwell*

6 de julio de 1940
18 Dorset Chambers
Chagford Street
Ivor Place NW 1

Apreciado Sr. Sitwell:

Leí su libro sobre los espíritus con la intención de escribir una crítica para *Horizon* y me interesó mucho. Solo pude escribir una reseña de unas 600 palabras y no sé si la publicarán, porque no disponen de mucho espacio. Al leer el espeluznante incidente que cuenta de la niña médium que vestía maniquíes o colocaba la ropa por el cuarto, recordé algo sucedido hace 10 años que he pensado que tal vez le gustaría saber, pues creo que guarda una lejana relación con el asunto.

Hará unos diez años salí a dar un paseo por un prado de Walberswick, cerca de Southwold, en Suffolk, con un niño retrasado que estaba a mi cuidado en esa época.[1] Debajo de unas aulagas el niño vio un paquete muy bien atado y me lo indicó para que lo viera. Era una caja de cartón de unas 10 por 6 por 3 pulgadas. Descubrimos que el interior estaba forrado de tela y era como una pequeña habitación, con muebles minúsculos hechos con cerillas y pedacitos de tela pegados. Había también (aunque para ser totalmente exactos, debo decir que no estoy seguro de que fuese en esa misma caja o en otra) varias diminutas prendas femeninas, entre ellas la ropa interior. Un papelito decía «¿A que no está mal?» (o unas palabras muy similares) escritas con letra evidentemente femenina. La pulcritud y fragilidad de todo me convencieron de que lo había hecho una mujer. Lo que más me impresionó fue que alguien se tomara la molestia de hacer aquello, que debió de requerir varias horas de trabajo, luego hiciese un paquete y lo dejase al pie de un arbusto, y además en un lugar bastante apartado. Ignoro hasta qué punto son fiables los sentimientos «intuitivos», pero puedo decir que tuve la convicción de que (a) lo habían dejado allí para que alguien lo encontrara, y (b) lo había fabricado alguien que padecía una especie de aberración sexual. Walberswick es muy pequeño y probablemente habría podido averiguar fácilmente quién había sido. Puedo añadir que no pudo ser el muchacho que me acompañaba. No solo era muy retrasado, sino tullido y tan torpe con las manos que habría sido incapaz de hacer algo así. Lo raro es que no sé qué se hizo de la caja. Creo recordar que volvimos a dejarla debajo del arbusto y que unos días después volvimos a pasar por allí y había desaparecido. En cualquier caso, no me la quedé, aunque habría sido lo más natural. He pensado a menudo en aquel incidente y siempre con la sensación de que había algo vagamente enfermizo en la aparición del cuartito y la ropa. Luego leí en su libro que relacionaba usted el impulso de las niñas a vestir a las muñecas con un claro desequilibrio mental, y se me ocurrió que la anécdota podía tener algo que ver. El hecho de que recordase el incidente nada más leer el pasaje de su libro parece establecer una especie de relación.

Me he aventurado a escribirle sin conocerlo. No obstante, es posible que conozca usted alguno de mis libros. En todo caso, creo que su hermana ha oído hablar de mí, pues tenemos un amigo común en Geoffrey Gorer.[2]

Atentamente,
George Orwell

[XII, 653, pp. 208-209; mecanografiada]

1. Bryan Morgan, que había quedado tullido por la polio. (Véase D. J. Taylor, p. 112.)
2. Sitwell respondió el 22 de julio diciendo que le habría escrito antes, pero estaba intentando terminar un libro. Según afirmó, lo que Orwell le había contado era «muy interesante y ciertamente extraño. Ojalá conociésemos la explicación». También expresaba su deseo de que pudieran conocerse y añadía que su hermana, Dame Edith Sitwell (1887-1964), había ido a visitarlo y le había pedido que le dijese que había «leído con admiración casi todo lo que ha escrito usted».

A Leonard Moore*

22 de octubre de 1940
18 Dorset Chambers
Chagford Street NW 1

Apreciado Sr. Moore:

Acabo de recibir su carta, pues he pasado una semana en el campo. No he recibido la carta anterior a la que alude. Así está el correo.

Lo he pensado bien y creo que no puedo hacer lo que me pidió para Hutchinson's. Siento que se haya tomado usted la molestia. Pero en realidad no estoy nada familiarizado con ese asunto, y supondría ponerme a investigar, cosa que resulta muy difícil hoy en día, sobre todo porque no puedo salir de Londres. Por favor, discúlpeme ante ellos y acepte usted también mis disculpas.[1]

Casi he terminado el librito que estoy escribiendo para Warburg y debería estar listo en unos diez días. Lo habría acabado antes, pero he estado enfermo, por eso he estado en el campo. Se titulará *El león y el unicornio*.[2]

Atentamente,
Eric Blair

[XII, 699, p. 277; mecanografiada]

    1. Se desconoce en qué consistía la propuesta.
    2. Fue el primero de la serie de Searchlight Books. La serie fue concebida por Fredric Warburg, Tosco Fyvel y el propio Orwell. El título completo es *El león y el unicornio: el socialismo y el genio de Inglaterra*. Se publicó el 19 de febrero de 1941. La primera edición fue de 7.500 ejemplares y fue seguida de una segunda reimpresión de 5.000. Por desgracia, los ejemplares no vendidos y las galeradas, junto con las de *Homenaje a Cataluña*, se destruyeron con el bombardeo de la Mayflower Press en Plymouth. (Véase también la carta de Eileen a Norah del **5-12-1940**.)

De Eileen* a Norah Myles*

[¿c. 5 de diciembre de 1940?]
24 Croom's Hill, SE 10

[sin encabezamiento]

Esta carta es para acompañar un precioso regalo, pero aún no sé qué será porque lo compraré esta tarde. O eso espero. He estado ENFERMA. Mucho. He tenido que guardar cama 4 semanas y aún sigo <u>débil</u>. Tal vez tú o Quartus sepáis qué tengo, pero mis médicos no. Me diagnosticaron una cistitis, luego nefrolitiasis y después fiebre de Malta[1] con complicaciones ováricas; por fin se volvieron muy reservados tras diagnosticar una infección tuberculosa, así que era imposible saber para qué me hacían las pruebas. Aún no me han diagnosticado cáncer o GPI,[2] pero supongo que no tardarán. Están muy preocupados porque a mi corazón no le pasa nada y pensaban que estaría afectado. Entretanto, un amable patólogo que parecía un pajarito me hizo un análisis de sangre y descubrió que la hemoglobina estaba al 57 por ciento. Los médicos no han hecho caso, pero es lo único que han encontrado. Así que ahora dicen que me curaré cuando pese <u>60 kilos</u>. Como peso 45 con la ropa puesta, creo que perderán el interés hasta que la cura sea completa. Pasé quince días convaleciente en Norfolk y tenía intención de empezar a trabajar el lunes, porque esto es una tontería, pero no puedo volver sin un certificado sanitario y el puñetero del médico no quiere firmarlo. No obstante, me deja ir de compras por razones médicas, aunque las finanzas no pinten bien.

¿Qué tal tu pintura?[3] Espero que me escribas en Navidad. Marjorie (de soltera Blair) dice que se encuentran bien, pero ignoro dónde está Saint Michael's Hill[4] y no sé nada del bombardeo de Bristol. Tal vez deje el trabajo una temporada y vaya a verlo yo misma. Había planificado un fin de semana largo (que pensaba pasar <u>contigo</u>) porque tenía molestias, pero luego empeoraron y el fin de semana largo se convirtió en un permiso por enfermedad.

George ha escrito un librito, el primero de Searchlight Books (Secker & Warburg, 2 chelines), saldrá el mes que viene, así que toma nota. En él explica cómo ser socialista aunque seas *tory*. Iba a costar 1 chelín, que habría sido mejor, pero Warburg cambió el precio en el último momento y hubo que añadir 10.000 palabras más para que valiera la pena comprarlo por el doble. La última parte tiene buena pinta.

Espero que tengáis unas Navidades aceptables. Al día siguiente de Navidad vamos a celebrar una cena, en teoría para soldados solitarios, tanto que aún no los conocemos. Mi madre sigue fuera, claro. Ahora iré a comprar. Pero ¿te importaría enviarle un sobre a Mary, cuyas señas desconozco? Tampoco sé si ha tenido más noticias de Teddy, después de que lo dieran por desaparecido en el *Times* tras el hundimiento del *Glorious*.[5] Mary fue muy valiente. He dado por sentado que no hay esperanza, pero siempre es posible que lo hicieran prisionero. George Kopp, a quien también había dado por muerto, fue capturado con dos balas en el pecho y parte de la mano izquierda amputada. Luego huyó a la Francia no ocupada y ahora está intentando volver,[6] pero sus cartas tardan dos meses en llegar y es imposible saber lo que está pasando.

A propósito, ¿dónde está Norman?[7] Espero que no lo hayan enviado a Egipto.

Tengo que ir de compras, soy como siempre tu devota Pig.

Después de recorrer unas doce o catorce millas para encontrarle a mamá unas zapatillas de andar por casa con tacón cómodas, he tenido que comprarle a todo el mundo pñls[8] en una tienda horrible. El regalo del año pasado fue idéntico, pero así tendréis un montón de pñls para cuando haga frío.

[*LO*, pp. 79-81; XII, 714A, p. 294; mecanografiada]

1. La nefrolitiasis son piedras en el riñón; la fiebre de Malta produce inflamación de las articulaciones y agrandamiento del bazo. Común en Malta, de ahí su nombre, es una afección especialmente común en las cabras.
2. GPI: parálisis general del demente. Pese a su enfermedad, Eileen sabía ser cómica e irónica.
3. Es de presumir que Eileen (tal vez irónicamente) se estuviese refiriendo a los daños superficiales en la pintura debidos a los bombardeos.
4. Saint Michael's Hill se extiende desde el sudeste hasta el noroeste del campus de la Universidad de Bristol.
5. Véase Bertha Mary Wardell, **16-02-1937**, n. 11.
6. Kopp pasó gran parte de la guerra cerca de Marsella trabajando como «una especie de ingeniero» y por fin volvió a Inglaterra. Ayudó a Eileen a viajar al norte desde King's Cross hasta Stockton-on-Tees poco antes de que falleciera por los efectos de la anestesia.
7. Norman era el hermano mayor de John Durant. (Véase **1-1-1938**, n. 8.)
8. Pñls = pañuelos. El regalo tenía que ser blanco, fácil de comprar incluso en tiempo de guerra, apto para hombres y mujeres, y tan común que no era muy imaginativo. La ropa no se racionó hasta el 1 de junio de 1941, cuando, de los 66 cupones anuales por adulto, habría hecho falta uno para pagar cada pañuelo.

A Z. A. Bokhari*

17 de marzo de 1941
18 Dorset Chambers
Chagford Street NW 1

Apreciado Sr. Bokhari:

Le he enviado un borrador de cuatro emisiones radiofónicas sobre crítica literaria,[1] de las que hablamos hace una o dos semanas. Creo que son lo bastante completas para que se haga una idea de si es lo que necesita, y, en caso de que lo sean, puedo empezar a preparar los guiones. En realidad no sé si puede interesar a una audiencia india, pero me pidió que me basara en mis propios intereses y, como es natural, me alegra tener la oportunidad de hacerlo.

[XII, 776, pp. 451-452; mecanografiada]

1. Se emitieron el 30 de abril y el 7, el 14 y el 21 de mayo de 1941; *The Listener* los publicó el 29 de mayo y el 5, el 12 y el 19 de junio de 1941 (véase XII, 792, 797, 800 y 804).

La reseña de Orwell de la biografía del mariscal de campo Allenby, escrita por el general Wavell, había aparecido en Horizon *en diciembre de 1940 y Orwell comentó en la entrada del 2 de enero de 1941 de su* Diario de guerra *que su crítica había aparecido cuando Wavell estaba teniendo éxitos en el norte de África. Janus, en* A Spectator's Notebook, *observó el 21 de febrero que era irónico que la reseña apareciera el día que Sidi Barrani cayó ante los británicos, y subrayó en particular el comentario de Orwell de que Allenby era «tal vez [...] el mejor de los peores [...] carece totalmente de interés, lo cual dice también mucho del general Wavell». A eso siguió una carta de A. C. Taylor, publicada en* The Spectator *el 7 de marzo de 1941, que había reparado en los comentarios de Janus y llamaba la atención sobre otra coincidencia interesante: en el mismo número de* Horizon *se había publicado «La clase gobernante» de Orwell, en la que afirmaba que la bayoneta servía solo para usarla como abrelatas, en un momento en que miles de soldados italianos se habían rendido al ver cargar al enemigo con dicha arma en la mano.*

A *The Spectator*

21 de marzo de 1941

Apreciado señor: La carta del señor A. C. Taylor alude a la utilidad de las bayonetas y también a un *A Spectator's Notebook* de la semana pasada. Espero poder responder a ambas críticas al mismo tiempo. Por supuesto me equivoqué respecto al general Wavell, y Dios sabe lo mucho que me alegro. Lo que dije en la crítica de su vida de Allenby fue que el general Wavell ostenta uno de los cargos clave en la guerra actual y que el único modo de intentar sondear su intelecto era a través de las únicas pruebas disponibles, es decir, el propio libro. Insisto en que se trataba de un libro aburrido, sobre un hombre que tal vez fuese un soldado muy capaz, pero tenía una personalidad aburrida. En lo que me equivoqué fue al suponer que las carencias literarias del general Wavell reflejaban de algún modo su habilidad como militar. Me disculpo ante él, en caso de que llegue a leer estas líneas, aunque dudo mucho que le afectara lo que yo pudiese decir.

En cuanto a las bayonetas, el señor Taylor afirma que las tropas italianas, «tanto en Libia como en Albania, se rindieron a cientos y a miles en cuanto vieron cargar al enemigo con esa arma en la mano». Supongo que los tanques, los aviones, etc., también tuvieron algo que ver en su rendición. Es preciso utilizar el sentido común. Un arma capaz de matar a cientos de yardas de distancia es superior a otra que solo puede matar cuando uno está a unos pocos pies. De lo contrario, ¿para qué tenemos armas de fuego? Es cierto que una bayoneta puede ser aterradora, pero también lo es una metralleta, que tiene la ventaja añadida de que con ella se puede matar a alguien. Desde luego, un soldado con una bayoneta en la punta del fusil parece muy peligroso, pero también lo parece con el macuto lleno de granadas de mano. En la última guerra circularon las mismas historias propagandísticas sobre el «poder de la bayoneta», tanto en los periódicos alemanes como en los británicos. Había anécdotas de miles de prisioneros alemanes con heridas de bayoneta, siempre en el trasero, e incontables caricaturas alemanas mostraban a soldados británicos huyendo de los alemanes que les pinchaban también en el trasero. Sin duda los psicoanalistas sabrán explicarnos por qué esta fantasía de pincharle a tu enemigo en el trasero resulta tan atractiva para los civiles sedentarios. Pero las estadísticas publicadas después de la guerra demostraron que solo el 1 por ciento de las bajas murieron por herida de bayoneta. En esta contienda en la que las armas automáticas han cobrado mayor importancia aún serán menos.[1]

Pero ¿por qué me quejé en el libro al que se refiere el señor Taylor de que siga instruyéndose a los soldados en el uso de la bayoneta? Pues porque es una pérdida de tiempo que debería dedicarse a instruirlos en otras cosas que les serían más útiles y porque una creencia mística en las armas primitivas es muy peligrosa para una nación en guerra. La experiencia de los últimos cien años demuestra que, así como las opiniones militares se vuelven realistas después de una derrota, en los períodos intermedios siempre gana terreno la idea de que se puede pasar por alto el poder de las armas de fuego si la moral es alta. La mayoría de los oficiales británicos antes de 1914 «no creían» en la ametralladora. Los resultados pueden comprobarse en los enormes cementerios del norte de Francia. No digo que la moral no tenga importancia. Por supuesto que la tiene. Pero, por el amor de Dios, no nos engañemos pensando que derrotaremos a las divisiones mecanizadas alemanas con fusiles y bayonetas. La campaña de Flandes debería haber demostrado si es o no posible.

Atentamente.

[XII, 778, pp. 453-454; mecanografiada]

1. Orwell tenía razón; la bayoneta apenas se utilizaba con el propósito para el que fue diseñada.

De Eileen* a Norah Myles*

[¿Marzo de 1941?]

[*sin encabezamiento*]

El escudo del membrete indica que el papel se echó a perder antes de florecer. Lo mismo puede decirse de mis días como empleada pública. No tengo mucho papel, así que para resumir:

Estado físico: muy mejorado por los ataques aéreos, probablemente porque ahora duermo más horas que nunca;

Estado mental: mejorado temporalmente por los ataques aéreos, pues supusieron un cambio, aunque ha vuelto a empeorar ahora que amenazan con volverse monótonos.

Acontecimientos desde que empezó la guerra: trabajo diario inconcebiblemente aburrido; esfuerzos semanales por salir de Greenwich siempre frustrados; visitas mensuales a la casa en el pueblo que sigue como siempre, pero cada vez más sucia.

Planes para el futuro: proyectos de dejar un piso amueblado («chambers»)[1] que tenemos en Baker Street y mudarnos a uno sin amueblar al norte de Baker Street para seguir en el distrito de la Home Guard de Eric, con la idea de que podríamos vivir en ese piso, que probablemente se verá frustrada porque no podemos permitirnos gastar ni cinco chelines, porque cada vez quedan menos pisos en pie y porque tal vez dejemos de vivir en ningún sitio. Aunque lo último es improbable porque el resumen más breve y preciso sería que:

A Pig
NUNCA LE PASA NADA

Por favor, escríbeme. Estoy demasiado deprimida[2] para escribir una carta. Muchas veces he pensado que podría ir a Bristol, pero hace literalmente años que no dispongo de un fin de semana para mí y seguro que George tendría una hemorragia. Supongo que Londres no es el mejor sitio donde ir, pero si lo haces llama a NATIONAL 3318. Mi jefe de departamento me teme tanto como tomar una decisión por sí solo, así que podría conseguir tiempo libre. Da recuerdos a todos. E.[3]

[*LO*, pp. 81-82; *CW*, XII, 771A, p. 443; manuscrita]

1. Aunque Orwell seguía pasando tiempo en Wallington, donde Eileen iba una vez al mes, y Eileen a veces también iba a la casa de su difunto hermano en Greenwich con su viuda, Gwen O'Shaughnessy (que también era médico), se mudaron de Dorset Chambers (de ahí lo de «chambers» en esta carta) al 111 de Langford Court, en Abbey Road, NW8, el 1 de abril de 1941. Dicho edificio está al norte de Baker Street. La fecha de la carta se desconoce, pero Orwell, en la entrada del 3 de marzo de su *Diario de guerra*, escribe que fue con Gwen a ver un refugio antiaéreo en la cripta de debajo de la iglesia de Greenwich. Orwell anota en la entrada del 29 de mayo de 1940 que Eileen estaba trabajando en el Departamento de Censura de Whitehall (de ahí lo de NATIONAL en el número de teléfono y lo del trabajo «inconcebiblemente aburrido»). Luego trabajó para el Ministerio de Alimentación, donde su labor era mucho más agradable, y una de las que trabajaban allí, Lettice Cooper, llegó a ser una buena amiga.

2. Eileen tenía muchos motivos para sentirse deprimida: la incertidumbre de dónde iban a vivir, la falta de dinero, la guerra y los bombardeos, su mala salud, pero, sobre todo, el enorme dolor que le causó la muerte de su hermano Laurence en la retirada de Dunkerque. Nunca llegó a recuperarse de su pérdida.

3. E: esta es la única vez en sus seis cartas a Norah en la que Eileen indica su nombre.

Al reverendo Iorwerth Jones*

8 de abril de 1941
111 Langford Court
Abbey Road
Londres NW 8

Apreciado Sr. Jones:

Muchas gracias por su carta. Tal vez, en uno o dos casos, me expresara de forma ambigua [en *El león y el unicornio*] y pueda aclarar las cosas respondiendo a algunas de sus dudas.

1. «EE. UU. necesitará un año para movilizar sus recursos incluso si se consigue meter en cintura a las grandes empresas.» Comenta usted que son los huelguistas quienes retrasan la producción, lo cual es cierto, claro, pero yo estaba intentando ir más allá de la causa inmediata de la obstrucción. El esfuerzo que debe hacer hoy una nación en guerra solo puede conseguirse mediante el reclutamiento *tanto del trabajo como del capital*. En última instancia, es necesario que el trabajo esté sometido a la misma disciplina que las fuerzas armadas. Dicha condición se da en la URSS y en los países totalitarios. Pero solo resulta practicable si todas las clases se someten a la misma disciplina; de lo contrario, se produce un resentimiento constante y fricciones sociales, que se harán notar en forma de huelgas y sabotajes. A largo plazo, creo que los más difíciles de controlar serán los hombres de negocios, que son quienes más tienen que perder con un cambio de sistema y en algunos casos son claramente favorables a Hitler. Más allá de cierto punto, combatirán la pérdida de su libertad económica y, mientras sigan haciéndolo, persistirán las causas de inquietud entre los trabajadores.

2. Objetivos bélicos. Por supuesto, estoy a favor de que declaremos nuestros objetivos en esta guerra, pese a que proclamar un plan detallado de la reconstrucción en la posguerra conlleva el riesgo de que Hitler, a quien le trae sin cuidado incumplir sus promesas, aumente la oferta en cuanto declaremos dichos objetivos bélicos. De lo único que me quejaba en el libro era de la idea de que la propaganda puede conseguir algo sin exhibición de fuerza militar. El libro de Acland *Unser Kampf*, al que me he referido, parece dar por sentado que, si les dijésemos a los alemanes que queremos una paz justa, dejarían de combatir. Es la misma idea que defiende, aunque en este caso no de buena fe, la Convención del Pueblo[1] (Pritt[2] & Co.).

3. Una revuelta profascista en la India. No estaba pensando principalmente en la India, sino en la comunidad británica de la India. Un general británico que intentara un golpe de estado fascista probablemente utilizaría la India como trampolín, igual que Franco utilizó Marruecos. Por supuesto, no es probable en este momento de la guerra, pero hay que pensar en el futuro. Si alguna vez se produce una intentona por imponer abiertamente el fascismo en Gran Bretaña, creo que casi con toda seguridad se utilizarán las tropas mestizas.

4. Gandhi y el pacifismo. Tal vez no debería dar a entender que los pacifistas son siempre gente que ha vivido una vida acomodada, aunque es cierto que los pacifistas «puros» por lo general pertenecen a las clases medias y han crecido en circunstancias muy excepcionales. Pero es un hecho que el movimiento pacifista apenas existe salvo en comunidades donde la gente no cree probable que se produzca una invasión y conquista extranjeras. Por eso los movimientos pacifistas se dan siempre en países marítimos (tengo entendido que hay un considerable movimiento pacifista incluso en Japón). Un gobierno no puede seguir una línea pacifista «pura», pues si se negase a emplear la fuerza en cualquier circunstancia sería derrocado por cualquier otro gobierno, incluso por cualquier individuo, que estuviese dispuesto a utilizarla. El pacifismo siempre se niega a enfrentarse al problema del gobierno y los pacifistas piensan siempre como personas que nunca llegarán al poder, por eso los he tildado de irresponsables.

Desde hace veinte años, el gobierno de la India ha considerado a Gandhi su mano derecha. Sé lo que estoy diciendo, fui oficial de la policía india. Siempre se admitió con el mayor cinismo que Gandhi hacía que el gobierno de la India resultara más fácil para los británicos, porque se oponía siempre a cualquier acción eficaz. La razón de que se trate a Gandhi con tanta benevolencia cuando está en la cárcel e incluso se le hagan pequeñas concesiones cuando prolonga demasiado uno de sus ayunos, es que los funcionarios británicos temen que muera y sea reemplazado por alguien que crea menos en la «fuerza del alma» y más en las bombas. Gandhi, por supuesto, es honrado y desconoce el modo en que se le utiliza, y su integridad personal lo hace aún más útil. No diré que sus métodos no vayan a tener éxito a largo plazo. En cualquier caso, puede decirse que al impedir la violencia e impedir por tanto que las relaciones se enconen más allá de cierto punto, ha hecho más probable que el problema de la India acabe resolviéndose de forma pacífica. Pero resulta difícil de creer que pueda expulsarse alguna vez a los británicos de la India con dichos métodos, y desde luego los británicos allí destinados no lo creen. En cuanto a la conquista de Inglaterra, sin duda Gandhi nos aconsejaría dejar gobernar a los alemanes antes que combatirlos, como, de hecho, fue lo que defendió. Y, si Hitler conquistara Inglaterra, supongo que promovería un movimiento pacifista nacional, que impidiera una resistencia seria y por tanto le hiciese más fácil gobernar.

Gracias por escribirme.

Atentamente,

George Orwell

[XII, 785, pp. 465-467; mecanografiada]

1. La Convención del Pueblo la organizaron los comunistas en enero de 1941 con la excusa de luchar por los derechos públicos, salarios más altos, mejores medidas contra los ataques aéreos y la amistad con la URSS, pero algunos historiadores han afirmado que su verdadero propósito era oponerse al esfuerzo bélico. En julio de 1941, tras la entrada de Rusia en la guerra, exigió que se abriese un segundo frente. En 1942 había cesado su actividad

2. D. N. Pritt (1887-1972) fue parlamentario laborista entre 1935 y 1940; expulsado del partido por desacuerdos políticos, se convirtió en parlamentario independiente socialista hasta 1950. Famoso abogado, era un ferviente defensor de causas de izquierda y de la Unión Soviética.

A Dorothy Plowman*

20 de junio de 1941
111 Langford Court
Abbey Road NW 8

Querida Dorothy:

No sé qué decir de la muerte de Max. Ya sabes lo inútil que parece intentar ofrecer consuelo cuando alguien muere. Mi mayor pesar es que haya fallecido antes de que acabe esta maldita guerra. Llevaba casi dos años sin verle, estaba totalmente en desacuerdo con él respecto a la cuestión del pacifismo, pero, pese a lo mucho que lo lamento, tal vez me comprendas si te digo que tengo la sensación de que en el fondo no tenía importancia. Siempre he creído que el desacuerdo más fundamental no cambiaba lo más mínimo la relación que uno pudiera tener con Max, no solo porque era incapaz de cometer ninguna mezquindad, sino también porque parece imposible sentir resentimiento contra una opinión defendida con sinceridad. Pensaba que aunque Max y yo tuviésemos opiniones diferentes en casi cualquier asunto concreto, había algo en su visión de la vida en lo que podía coincidir con él. Lo quería mucho, y siempre fue muy bueno conmigo. Si recuerdo bien, fue el primer editor inglés en publicar uno de mis escritos, hace más de doce años.[1]

Todavía están pendientes las 300 libras que me prestó, por mediación tuya, un benefactor anónimo.[2] Espero que eso no te avergüence. Ahora mismo me es imposible devolvérselas, pero espero que entiendas que continúo teniendo intención de pagártelas. Hoy en día es difícil ganar lo suficiente para vivir. No se pueden escribir libros mientras esté en marcha esta pesadilla y, aunque tengo mucho trabajo periodístico y radiofónico, gano lo justo para comer. Hemos estado en Londres desde que estalló la guerra. Conservamos la casa en el pueblo, pero la hemos dejado sin amueblar y solo nos las arreglamos para ir muy de vez en cuando. Eileen ha estado trabajando más de un año en el Departamento de Censura, pero la he convencido de que lo deje por un tiempo, pues estaba perjudicando su salud. Descansará una temporada y luego tal vez busque un trabajo menos exasperante y fútil. No puedo alistarme en el ejército porque médicamente estoy clasificado como clase D, pero estoy en la Home Guard (¡soy sargento!). Llevo un tiempo sin tener noticias de Richard Rees, la última vez que supe de él era artillero en un barco de transporte de carbón.

Eileen te envía muchos besos. Por favor, dale recuerdos también a Piers[3] y a todos los demás. Deduzco por tu tarjeta que Piers está ahora en Inglaterra. Espero que hayáis podido apartarlo del peligro. Es una mala época para vivir, pero creo que cualquiera de la edad de Piers tiene posibilidades de llegar a ver algo mejor.

Tuyo,
Eric Blair

[XII, 817, pp. 514-515; mecanografiada]

1. *G. K.'s Weekly* publicó su primer artículo, «Un periódico de un cuarto de penique», el 29 de diciembre de 1928 (X, 80, pp. 119-121). Max Plowman hizo mucho para animar a Orwell a escribir para *The Adelphi*.

2. L. H. Myers.

3. El hijo de los Plowman.

La BBC y la guerra
1941-1943

Orwell trabajó de sol a sol para la BBC. Escribió 105 boletines en inglés para la India, para la Malasia ocupada, y para Indonesia. También escribió los originales para 115 boletines que se tradujeron a lenguas indias. Sabemos que algunos se escucharon en los territorios ocupados por los japoneses. Después de la guerra, una monja en Malasia, la hermana Margaret, contó a una oficial del WRAC, Barbara Rigby, que ella y las demás hermanas arriesgaban la vida para escucharlo y recorrían muchas millas a pie para contarle a otros lo que habían oído. Las monjas contaron que vitoreaban su nombre: «Bendecíamos a aquel buen hombre». La idea de la propaganda de Orwell consistía en emitir programas educativos y culturales. Mucho antes de la existencia de la Universidad Abierta impartió cursos basados en el currículo de las universidades de Calcuta y Bombay sobre literatura, ciencia, medicina, agricultura y psicología, y contó con oradores tan distinguidos como T. S. Eliot y Joseph Needham. Organizó programas sobre «grandes libros», entre ellos el Corán y *Das Kapital*, y sobre música y poesía. Hubo un programa muy curioso en el que cinco escritores famosos, entre ellos E. M. Forster completaron, cada uno por su cuenta, un relato iniciado por Orwell. Él, por su parte, hizo adaptaciones radiofónicas.

 ¿Qué eficacia tuvo todo esto? Orwell pensaba que había perdido el tiempo y los índices de audiencia no parecían mucho más alentadores, pero una carta recibida tras la muerte de Eileen podría indicar lo contrario. El 20 de noviembre de 1945, Balraj Sahni escribió a Orwell desde Bombay para expresarle sus condolencias y las de su mujer. Balraj y su mujer, Damyanti, habían trabajado con Orwell en una serie sobre métodos de interpretación teatral, *Let's Act it Ourselves*. Balraj Sahni escribió:

«No te veíamos mucho, pero te teníamos mucho aprecio, tanto por tu labor como por tu sinceridad. La noticia nos ha entristecido mucho». Añadió que estaban trabajando en el Teatro Popular de la India, «no ganamos mucho dinero, pero estamos muy contentos». Les encargaron casi cincuenta nuevas obras de teatro, que habían interpretado ante un público que en total superaba el millón de personas. Damyanti murió muy joven en 1947. Balraj se convirtió en un famoso actor cinematográfico. Orwell también presentó en forma abreviada la obra en sánscrito *Mrocchakatika* («El carrito de arcilla»). No obstante, cuando se interpretó en Londres, casi cuarenta años más tarde, se anunció que era un «estreno».

En segundo, lugar, el 7 de agosto de 1943, el director del Servicio de la India, Rushbrook Williams, escribió en su informe anual confidencial sobre Orwell (reproducido aquí gracias a la amabilidad del Written Archives Centre de la BBC): «Tiene gran facilidad para escribir y una gracia literaria que le da un tono distinguido a su obra. [...] Sobrelleva sin quejarse una mala salud, que jamás ha afectado a su trabajo, aunque a veces pueda crisparle un poco. Tengo la mejor opinión de su moral y de su capacidad intelectual. Es de una honradez transparente e incapaz de ningún subterfugio, y en otra época creo que lo habrían canonizado o quemado en la hoguera. Ambos destinos los habría sobrellevado con idénticos estoicismo y valor. Es un compañero poco habitual, pero de una inteligencia y un espíritu verdaderamente distinguidos». Su logro fue nada menos que ser la inspiración del Tercer Programa (hoy Radio 3).

En mitad de todo esto, la madre de Orwell, Ida, murió el 19 de marzo de 1943 a causa de una bronquitis complicada con enfisema. Orwell estaba junto a la cabecera de su cama, pero, como apunta Gordon Bowker, no sirvió para que su hijo dejara de fumar sus cigarrillos liados a mano (p. 297).

De una carta de Orwell a Laura Buddicom, 27 de junio de 1920.

He aquí un resumen de la única copia que se conserva de un memorando en el que se constituye el Comité de Servicios Orientales de la BBC. Lo escribió R.A. Rendall, director del Servicio Imperial en la época, y se trata de la copia enviada a R.W. Brock de la Sección de la India del Ministerio de Información (ubicado en la Senate House de la Universidad de Londres, que serviría de modelo para el Ministerio de la Verdad en 1984).

16 de octubre de 1941
[*sin encabezamiento: memorando interno de la BBC*]
Le supongo al corriente de que, como parte de nuestro esfuerzo por integrar y expandir los Servicios Orientales de la BBC, hemos decidido constituir un Comité de Servicios Orientales, que se reunirá de manera regular cada quince días. En dicho Comité, que será un organismo interno de la Corporación, estarán representados la Oficina de la India y el Ministerio de Información. [...] El Comité lo presidirá el profesor Rushbrook Williams, recientemente nombrado director de Servicios Orientales. [...]

Se pretende que la primera reunión del Comité se celebre a las 2.30 p.m. en la Sala 101 del 55 de Portland Place el <u>miércoles 22 de octubre</u>.

[XIII, 870, pp. 57-58]

Se incluía un programa. Orwell no fue invitado a la primera reunión (aunque sí acudió su superior Zulfaqar Ali Bokhari). El 55 de Portland Place era un bloque de pisos cerca de la Broadcasting House que la Sección India utilizó hasta que se trasladó al 200 de Oxford Street. Cuando se devolvió a la BBC se remodeló por completo y los planos que han sobrevivido no muestran la distribución original, por lo que no ha podido identificarse la Sala 101. Probablemente estuviese en el primer piso. Y desde luego no estaba en la Broadcasting House. Se sabe que Orwell asistió al menos a doce reuniones y que el 14 de octubre de 1942 aparece en una lista como coordinador de un subcomité para explorar las posibilidades de organizar concursos de teatro y poesía en la India. En esa época la BBC se había trasladado al 200 de Oxford Street y la reunión se celebró en la Sala 314.

En 1984 O'Brien le dice a Orwell que lo que hay en la Habitación 101 es lo peor del mundo. La impresión es que se trataba de algo como el ahogamiento, la muerte en las llamas o por empalamiento, pero Orwell es más sutil: para muchos, y para él, lo peor del mundo es la vida misma del burócrata: la asistencia a las reuniones.

A E. Rowan Davies*

16 de mayo de 1942

Información relativa a la campaña de Birmania

Las preguntas que, a mi entender, podría ser útil plantear al gobierno de Birmania son:

i. Cuántos voluntarios birmanos fueron evacuados cuando las tropas británicas partieron de la India, y qué proporción de ellos eran funcionarios.

ii. Cuál fue la actitud de los funcionarios birmanos cuando la derrota parecía inminente. Si hubo una clara diferencia en la lealtad demostrada por los funcionarios birmanos e indios. Hasta qué punto sabemos si los funcionarios birmanos continúan trabajando bajo la ocupación japonesa.

iii. Cuál fue el comportamiento bajo el fuego de los regimientos y la policía militar birmanos. Si había verdaderos birmanos (no kachin, etc.) combatiendo en el bando británico.

iv. Qué diferencias se apreciaron entre la actitud política de los birmanos propiamente dichos y los karen, los shan, los chin y los kachin.[1]

v. Qué parte de la población euroasiática, sobre todo en Rangún, Moulmein y Mandalay, fue evacuada con los británicos y cuántos se quedaron bajo la ocupación japonesa. Si se sabe si alguno de los que se quedaron ha cambiado de bando.

vi. Cuál ha sido el comportamiento de la población birmana bajo los ataques aéreos. Si han despertado algún resentimiento contra los japoneses, admiración por su superioridad aérea o simplemente pánico.

vii. Si los nativos cristianos, sobre todo los karen[2] están influidos de algún modo por los movimientos nacionalistas.

viii. Cuántas emisoras de onda corta se sabe que estaban en manos birmanas, indias y euroasiáticas antes de la invasión.

ix. Información detallada sobre los partidos nacionalistas y de izquierdas birmanos. Los puntos principales son:

a. El número y la composición local y social del partido Thakin.[3]

b. Hasta qué punto predominan los sacerdotes budistas.

c. Qué contactos existen entre los partidos nacionalistas birmanos y el Partido del Congreso y otros partidos indios.

d. Los comunistas birmanos, si los hay, y sus contactos.

e. La extensión del movimiento sindical birmano y si tiene contactos con los sindicatos en la India o en Europa.

x. Cuál es el número estimado de birmanos que combaten en el bando japonés. Si se trata de gente de buena posición social o son solo forajidos, etc. Si se sabe si han combatido con valor.

xi. Cuál era la extensión de la infiltración japonesa antes de la invasión. Si se sabe si muchos japoneses hablan las lenguas locales,[4] sobre todo birmano, y hasta qué punto es probable que en general dependan de los birmanos para supervisar e interpretar.

Eric Blair

[XIII, 1174, pp. 327-328; mecanografiada]

1. Además de los birmanos, la nación birmana se compone de muchos grupos étnicos, de los cuales estos cuatro son los más importantes. En la época había más de 1 millón de shan, 1,25 millones de karen, 500.000 chin y unos 200.000 kachin en una población total de aproximadamente 17 millones, muchos de ellos montañeses. En 1984, la población se había doblado.

2. La mayoría de los birmanos son budistas, y lo mismo ocurre con los karen, aunque entre ellos hay 175.000 cristianos.

3. El movimiento Thakin se desarrolló entre radicales de las escuelas de la Young Men's Buddhist Association (más tarde las escuelas nacionales) que se oponían al dominio británico. Dos estudiantes universitarios, Aung San y U Nu, que ingresaron en el movimiento después de la huelga de estudiantes de 1936, fueron claves en la independencia de Birmania. Aung San fue uno de los políticos birmanos asesinados en julio de 1947 a instancias de un antiguo primer ministro, U Saw. Cuando Birmania se convirtió en una república independiente, el 4 de enero de 1948, U Nu se convirtió en primer ministro. La hija de Aung San, Suu Kyi, nacida poco después del asesinato de su padre, ha llevado a cabo una larga lucha contra el gobierno militar de Birmania (Myanmar). Su Liga Nacional por la Democracia arrasó en las elecciones en 1990, pero no se le permitió gobernar. Se le concedió el Premio Nobel de la Paz.

4. Cuando servía en la policía imperial de la India en Birmania, Orwell aprobó exámenes de birmano y shaw-karen.

El 27 de junio de 1942, el Picture Post *publicó «el primer artículo de una importante nueva serie» «Britain's Silent Revolution», de J. B. Priestley. La serie preguntaba «¿Qué está ocurriendo en Gran Bretaña? ¿Qué país se está formando con la guerra?». Al principio del artículo de Priestley estaba esta afirmación en letra negrita: «Nos amenaza la decadencia, pero la guerra nos ha salvado. Algunas de las antiguas bendiciones han sido arrancadas de raíz, pero muchas de las nuevas crecen firmes. He aquí nuestra gran oportunidad de construir una sociedad realmente saludable». El 4 de julio, el parlamentario Vernon Bartlett escribió sobre «The Revolt Against Party Politics» y el 11 de julio se publicó una columna, «What they Say About Bartlett and Priestley». Se publicaron dos cartas en respuesta al artículo de Priestley, una del obispo de Bradford y esta de Orwell.*

Al *Picture Post*

11 de julio de 1942

Estoy de acuerdo con el señor Priestley respecto a la dirección general en que se mueve la sociedad, pero no comparto su aparente convicción de que las cosas ocurrirán *inevitablemente* lo bastante deprisa para impedir que la pandilla de siempre vuelva a clavarnos las garras. Hace dos años habría repetido sus opiniones optimistas con más confianza que ahora. En aquella época un espantoso desastre había llevado al país a lo que parecía la primera fase de una revolución, y parecía creíble que los privilegios de clase y las desigualdades económicas desaparecerían rápidamente bajo la presión del peligro. Es evidente que no ha sido así. Aunque coincido con el señor Priestley en que es improbable que volvamos a la sociedad que conocíamos antes de 1939. No comparto la opinión que todavía parecen tener algunos de que «esta es una guerra capitalista» y de que, si salimos vencedores, sencillamente volveremos a ver en el poder a la clase gobernante británica. Lo que me gustaría leer en el próximo artículo del señor Priestley no es «¿Qué?», sino «¿Cómo?», simplemente cómo vamos a conseguir la sociedad verdaderamente democrática que queremos.

George Orwell, Abbey Road, NW 8.

[XIII, 1269, p. 391; mecanografiada]

A Alex Comfort*

15 de julio de 1942
10a Mortimer Crescent
London NW. 6

Apreciado Sr. Comfort:
Los de *Partisan Review* me enviaron una copia de la carta que les había escrito usted, junto con algunas otras. Tengo entendido que van a imprimir todas, o extractos de ellas junto con mi respuesta. Pero había una cuestión a la que he preferido no responder públicamente. Cuestionaba usted mi alusión al «antisemitismo» (por cierto, que no dije «antisemitismo», sino «acoso a los judíos», que es muy diferente) en el *Adelphi*. Por supuesto, estaba pensando en Max Plowman, que odiaba a los judíos, y aunque era consciente de esa tendencia y luchaba contra ella, a veces dejaba que influyese en su labor editorial. Tenía dos ejemplos concretos en la cabeza. El primero cuando en 1938 se publicó el libro de Macmurray *The Clue to History*. Era un libro muy poco equilibrado y extremadamente tendencioso a favor de los judíos. Max montó en cólera e hizo que lo revisaran cinco personas diferentes, entre ellas él y yo mismo, en un número del *Adelphi*. Su reseña (puede usted consultarla, apareció en torno a diciembre de 1938) estaba escrita en un tono claramente agresivo. Más tarde metió al *Adelphi* en una polémica con

un judío cuyo nombre no recuerdo, Cohen me parece, a propósito de las actividades belicistas de los judíos. Después de dar su opinión con mucho desprecio y sacar de quicio al judío, Max declaró de pronto zanjada la polémica y no le permitió responder. Eso debió de ser en 1939. Desde que empezó la guerra, Murry se ha referido al menos una vez en términos aparentemente aprobatorios a la «eliminación» de los judíos por parte de Hitler.

La razón por la que prefiero no publicar esto es que Max era un viejo amigo mío y siempre se portó bien conmigo, su viuda podría enterarse y sentirse dolida si citara nombres. En mi respuesta al *Partisan Review* he incluido una nota donde indico que iba a escribirle personalmente, pero supongo que la omitirán junto con su pregunta,[1] pues he explicado las circunstancias a Dwight Macdonald.

Atentamente,
George Orwell

[XIII, 1282, pp. 405-406 (incluye la respuesta de Alex Comfort); mecanografiada]

Alex Comfort respondió el 16 de julio de 1942:

Apreciado Sr. Orwell:
Muchas gracias por su carta. Desconocía esa faceta de Max y tenía usted toda la razón. No debería haberle contestado en lo que se refería al *Adelphi*, pues solo lo he conocido después de la guerra: pensé que se refería usted a que el acoso a los judíos era algo reciente, una característica surgida durante el período del que informaba usted. (Supongo que lo de Max venía de bastante lejos.)

Pensé que algunas de las cosas que decía merecían una respuesta más larga, pero dudaba de que *P. R.* tuviese espacio más que para una respuesta muy breve. Sinceramente no creo que nosotros seamos más profascistas que nuestros predecesores, aunque, a juzgar por la gente que he conocido, diría que estaban más cerca del nihilismo ruso que de cualquier línea de pensamiento contemporáneo.

En todo caso, a menudo quiero discutir con *Peace News*, no porque sean fascistas, sino porque intentan, como usted dice, defender una cosa y la contraria. He escrito a J. M. Murry conminándole, pero no ha publicado mi carta. Necesita otra que empiece «Maldito el hombre que cree que puede adoptar opiniones opuestas y afirmar que, sea cual sea el resultado, tenía razón».

Me gustaría aprovechar la ocasión para felicitarle por el artículo de *Horizon* sobre Donald McGill. Era el mejor ejemplo de análisis que he leído nunca.

Escribiré al director de P. R. y le explicaré que estoy totalmente de acuerdo con usted después de leer sus explicaciones. No quería ponerle en un aprieto a propósito de un asunto personal, y me disculpo por mi indiscreción.

Le deseo lo mejor y vuelvo a expresarle mi agradecimiento,

Alex Comfort

Me habría gustado iniciar una discusión sobre su reseña,[2] pero el *Adelphi* no disponía de espacio suficiente. En cualquier caso, gracias por escribirla. Hizo que me replanteara algunas de mis opiniones.

1. *Partisan Review* omitió cualquier referencia al asunto.
2. Para la reseña de Orwell de la novela de Comfort *No Such Liberty*, véase XIII, 855, pp. 389-444.

A Routledge & Sons Ltd.

23 de julio de 1942
La BBC
Broadcasting House
London, W 1

Apreciado Sr.:

Acabo de ver un libro suyo titulado *Victory or Vested Interests*, en el que han incluido ustedes una conferencia mía que dicté el año pasado en la Sociedad Fabiana. Les envié la conferencia en versión mecanografiada y creo recordar que también corregí las pruebas. Veo ahora que han hecho ustedes una serie de cambios inadmisibles sin consultarme, algo que no habría descubierto si no hubiese comprado un ejemplar del libro, pues ustedes no me han enviado ninguno. Me he puesto en contacto con mis agentes literarios para ver qué solución podemos encontrar a semejante trato, pero entretanto, me gustaría que me diese usted una explicación. Le agradeceré que responda cuanto antes.[1]

Atentamente,
Geo. Orwell

[XIII, 1319, p. 424; mecanografiada]

1. T. Murray Ragg, el director general, respondió el 24 de julio explicando que no habían hecho ningún cambio y que habían enviado los ejemplares según las instrucciones de la Sociedad Fabiana. Dio a entender que los cambios los había llevado a cabo alguien de la Sociedad Fabiana. (Para el relato completo, véase XIII, 884, pp. 66-67.)

El 8 de agosto de 1942, el capitán Basil Liddell Hart escribió a Orwell expresándole su sorpresa de que alguien de su agudeza se hubiese dejado confundir, en lo relativo a la evolución de la guerra mecanizada y el uso de divisiones acorazadas, por el libro Charles de Gaulle, *de Philippe Barrès, que Orwell había reseñado en* The Observer *el 2 de agosto (XIII, 1346, pp. 443-444). Envió a Orwell seis páginas de notas para demostrarle que no había sido De Gaulle quien había diseñado los métodos modernos de guerra con tanques, adoptados por los alemanes en mayor grado que por los franceses o los británicos, sino un oficial británico, el coronel J. F. C. Fuller (1878-1966; compañero de la Orden del Baño, Orden de Servicios Distinguidos) en 1927. (Fuller fue identificado por el servicio de seguridad como «el hombre fuerte dispuesto a tomar parte, si no a presidir, un Vichy británico.) Dos años después, el Ministerio de la Guerra británico había publicado «el primer manual oficial sobre la guerra mecanizada [...] que recogía la nueva idea». En él se hablaba de la organización y los métodos que se convertirían en los cimientos de los ataques con Panzer. El libro del general De Gaulle,* Vers L'Armée de Métier *(1934), solo dedicaba 10 de sus 122 páginas en su traducción inglesa a exponer tácticas militares. Lo cual, según Liddell Hart, no era muy sorprendente, pues «la primera vivencia personal de De Gaulle con tanques no se produjo hasta tres años más tarde, en 1937». Niall Ferguson, en su* Guerra del mundo *(2006), trata sobre la considerable influencia ejercida por Liddell Hart en la estrategia aérea y el uso de tanques; por desgracia, dicha influencia fue enorme no en Inglaterra, sino en Alemania, sobre todo en Heinz Guderian, comandante del 19.º Cuerpo del Ejército Alemán (pp. 386-387).*

A B. H. Liddell Hart*

12 de agosto de 1942
10a Mortimer Crescent
NW 6

Apreciado capitán Liddell Hart:

Muchas gracias por su carta. Lamento haber aceptado a la ligera la teoría de que los alemanes habían sacado de De Gaulle sus teorías sobre el uso de los tanques. El *Observer* tuvo que resumir mi crítica del libro de Barrès recortando un pasaje de un memorando de principios de 1940. Antes de leer el libro de Barrès no había tenido acceso a él, y desde luego me pareció que predecía con una clarividencia notable lo que ocurrió unos meses después. La leyenda del «hombre de quien aprendieron los alemanes» se había elaborado previamente y, puesto que no estoy muy versado en literatura militar, la acepté a grandes rasgos. Había leído muchos de sus propios escritos, pero no reparé en que los alemanes se hubiesen inspirado en ellos hasta ese punto. Y me sentí más inclinado a aceptar a De Gaulle como un innovador revolucionario a causa de la naturaleza evidentemente obsoleta del ejército francés en su conjunto. Desde otoño de 1938 hasta la primavera de 1939 estuve viviendo en Marruecos, y como es lógico, ante la inminencia de la guerra, me fijé cuanto pude en el ejército colonial francés e incluso leí algunos de sus manuales de infantería. Me llamó la atención lo anticuado que estaba todo, y eso que, como digo, no soy un gran entendido sobre cuestiones militares. Si quiere, puedo escribir al *Observer* y decir que estaba equivocado y que atribuí parte de sus hallazgos a De Gaulle, aunque desde un punto de vista político preferiría escribir mal de él. Fue una desgracia que no pudiéramos poner un político de izquierdas al frente de Francia, pero puesto que De Gaulle es la única figura que tenemos ahora para representar a los franceses libres debemos tratarlo lo mejor posible.

No, no soy el autor de *Bless 'Em All.*[1] No estoy en el ejército porque no soy apto físicamente (¡Clase IV!), aunque llevo en la Home Guard desde el principio y podría escribir un panfleto similar sobre eso. Ignoro quién es el autor, solo sé que es australiano. El libro se ha vendido mucho, 15.000-20.000 ejemplares y probablemente haya hecho mucho bien.

Me gustaría conocerlo cuando venga a Londres. Nunca salgo de la ciudad, pues trabajo para la BBC. Creo que Humphrey Slater es un amigo común.

Atentamente,
Geo. Orwell

[XIII, 1379, pp. 471-472; mecanografiada]

1. Liddell Hart preguntaba a Orwell si había escrito *Bless 'Em All* porque admiraba tanto el libro que había «regalado muchos ejemplares [...] en instancias donde podría hacer mucho bien». El título completo del libro, publicado bajo seudónimo (Boomerang), es *Bless 'Em All: An Analysis of the British Army, Its Morale, Efficiency and Leadership, Written from Inside Knowledge* (1942). Boomerang era Alan W. Wood, un australiano que había trabajado en los periódicos de Beaverbook antes de la guerra y que, según Fredric Warburg, «murió demasiado joven». Vendió 37.625 ejemplares en los primeros quince meses.

A Tom Wintringham*

17 de agosto de 1942

Apreciado Wintringham:
En general, igual que la mayoría de la gente que conozco, estoy de acuerdo con el documento que me envió,[1] aunque creo que desde el punto de vista de la propaganda está totalmente equivocado. De hecho, exige dos cosas distintas que confundirán al lector medio; en primer lugar, la formación de un comité, y en segundo, el programa en que se basará dicho comité. Yo empezaría exponiendo con claridad, en aras sobre todo de su comprensión, un programa para la India junto con la afirmación de que eso es lo que aceptarían los dirigentes políticos indios. No empezaría a hablar de comités; en primer lugar, porque a la gente le deprime, y en segundo, porque el procedimiento que propone tardaría meses en ponerse en práctica y probablemente conduciría a un anuncio inconcluyente. Titularía el panfleto o lo que sea: «LIBERAD A NEHRU-REINICIAD LAS CONVERSACIONES» y luego establecería el plan para la India con seis frases muy sencillas:

1. Declaración inmediata de independencia de la India.

2. Gobierno nacional de transición con los principales partidos políticos según un reparto proporcional.
3. Alianza plena de la India con las Naciones Unidas.
4. Los principales partidos políticos colaborarán en todo lo posible con el esfuerzo bélico.
5. La administración existente se alterará lo menos posible durante la guerra.
6. Se firmará un acuerdo de comercio que garantice la salvaguarda razonable de los intereses británicos.

He ahí los seis puntos. Deberían ir acompañados de una declaración autorizada del Partido del Congreso de que están dispuestos a aceptarlos (como sin duda harán) y de que, si se garantizan esos términos, cooperarán en el aplastamiento de la facción projaponesa. El punto 6 debería incluir una provisión de que los gobiernos británico y de la India garantizarán conjuntamente las pensiones de los funcionarios británicos en la India. De ese modo, un pequeño coste podría neutralizar una fuente de oposición nada despreciable en dicho país.

Todo lo dicho podría incluirse en un folleto de una o dos páginas, y creo que podría tener repercusión. Es de crucial importancia que sea sencillo y llame la atención, pues la prensa ha informado tan mal que la gente está harta de la India y no llega a comprender su importancia estratégica. Y lo mismo ocurre con Estados Unidos.

Suyo,

[*Sin nombre / cargo*]

[XIII, 1391, pp. 479-480; mecanografiada]

1. Tom Wintringham había enviado a Orwell una copia del comunicado de prensa emitido por el Comité Nacional de la Commonwealth el 15 de agosto de 1942. Los firmantes eran J. B. Priestley (presidente), Richard Acland (vicepresidente; véase **24-11-1938**, n. 4) y Tom Wintringham (vicepresidente). En la época, la talla del novelista, autor teatral y comentarista J. B. Priestley (1894-1984) era considerable y estaba acrecentada por sus inspiradoras emisiones radiofónicas, sobre todo después de Dunkerque. Muchos consideraban que su determinación era similar a la de Churchill. Incluso en los peores momentos, siempre estuvo convencido de que la guerra acabaría bien para Gran Bretaña. También defendió que la paz trajese una Gran Bretaña mejor.

A Leonard Moore*

4 de septiembre de 1942
10a Mortimer Crescent
NW 6

Apreciado Sr. Moore:

Muchas gracias por el cheque de 10 libras, 17 chelines y 1 penique y las facturas que le devuelvo con la presente.

Por desgracia, estoy demasiado ocupado para escribir nada que no sean artículos periodísticos. Además de trabajar en la BBC estoy en la Home Guard, y entre una cosa y otra no dispongo de muchas tardes libres. De todos modos, entre 1940 y 1941, escribí un diario y al cabo de un tiempo reparé en que podía ser publicable, aunque pensé que solo tendría interés pasados 5 o 10 años. Pero los acontecimientos se han sucedido de forma tan apresurada que parece que hayan transcurrido 10 años desde 1940, y no sé si valdría la pena probar suerte con unos cuantos editores. A una amiga que también escribía un diario se le ocurrió la idea de publicarlos juntos, pero ha cambiado de opinión.[1] Ahora mismo lo están pasando a máquina, pero cuando esté terminado, dentro de unos 10 días, podremos ver si se puede hacer algo con él. Gollancz sabe de su existencia y dijo que quería verlo, aunque no sé si la gente estará harta de diarios de guerra. Creo que el mejor sitio para publicarlo podría ser Estados Unidos, siempre que pudiésemos contactar con un editor estadounidense y hacerle llegar el manuscrito a pesar de la censura. Mis libros nunca se han vendido bien en Estados Unidos, pero me parece que he ido creándome un pequeño público gracias a las «London Letters» que he escrito de vez en cuando los últimos 18 meses en la *Partisan Review*. El director me contó que un editor neoyorquino le había dicho que, en su opinión, valdría la pena publicarlas en forma de panfleto, y en ese caso el diario podría tener una oportunidad. Tiene unas 25.000-30.000 palabras, una extensión extraña, y supongo que las ventas no serían muy grandes, pero tal vez algún editor considere que vale la pena arriesgar unas cuantas libras.

Espero que el negocio vaya bien. Da la impresión de que todo el mundo se dedica a leer cuando consigue hacerse con un libro.

Atentamente,
Eric Blair

[XIV, 1443, p. 5; mecanografiada]

1. La amiga era Inez Holden. La publicación conjunta no llegó a realizarse.

A Mulk Raj Anand*

7 de octubre de 1942

Querido Mulk:

Le devuelvo el guión de *Guerra y paz* porque quisiera que reescribiese el final, digamos desde la página 4 en adelante, a fin de subrayar los aspectos sociológicos de la novela. Creo que es cierto que Tolstói marcó el principio de una nueva actitud ante la novela, pero que en sí mismo no supuso un cambio tan grande como para justificar el título «Libros que cambiaron el mundo». Lo que yo quería era una charla sobre *Guerra y paz* que ejemplificara esa nueva forma de ver la guerra. Si no el primero, sin duda fue uno de los primeros libros que intentaron describir la guerra de forma realista, y muchas corrientes modernas de pensamiento, entre ellas probablemente el pacifismo, derivan hasta cierto punto de él. Por supuesto, no es propaganda pacifista lo que busco, pero creo que podría ser interesante comparar la descripción que hace Tolstói de la batalla de Oesterlitz[1] con, por ejemplo, «La carga de la brigada ligera» de Tennyson.

Gollancz ha mostrado interés por su libro sobre la India.[2] Dice que tendría que escribirlo deprisa, aunque eso sería fácil si sigue el método que tenía pensado. Quiere que usted o yo vayamos a verlo dentro de una semana, el 14 de octubre, a las 11 a.m. a su despacho. ¿Cree que podríamos vernos antes para esbozar un resumen del libro?

Atentamente,
George Orwell

[XIV, 1550, pp. 85-86; mecanografiada]

1. Austerlitz, donde Napoleón logró una brillante victoria contra los austríacos y los rusos en 1805. El relato de Tolstói se encuentra en los capítulos 14-19 del Libro 3. Esta carta revela la idea que tenía Orwell de sus emisiones a la India: mucho más culturales y educativas que burdamente propagandísticas.
2. En una carta a Orwell del 11 de octubre de 1942 (en la que trataba algunos aspectos de la emisión), Anand añadió una posdata diciendo que le llamaría el lunes

(presumiblemente al día siguiente) para hablar del libro. Decía que la única base real para un simposio era un plan constructivo para la defensa de la India. Eso podría acercar posturas y «subrayar la estupidez de la reacción». No se conserva ningún dato más sobre el libro.

De Laurence Brander,* a L. F. Rushbrook Williams*

8 de octubre de 1942, con una copia a Orwell

Boletín de los sábados

En conversación esta mañana con el señor Eric Blair, he descubierto que escribe los boletines de los sábados que luego leen locutores indios. El público de la India cree que los escribe el propio locutor, y la audiencia es pequeña. Como sabe, nuestro público prefiere que sean ingleses bien conocidos. De modo que, si pudiese arreglarse para que los boletines dejaran de ser anónimos, pasaran a ser obra de George Orwell y fuese él quien los leyera,[1] la gente los escucharía con atención en lugar de pasarlos por alto, pues pocos nombres gozan de tanto prestigio entre el público indio como el de George Orwell.

[XIV, 1557, p. 89; mecanografiada]

1. La propuesta se aceptó. Orwell leyó sus propios boletines a partir del n.º 48, del 21 de noviembre de 1942.

Al director de *The Times*

12 de octubre de 1942
10A, Mortimer Crescent
NW 6

Estimado señor:

¿Me permite hacer una o dos reflexiones sobre la decisión del gobierno británico de tomar represalias contra los prisioneros alemanes, que hasta el momento parece haber suscitado poquísimas quejas?[1]

Al encadenar a los prisioneros alemanes en respuesta a un acto similar por parte de los alemanes nos rebajamos, al menos ante un observador normal, al nivel de nuestros enemigos. Es indiscutible, si se considera la historia de los últimos diez años, que hay una profunda diferencia moral entre la democracia y el fascismo, pero, si empezamos a regirnos por el principio de ojo por ojo y diente por diente, conseguiremos que se olvide dicha diferencia. Además, en cuestión de crueldad, difícilmente podremos competir con nuestros enemigos. Tal como acaba de proclamar la radio italiana, el principio de los fascistas es dos ojos por un ojo y la dentadura completa por un diente. Antes o después, la opinión pública rechazará las implicaciones de esa afirmación, y no es difícil prever lo que ocurrirá. Como resultado de nuestra acción, los alemanes encadenarán más prisioneros británicos y nos veremos obligados a encadenar a más prisioneros del Eje, y así seguiremos hasta que, lógicamente, todos los prisioneros de ambos bandos estén cubiertos de cadenas. Por supuesto, en la práctica, el proceso nos asqueará a nosotros primero, y anunciaremos la interrupción de su uso, con el resultado de que habrá más prisioneros británicos encadenados que del Eje. Habremos actuado de forma bárbara y débil y habremos dañado nuestro buen nombre sin lograr aterrorizar al enemigo.

Me parece que la respuesta civilizada a lo perpetrado por los alemanes sería algo así: «Proclamáis que vais a encadenar a miles de prisioneros británicos porque maniatamos por un tiempo a media docena de alemanes en el ataque contra Dieppe. Es de una hipocresía repulsiva, en primer lugar por vuestro comportamiento en los últimos diez años, en segundo porque los soldados que hacen prisioneros tienen que atarlos hasta poder trasladarlos a un lugar seguro. Y maniatar a un hombre en esas circunstancias es muy distinto que encadenar a un hombre indefenso que ya está en un campo de internamiento. En este momento no podemos impedir que maltratéis a los prisioneros, pero no temáis que hagamos lo propio. Vosotros sois nazis y nosotros personas civilizadas. Un acto como este demuestra cuál es la diferencia».

En este momento puede no parecer una respuesta muy convincente, pero cualquiera que eche la vista atrás dentro de tres meses comprobará que es mejor que lo que estamos haciendo y que el deber de quienes conservan la cabeza fría es protestar para que no siga un proceso de venganza que es estúpido en sí mismo.

Atentamente,
George Orwell

[XIV, 1563, pp. 97-98; mecanografiada]

1. En la entrada del 11 de octubre de su *Segundo diario de guerra*, Orwell anotó que, después del fracasado ataque contra Dieppe, los canadienses habían «encadenado a un número de prisioneros alemanes igual al número de prisioneros británicos encadenados en Alemania». (Véase *Segundo diario de guerra*, p. 430). La carta no se publicó.

A R. R. Desai*

3 de marzo de 1943

Querido Desai:

El gobierno indio nos ha cablegrafiado pidiéndonos que hagamos algo en gujerati a propósito del informe Beveridge, así que tendremos que utilizar su parte del programa del lunes para eso. Es evidente que quieren saberlo todo, es decir, lo que propone el plan y también lo que sucedió en el debate parlamentario. No necesito decirle que la censura no permitirá ningún comentario, al menos por nuestra parte, que suponga una crítica contra el gobierno por suavizar el plan. Sin embargo, podríamos incluir el debate y los argumentos ofrecidos a favor y en contra del informe. Le sugiero que exponga los puntos del mismo, sin entrar en mucho detalle, pero subrayando los más importantes, sobre todo las ayudas familiares; después puede aludir al debate y explicar qué parte del informe ha propuesto adoptar el gobierno. Puede decir sin problemas que, quiten lo que quiten, se aprobará alguna que otra ayuda familiar. Y valdría la pena añadir que en sí mismo es un avance importante y que es probable que aumente la tasa de natalidad británica.[1] En todo caso, es evidente que quieren un informe objetivo sobre el plan Beveridge más que una noticia propagandística. Puede dedicarle usted toda su parte del programa, o emplear unos diez minutos y reservar otros tres para los titulares de la semana, como desee. Cuento con que me enviará el guión con la suficiente antelación. Ya hemos cablegrafiado a nuestra gente en la India para decirles que esta semana trataremos el asunto Beveridge.

Atentamente,
Eric Blair
Productor de tertulias
Sección india

P. D. Le quedaré muy agradecido si me envía el guión antes del sábado [día 6].

[XV, 1923, p. 10; mecanografiada]

1. Orwell tenía razón. Tiempo después, cuando el gobierno laborista de 1999 aumentó las ayudas por hijo, el informe del Instituto de Estudios Fiscales, *Does Welfare Reform Affect Fertility?*, calculó que las madres sin estudios tuvieron 45.000 hijos más el año siguiente a la aplicación de las reformas (*Daily Telegraph*, 22 de diciembre de 2008).

A Penguin Books

8 de marzo de 1942
10a Mortimer Crescent
NW 6

Apreciado señor:
En respuesta a su carta de fecha 5-3-1943 no estoy totalmente seguro sin comprobar los contratos de cuál es la situación de los derechos de mis libros, pero estoy *casi* seguro de que si el editor no ha publicado una edición barata dos años después de su aparición los derechos revierten sobre mí. Puedo comprobarlo, aunque no creo que ninguno de mis editores se oponga a la reedición de obras que aparecieron hace un tiempo. Los libros que creo que valdría la pena reeditar son (le incluyo la fecha de publicación):

Los días de Birmania (1934-1935)
Homenaje a Cataluña (1938)
Subir a por aire (1939)
Dentro de la ballena (1940)

Yo diría que *Los días de Birmania* es, con mucho, el más prometedor. Lo publicó por primera vez Harper's en Estados Unidos y luego, en una edición ligeramente expurgada, Gollancz. La edición inglesa vendió entre 3.000 y 4.000 ejemplares, la estadounidense unos 1.000.[1] Creo que vale la pena reeditarlo, y tiene un claro interés por la campaña de Birmania. A Gollancz no le quedan ejemplares y está descatalogado, pero tengo un ejemplar de la edición estadounidense. *Dentro de la ballena* también está agotado, y las existencias se destruyeron durante un ataque aéreo, pero conservo unas galeradas. No se vendió demasiado, aunque alcanzó cierta notoriedad porque hubo partes que se reimprimieron en revistas. Creo que *Homenaje a Cataluña* debería volver a publicarse, pese a que no sé si ahora es el mejor momento. Trata de la Guerra Civil española, pero no creo que a la gente le apetezca que saquemos eso ahora. Por otro lado, si España entra en guerra, supongo que durante un tiempo sería posible vender cualquier cosa que informase sobre sus asuntos internos, suponiendo que fuese posible imprimirlo a tiempo.

Me alegrará proporcionarle cualquier otra información que necesite.
Atentamente,
George Orwell

[XV, 1942, pp. 18-19; mecanografiada]

1. En vista de los amargos comentarios de Orwell acerca de cómo Gollancz había «mutilado» *Los días de Birmania* (véase II, p. 310), resulta sorprendente su observación de que el libro estaba «ligeramente expurgado». La edición estadounidense se vendió mejor de lo que recordaba Orwell. De hecho, llegó a reimprimirse. La primera impresión fue de 2.000 ejemplares. En mayo de 1944 se publicó una edición en Penguin.

A Dwight Macdonald*

26 de mayo de 1943
10a Mortimer Crescent
NW 6

Apreciado Macdonald:
Muchas gracias por su carta (con fecha 13 de abril, aunque llegó ayer) y por el cheque. Incluyo una lista de 15 personas que podrían querer sus-

cribirse a P[*artisan*] R[*eview*].[1] Algunas me consta que conocen la revista y otras es posible que ya estén suscritas, pero no que yo sepa. Les enviaré una circular, diciéndoles que aceptan suscriptores extranjeros y ofreciéndome a prestarles algún ejemplar para que puedan echarle un vistazo. Forster se interesó cuando le enseñé uno hace un tiempo, así que estoy casi seguro de que se suscribirá si le insisten, igual que Myers y Rees.

Me alegro de que la última «London Letter» fuese un éxito y enviaré otra en cuanto pueda. Como verá por mis señas, no conseguí el trabajo que solicité (en el norte de África) y continúo en la BBC. Disfruto mucho escribiendo estas cosas para *PR*, es un enorme alivio poder escribir de vez en cuando lo que opino verdaderamente de la situación actual y, si alguna vez le he dado la impresión de querer dejarlo, es porque temo que sus lectores se cansen de oír noticias sobre Inglaterra provenientes de la misma persona. Mi punto de vista no es el único y, como habrá visto en muchas de las cartas de Alex Comfort, etc., hay quien se opone a él con mucho vigor.[2] Pero, dentro de mis opiniones, he intentado ser veraz y me alegra mucho continuar si usted quiere.

Dentro de poco vamos a publicar un libro con las emisiones radiofónicas para la India de mi departamento.[3] Creo que se enviarán algunos ejemplares a Estados Unidos, e intentaré conseguir un ejemplar para *PR*. Por supuesto, todos los libros de emisiones radiofónicas son aburridísimos, pero tal vez le interese leer algunos ejemplos de la propaganda británica en la India.

Le enviaré mi próxima carta en unos quince días, en cuyo caso debería llegarle antes de finales de julio, siempre que el correo no vuelva a retrasarse.

Cordialmente,
Geo. Orwell

[XV, 2089A, p. xxiv; mecanografiada]

1. Para la lista de nombres, véase XV, pp. xxiv-xxv.
2. En su «London Letter», 1 de enero de 1942 (XIII, 913, pp. 107-114), Orwell atacó a Comfort y a otros. (Véase su n. 4 y «Pacifism and War: A Controversy», XIII, 1270, pp. 392-400.)
3. *Talking to India*, editado por Orwell, se publicó el 18 de noviembre de 1943 (XV, 2359, pp. 320-321).

A Alex Comfort*

Domingo [¿11?] de julio de 1943
10a Mortimer Crescent NW 6

Querido Comfort:

Muchísimas gracias por enviarme el ejemplar de *New Road*. Temo haber sido demasiado brusco con usted en el rifirrafe que tuvimos en *Tribune*,[1] aunque usted tampoco fue muy delicado con ciertas personas. Me limité a escribir una respuesta política y tal vez moral, y, desde el punto de vista poético, su intervención fue inmensamente mejor, aunque la mayoría de la gente con quien hablé del asunto no se había dado cuenta. Creo que nadie reparó en que sus estrofas tenían todas el mismo ritmo. Hoy en día ya no hay respeto por el virtuosismo. Debería usted escribir algo más largo en ese género, parecido a «Vision of Judgement».[2] Creo que hoy podría tener su público.

En cuanto a *New Road*. Estoy muy impresionado por la cantidad y por el nivel general de los versos que ha compilado. No conocía a la mitad de los autores. A propósito de Aragon[3] y otros parecidos, he estado pensando en lo que decía sobre el efecto vivificante de la derrota sobre la literatura y sobre la vida nacional. Creo que tal vez tenga usted razón, pero me parece que solo se produce contra algo, es decir, contra una opresión extranjera, y que no puede ir más allá de cierto punto, a menos que vaya a romperse dicha opresión, cosa que debe hacerse por medios militares. Supongo que cualquiera puede aceptar la derrota con el convencimiento místico de que acabará venciendo sin más. Lo verdaderamente perverso me parece desear una paz «negociada» que supondría volver a 1939 o incluso a 1914. He escrito un artículo muy largo en *Horizon* a propósito del libro de Fielden sobre la India, pero no estoy seguro de que Connolly lo publique.[4]

Intentaré que Forster hable de *New Road* y del último número de *New Writing*, en una de sus charlas literarias mensuales para la India. Si no lo hace este mes, tal vez lo haga el que viene.[5] Lo de menos aquí son las ventas, pero le dará más publicidad y al hablar de estas cosas por radio en tiempo de guerra tiene la sensación de que conserva una lamparita encendida en alguna parte. Debería intentar enviar unos cuantos ejemplares del libro a la India. Hay un pequeño público para esas cosas entre gente como Ahmed Ali[6] y ahora apenas reciben libros. Hemos leído mucha poesía contemporánea en la radio para la India, y ahora van a hacer lo mismo en China con un comentario en chino. También hemos publicado algunos programas en forma de panfletos en la India y los hemos vendido por unas pocas annas, algo que podría ser útil, pero es muy difícil de organizar por culpa de la inercia y el obstruccionismo oficiales. Vi que incluía usted un poema de Tambimuttu. Si publica usted más números debería convencer a otros indios de que escribieran para usted. Hay algunos con mucho talento y están muy resentidos porque creen que la gente los desprecia y no querrían publicar su obra. Es muy importante desde varios puntos de vista intentar promover las relaciones culturales entre Europa y Asia. Las nueve décimas partes de nuestra labor en ese sentido es trabajo desperdiciado, pero de vez en cuando algún que otro panfleto, programa o lo que sea llega a la persona a quien estaba dirigida y eso hace más bien que cincuenta discursos de los políticos. William Empson[7] se ha dejado la piel dos años intentando que emitan programas inteligentes para China, y creo que hasta cierto punto lo ha conseguido. Si me irritó lo que dijo usted de la BBC fue porque pensé en personas como él, aunque Dios sabe que soy el más capacitado para juzgar la mezcla de burdel y manicomio que es en su mayor parte.

Atentamente,
Geo. Orwell

[XV, 2185, pp. 168-169; mecanografiada]

1. Véase la carta en verso de Orwell «As One Non-Combatant to Another (A Letter to "Obadiah Hornbrooke")», XV, 2138, pp. 142-145 (y la carta en verso de Comfort, pp. 138-141).

2. Tras la muerte de Jorge III, Robert Southey, el poeta laureado, escribió una elegía convencional «Vision of Judgement» (1821). A la que Byron respondió con una réplica devastadora, «The Vision of Judgement». Su sátira fue tan mordaz que John Murray se negó a correr el riesgo de publicarla, y cuando Leigh Hunt, el director de *The Liberal*, la publicó en 1822, le multaron con 100 libras.

3. Louis Aragon empezó a destacar tras el colapso de Francia, con sus poemas patrióticos, entre ellos *Le Crève-coeur* (1941) y *Les Yeux d'Elsa* (1942).

4. Lionel Fielden (1896-1974), tras combatir en la Primera Guerra Mundial (entre otros sitios en Gallípoli) y trabajar para la Sociedad de Naciones y la Alta Comisión para los Refugiados en Grecia y el Levante, entró en la BBC en 1927. Fue director de personal en Italia en 1943 y director de relaciones públicas de la Comisión de Control

Aliada en Italia entre 1944 y 1945. Orwell envió una larga crítica a *Horizon* en septiembre de 1943 (XV, 2257, pp. 209-216) a propósito del «ataque irónico contra el imperialismo británico en la India» de Fielden, *Beggar My Neighbour*. Fielden respondió con «Toothpaste in Bloomsbury» (XV, 2258, pp. 216-221).

5. Orwell cumplió su palabra y Forster habló de *New Road* el 7 de agosto de 1943.

6. Ahmed Ali (1908-), escritor y académico, era en la época el director de audiencia e investigación de la BBC en la India

7. William Empson (1906-1984; nombrado caballero en 1979), fue poeta y crítico. Había sido profesor de literatura inglesa en Tokio y en Pekín antes de la guerra y después lo fue en la Universidad de Sheffield entre 1953 y 1971). Alcanzó el reconocimiento académico con *Seven Types of Ambiguity* (1930). Su necrológica en *The Times* lo describió como «el hombre más famoso y sofisticado de su época, que revolucionó nuestra forma de leer un poema».

El 28 de agosto, Ivor Brown escribió a Orwell, en nombre de The Observer, *diciéndole que había oído que iba a dejar la BBC y preguntándole si le gustaría viajar a Argel y Sicilia «acreditado» por el Ministerio de la Guerra, aunque no como «corresponsal de guerra propiamente dicho». Debería escribir para otros periódicos además de para* The Observer *para repartir los gastos, «pero en esencia sería usted un empleado del periódico».*

A Ivor Brown*

31 de agosto de 1943
10a Mortimer Crescent Londres NW 6

Estimado Sr. Brown:

Muchas gracias por su carta. Por supuesto, me encantaría ir al norte de África para ustedes, si logramos llegar a un acuerdo. Si así fuese, quisiera tener idea de las fechas. Aún no he presentado mi dimisión formal en la BBC, pero he informado a mis superiores de que tengo intención de marcharme, y si dimito se supone que debo hacerlo con dos meses de antelación. No obstante, no creo que me pusieran muchas objeciones si les avisase al menos unas semanas antes. A finales de esta tengo quince días de vacaciones. Por supuesto, renunciaría a ellos si la oportunidad de ir al norte de África fuese inmediata, pero de no ser así preferiría no hacerlo porque hace 14 meses que no he tenido vacaciones y me hace falta recuperarme. Le quedaría muy agradecido si pudiese darme una idea de cuándo podría materializarse el proyecto, en el caso de que siga adelante.

Atentamente,
Geo. Orwell

[XV, 2255, p. 208; mecanografiada]

A L. F. Rushbrook Williams*

24 de septiembre de 1943
BBC

Estimado Sr. Rushbrooke Williams,[1]

A modo de confirmación de lo que hablamos en conversación privada, quisiera presentar mi dimisión de la BBC, y le agradecería mucho que agilizara los trámites para el próximo cuatrimestre.

Creo haberle dejado claros mis motivos, pero prefiero ponerlos por escrito para evitar malentendidos. No me marcho por desacuerdos con la política de la BBC ni mucho menos por ningún tipo de queja personal. Al contrario, durante el tiempo que he trabajado en la BBC me han tratado con suma generosidad, me han dejado un amplio margen de maniobra y nunca me han obligado a decir en las ondas nada que no hubiese dicho como individuo particular. Quisiera aprovechar esta oportunidad para agradecerle personalmente su comprensión y la actitud generosa que ha demostrado siempre con mi trabajo.

Presento mi dimisión porque hace tiempo que tengo la sensación de estar perdiendo el tiempo y malgastando el dinero público con un trabajo que apenas produce resultados. Creo que en la actual situación política las emisiones de propaganda británica en la India son una labor inútil. Compete a otros juzgar si deben o no continuar, pero prefiero no seguir perdiendo un tiempo que podría dedicar a un periodismo más eficaz. Creo que si vuelvo a mi trabajo como escritor y periodista seré más útil que ahora.

No sé cuánto tiempo de preaviso necesito.[2] *The Observer* ha vuelto a ofrecerme ir al norte de África. Aún falta la aprobación del Ministerio de la Guerra y es posible que no prospere, pero lo digo por si tuviese que marcharme antes de lo previsto. En todo caso, procuraré dejar preparados algunos programas.

Atentamente,
Eric Blair

[XV, 2283, pp. 250-251; mecanografiada]

1. Rushbrook Williams tachó el guión y la «e» de sus apellidos, que Orwell había escrito incorrectamente.
2. El 29 de septiembre, sir Guy Williams, el director de Servicios Extranjeros, escribió a Orwell aceptando «con gran pesar» su dimisión. Aunque insistió en que debería seguir trabajando dos meses, sir Guy escribió: «Si, como dice, debe usted marcharse antes, la Corporación está dispuesta a permitírselo»; la dimisión de Orwell se haría efectiva a partir del 24 de noviembre de 1943, «a menos que me informe de que quiere usted marcharse antes». El 7 de octubre de 1943, Brown escribió a Orwell diciéndole que había oído que estaría libre a finales de noviembre y que le encantaría que fuese a verlo a las oficinas de *The Observer* para tratar sobre las críticas y artículos que podría escribir para dicho periódico. También añadió que agradecía mucho la crítica que había escrito Orwell «de Laski» (de *Reflections on the Revolution of Our Time*) el 10 de octubre de 1943 (XV, 2309, pp. 270-272).

A S. Moos

16 de noviembre de 1943
10a Mortimer Crescent Londres NW 6

Apreciado Sr. Moos:

Espero que disculpe lo mucho que he tardado en comentar y devolverle el manuscrito adjunto, pero mi salud se ha resentido estas últimas semanas, y supongo que comprenderá que también he estado muy ocupado.

Lo que dice me parece muy interesante, pero tengo que hacerle dos críticas de carácter general. La primera es que me parece demasiado preocupado por él «qué» y olvida usted el «cómo». Es relativamente fácil ver los males de la sociedad industrializada moderna, y solo hay que dar un paso más para ver los fallos de las soluciones propuestas por socialistas, etc. Lo verdaderamente difícil es querer comunicar esas ideas a un grupo de personas lo bastante grande para causar un verdadero cambio en las tendencias de la sociedad. Sin duda tenemos que decidir qué mundo queremos, pero me permito sugerirle que el mayor problema al que se enfrentan los intelectuales hoy en día es la conquista del poder. Habla usted de formar una «nueva élite» (que probablemente sea necesaria, aunque la idea no me guste demasiado). Pero cómo empezar a formarla, cómo hacer eso, desde el interior del poderoso Estado moderno controlado por personas cuyo interés es impedir que suceda tal cosa, es otro cantar. Si se ha fijado usted en los innumerables intentos de formar nuevos partidos políticos en los últimos 20 años, sabrá a lo que me refiero.

En segundo lugar, creo que exagera usted el peligro de un «mundo feliz», es decir, de una civilización totalmente materialista y basada en el hedonismo. Yo diría que dicho peligro ya ha pasado y que corremos el riesgo de que aparezca un Estado esclavista centralizado, gobernado por un pequeño grupo que será en efecto una nueva clase gobernante, aunque tal vez adoptiva en lugar de hereditaria. Dicho Estado no será hedonista, al contrario, su dinamismo procederá de una especie de nacionalismo rabioso y un liderazgo mantenido por una guerra literalmente continua, y su nivel de vida medio probablemente será bajo. No espero volver a ver un desempleo masivo, salvo por desajustes temporales; creo que tal vez nos enfrentemos al peligro mucho mayor de los trabajos forzados y la esclavitud. Y en la actualidad no veo otra salvaguarda que (a) el hartazgo ante la guerra y el rechazo al autoritarismo que podrían surgir de la presente contienda, y (b) la supervivencia de los valores democráticos entre la *intelligentsia*.

No sé si Faber o alguien como ellos podría publicar su manuscrito en forma de panfleto, pero en todo caso vale la pena intentarlo. Aunque antes de enviárselo lo pasaría a máquina y puliría un poco el inglés (demasiado enrevesado y exótico en ocasiones).

Una vez más, le ruego que disculpe el retraso.

Atentamente,

Geo. Orwell

[XV, 2356, pp. 308-309]

DIARIOS

Diario de acontecimientos que condujeron a la guerra
2 de julio de 1939-3 de septiembre de 1939

Este *Diario de acontecimientos que condujeron a la guerra* es, en su mayor parte, una lista de informaciones manuscritas sacadas de los periódicos entre el 2 de julio y el 1 de septiembre de 1939, el día en que Alemania invadió Polonia. Concluye con un resumen fechado el 3 de septiembre, cuando Gran Bretaña declaró la guerra a Alemania tras la negativa de esta a retirarse de Polonia. Diez de los días que cubre este diario quedaron sin entradas. No obstante, en ocasiones se incluyeron posteriormente informaciones de días sin especificar. Tras la interrupción del 25 al 27, hay un resumen el 28. El manuscrito se extiende a lo largo de cincuenta y cinco páginas divididas horizontalmente: en la parte de arriba se recogen los acontecimientos y en la de abajo las fuentes de información; las páginas se dividen en cinco columnas bajo los encabezamientos Política exterior y general, Sociedad, Partidos políticos, Miscelánea y Observaciones. Con excepción del día 24 (al que dedica dos páginas) hay una página por día. La letra es con frecuencia pequeña y apretada. La distribución de los temas y la disposición de la información tal como se reproducen aquí a veces son arbitrarios, pero seguimos el criterio de Orwell. Cuando Orwell proporciona una fecha y un dato, la fuente se anota entre corchetes, pero la fecha solo se añade si difiere de la del encabezamiento de la sección. Las observaciones de Orwell se incluyen tras la información a la que se refieren y se indican con: [Nota de Orwell]. Se han hecho correcciones menores sin indicarlas.

Orwell cita 41 fuentes para las 297 noticias. De ellas, 138 (46,5 por ciento) son del *Daily Telegraph*. Cuando Orwell se alojó con L. H. Myers en Ringwood a partir del 24 de agosto aumentan notablemente las referencias a *The Times* y al *News Chronicle* (que compartían las opiniones del Partido Liberal) y disminuyen en proporción las alusiones al *Daily Telegraph*. Es evidente que Orwell consultaba el *Daily Telegraph* en busca de información objetiva. Entre las fuentes citadas, merece la pena reparar en *Socialist Correspondence* y *Revolutionary Proletarian*. El primero lo dirigía una «oposición de derechas» del ala izquierda del ILP. Sus miembros eran seguidores de Nikolái Bujarin, víctima de una farsa de juicio en 1938 y posteriormente ejecutado. Entre ellos se contaba W. W. Sawyer, matemático de la Universidad de Manchester y autor de *Mathematician's Delight*, un popular libro de Penguin. *Socialist Correspondent* constaba de entre ocho y 16 páginas en octavo, algunas de las cuales estaban en blanco con la inscripción «Disponible», y decía ser «un órgano de teoría marxista». *Revolutionary Proletarian* era *La Révolution Prolétarienne*, fundado el 1 de enero de 1925; su publicación se suspendió el 25 de agosto de 1939 con el número 301 y el número 302 no se publicó hasta abril de 1947. Su línea política era antiestalinista. En su número 255 del 25 de septiembre de 1937 publicó la traducción francesa de «Testigo en Barcelona», sobre la supresión del POUM en Barcelona, que el *New Statesman* se había negado a publicar, y que acabó apareciendo en *Controversy*, el periódico del ILP (véase *CW*, XI, pp. 54-60). Para más información, véase *CW*, XI, pp. 362-363.

Las notas se incluyen detrás de cada entrada y están numeradas
a partir del número 1. Las referencias posteriores
a dichas notas al pie se hacen con la palabra «Acontecimientos» seguida
de la fecha pertinente.

2-7-1939

Política exterior y general
1. Polonia declara que ocupará Danzig[1] si el Senado de la ciudad se declara partidario del Reich. [*Sunday Times*]
2. El NLC[2] del Partido Laborista se ha emitido en alemán en términos muy parecidos a los de la crisis de septiembre. [*Observer*]

Partidos políticos
Sinclair,[3] Ramsay Muir,[4] Amery,[5] Eden,[6] Cripps,[7] y Burgin[8] hacen declaraciones prácticamente idénticas respecto a la resistencia a la agresión alemana. [*Sunday Times*]

1. Danzig (en la actualidad Gdansk, Polonia) aparece citada por primera vez hace varios miles de años como parte de Polonia, y ha sido polaca y alemana (también prusiana). Se convirtió en Ciudad Libre a raíz del Tratado de Versalles (1919), pero acabó siendo un foco de disputas entre Polonia y Alemania, sobre todo después de la llegada al poder de los nazis. De hecho, fue el pretexto para la invasión alemana de Polonia que inició la Segunda Guerra Mundial en 1939.

2. Probablemente se trate de un error por el NCL (National Council of Labour); véase *Acontecimientos*, 15-7-1939, Partidos políticos, 2. El sentido es elíptico, pero parece referirse a un llamamiento al pueblo alemán bajo el epígrafe «¿Por qué matarse unos a otros?» llevado a cabo por el NCL. La BBC emitió un resumen la noche del sábado 1 de julio de 1939 en alemán, francés, italiano, portugués y español. El NCL también lo puso a disposición para que se hiciesen emisiones para los trabajadores alemanes desde emisoras de radio ilegales en el continente y distribuyó copias impresas del llamamiento mediante organizaciones clandestinas.

3. Archibald Sinclair (1890-1970; primer vizconde de Thurso, 1952) fue parlamentario liberal entre 1922 y 1945, era amigo íntimo de Winston Churchill y se convirtió en su secretario político personal cuando fue nombrado secretario colonial

entre 1921 y 1923. Sirvió como secretario de Estado para Escocia entre 1931 y 1932, pero se opuso a la política gubernamental de Chamberlain y tomó partido por Churchill y Eden. En julio de 1939 atacó frontalmente la política de Chamberlain y eso condujo a un amargo enfrentamiento centrado en la negativa de *The Times* a publicar la respuesta de Sinclair; véase *Acontecimientos*, 12-7-1939, Sociedad. Fue ministro del Aire en el gobierno de coalición de Churchill durante la guerra.

4. John Ramsay Muir (1872-1941) fue profesor de historia moderna en la Universidad de Manchester entre 1913 y 1921, y político, primero liberal, y desde 1931, tras la escisión del partido, liberal nacional. Fue sucesivamente portavoz y presidente de la Federación Nacional Liberal entre 1931 y 1936.

5. Leopold Charles Maurice Amery (1873-1955) era parlamentario conservador, se opuso al desarme y apoyó las propuestas de Hoare-Laval para resolver la crisis de Abisinia en 1935. En mayo de 1940, tras la caída de Noruega en manos alemanas, dirigió a Chamberlain las palabras pronunciadas por Cromwell ante el Parlamento Largo (1640-1653): «Lleváis aquí demasiado tiempo, por mucho bien que hayáis hecho [...] ¡En nombre de Dios, marchaos ya!». Su *My Political Life* (1953-1955) es un relato de los acontecimientos políticos de los años treinta.

6. Anthony Eden (1897-1977, nombrado conde de Avon en 1961) fue parlamentario conservador y ministro de Asuntos Exteriores entre 1935 y 1938. Dimitió para protestar contra la política de apaciguamiento de Chamberlain. En 1940 fue ministro de la Guerra, y posteriormente ministro de Asuntos Exteriores en el gabinete de guerra entre 1940 y 1945. Fue primer ministro entre 1955 y 1957, pero volvió a dimitir como resultado de la desastrosa implicación británica en la ocupación de la zona del canal de Suez en 1956.

7. Sir Stafford Cripps (1889-1952), abogado (en 1927 se convirtió en el miembro más joven del Consejo Real) y político laborista entre 1939 y 1945. Fue embajador en la Unión Soviética entre 1940 y 1942; ministro de Producción Aérea entre 1942 y 1945 y ministro de Hacienda en el gobierno laborista de 1947-1950. A propósito de su nombramiento como embajador, véase la entrada del *Diario de guerra* de Orwell 14-6-1941, n. 183 y del 14-3-1942, n. 1.

8. El doctor Leslie Burgin (1887-1945) fue abogado y parlamentario liberal (después liberal nacional) desde 1930, fue ministro de Transporte entre 1937 y 1939, y ministro de Abastecimiento entre 1939 y 1940. En *A Prime Minister on Prime Ministers* (1977), Harold Wilson, que trabajó en el Ministerio de Abastecimiento en 1940, observó que «su organización, bajo la dirección ministerial de Burgin, habría sido incapaz de dirigir una tienda de patatas fritas» (p. 233).

4-7-1939

Política exterior y general
1. Se informa de combates en Manchukuo,[1] en la frontera con Mongolia. [*Daily Telegraph*]

Sociedad
1. El desempleo ha descendido a cerca de 1.350.000. [*Daily Telegraph*]
2. La producción de huevos de Inglaterra y Gales en 1937 ronda los 3.250 millones. [*Smallholder*, 24-6-1939]

1. Manchukuo fue un reino títere de Manchuria durante la ocupación japonesa entre 1932 y 1945. Fue devuelto a China en 1945.

5-7-1939

Política exterior y general
1. Más informes de combates en la frontera de Manchukuo. [*Daily Telegraph*]

Partidos políticos
1. Los parlamentarios conservadores van a solicitar la entrada de Churchill[1] en el gobierno. Tras el artículo en el *D.T.*,[2] se han publicado numerosas cartas apoyando la propuesta. [*Daily Telegraph*]

1. Sir Winston Churchill (1874-1965), político, soldado, periodista y escritor, desempeñó varios altos cargos en los gobiernos liberales y conservadores durante casi medio siglo, pero en los años treinta quedó excluido por su frontal oposición al apaciguamiento de las dictaduras; se le tildó de señor de la guerra. Tras la caída de Noruega que siguió a la invasión alemana en 1940 se convirtió en la elección más lógica para ser primer ministro. A pesar de su éxito como líder durante la contienda, no fue reelegido en 1945, pero llegó a ser primer ministro de un gobierno en tiempo de paz entre 1951 y 1955.
2. El *Daily Telegraph*.

6-7-1939

Política exterior y general
1. Gran Bretaña va a conceder un crédito armamentístico de 100 millones de libras a Polonia, Turquía y Rumanía. [*Daily Telegraph*]
2. Se dice que los gobiernos polaco, turco y chino creen que Stalin desea sinceramente un pacto. [*Daily Telegraph*]

Partidos políticos
1. McGovern[1] vuelve a atacar al PL[2] en el Parlamento. [*Daily Telegraph*]

1. John McGovern (1887-1968), parlamentario laborista independiente entre 1930 y 1947 y primer ministro de 1947 a 1959; en 1934 encabezó una marcha del hambre de Glasgow a Londres.
2. El Partido Laborista.

7-7-1939

Política exterior y general
1. En esta ocasión son fuentes rusas las que informan de combates en la frontera de Manchukuo (Agencia Tass). [*Daily Telegraph*]

Partidos políticos
1. Congreso de la IFTU[1] en Zurich, los dirigentes de los sindicatos británicos defienden ahora la afiliación de los sindicatos rusos. [*Manchester Guardian Weekly*]

1. La Federación Internacional de Sindicatos, fundada en 1901, no logró sobrevivir a la Primera Guerra Mundial. Refundada en 1919 en conflicto con la Internacional Roja de Sindicatos, de inspiración soviética. El fracaso a la hora de reconciliar las diferencias entre los sindicatos comunistas y no comunistas continuó tras la Segunda Guerra Mundial. Los sindicatos británicos, soviéticos y estadounidenses se combinaron brevemente para establecer la Federación Mundial de Sindicatos, pero en 1949 los sindicatos no comunistas se separaron para formar la Confederación Internacional de Sindicatos Libres. La noticia citada refleja un desacuerdo básico que duró décadas.

8-7-1939

Política exterior y general
1. Las oficinas de Correos han repartido el folleto de información pública n.º 1 (defensa civil). Esta noche habrá ejercicios de precauciones aéreas a gran escala en el sudeste de Inglaterra. [Sin referencia adjunta]

Partidos políticos
 1. Parece que ahora la IFTU se opone a la afiliación de los sindicatos rusos; Francia, México, Noruega y Gran Bretaña votan a favor (los dos últimos incondicionalmente), EE. UU. y la mayoría de los países europeos en contra. [*Daily Telegraph*]
 2. Hoy empieza en Madrid el juicio contra Julián* Besteiro[1] (J. B. participó en la junta de Casado).[2] [*Daily Telegraph*]

Miscelánea
 1. Se calcula que la población de ratas en Gran Bretaña está entre 4 y 5 millones. [*Smallholder*, 7-7-1939]

* 30 años [nota de Orwell].

 1. Julián Besteiro (1870-1940) fue presidente de la UGT hasta 1931, presidente de las Cortes y presidente de España por un tiempo ese mismo año. Murió en prisión en 1940, mientras cumplía la sentencia a treinta años impuesta por el gobierno de Franco (de ahí la nota con asterisco de Orwell).
 2. El coronel Segismundo Casado (1893-1968), jefe del ejército republicano de la zona centro, organizó la campaña contra el primer ministro republicano Negrín e intentó, hacia el final de la Guerra Civil, llegar a un acuerdo con Franco. Fracasó y se refugió en Gran Bretaña, aunque después regresó a España.

9-7-1939

Política exterior y general
 1. Madame Tabouis[1] considera que las posibilidades de un pacto ruso-franco-británico son escasas e insinúa que los rusos desean que las provincias bálticas vuelvan a la situación en que estaban durante el imperio zarista. [*Sunday Dispatch*]

Sociedad
 1. La actual población de Escocia supera los 5 millones. [*Sunday Times*]

Partidos políticos
 1. La IFTU ha rechazado la moción de invitar a afiliarse a los sindicatos rusos, pero sin una gran mayoría.* [*Sunday Times*]

 1. Geneviève Tabouis (París, 1892-1985) fue una diplomática y periodista internacional, directora de asuntos extranjeros de *L'Oeuvre* desde 1932, y corresponsal del

Sunday Dispatch. El 23 de junio de 1940, dicho periódico publicó su relato de su huida à Inglaterra vía Burdeos tras la caída de París. Empezaba con una afirmación atribuida a Hitler: «Ella sabía ayer el discurso que voy a hacer hoy». Dirigió el semanario *Pour la Victoire*, en Nueva York, entre 1941 y 1945, y se hizo famosa por su misterioso don para predecir con exactitud el resultado de los acontecimientos políticos.

* Se dice que la mayoría se debió enteramente al voto masivo de Green de la AFL [nota de Orwell]. William Green era el presidente de la Federación Americana del Trabajo, fundada en 1896, que se escindió en 1935 con la formación de una facción que defendía y luego organizó los sindicatos industriales, y en 1938 se convirtió en el Congreso de Organizaciones Industriales. En 1955, las dos se unieron para formar la AFL-CIO.

10-7-1939

Política exterior y general
1. Se dice que Alemania ha exigido a Rumanía toda su cosecha de trigo y parte del remanente de la cosecha de 1938. [*Daily Telegraph*]
2. Parece que los ejercicios de apagones[1] a gran escala del sábado por la noche se llevaron a cabo con éxito. [*Daily Telegraph*]

Sociedad
1. Los grupos de amigos que ingresan en la milicia están siendo[2] separados de un modo lo bastante evidente como para que se hayan pedido explicaciones al M. G.[3] [*Daily Telegraph*]

Partidos políticos
1. Los periódicos que el 3 de julio pidieron la inclusión de Churchill en el gobierno fueron el *D. Tel.*, el *Yorkshire Post*, el *News-C*, el *Guardian* y el *Dy. Mirror*. Se dice que el Partido Comunista, después de exigir su inclusión durante meses, se ha asustado ahora que parece probable. [*Socialist Correspondence*, 8-7-1939]
2. Una vez más se informa de que Béla Kun[4] ha sido fusilado en Moscú. [*La Révolution Prolétarienne*]

1. Como parte de las precauciones contra los ataques aéreos, había que tapar totalmente las ventanas para asegurarse de que no se veía ninguna luz desde la calle, las farolas se apagaban y las luces imprescindibles (como los faros de los coches y los semáforos) se tapaban. Si se quiere leer un breve pero elocuente relato de los efectos psico-

lógicos de los apagones, véase la obra de Malcolm Muggeridge, *The Thirties*, p. 305. El autor afirma que, después de dos meses de guerra, el número de víctimas causado por los apagones era casi el doble que el de la suma de los tres ejércitos. Véase *Acontecimientos*, 10-8-1939, Sociedad, 4.

2. Orwell escribió primero «han sido».

3. El Ministerio de la Guerra. La práctica de separar a los amigos, sobre todo de la misma localidad, se ideó para asegurarse de que si una unidad sufría pérdidas muy numerosas no afectara al mismo pueblo o ciudad. Dicha política se adoptó tras el terrible número de víctimas sufrido en la batalla del Somme (julio-octubre de 1916) cuando unidades de hombres del mismo lugar (por ejemplo, los Exeter Boys), que habían hecho juntos la instrucción, entraron juntos en combate y fueron casi barridos al instante, lo que aumentó el pesar en Inglaterra. La muerte de los cinco hermanos Sullivan tras el hundimiento del USS *Juneau* el 13 de noviembre de 1942, ofrece un ejemplo similar en la Segunda Guerra Mundial.

4. Béla Kun (1886-¿1939?), líder comunista revolucionario en Hungría y brevemente comisario de Asuntos Exteriores y una figura prominente en el gobierno de 1919. Después de huir de Hungría intentó, como miembro de la Tercera Internacional, fomentar la revolución en Alemania y Austria. Cayó en desgracia y fue asesinado en una de las purgas estalinistas. Para un informe posterior de su ejecución, véase *Acontecimientos*, 7-8-1939, Partidos políticos, 2.

11-7-1939

Política exterior y general

1. Más noticias de combates en la frontera de Manchukuo, suficientes para indicar que verdaderamente ha habido escaramuzas (probablemente no muy decisivas). [*Daily Telegraph*]
2. El discurso de Chamberlain[1] reitera que apoyaremos a los polacos en caso de que se produzca un golpe en Danzig, pero parece dejar la iniciativa a los polacos. [*Daily Telegraph*]
3. Informes alemanes de que la flota de submarinos rusa es mayor de lo esperado. Buques de guerra han utilizado por primera vez el canal de Stalin.[2] [*Daily Telegraph*]

Partidos políticos

1. Más cartas en los periódicos pidiendo la inclusión de Churchill. No obstante, no implican una crítica muy dura contra Chamberlain. El *D. Tel.* ha vuelto a publicar unas cuantas. Se dice que el *Times* no va a publicar ninguna. [*Daily Telegraph*]

Miscelánea
1. Muerte de Havelock Ellis,[3] a los 80 años, pequeña mención en la primera página en el *D. Tel*. [*Daily Telegraph*]

1. El primer ministro Neville Chamberlain quedó asociado con el apaciguamiento de Hitler y Mussolini en los años treinta. Su postura fue probablemente la de la mayoría de los ciudadanos británicos, entre ellos la de muchos que con el paso del tiempo acabarían criticándole. J. L. Garvin (1868-1947), director de derechas de *The Observer* entre 1908 y 1942, argumentó que «el señor Chamberlain tuvo mil veces razón al salvaguardar la paz mundial en Munich, incluso al precio exigido» (citado por Robert Kee, un amigo de Orwell, en *The World We Left Behind*, 1984, p. 8). Eileen Blair escribió, en una carta fechada el 27 de septiembre de 1938: «Se me hace muy raro pensar que Chamberlain es nuestra única esperanza, aunque creo que no desea la guerra en este momento y desde luego es un hombre valiente» (*CW*, XI, p. 206).

2. El Canal Belomor-Báltico que conecta Arcángel con Leningrado. Se construyó con mano de obra esclava entre 1931 y 1933 y se extiende a lo largo de unas 140 millas, lo que permite ahorrar un viaje por mar de 2.500 millas. Lo construyeron un cuarto de millón de prisioneros, de los cuales unos doscientos mil murieron o fueron ejecutados.

3. Henry Havelock Ellis (1859-1939), psicólogo, editor y autor, famoso por su obra sobre el sexo y su relación con la sociedad. Orwell reseñó su *My Life* (1939) en mayo de 1940; véase *CW*, XII, pp. 154-156.

12-7-1939

Política exterior y general
1. La expulsión de los extranjeros del Tirol italiano no incluye a los estadounidenses.[1] Se rumorea que la intención es ocultar los desplazamientos de tropas alemanas a Italia. El corresponsal del *E. Standard* afirma que es un bulo. [*Daily Telegraph*; *London Evening Standard*]
2. Al parecer, en casi todo el mundo se han tomado en serio el discurso de Chamberlain. [*Daily Herald*]

Sociedad
1. J. A. Spender publicó una carta atacando a sir A. Sinclair en el *Times*, que se negó a publicar la réplica de Sinclair. Hoy varios destacados liberales han enviado una carta conjunta denunciándolo al *D. Tel*, que sí la ha publicado.[2] [*Daily Telegraph*]

2. La enmienda laborista a la Ley de Desarrollo Agrícola, para que el salario mínimo de los trabajadores agrícolas sea de 2 libras (la media actual es de 35 chelines), no se ha aprobado por solo 4 votos. [*Daily Herald*]

Partidos políticos
1. La prensa católica representada por el *Universe* es declaradamente antinazi, pero no antiitaliana y todavía muy antirroja en lo que se refiere a España. [*Universe*, 7-7-1939]

1. El gobierno italiano expulsó a los extranjeros de la provincia fronteriza de Bolzano. Según Giuseppe Bastianini, subsecretario italiano de Asuntos Exteriores, el decreto incluía a los extranjeros de todas las naciones, y los motivos eran «políticos y militares». Los más afectados fueron entre 200 y 300 suizos, en su mayoría propietarios de hoteles. Se vieron obligados a vender y no pudieron sacar de Italia las liras con que les pagaron.

2. John Alfred Spender (1862-1942), un «anciano y respetado liberal» (tal como lo describía la mencionada carta), había atacado a Archibald Sinclair, dirigente del Partido Liberal, por «arremeter contra el primer ministro Neville Chamberlain de forma desmesurada y exponerlo al odio de la gente dando a entender que es débil e incompetente». La carta conjunta, firmada en primer lugar por lady Violet Bonham Carter (véase *Acontecimientos*, 14-7-1939, n. 1) y otras ocho personas más, afirmaba que las palabras de Sinclair no podían interpretarse así. No obstante, proseguía, muchos (no solo en los partidos Laborista y Liberal) dudaban de que se estuviesen tomando las medidas oportunas «para convencer al mundo de que somos unánimes y de que nuestro gobierno habla en serio».

13-7-1939

Sociedad
1. J. A. Spender insiste en sus ataques contra Sinclair. El *Times* publica otras cartas en el mismo sentido y ninguna contradiciéndole.[1] [*The Times*]

Partidos políticos
1. El Partido Laborista se ha negado más o menos a aceptar la afiliación condicional del ILP.[2] Es evidente que el ILP solo consideraba una afiliación sin condiciones. [*The Times*; *New Leader*, 14-7-1939]

1. *The Times*, en un segundo editorial en el que defendía su postura, aludía también al «clamor cada vez más extendido [...] para la inmediata inclusión del señor Churchill en el gobierno», un clamor que «*The Times* nunca ha apoyado». Daba la impresión de que «el señor Churchill puede volver a hacer falta en el gobierno», aunque «sus amigos le han hecho ya un daño incalculable». Orwell tiene razón al señalar que el 13 de julio *The Times* no publicó ninguna carta contradiciéndole, pero en días posteriores se publicaron varias.

2. El Partido Laborista Independiente, fundado en 1893 por Keir Hardie (véase *Acontecimientos*, 17-8-1939. n. 3), era más antiguo que el Partido Laborista, que se formó por el ILP y los sindicatos en 1900. Orwell fue miembro del ILP; véase «Por qué me uní al Partido Laborista Independiente», *The New Leader*, 24 de junio de 1938, *CW*, XI, pp. 167-169. En la época, el ILP y el Partido Laborista se habían escindido y tenían representación separada en la Cámara de los Comunes. Para una visión general del carácter del ILP, véanse Crick, p. 255, y *Acontecimientos*, 10-8-1939, Partidos políticos, 2. Para las subdivisiones del ILP, véase *CW*, XI, pp. 362-363.

14-7-1939

Política exterior y general
1. Hoy se ha distribuido el folleto de información pública n.º 2 (sobre cómo tapar las ventanas, etc.). Los visitantes alemanes afirman que en Alemania no se han repartido máscaras antigás. [Sin referencia]

Sociedad
1. *M. G. Weekly* publica los hechos sobre la carta de Spender, la de Bonham Carter[1] etc. [*Manchester Guardian Weekly*]

Partidos políticos
1. El *M. G. Weekly* considera que las maniobras pro-Churchill en el seno del Partido Conservador han fracasado por completo. [*Manchester Guardian Weekly*]
2. Después de 3 semanas se retira de la circulación un panfleto del Partido Comunista contra el reclutamiento. [*Left Forum*, julio de 1939]

1. Violet Bonham Carter (1897-1969), hija de H. H. Asquith, primer ministro liberal entre 1908 y 1916 y con un peso considerable en el Partido Liberal, fue miembro del grupo de Churchill de Defensa de la Paz y la Libertad entre 1936 y 1939.

15-7-1939

Política exterior y general
1. Multitudinaria manifestación contra la embajada británica en Tokio. [*Daily Telegraph*]
2. La celebración del 150 aniversario de la toma de la Bastilla incluyó el desfile de 30.000 soldados, entre ellos muchos británicos. [*Daily Telegraph*]
3. Hong Kong ordena el reclutamiento forzoso de todas las personas entre 18 y 55 años, aunque está formulado de tal modo que pueda aplicarse sobre todo a los chinos y permita la exención de casi todos los blancos. [*Daily Telegraph*]

Sociedad
1. Se cree que las circulares enviadas por el comandante Stephen King-Hall[1] han llegado a unas 50.000 personas en Alemania y han esquivado a la Gestapo mediante el uso de sobres de diversos tamaños y distintos métodos de plegado. [*Daily Telegraph*]
2. En Francia se han iniciado una serie de revelaciones sobre espionaje (compárese con EE. UU.) con la detención de varias personas relacionadas con periódicos de derechas. [*Daily Telegraph*]

Partidos políticos
1. La Liga Económica acusa a la PPU[2] de ser vehículo de la propaganda nazi. [*Daily Telegraph*]
2. Se dice que el número de miembros particulares del NCL[3] es de 4.500. Afiliaciones: 281; Gremios de cooperativas femeninos, 30; Juntas comerciales y ramas de los sindicatos, 37; Partidos obreros y secciones femeninas, 10; partidos cooperativistas, etc., 53 sucursales de la PPU y demás. La prensa comunista acusa al NCL de ser un organismo fascista. [*No Conscription*, julio-agosto de 1939; *Daily Worker*, 13-6-1939]

Miscelánea
1. Se calcula que las multitudes en el partido entre Eton y Harrow[4] rondaron las 10.000 personas; por lo visto, no había tanta asistencia desde hacía años. [Sin referencia]

---

1. El capitán de fragata Stephen King-Hall (1893-1966) se retiró de la Royal Navy en 1929. Fue elegido parlamentario como nacional independiente en 1939. En

1936 empezó el *K-H News Service Letter* (convertido en *National News Letter* a partir de 1941). Político de derechas y sin pelos en la lengua, era muy apreciado como comentarista político por su interpretación personal de los acontecimientos.

   2. La Unión por la Paz, editores de *Peace News*, fundada en 1934, *CW*, XI, pp. 322-324. Max Plowman (1883-1941) fue un ardiente defensor y su secretario general entre 1937 y 1938. Orwell colaboró con una reseña en *Peace News*. Plowman había servido en la Primera Guerra Mundial y había publicado un libro de memorias, *A Subaltern on the Somme*. También escribió *An Introduction to the Study of Blake* y *The Faith Called Pacifism*. Su mujer, Dorothy, fue una gran amiga de Orwell toda su vida.

   3. La Liga contra el Reclutamiento.

   4. El partido anual de críquet entre ambos colegios se celebraba a principios de junio en el Lord's Cricket Ground de Londres. Orwell había sido coeditor de un número especial de *College Days* para ese partido de 1920; véase *CW*, pp. 53-54. En cuanto al resultado del partido, véase *Acontecimientos*, 16-7-1939, Miscelánea. El Lord's Cricket Ground tenía capacidad para 25.000 espectadores, pero solo se llenaba en ocasiones especiales.

16-7-1939

Política exterior y general
   1. El 31 de julio van a llamar a filas a 12.000 reservistas navales por unas 7 semanas. [*Sunday Times*]
   2. La impresión general es que el pacto anglo-ruso está condenado al fracaso. [*Sunday Times*; *Sunday Express*]
   3. El *Sunday Express* afirma que las maniobras para incluir a Churchill en el gobierno son en realidad para librarse de Chamberlain. [*Sunday Express*]

Sociedad
   1. Ninguna alusión a objetores entre los 30.000 milicianos llamados ayer a filas. [Sin referencia]
   2. Artículo más o menos alarmista (la amenaza submarina) de Liddell Hart[1] en el *Sunday Express*. [*Sunday Express*]

Partidos políticos
   1. Los liberales conservan el escaño de N. Cornwall e incrementan ligeramente su escasa mayoría. Aumentan mucho los votos de ambos candidatos. [*Daily Telegraph*, 15-7-1939]
   2. La prensa de Beaverbrook[2] acusa a la PPU de ser pronazi y cita mal un artículo. [*Peace News*, 14-7-1939]

Miscelánea
1. El partido entre Eton y Harrow acaba en una pelea, por primera vez desde 1919?[3] [*Sunday Express*]

1. El capitán sir Basil Henry Liddell Hart (1895-1970) escribió más de treinta libros, entre ellos *History of the Second World War* (1970) [trad. cast.: *Historia de la Segunda Guerra Mundial*; en esta obra se cita por la edición inglesa]. Había sido corresponsal militar del *Daily Telegraph* entre 1925 y 1935, y de *The Times* entre 1935 y 1939, y editor militar de la 14.ª edición de la *Enciclopedia Británica* publicada en 1929. En 1937 era asesor personal del ministro de la Guerra. Escribió manuales de instrucción de infantería y editó la serie *The Next War* en 6 volúmenes (1938). Orwell escribió de él: «Los dos críticos militares más mimados por la *intelligentsia* son el capitán Liddell Hart y el general de división Fuller; el primero afirma que la defensa es más fuerte que el ataque, y el segundo que el ataque es más fuerte que la defensa. Esta contradicción no ha impedido que el mismo público los considere autoridades en la materia. La razón secreta de su predicamento entre los círculos izquierdistas es que ambos están en desacuerdo con el Ministerio de la Guerra»; véase «Notas sobre el nacionalismo» [octubre de] 1945, *CW*, XVII, pp. 141-157.

2. Los periódicos de derechas propiedad de lord Beaverbrook, entre ellos el *Daily Express*, el *Sunday Express* y el *Evening Standard*. Véase la «London Letter» de Orwell del 15 de abril de 1941, *CW*, XII, pp. 470-479.

3. En el partido anual de críquet entre Eton y Harrow, los últimos consiguieron una notable victoria y ganaron por ocho *wickets* (Harrow 294 y 131; Eton 268 y 156). El *Sunday Express* publicó un extenso resumen en primera página con el titular: «La peor paliza en varios años / Nuestros caballeros se divierten». En él se afirma: «Los sombreros de copa acabaron hechos trizas, los paraguas rotos, las corbatas rasgadas... e incluso se arrancaron los pantalones». Concluye: «No se habían visto escenas parecidas desde el partido de 1919 (cuando Orwell estaba en Eton), que resultó en la advertencia de que, si volvía a producirse una pelea, se suspendería el partido».

17-7-1939

Política exterior y general
1. Los británicos envían un crucero de guerra e impiden una manifestación antibritánica en Tsingtao.[1] Es evidente que las conversaciones con Tokio no están llevando a ningún sitio. [*Daily Telegraph*]
2. Solo el *D. Tel.* trae en portada el pacto anglo-ruso. [*Daily Telegraph*]

Sociedad
1. EL *D. Tel.* confirma que en el reclutamiento de la milicia del sábado (34.000 hombres) no hubo objetores (excepto casos de enfermedad, etc.). [*Daily Telegraph*]

Partidos políticos
1. El ala izquierda del Partido del Congreso Indio (a juzgar por *Congress Socialist*) es más antibelicista que antes. Publica un virulento ataque contra el PC[2] desde el punto de vista trotskista, aunque en otro artículo exige un frente democrático. [*Congress Socialist*; sin fecha]
2. Problemas graves en el ILP a propósito de la controversia pacifista-revolucionaria y larga declaración de miembros del ILP (grupo de Londres) publicada en *Socialist Correspondence*, que aprovecha otras ocasiones para atacar a McGovern. [*Socialist Correspondence*]

1. Tsingtao (actual Qingdao) es un puerto en el norte de China, construido para rivalizar con Tientsin (Tianjin) en los años treinta, y ocupado por los japoneses entre 1938 y 1945. Véase *Acontecimientos*, 24-7-1939, n. 1.
2. El Partido Comunista.

19-7-1939

Política exterior y general
1. El gobierno aconseja a las familias que hagan acopio de alimentos no perecederos. Pronto se distribuirá un folleto sobre el particular. [*Daily Telegraph*]
2. El *D. Tel.* dedica dos páginas a fotos a escala de la flota de guerra británica. [*Daily Telegraph*]
3. Se dice que la misión económica alemana en Moscú no está haciendo más avances que el pacto anglo-ruso, lo que da a entender que se está produciendo una negociación a tres bandas. [Sin referencia]

Partidos políticos
1. Primera aparición del Partido del Pueblo en las elecciones parciales de Hythe. [*Daily Telegraph*]

2. Por lo visto, el libro de Liddell Hart *Defence of Britain*[1] pone por las nubes a Hore Belisha. [*Daily Telegraph*, 18-7-1939]

Miscelánea

1. Los cálculos generales son que este año la cosecha será buena, y no (como el año pasado) solo de trigo. [Sin referencia]

---

1. El libro de B. H. Liddell Hart *Defence of Britain* se publicó en 1939. Leslie Hore Belisha (1893-1957) era un político, abogado y periodista (sobre todo para los periódicos de Beaverbrook), entre 1923 y 1945 fue parlamentario liberal y resultó clave en la organización del Partido Liberal Nacional para apoyar el gobierno de coalición presidido por Stanley Baldwin (conservador) y Ramsay MacDonald (laborista). Sirvió como secretario de la Junta de Comercio y luego como ministro de Transporte entre 1934 y 1937. En 1937, Chamberlain lo nombró secretario de Estado para la Guerra y le encargó la modernización de las fuerzas armadas; ocupó el cargo hasta 1940; véase *Acontecimientos*, 29-7-1939, n. 3.

20-7-1939

Política exterior y general

1. Hoy se ha distribuido el folleto de información pública n.º 3 (sobre las evacuaciones)[1]. En este pueblo nunca hay menos de cuatro reflectores visibles. [Sin referencia]
2. Las noticias de Danzig parecen indicar que todos sus habitantes cuentan con que caerán en manos alemanas en un futuro próximo. [*Daily Telegraph*]
3. Se dice que Francia está a favor de la aceptación de los términos rusos para el pacto anglo-ruso, que no se han modificado en lo que se refiere a los Estados Bálticos. [*Daily Telegraph*]

Sociedad

1. Uno de los directores de *Humanité*[2] ha sido interrogado por la policía parisina a propósito de revelaciones de espionaje, aunque la noticia no indica si solo en calidad de asesor o bajo sospecha de complicidad. [*Daily Telegraph*]
2. Una reciente disposición del M. G.[3] ha prohibido a los oficiales del ejército renunciar a sus cargos y por lo visto se están dando los pasos necesarios para impedir que los suboficiales queden eximidos del servicio pagando (coste actual 35 libras).[4] [*Daily Telegraph*]

1. El gobierno trasladó a muchos niños de las ciudades a las zonas rurales para protegerlos de los bombardeos. Muchos se quedaron en sus casas de adopción mientras duró la guerra. Véanse también *Acontecimientos*, 29-8-1939, Política exterior y general, 3; 31-8-1939, Política exterior y general, 1; 1-9-1939, Política exterior y general, 2.

2. El más importante periódico comunista francés.

3. El Ministerio de la Guerra.

4. Un militar podía, previa autorización, acortar el tiempo que había acordado servir en su alistamiento comprando su licencia. La práctica continúa hoy en día.

21-7-1939

Política exterior y general
   1. Ha sido asesinado un funcionario polaco en la frontera de Danzig y se ha producido la consecuente «tensión».[1] [*Daily Telegraph*]

Sociedad
   1. El *Times* publica un editorial explicando (de manera no muy clara) el asunto de la carta de Spender. [*The Times*, 20-7-1939]
   2. El *M. G. Weekly* publica una larga carta alabando el régimen italiano en Abisinia y otra en respuesta. [*Manchester Guardian Weekly*]

Partidos políticos
   1. Los conservadores se hacen con Hythe con una mayoría reducida. Solo votó el 37 por ciento del electorado. El candidato del Partido del Pueblo obtuvo 5.600 votos. [*Daily Telegraph*]
   2. Disputa interna en el ILP de Londres por motivos todavía poco claros, aunque es evidente que todo se reduce a una trifulca entre el C. E.[2] que quiere atraer a los pacifistas al partido, y los del Consejo de la División Londinense, que son más o menos trotskistas. Por lo visto, hay ciertas esperanzas de librarse de estos últimos. [*New Leader*]
   3. El debate parlamentario sobre Palestina, la inmigración ilegal, etc., pasó con menos problemas de los que se esperaban. [*Daily Telegraph*]

1. Witold Budziewicz, un funcionario de aduanas polaco, fue asesinado de un tiro después de enfrentarse a un oficial de aduanas de Danzig que iba acompañado por dos nazis. En la época no se supo quién disparó. Fue uno más de una larga serie de

incidentes pensados para aumentar la tensión en la zona y proporcionar a Hitler una excusa para la intervención.

2. El Comité Ejecutivo; para las divisiones en el seno del ILP, véase la introducción a los Acontecimientos.

22-7-1939

Política exterior y general
1. Rumores de un inminente trato anglo-americano con Alemania que se dice que está relacionado con la visita de Herr Wohltat, aunque aún no ha recibido el apoyo del gobierno.[1] Las condiciones serían un préstamo de 1.000 millones de libras y el acceso a materias primas a cambio de un desarme bajo supervisión internacional. [*Daily Telegraph*]
2. Es evidente que las maniobras de la flota rusa están pensadas para impresionar a los Estados Bálticos. [*Daily Telegraph*]

Sociedad
1. La columna de cotilleos del *D. Tel.* apunta que casi 100 parlamentarios conservadores son oficiales en la reserva, en la reserva voluntaria de la RAF, etc. [*Daily Telegraph*]

Partidos políticos
1. Queipo de Llano[2] relevado de su puesto. [*Daily Telegraph*]
2. Reseña favorable de mi novela en el «Daily Worker».[3] [*Daily Worker*, 19-7-1939]

1. El doctor Helmut Wohltat, asesor económico de Hermann Goering, había ido de visita a Gran Bretaña para asistir a una conferencia sobre la caza de la ballena. Sin duda también se reunió con R. S. Hudson, del Departamento de Comercio Exterior. Ahora se sabe que ambos actuaron por propia iniciativa, pero se despertaron sospechas. El 24 de julio, el primer ministro Chamberlain negó tajantemente en la Cámara de los Comunes que se hubiese tratado nada que no fuesen asuntos de interés común, y aseguró a la Cámara que no se había hecho ninguna propuesta de un préstamo.

2. El general Gonzalo Queipo de Llano y Serra (1875-1951) había estado al frente del ejército sur de Franco. Pese a ser republicano, aceptó el título de marqués en 1947. Véase también *Acontecimientos*, 23-7-1939, Partidos políticos, 1, a propósito de los motivos para su cese como inspector general de los carabineros.

3. *Subir a por aire*. La sorpresa de Orwell se debe al modo en que el *Daily Worker* lo había atacado en 1937; véase la carta a Victor Gollancz del 20 de agosto de 1937, *CW*, XI, pp. 72-74.

23-7-1939

Política exterior y general
1. A juzgar por la prensa de hoy, parece que la oferta a la que se refería ayer esta columna solo se ha discutido de forma extraoficial. El gobierno desmiente tener noticia del asunto, aunque es evidente que está al corriente de todo. Se presume que la han filtrado para ver la reacción del público. Las condiciones eran: préstamo (cantidad sin precisar) a Alemania, materias primas y posible condominio en ciertas posesiones africanas, a cambio de un desarme parcial y la retirada de Checoslovaquia. [*Sunday Times*; *Sunday Express*]
2. Ahora es evidente que el pacto ruso fracasará. [*Sunday Express*]
3. La llamada a filas a los reservistas y los reservistas de la armada da a entender que el momento peligroso será la primera semana de agosto. [*Sunday Times*]

Partidos políticos
1. Se dice que la causa del cese de Queipo de Llano fue que se había quejado de los vínculos de España con el Eje y había amenazado con declarar la independencia de Andalucía.[1] [*Sunday Express*]
2. Los liberales nacionales se proponen dividir el voto del gobierno en las elecciones parciales en Brecon.[2] [*Sunday Express*]
3. El director (Grey)[3] de la profascista *Aeroplane* ha dimitido sin explicar sus razones.[4] [*Sunday Express*]
4. La prensa de Beaverbrook está ahora más abiertamente en contra del pacto con Rusia y el aislacionismo que hace unos meses. [Sin referencia]

1. Queipo había sido miembro del Consejo Nacional de España en 1937, pero a principios de 1938 se le apartó del gobierno de Franco.
2. Los liberales nacionales eran aliados de los conservadores en los gobiernos de Baldwin y Chamberlain. Al presentarse a unas elecciones contra un candidato conservador dividirían el voto del gobierno. Véase *Acontecimientos*, 4-8-1939, Partidos políticos, 1.
3. Charles Grey (1875-¿?), un periodista especialmente interesado por las cuestiones aeronáuticas, fundó *The Aeroplane* en 1911 y la dirigió hasta 1939, cuando se convirtió en corresponsal del aire para varios periódicos. Escribió varios libros sobre aviación y editó *All The World's Aircraft*, 1916-1941.

4. Claude Cockburn, en su periódico procomunista, *The Week*, describió *The Aeroplane* como «declaradamente pronazi. Véase *Acontecimientos*, 4-8-1939, n. 1

24-7-1939

Política exterior y general
1. Las conversaciones con Wohltat las llevó a cabo R. S. Hudson (Comercio Exterior), que informó al primer ministro al día siguiente. Es evidente que el asunto se ha filtrado a propósito. Se dice que la prensa italiana insinúa que (el pacto con Alemania) es una amenaza contra la URSS. El pacto anglo-ruso vuelve a ocupar las primeras planas con la insinuación de que Stalin lo desea sinceramente. También se han reanudado las conversaciones comerciales con Alemania, se supone que para amenazar a Inglaterra. [*Daily Telegraph*]
2. Está claro que las noticias sobre los combates en la frontera de Mongolia son ciertas. [*Daily Telegraph*]
3. La prensa japonesa adelanta los términos, claramente inaceptables, que se ofrecerán a Gran Bretaña a propósito de Tientsin.[1] [*Daily Telegraph*]

---

1. Tientsin (Tianjin) era un puerto en el norte de China en el que Gran Bretaña y Francia habían obtenido concesiones por un tratado firmado en 1858, que se extendieron después a Alemania y Japón. Entre 1937 y 1945, lo ocuparon los japoneses, pero siguió existiendo resistencia «terrorista» por parte de la guerrilla. En un incidente en el que murió asesinado el director chino del Banco de la Reserva Federal patrocinado por los japoneses, y mientras los japoneses buscaban a cuatro chinos a los que se creía responsables del asesinato, los chinos se refugiaron en la concesión británica. Cuando los británicos se negaron a entregarlos, los japoneses bloquearon las concesiones británica y francesa a partir del 14 de junio de 1939 y solo se admitió el paso de víveres después de un minucioso registro. El 15 de julio de 1939, *The Times* informó de que por fin se iba a permitir la entrada de leche en la concesión. Véanse *Acontecimientos*, 1-8-1939, Política exterior y general, 3, y 18-8-1939, Sociedad, 1.

25-7-1939

Política exterior y general
1. Acuerdo británico-japonés vagamente formulado que equivale a una rendición por parte de Gran Bretaña, ya que promete no ayudar a los chinos. Chamberlain niega cualquier cambio en la política británica. [*Daily Telegraph*]
2. El pacto anglo-soviético vuelve a la primera plana y parece más probable. [*Daily Telegraph*]

Sociedad
1. La ley para abordar el problema del IRA ofrece la posibilidad de prohibir la entrada, decretar la expulsión y el registro obligatorio de los extranjeros. También concede poderes de excepción a los comisarios de policía para llevar a cabo registros sin una orden judicial. Se dice que estará en vigor solo dos años. Aprobada casi sin oposición. [*Daily Telegraph*]

26-7-1939

Política exterior y general
1. La impresión general en la prensa mundial es que Gran Bretaña se ha echado atrás en el acuerdo con Tokio. [*Daily Telegraph*]
2. Otro vuelo de demostración de 240 aeroplanos sobre Francia. Se dice que ahora la producción franco-británica de aviones es igual a la alemana. [*Daily Telegraph*]

Sociedad
1. La propuesta de afiliar la NUJ[1] al TUC[2] fracasa por un margen muy estrecho (el escrutinio reveló una mayoría, aunque no se alcanzó la mayoría de 2/3). [*Daily Telegraph*]

Partidos políticos
1. Es evidente que Franco piensa cumplir sus compromisos con el Eje y parece dispuesto a seguir con la purga de junio contra de Llano, Yagüe[3] y los demás. [*Daily Telegraph*]
2. Al parecer Litvínov[4] ha caído en desgracia. [*Daily Telegraph*]

---

1. La Unión Nacional de Periodistas.

2. El Congreso de Sindicatos. Se fundó en 1868 para representar a todos los sindicatos que quisieran afiliarse a él.

3. El teniente coronel Yagüe Blanco (1891-1952) fue un victorioso oficial del bando nacional. Thomas cuenta que en un banquete falangista celebrado el 19 de abril de 1938 alabó las cualidades como combatientes de los republicanos y describió a los aliados del bando nacional, los alemanes e italianos, como «alimañas de presa» (p. 819).

4. Maxim Litvínov (1876-1951) representó a la Unión Soviética en el extranjero en muchas funciones desde 1917 y fue el embajador extraoficial en Gran Bretaña hasta 1931-1943, cuando se convirtió en embajador en Estados Unidos. Judío y destacado antinazi, que había recomendado una acción colectiva contra Hitler, fue cesado como comisario de Asuntos Exteriores el 3 de mayo de 1939.

27-7-1939

Política exterior y general
1. Más combates en la frontera de Manchukuo. Se dice que los japoneses están considerando el bloqueo de la mitad rusa de Sajalín. [*Daily Telegraph*]
2. Se están preparando conversaciones franco-británico-rusas. Al parecer, la cuestión de los Estados Bálticos sigue sin resolverse. [*Daily Telegraph*]
3. Hoy se ha distribuido el folleto de información pública n.º 4 (acopio de alimentos). [Sin referencia]

Partidos políticos
1. Los conservadores se hacen con Monmouth con una mayoría reducida. Disminuye la participación. [*Daily Telegraph*][1]
2. Queipo de Llano nombrado embajador en Argentina.[1] [*Daily Telegraph*]
3. En el *New English Weekly* del 20 y 27-7-1939 se publica un resumen de los esfuerzos de los diversos grupos antibélicos. [*New English Weekly*, 20, 27-7-1939]
4. Entre los parlamentarios (19) que votaron contra la ley contra el IRA estaban Gallacher, Pritt[2] y Cripps. [*New Leader*, 28-7-1939]

---

1. Sin embargo, véase *Acontecimientos*, 1-8-1939, Partidos políticos, 1.
2. William Gallacher (1881-1965), parlamentario comunista entre 1935 y 1950. Dennis Noel Pritt (1887-1972), abogado y escritor, fue parlamentario laborista entre 1935 y 1940. Después de desacuerdos políticos, Pritt fue expulsado del Partido Labo-

rista y se convirtió en parlamentario independiente socialista hasta 1950. Ferviente partidario de las causas izquierdistas y de la Unión Soviética, en 1954 se le concedió el Premio Lenin de la Paz. Orwell no era muy partidario de Pritt.

28-7-1939

Política exterior y general
  1. Es evidente que los estadounidenses planean denunciar el tratado comercial con Japón. [*Daily Telegraph*]

Sociedad
  1. Al parecer, el gobierno considera aumentar las pensiones a los ancianos, sin duda con vistas a las elecciones generales. [*Daily Telegraph*]
  2. Se dice que se han encontrado grandes depósitos de oro cerca del lago Great Slave en Canadá. [*Daily Telegraph*]
  3. Está claro que a los minifundistas y los pequeños granjeros les molesta el reclutamiento. El primer tribunal especial bajo la Ley de I. M.[1] tuvo que juzgar a 20 objetores, por lo visto ninguno por motivos políticos. [*Smallholder, Daily Telegraph*]

Partidos políticos
  1. Nueva purga en Moscú; entre otros, ha caído Tariov, el ministro soviético de Mongolia Exterior. [*Daily Telegraph*]
  2. Los franceses entregan 8 millones de libras de oro español a Franco. [*Daily Telegraph*]
  3. La PPU, el NCL y los Amigos y la Hermandad por la Reconciliación lograron tener representación en el primer tribunal bajo la Ley de I. M. [*Daily Telegraph*]

1. La Ley de Instrucción Militar permitía la llamada a filas y la objeción de conciencia.

29-7-1939

Política exterior y general
  1. Las elecciones generales francesas se retrasan por decreto 2 años (es decir, hasta 1942). [*Daily Telegraph*]

2. Resulta evidente que se está produciendo una pugna en España entre quienes apoyan al Eje (Suñer)[1] y los tradicionalistas (en especial los generales Yagüe, etc.), y que es probable que Franco se declare neutral en caso de guerra. [*Manchester Guardian Weekly*; *Daily Telegraph*]

Sociedad

1. Absuelto el editor de *Humanité*, a quien juzgaron por publicar diversas afirmaciones sobre el espionaje alemán en Francia. Orden de detención contra otro periodista por escribir un artículo antisemítico.* [*Daily Telegraph*]

Partidos políticos

1. Los laboristas se hacen con la circunscripción de Colne Valley con mayoría aumentada. (El voto laborista aumentó en unos 1.000 votos, los liberales y conservadores perdieron entre dos y tres mil respectivamente). [*Daily Telegraph*]
2. Según los datos publicados en el *M. G.*, desde mayo se están fusilando en Cataluña entre 3 y 300 personas a la semana (republicanos).[2] [*Manchester Guardian Weekly*]

Miscelánea

3. Ayer los Home Guards formaron por primera vez en tres filas.[3] [*Daily Telegraph*]

---

* Sentenciado a prisión [nota de Orwell].

1. Ramón Serrano Súñer (1901-2003), cuñado de Franco y, como ministro del Interior, segundo en importancia en el gobierno, hasta su cese en 1942. Sus vivencias como prisionero de los republicanos lo amargaron de por vida. Como apunta Thomas, «hicieron que cerrara los ojos a la piedad» (p. 924, y véanse pp. 633-634).

2. El conde Galeazzo Ciano (1903-1944), el ministro de Asuntos Exteriores italiano, visitó España en julio de 1939 e informó (citado por Thomas, p. 924): «Se celebran juicios a diario a una velocidad que casi llamaría sumaria. [...] Todavía se producen muchos fusilamientos. Solo en Madrid entre 200 y 250 al día, en Barcelona 150 y en Sevilla 80». Thomas comenta: «Sevilla había sido nacional toda la guerra: ¿cómo podía quedar gente a la que fusilar a ese ritmo?». En 1944 se informó de que 193.000 personas habían sido ejecutadas, pero Thomas sugiere que ese podría ser el número de sentencias de muerte, algunas de las cuales fueron conmutadas, o que incluye a los ejecutados durante la guerra (p. 925).

3. Los regimientos de infantería formaban en cuatro filas hasta las reformas de 1937 instituidas por el secretario de Estado para la Guerra Hore-Belisha (véase *Acontecimientos*, 19-7-1939, Partidos políticos, 2). Entre ellos se introdujeron cambios en la

instrucción militar para simplificar los a menudo complicados movimientos y agilizar el proceso de instrucción. El cambio que anota Orwell es el de formar en cuatro filas, una práctica que continúa hoy. Las reformas de Hore-Belisha incluyeron la introducción del uniforme de campaña y la eliminación de las polainas.

30-7-1939

Política exterior y general
1. Parece claro que el Parlamento suspenderá las sesiones como de costumbre sin disposiciones previas para reanudarlas antes de octubre.[1] [*Sunday Times*]
2. Ahora hay 60.000 soldados alemanes (entre policías, tropas de asalto, etc.) en Danzig. [*Sunday Times*]
3. Un artículo aparentemente bien informado en el *S. Times* afirma que, en caso de guerra, Yugoslavia será neutral, pero más probablemente pro-Aliados si se aprueba el pacto ruso y se concede a los croatas el grado de autonomía que exigen. La población de 14 m. incluye a 5 m. de serbios, 5 m. de croatas, ½ m. de húngaros y ½ m. de alemanes, el resto presumiblemente son eslovenos. Sentimientos paneslavos entre las clases más pobres. [*Sunday Times*]

Sociedad
1. Uno de los decretos de Daladier[2] establece un departamento independiente de propaganda bajo el control del primer ministro. La jornada laboral de los funcionarios se ha aumentado de 40 a 45 horas.

    Se dice que las reservas de oro de Francia solo están por detrás de las de EE. UU. El oro del Banco de Francia equivale a 560 millones de libras. [*Sunday Times*]
2. Se está deportando ya a bastantes sospechosos de pertenecer al IRA (hasta el momento unos 20). [*Sunday Times*; *Daily Telegraph*, 29-7-1939]

1. Véase *Acontecimientos*, 30-8-1939, respecto a la suspensión de las sesiones del Parlamento.
2. Édouard Daladier (1884-1970), primer ministro socialista de Francia entre 1938-1940.

1-8-1939

Política exterior y general
1. Una misión militar partirá probablemente esta semana a Moscú. Su jefe (el almirante Plunkett-Ernle-Erle-Drax)[1] participó en una misión a la Rusia zarista justo antes de la Gran Guerra. [*Daily Telegraph*]
2. El gobierno polaco va a tomar medidas económicas contra Danzig por las que se negará a importar productos de determinadas fábricas. [*Daily Telegraph*]
3. Las autoridades británicas al parecer han aceptado entregar a los cuatro supuestos terroristas chinos ocultos en la concesión de Tientsin.[2] [*Daily Telegraph*]

Sociedad
1. El número de desempleados en julio es de cerca de 1 ¼ millones, *½ millón menos que el mismo período en 1938. El número total de empleados asegurados se acerca a los 13 millones, cerca de ½ millón más que hace un año. [*Daily Telegraph*]
2. De los primeros 34.000 milicianos llamados a filas, solo 58 se ausentaron sin permiso. [*Daily Telegraph*]
3. Se inaugura la prohibición en la presidencia de Bombay.[3] [*Daily Telegraph*]

Partidos políticos
1. Queipo de Llano nombrado jefe de la misión militar española en Italia. [*Daily Telegraph*]
2. *Socialist Correspondence* afirma que los miembros del Partido Laborista que votaron contra la ley del IRA están siendo amenazados con una sanción disciplinaria por parte del grupo parlamentario. [*Socialist Correspondence*, 29-7-1939]
3. El grupo de juventudes del POUM[4] se las está arreglando para imprimir folletos. [*Socialist Correspondence*, 29-7-1939]

Miscelánea
1. Un nuevo método de eliminación de los helechos mediante el arado con clorato sódico; elimina los helechos utilizando solo 20 libras de clorato por acre. [*Daily Telegraph*; *Farmer y Stockbreeder*]
2. La producción europea de trigo de este año, excluyendo a la URSS se calcula en 44 millones de toneladas métricas, ligera-

mente por encima de la media, pero un 14 por ciento menos que la del año pasado. [*Daily Telegraph*]

* 100.000 menos que la estimación hecha un mes antes [nota de Orwell].

1. El almirante sir Reginald Aylmer Ranfurley Plunkett-Ernle-Erle-Drax (1880-1967), comandante en jefe, el Nore, entre 1939 y 1941 fue acompañado de un representante del ejército y otro de la Royal Air Force. Pese a ser un hombre de talento, se le informó mal de su misión y se vio expuesto al ridículo en Moscú; Voroshílov señaló que era comandante del «Baño». Firmaba como «Drax» (William Wilson). Fue el autor del *Manual de la calefacción solar* (J. Looker, Poole, 1965; tres ediciones).

2. Véanse *Acontecimientos*, 24-7-1939, Política exterior y general, 3, y 18-8-1939, Sociedad, 1.

3. Una de las tres divisiones de la India cuando estaba administrada por la Compañía de las Indias Orientales; las otras eran Bengala y Madrás. Los nombres se mantuvieron tras la supresión de la Compañía de las Indias Orientales.

4. El Partido Obrero de Unificación Marxista era el Partido Comunista Revolucionario de España, antiestalinista. Orwell combatió con él en España. Véase *Homenaje a Cataluña*, *CW*, VI, en especial el Apéndice II, a propósito del intento del Partido Comunista de erradicar el POUM.

2-8-1939

Política exterior y general
1. Hoy se ha anunciado que las cartillas de racionamiento están impresas y listas para su distribución. [*Daily Telegraph*]
2. El discurso de Chamberlain se ha emitido en toda la URSS.[1] [*Daily Telegraph*]
3. Detenidos en Polonia varios dirigentes ucranianos. [*Daily Telegraph*]

Sociedad
1. Las quejas de los parlamentarios laboristas en el Parlamento a propósito de las condiciones de vida en la milicia se refieren a cosas como que los soldados duermen 8 en una misma tienda. [*Daily Telegraph*]
2. Por lo visto, los refugiados judíos alemanes se están instalando en gran número en ciertas partes de Londres, como Golders Green, y están comprando casas, pues tienen dinero de sobra. [Comunicación personal (C.W.)[2]]

Partidos políticos
1. Rumores de disputas entre los peces gordos refugiados españoles en París por cuestiones de dinero y desacuerdos entre Negrín y Prieto.[3] [Comunicación personal (R. R.)[4]]
2. Los electores católicos del coronel Wedgwood[5] (unos 5.000, en su mayor parte de clase obrera) en Newcastle-under-Lyme han redactado un documento en el que afirman que votarán contra él. [Comunicación personal (C.W.)]

1. Dicho discurso, pronunciado en la Cámara de los Comunes el 31 de julio, anunciaba el envío a Moscú de una misión para entablar negociaciones con las autoridades soviéticas sobre asuntos militares. Reiteraba el objetivo del gobierno, resumido en *The Times* el 1 de agosto como «paz con justicia, cuyo método [...] era la formación del "Frente por la Paz"».
2. C.W. Probablemente, Cyril Wright. Él y su novia, Mikeal Smith, eran amigos de Orwell y a menudo iban en coche de Bedford, donde vivía, a Wallington para hablar de libros. Wright trabajó como representante para su padre, un fabricante de caramelos, desde 1937 a 1939. Después se convirtió en representante de Dean's, el fabricante de persianas de escaparates. Es posible que Orwell sacara de él y de John Sceats parte de la información sobre la vida de los viajantes comerciales que utilizó para escribir *Subir a por aire*. No era miembro del ILP y se presentó una vez por el Partido Laborista.
3. El doctor Juan Negrín (1889-1956) fue primer ministro socialista de la República de España entre mayo de 1937 y marzo de 1939. Huyó a Francia, donde murió en el exilio. Indalecio Prieto y Tuero (1883-1962), fue ministro socialista de Defensa Nacional del gobierno de Negrín; murió en el exilio en México.
4. O bien el amigo de Orwell Richard Rees o Reginald Reynolds (1905-1958), periodista y escritor cuáquero y pacifista, que apoyó a los republicanos no comunistas en España y fue un brillante orador del ILP.
5. Josiah Clement Wedgwood (1872-1943; nombrado barón en 1942) fue parlamentario por Newcastle-under-Lyme entre 1906 y 1942, primero como liberal y después por los laboristas; fue vicepresidente del Partido Laborista entre 1921 y 1924.

4-8-1939

Política exterior y general
1. La misión militar franco-británica partirá mañana en un buque de línea que tardará una semana en llegar a Leningrado. *The Week*[1] da a entender que no es una maniobra seria. A juzgar por

las citas de los periódicos finlandeses y el discurso del ministro de Asuntos Exteriores sueco, los Estados Bálticos están ciertamente nerviosos. [*Daily Telegraph*; *Manchester Guardian Weekly*; *The Week*, 2-8-1939]

2. Se dice que Alemania está considerando la transferencia de Eslovaquia desde Hungría para separar a esta de Polonia.² También se dice que está despojando sistemáticamente a Eslovaquia de madera, alimentos y maquinaria. [*Manchester Guardian Weekly*]

Sociedad

1. El parlamentario Mander (Lib.)³ declara que la Hermandad Anglogermana⁴ es una organización proalemana y pregunta si el ministro del Interior no puede suprimirla. Hoare⁵ replica que no puede hacer nada si una organización no quebranta la ley. [*Daily Telegraph*]

Partidos políticos

1. Los laboristas ganaron en Brecon y Radnor por una mayoría de 2.500 votos.⁶ El voto laborista aumentó en unos 750, el voto gubernamental cayó en unos 4.000, y la participación disminuyó. [*Daily Telegraph*]

Miscelánea

1. La Albatross Press,⁷ que va a publicar mi último libro, requiere la eliminación de ciertas (aunque no todas) referencias hostiles a Hitler. Dicen que están obligados a hacerlo, pues sus libros tienen mucha circulación en Alemania. También quieren que suprima un pasaje de casi una página en la que doy a entender que la guerra es inminente. [F.⁸ Comunicación personal]

---

1. *The Week* era un boletín de circulación privada, supuestamente independiente pero procomunista editado por Claud Cockburn (Frank Pitcairn; 1904-1981), un periodista comunista. En marzo de 1938 ayudó a propagar el rumor de que se había producido un levantamiento militar contra Franco en Tetuán, en el norte de Marruecos. Esa propaganda comunista se ideó para dar la impresión de que Franco aún podía ser derrotado y convencer a los franceses de que abriesen la frontera; véase Thomas, p. 805, n. 3. Se oponía de forma implacable al POUM, con quien Orwell había combatido en España. En una entrevista emitida póstumamente para *Arena* en 1984 dijo: «Si podía hacerles daño se lo hacía. Sin remordimientos. Igual que uno está dispuesto a disparar contra alguien. En mi caso, la máquina de escribir era más poderosa que un fusil». Véanse su *Reporter in Spain*, 1936, y *Crossing the Line*, 1956 (que alude al fraude

de Tetuán en las pp. 27 y 28). *The Week* se publicó desde el 29 de marzo de 1933 hasta el 15 de enero de 1941, cuando se suprimió por orden gubernamental. A partir de octubre de 1942 se permitió una nueva serie que se publicó hasta diciembre de 1946. Véase su *The Years of the Week* (1968), pp. 262-264.

2. Este ininteligible comentario se refiere a los efectos colaterales del Pacto de Munich. Para que tenga sentido debería decir «a Hungría». Tal como lo resumió Churchill, después de Munich, «a principios de noviembre Alemania llevó a cabo un reparto formal de los despojos. A Polonia se le permitió ocupar Teschen [un área de Silesia que habían tomado los polacos]. Los eslovacos, que habían sido utilizados como arma por Alemania, obtuvieron una precaria autonomía. Hungría recibió una parte del pastel a costa de Eslovaquia» (*The Second World War*, I, p. 298) [trad. cast.: *La Segunda Guerra Mundial*; en esta obra se cita por la edición inglesa].

3. Geoffrey Mander (1882-1962; nombrado caballero en 1945) fue parlamentario liberal entre 1929 y 1945.

4. The Link: véase *Acontecimientos*, 6-8-1939, n. 6.

5. Sir Samuel Hoare (1880-1959; nombrado vizconde de Templewood en 1944) fue un político conservador; en junio de 1935, lo nombraron ministro de Asuntos Exteriores, pero dimitió en diciembre por la oposición a su plan para resolver la crisis de Abisinia. En junio de 1936 se convirtió en el Primer Lord del Almirantazgo y después en ministro del Interior. Defensor del Pacto de Munich, cayó con Chamberlain en mayo de 1940. Posteriormente, como embajador en España, negoció la liberación de las cárceles españolas de unos 30.000 prisioneros y refugiados aliados.

6. Véase *Acontecimientos*, 23-7-1939, n. 2.

7. La Albatross Continental Library era una editorial alemana que publicaba libros económicos en inglés en el continente europeo. Aunque Albatross era una empresa alemana, el contrato de Orwell para la publicación de *Subir a por aire* se redactó en París. Dicho contrato estipulaba que el libro se publicaría antes de agosto de 1940. Véase *Diario de guerra*, 15-6-1940.

8. Sin identificar.

6-8-1939

Política exterior y general

1. Se está llevando a cabo una purga de dirigentes en los Sudetes,[1] es evidente que como resultado de las presiones checas y como preludio a métodos más suaves. [*Sunday Times*]
2. Ahora el gobierno polaco está dispuesto a permitir que los rusos utilicen bases aéreas polacas. [*Sunday Times*]
3. El *S. Express* considera que Franco se ha pasado definitivamente al bando del Eje, pero insinúa que los bancos franceses y suizos

que hasta ahora le han prestado 5 millones de libras le están presionando negándole más préstamos. [Sin referencia, aunque evidentemente se trata del *Sunday Express*]

Sociedad
1. Es evidente que ha habido problemas con la comida en la milicia. El número de objetores de conciencia en el primer reemplazo se calcula en el 2 por ciento. [*Sunday Times*]
2. Peter Howard[2] ha calculado así las ganancias de toda una vida en puestos gubernamentales, etc., de varios políticos: Runciman 71 mil libras; Lloyd George, 94 mil libras; Baldwin, 70 mil libras; Hoare, 79 mil libras; Simon, 87 mil libras; Churchill, 92 mil libras.[3] [*Sunday Express*]

Partidos políticos
1. Peter Howard considera que sir A. Wilson[4] se está haciendo impopular en Hitchin Div.n debido a los sentimientos proalemanes.* [*Sunday Express*]
2. Parece que el número de asistentes al mitin de Mosley[5] en el Estadio de Earls Court fue de 25.000 personas. Se dice que M. ha perdido parte de sus apoyos entre la clase trabajadora del East End, pero a cambio ha ganado el de los pequeños comerciantes, etc. [*Left Forum*, agosto]
3. Afirmaciones de que The Link[6] es activamente pronazi y también recomendado por la PPU. [*Left Forum*, agosto]
4. Es evidente que los escándalos de espionaje francés están siendo oficialmente silenciados hasta cierto punto. La Rocque[7] pide a Daladier[8] que apruebe un decreto ley que convierta en delito criminal aceptar dinero extranjero por cualquier motivo no comercial. [*Observer*]
5. El *Sunday Express* publica un artículo favorable a Japón (artículo de cotilleo). [*Sunday Express*]

---

* *Herts Pictorial* (15-8-1939) repite lo mismo sin más comentarios [nota de Orwell].

1. Los Sudetes, una parte de Moravia y Bohemia incorporada a Checoslovaquia por el Tratado de Versalles, dirigidos por el Partido Alemán de los Sudetes bajo Konrad Henlein (1898-1945, por suicidio), aspiraban a la reunificación con Alemania. Contaban con la ayuda y la instigación de Hitler. El Pacto de Munich del 30 de septiembre de 1938 exigía que Checoslovaquia cediera el área a Alemania el 10 de octubre de 1938.

2. Peter Howard (1908-1965), escritor, periodista, dramaturgo y granjero, era un columnista político para *Express Newspapers* (Grupo Beaverbrook), 1933-1941.

3. Walter Runciman (1870-1949; nombrado vizconde en 1937), parlamentario liberal entre 1899 y 1931, luego liberal nacional; ostentó muchos cargos, entre ellos presidente de la Junta de Comercio entre 1914 y 1916 y 1931 y 1937. Encabezó una misión a Checoslovaquia en 1938. David Lloyd George (1863-1945; nombrado conde Lloyd George de Dwyfor en 1944), elegido parlamentario por Caernarfon en 1890; ministro de Hacienda de 1908-1915; ministro de Municiones en 1915; ministro de la Guerra en 1916, y primer ministro entre 1916 y 1922. Como Pétain, se había convertido en un dirigente heroico durante la Primera Guerra Mundial cuando demostró ser un eficaz primer ministro. Fue responsable de persuadir a la Royal Navy de adoptar el sistema de convoyes para proteger a los barcos de los submarinos alemanes en el Atlántico. Estuvo entre la minoría que propugnó un tratado de paz conciliatorio con Alemania al acabar la guerra. Durante su etapa de ministro de Hacienda, introdujo las pensiones para los ancianos y el seguro nacional, precursores del Estado del Bienestar. Muchos pensionistas del período de entreguerras decían que iban a «cobrar su Lloyd George». Stanley Baldwin (1867-1947; nombrado conde de Baldwin en 1937) fue primer ministro conservador en tres ocasiones entre 1923 y 1924, 1924 y 1929, y 1935 y 1937. Superó hábilmente la crisis causada por la abdicación del rey Eduardo VIII, pero se le suele culpar de no haber preparado adecuadamente a Gran Bretaña para la inminente contienda. A propósito de Samuel Hoare, véase *Acontecimientos*, 4-8-1939, n. 5. Sir John Simon (1873-1954; nombrado vizconde en 1940) entró en la Cámara de los Comunes como liberal en 1906 y fue clave en la formación del Partido Liberal Nacional en 1931. Fue ministro de Asuntos Exteriores entre 1931 y 1935; trabajó en el Ministerio del Interior entre 1935 y 1937; fue ministro de Hacienda entre 1937 y 1940, y lord Chancellor entre 1940 y 1945. Quiso evitar los lazos con el continente. A propósito de Winston Churchill, véase *Acontecimientos*, 5-7-1939, n. 1.

4. Sir Arnold Wilson (1884-1940) fue parlamentario conservador por Hitchin entre 1933-1940, y presidente del Comité del Ministerio del Interior sobre Precauciones contra Ataques Aéreos entre 1936 y 1938.

5. Oswald Mosley (1896-1980) fue jefe de la Unión Británica de Fascistas.

6. The Link era supuestamente una asociación cultural para el fomento de las relaciones anglogermánicas. Véase *Acontecimientos*, 4-8-1939, n. 4 y 7-8-1939, Partidos políticos.

7. El coronel François de la Rocque (1885-1946); destacada figura de la extrema derecha que dirigía la Croix de Feu, un grupo antimarxista y anticapitalista. Se prohibió pero se reconstituyó como el Parti Social Français (1936-1940). Era antialemán y no fue colaboracionista.

8. Édouard Daladier (1884-1970), premier socialista de Francia entre 1938 y 1940. Firmó el Pacto de Munich con Chamberlain, Hitler y Mussolini, y cedió los Sudetes a Alemania el 30 de septiembre de 1938. A propósito del relato de Churchill de la visita de Daladier a Londres el 18 de septiembre para discutir las exigencias de Hitler con Chamberlain, véase *The Second World War*, vol. I.

7-8-1939

Sociedad
1. *Soc. Corresp.* repite las quejas sobre la comida, etc., en los campamentos de la milicia y da a entender que a los hombres se les está tratando mal más o menos a propósito. [*Socialist Correspondence*]
2. Informes del fusilamiento de 57 personas relacionadas con asesinatos políticos recientes en Madrid (por lo visto, las personas asesinadas fueron 3). [*Daily Telegraph*]

Partidos políticos
1. Detenidos en Francia varios miembros del PSOP[1] en relación con actividades antibelicistas. El PC los acusa de trabajar para los nazis, etc. [*Socialist Correspondence*; *The Week*, 2-8-1939]
2. Nuevas noticias sobre el supuesto fusilamiento de Béla Kun[2] (en esta ocasión de una fuente vienesa). [*Daily Telegraph*]
3. El almirante sir Barry Domville,[3] presidente de The Link, dice que la declaración de Hoare y Mander es una mentira[4] y espera que lo repitan fuera del Parlamento.[5] [*Daily Telegraph*].[6]

---

1. Parti Socialiste Ouvrier et Paysan, una escisión izquierdista del Partido Socialista (SFIO, Section Française de l'International Ouvrière); véase *Acontecimientos*, 11-8-1939, n. 3.
2. Véase *Acontecimientos*, 10-7-1939, n. 4.
3. El almirante sir Barry Edward Domville (1878-1971), retirado de la Armada en 1936.
4. Véase *Acontecimientos*, 4-8-1939, Sociedad.
5. Cualquier afirmación hecha en la Cámara de los Comunes está protegida, y no se pueden emprender acciones legales por libelo o difamación.
6. Un titular en el periódico de lord Beaverbrook *Daily Express*, del 7 de agosto, proclamaba «Este año no habrá guerra».

8-8-1939

Política exterior y general
1. El dólar chino ha caído por debajo de los 4 peniques. [*Daily Telegraph*]

2. El Senado de Danzig parece haber dado marcha atrás en la disputa sobre los funcionarios de aduanas polacos. [*Daily Telegraph*]
3. Nuevas noticias de que un gran número de soldados asturianos siguen resistiendo en las montañas.[1] [*Daily Telegraph*]

Sociedad
1. Una columna entera, y otro artículo en la portada, del *D. Tel.* dedicados a The Link. Los organizadores declaran que no son agentes propagandísticos, etc. Se dice que el profesor Laurie cobró 150 libras de una editorial alemana por *The Case for Germany* y que las editoriales británicas se habían negado a publicar el libro por «proalemán». Se dice que la sucursal de Leeds de The Link se disolvió voluntariamente, pues los organizadores consideraban que la organización estaba controlada por los nazis. [*Daily Telegraph*]
2. El *D. Tel.* dedica una columna (en la sección de noticias) a resumir *Germany's War Chances*,[2] el libro de Gollancz traducido del húngaro, cuyo autor está siendo perseguido en Hungría. [*Daily Telegraph*]

Miscelánea
1. La muerte de Leonard Merrick[3] aparece en primera página (solo) del *D. Tel.* [*Daily Telegraph*]

---

1. Los mineros de Asturias, en el norte de España, habían organizado la revolución en 1934 (véase Thomas, pp. 136 ss.). Una característica de la Guerra Civil española en la zona es que, en septiembre y octubre de 1937, Alemania llevó a cabo bombardeos masivos sin tener en cuenta la presencia de civiles. Aunque las fuerzas de Franco consiguieron hacerse con los recursos de carbón de la región, los guerrilleros continuaron combatiendo hasta 1948 (Thomas, pp. 728-733).

2. El título completo del libro, de Ivan Lajos, publicado por Gollancz en agosto de 1939 era *Germany's War Chances: As Pictured in German Official Literature*.

3. Leonard Merrick (1864-1939), cuyo verdadero nombre era Miller, fue un novelista, hoy casi olvidado, pero en 1918 se publicó una edición reunida de sus novelas con prólogos de autores distinguidos. Sir James Barrie dijo de él que era «el novelista de los novelistas», y Wiliam Dean Howells lo puso a la misma altura que Jane Austen. *The Position of Peggy Harper* (1911) iba a reeditarse en la serie de la Century Library, y Orwell escribió una introducción. Se conserva una página de pruebas fechada en 1948, aunque probablemente Orwell la escribiera en 1945; véase *CW*, XVIII, pp. 216-219. El libro no llegó a ver la luz. Véase Crick, p. 500.

10-8-1939

Política exterior y general
1. Franco asume más o menos plenos poderes de dictador. [*Daily Telegraph*]
2. El rey pasa revista a la Flota de la Reserva, compuesta por unos 133 barcos de guerra. [*Daily Telegraph*]

Sociedad
1. Las quejas (no muy extendidas) en el campo de la milicia de Devon revelan que muchos reservistas han sido llamados a filas como instructores. [*Daily Telegraph*]
2. Los 14 O[bjetores] de C[onciencia] juzgados por los tribunales, han sido tratados sin excesiva dureza, aunque se insiste en que lleven a cabo labores de importancia nacional. Los interrogatorios parecidos a los de la Gran Guerra. No hay noticias de O. C. por otros motivos que religioso-morales. El secretario de la Federación de Mineros de Gales del Sur en el tribunal. [*Daily Telegraph*]
3. Chistes contra Hitler en *Eggs*.[1] [*Eggs*, 8-8-1939]
4. Las lámparas de los autobuses londinenses llevan ahora unas pantallas azules de quita y pon para utilizarlas en caso de ataque aéreo. [*Daily Telegraph*, 9-8-1939]

Partidos políticos
1. Después de 6 meses sin gobierno, se ha constituido un gobierno nacional holandés formado por varios partidos y que incluye a dos socialdemócratas. [*Daily Telegraph*]
2. Se ha informado de que en el congreso de septiembre el Consejo Nacional del ILP defenderá la afiliación incondicional al PL.[2] [*Daily Telegraph*]

---

1. *Eggs*, semanario fundado en 1919, era el órgano oficial de la Asociación Científica de Criadores de Pollos. Orwell había mantenido correspondencia con la asociación respecto a la alimentación de sus gallinas en torno al 26-27 de julio de 1939.
2. Véase *Acontecimientos*, 13-7-1939, Partidos políticos, a propósito de la negativa del Partido Laborista a aceptar una afiliación condicional.

11-8-1939

Política exterior y general
1. El dólar chino está cerca de los 3 peniques y medio. [*Daily Telegraph*]
2. Veinte parlamentarios búlgaros recibidos en Moscú. [*Daily Telegraph*]
3. Llega a Leningrado una delegación militar franco-británica. [*Daily Telegraph*]

Sociedad
1. Las últimas noticias sobre los juicios a objetores en los tribunales no hablan de que se hayan producido objeciones por motivos políticos (normalmente se trata de miembros de iglesias cristadelfianas, etc). [*Daily Telegraph*]
2. Ataques contra The Link en *Time & Tide*, con la implicación de que debería prohibirse.
3. Vuelve a negarse que la prohibición de *Time* por la Federación de Minoristas se base en motivos políticos, aunque es evidente que así es. [*Daily Telegraph*]

Partidos políticos
1. El Consejo Nacional del ILP vuelve a hablar de afiliación incondicional, pero al aludir a las intenciones en el seno del PL propone actividades que equivaldrían a oponerse frontalmente a la postura actual de dicho partido sobre el rearme, etc., y que es de presumir que no serán aceptadas. [*New Leader*]
2. Entre los presentes en la recepción a Menna Schocat[1] en la Cámara de los Comunes en representación de la Liga por la Unidad Judeoárabe estaban H.W. Nevinson, Chalmers Mitchell, lord Faringdon y los parlamentarios Wilson (Cecil), Lansbury y A. MacLaren.[2] [*New Leader*]
3. Entre los diversos detenidos en Francia en relación con las actividades antibélicas y antiimperialistas están Lucien Weitz[3] y R. Louzon[4] (18 meses). [*New Leader*]

---

1. Menna Schocat fue un revolucionario pionero en la Rusia zarista que sufrió prisión y exilio. Escapó en 1905 y huyó a Palestina, donde participó en varios movimientos obreros. Insistió en la unidad de los obreros judeoárabes y defendió la causa de los campesinos árabes. El ILP había propuesto trabajar por la unidad de las masas árabes

y judías contra el imperialismo británico, con la esperanza de establecer un Estado obrero federado con los estados árabes vecinos. También defendió el derecho de los trabajadores judíos en Europa a entrar no solo en Palestina, sino en todos los países, entre ellos Gran Bretaña y los Dominios.

2. Henry Woodd Nevinson (1856-1941) fue un prolífico escritor, periodista y corresponsal extranjero; en 1939 fue presidente del Consejo para la Defensa de las Libertades Civiles. Sir Peter Chalmers Mitchell (1864-1945; nombrado caballero en 1929) fue un eminente zoólogo, responsable de la reconstrucción de gran parte del zoo londinense y de la creación del jardín zoológico «abierto» de Whipsnade. Se jubiló en Málaga, pero la Guerra Civil lo obligó a regresar a Inglaterra. Orwell escribió una reseña de su traducción de *La forja de un rebelde*, de Arturo Barea, en *Time and Tide*, el 28 de junio de 1941 (véase *CW*, XII, pp. 518-519), y en *Horizon*, en septiembre de 1941 (véase *CW*, XIII, pp. 33-35). Durante la Segunda Guerra Mundial, Mitchell fue tesorero del Comité Conjunto para el Socorro soviético. Alexander Gavin Henderson, segundo barón de Faringdon (1902-1977), coincidió con Orwell en Eton y fue tesorero del Comité de Investigación sobre la no intervención en España en 1936, y tesorero del Consejo Nacional por las Libertades Civiles entre 1940 y 1945. Cecil Henry Wilson (1862-1945) fue parlamentario laborista entre 1922 y 1931 y entre 1935 y 1944. George Lansbury (1859-1940) fue jefe del Partido Laborista entre 1931 y 1935, era pacifista y dimitió por ese motivo. Andrew MacLaren (1883-1975) fue parlamentario del ILP entre 1922 y 1923, 1924 y 1931, y 1935-1945.

3. Lucien Weitz, director de *Independent News*, revista publicada en París, también estaba relacionado con el periódico de Solidaridad Internacional Antifascista, patrocinado por Orwell. Weitz y varias personas más relacionadas con dicho periódico y con la organización gemela del ILP en Francia, el Parti Socialiste Ouvrier et Paysan (véase *Acontecimientos*, 7-8-1939, n. 1), y su periódico, *Juin 36*, fueron encarceladas por publicar artículos denunciando las ventas clandestinas de fabricantes de automóviles franceses a Alemania y panfletos antimilitaristas.

4. Robert Louzon fue encarcelado junto con Lucien Weitz y varias personas más. De las nueve personas citadas en *The New Leader*, Orwell escoge estos dos nombres presumiblemente porque los conocía personalmente o por sus escritos: Weitz en *Independent News* y Louzon en *La Révolution Prolétarienne* o por su libro *L'Économie capitaliste*.

12-8-1939

Política exterior y general
1. El corresponsal del *M. G.* informa de que la movilización alemana se habrá completado a mediados de agosto y de que se hará algún intento de aterrorizar a Polonia. Según afirma, la guerra será el resultado más probable (como aseguraba también

ayer *Time & Tide*). Lo sorprendente es el tono indiferente con que se reproducen estas afirmaciones en todos los periódicos, como si tuviesen la certeza de que es imposible que suceda algo así. [*Manchester Guardian Weekly*, 11-8-1939; Orwell lo fecha incorrectamente un día después]

2. Las apariencias parecen demostrar que los combates en la frontera de Manchuria desde el incidente de Changkufeng[1] han sido violentos pero no decisivos. [*Manchester Guardian Weekly*, 11-8-1939; fecha equivocada como 12-8-1939; *La Révolution Prolétarienne*, sin fecha]

Sociedad

1. Se dice que el problema de los refugiados empieza a ser grave en Londres, sobre todo en el East End. No obstante, parece que los seguidores de Mosley no han aumentado mucho. [Comunicación personal]

Miscelánea

1. La policía se ha incautado esta mañana de todos mis libros de Obelisk Press[2] con una advertencia del fiscal de que, si vuelvo a importar cosas parecidas, podría ser procesado. Habían abierto mi carta a Obelisk Press[3] evidentemente en Hitchin. Ignoro aún si por la dirección o porque están controlando mi correo. [Sin referencia]

2. Se dice que en la URSS han conseguido cruzar patatas con tomates. [*Smallholder*]

---

1. El 29 de julio de 1939, unos 3.000 soldados soviéticos con 100 tanques atacaron un frente de unas cuatro millas centrado en Changkufeng, unas cien millas al sudoeste de Vladivostok. Fueron repelidos, y perdieron unos 400 hombres en comparación con las 120 bajas de los japoneses. El 6 de agosto, los embajadores alemán e italiano intervinieron en Tokio para pedir moderación ante los japoneses y que se solucionase la disputa pacíficamente de manera que el «Triángulo Anti-Comintern» no entrara en conflicto con Rusia (*The Times*, 9 de agosto de 1939).

2. Obelisk Press, París, publicaba libros en inglés para su venta en el continente europeo, algunos de los cuales eran considerados obscenos por las autoridades británicas. Su importación a Inglaterra estaba sujeta a procedimientos legales. Véase *Memoirs of a Booklegger* (1939), de Jack Kahane, y *Obelisk: A History of Jack Kahane and the Obelisk Press* (2007), de Neil Pearson.

3. No encontrada. Véanse Shelden, pp. 345-347, y Bowker, p. 255.

14-8-1939

Política exterior y general
1. Se dice que se ha alcanzado un plan de «compromiso» ítalo-germano a propósito del problema polaco en unos términos que, evidentemente, no serán aceptados por Polonia. [*Daily Telegraph*]
2. Han empezado las conversaciones del Estado Mayor en Moscú. [*Daily Telegraph*]

Sociedad
1. El *Sunday Express* de ayer publicaba un artículo tremendista sobre la inmigración judía ilegal en Palestina, que, en la práctica, era propaganda antijudía. [*Sunday Express*, 13-8-1939]
2. Parece que la apertura del correo de personas relacionadas con los partidos de izquierdas se ha vuelto tan normal que no causa ningún comentario. [E. H.[1]]
3. G. K.[2] Afirma que el PC está tan infiltrado en la policía francesa y otros servicios públicos que el gobierno no puede hacer nada [Archivo S. P. 1]

Partidos políticos
1. Según G. K., El PSOP cuenta solo con 4.000 miembros. [Archivo S. P.1]
2. Según E. H., la conferencia antibelicista de Bermondsey no llegó a nada claro por culpa de unos cuantos trotskistas que no querían tener nada que ver con los pacifistas y lo dijeron de forma tan clara que se ganaron el rechazo de estos últimos.
3. Según E. H., los miembros más antiguos del ILP están en contra de la afiliación, y los miembros más recientes están a favor, pero el único dirigente del ILP que está totalmente en contra es C. A. Smith[3] [E. H.]

---

1. Sin identificar; posiblemente alguien del ILP.
2. Probablemente George Kopp, el comandante de Orwell en España.
3. C. A. Smith era el director de *Controversy*, después *Left Forum* y, finalmente, *Left*, una publicación mensual socialista consagrada a la consecución de una sociedad sin clases. Junto con Orwell y otras personas, exigió que Rudolf Hess fuese interrogado en Nuremberg en 1946, a propósito de una supuesta reunión con Trotski; véase *Forward*, 25 de febrero de 1946.

17-8-1939

Política exterior y general
1. Se ha anunciado que ya está completo el plan para el registro nacional.[1] [*Daily Telegraph*]

Partidos políticos
1. El ILP se distancia de la actitud amistosa de la PPU con The Link. [*New Leader*, 18-8-1939]
2. Más evidencias de la pugna entre Negrín y Prieto,[2] cf. 2-8-1939. [Archivo S. P. 1 (como «i»)]
3. Los oradores en el homenaje a Keir Hardie[3] serán Maxton, Dallas (LPEC),[4] Ebby Edwards (TUC) y los parlamentarios Jas. Barr y Duncan Graham. [*New Leader*, 18-8-1939]

1. Incluía la producción de carnets de identidad (sin fotografía para la mayor parte de la gente) que había que llevar siempre encima. Los números de identificación individual seguían utilizándose en los años noventa para ciertos usos gubernamentales, aunque los carnets hace mucho que desaparecieron.
2. A propósito de Negrín y Prieto, véase *Acontecimientos*, 2-8-1939, n. 3.
3. James Keir Hardie (1856-1915) fue el primer socialista elegido parlamentario (1892). Dirigió el Partido Laborista en la Cámara de los Comunes entre 1906 y 1915.
4. Comité Ejecutivo del Partido Laborista.

18-8-1939

Política exterior y general
1. El corresponsal diplomático del *M. G.* está casi seguro de que España será neutral en caso de guerra. El nuevo gobierno equilibra el número de militares y el de falangistas. [*Manchester Guardian Weekly*]

Sociedad
1. Parece seguro que los 4 supuestos terroristas chinos serán entregados a los japoneses, a pesar de la petición de Londres de que puedan presentar un recurso de hábeas corpus.[1] [*Manchester Guardian Weekly*]
2. Ya se han concretado los detalles del registro nacional, aunque se ha anunciado que el registro no se llevará a cabo a menos que

estalle la guerra o, posiblemente, en el censo de 1941. [*Manchester Guardian Weekly*]
3. Se dice que la emigración española a México está siendo un éxito. [Archivo S. P.i]

1. Véase *Acontecimientos*, 24-7-1939, n. 1. El 12 de agosto se informó de que el gobierno había decidido entregar a los cuatro chinos para que los juzgara un tribunal controlado por los japoneses tras examinar las nuevas pruebas aportadas por Tokio, que se había negado a exhibirlas en Tientsin.

19-8-1939

Política exterior y general
1. Los alemanes están comprando mucho cobre y caucho para su entrega inmediata, y el precio del caucho está aumentando a toda prisa. [*Daily Telegraph*]
2. Indicios de que en las conversaciones de Moscú han surgido algunas diferencias (que la agencia Tass afirma que no tienen que ver con Extremo Oriente). [*Daily Telegraph*]
3. El gobierno de Madrid ha declarado más o menos oficialmente que España será neutral. [Sin referencia]

Sociedad
1. Las investigaciones sobre las actividades de Bund[1] en EE. UU. se parecen a las que se han hecho aquí sobre The Link. Es evidente que *i.* todas estas organizaciones se han utilizado para difundir propaganda nazi, y *ii.* que, poco a poco, se llevarán a cabo intentos de romper las relaciones culturales entre Alemania y las democracias. [*Daily Telegraph*]
2. La policía está al corriente de los matrimonios de conveniencia (utilizado por las mujeres alemanas para obtener la nacionalidad británica) y van a recomendar la deportación en dichos casos. [*Daily Telegraph*]
3. El número de sospechosos del IRA expulsados hasta la fecha asciende a unos 90. [*Daily Telegraph*]
4. Se dice que muchos milicianos son totalmente analfabetos. [*News Chronicle*]

Miscelánea
1. Los informes del Ministerio de Agricultura para la primera mitad de 1939 indican lo siguiente: el número total de acres cultivados ronda los 24 ¾ millones, lo que supone una disminución de unos 80.000 acres, aunque la tierra cultivable ha aumentado en unos 50.000 acres y los herbazales permanentes han disminuido en unos 130.000 acres. (Se dice que el cambio tuvo lugar antes de que fuese efectivo el subsidio del gobierno para roturar tierras nuevas.)

Las plantaciones de trigo han disminuido en 150.000 acres, las de patata en unos 20.000 acres, las de coles y guisantes también han disminuido, los campos de habichuelas han aumentado, y la avena y la cebada han aumentado en 56.000 y 25.000 acres, respectivamente.

La mayor parte del ganado ha aumentado mucho, excepto los cerdos y los caballos de carga, que han disminuido en 50.000 y 14.000, respectivamente. Las aves de corral han aumentado en 200.000 cabezas. [*Smallholder*]

---

1. La germano-estadounidense Bund era la tapadera de una organización nazi. Su jefe, Fritz Kuhn, fue encarcelado ese mismo año, tras ser declarado culpable en Nueva York de malversar los fondos de la asociación.

20-8-1939

Política exterior y general
1. Lloyd George predice que la crisis de Danzig alcanzará pronto un punto crítico. También da a entender (el *S. Express* lo publica en titulares) que si los polacos se echan atrás no estaremos obligados a actuar. [*Sunday Express*]
2. Se han suspendido las conversaciones en Tokio debido a que Gran Bretaña ha declarado la necesidad de consultar a otras naciones sobre la cuestión de la divisa china. [*Sunday Times*]

Sociedad
1. La trifulca sobre los artículos de Spender resuena todavía en el *Sunday Times*. [*Sunday Times*]

Partidos políticos
1. Peter Howard[1] habla de las elecciones generales como algo más o menos seguro y predice que el aumento de las pensiones de ancianidad será uno de los sobornos del gobierno. [*Sunday Express*]
2. En caso de que las elecciones generales tengan lugar este otoño, se aprobará una ley para mantener el gobierno existente durante el período[2] electoral debido a la crisis. [*Sunday Times*]

1. Véase *Acontecimientos*, 6-8-1939, n. 2.
2. Orwell al principio escribió «crisis» en lugar de «período».

21-8-1939

Política exterior y general
1. Nuevas investigaciones del IPO[1] indican que el número de personas que creen que EE. UU. se verá implicado en la guerra mundial ha aumentado mucho (cerca de un 75 por ciento). El número de los que creen que EE. UU. enviará tropas a Europa sigue siendo solo del 25 por ciento. [*Daily Telegraph*]
2. Los japoneses preparan el bloqueo de Hong Kong, evidentemente para presionar a Londres respecto a las cuestiones de la plata y la divisa. [*Daily Telegraph*]
3. Firmado un acuerdo de comercio de dos años por valor de 10 millones de libras entre Alemania y la URSS para el intercambio de bienes manufacturados alemanes y materia prima rusa. [*Daily Telegraph*]
4. Completado el puente estratégico desde Danzig hasta el este de Prusia. [*Daily Telegraph*]

Sociedad
1. En una o dos semanas es probable la convocatoria de una huelga de ferrocarril por un salario mínimo de 50 chelines.[2] [*Daily Telegraph*]
2. Se asegura que Inglaterra puede autoabastecerse de cristal óptico en caso de guerra. [*Daily Telegraph*]

1. El Instituto Americano de Opinión Pública, que desde 1935 llevó a cabo encuestas popularmente conocidas como encuestas Gallup, por su fundador el estadístico George Gallup (1901-1984).
2. El equivalente a unas 100 libras semanales al poder adquisitivo actual.

22-8-1939

Política exterior y general
1. Declaración oficial en Berlín de que Ribbentrop[1] vuelve mañana a Moscú para firmar un pacto de no agresión con la URSS. La noticia ha sido confirmada desde Moscú por la Agencia Tass, de un modo que parece dejar claro que el pacto se firmará. Pocos comentarios en los periódicos, pues es evidente que se supo a primera hora de la mañana y que la confirmación rusa apenas se recibió a tiempo para parar las rotativas. Washington insinúa que podría tratarse de una maniobra de los rusos (para doblegar a Francia e Inglaterra), pero todo el mundo parece tomárselo en serio. Las acciones en todo el mundo se han desplomado. Los alemanes siguen comprando laca, etc. Las conversaciones militares todavía continuaban ayer. [*Daily Telegraph*; *Daily Mail*; *News Chronicle*; *Daily Mirror*]

Sociedad
1. Una emisora ilegal de radio, similar a la del movimiento de Freiheit alemana,[2] lleva un tiempo emitiendo propaganda en contra del reclutamiento. El secretario de la PPU (¿Rowntree?)* niega conocimiento del hecho, pero no se desvincula de las emisiones. Los ingenieros han limitado la zona de emisión a unas cuantas casas y no tardarán en averiguar dónde se encuentra. Lo cual indica que al menos hacen falta unos días para localizar una emisora ilegal. [*Daily Telegraph*]

Partidos políticos
1. El *Letchworth Citizen*[3] reimprime, con evidente aprobación, un largo artículo sobre sir A. Wilson[4] publicado en el *Sunday Pictorial*. [*Letchworth Citizen*, sin fecha]
2. *Soc. Corresp.* publica una larga declaración sobre la guerra firmada por Comm. Opp.[5] En la que expone un programa demasiado

complicado de apoyo a la guerra antifascista y al mismo tiempo desilusiona a las clases trabajadoras, etc., etc. Pero también afirma (y probablemente sea cierto, pues Thalheimer[6] y los demás deben de conocer la situación rusa al menos de hace unos años) que, aunque el Ejército Rojo es más o menos como cualquier otro, los reservistas siguen recibiendo la instrucción de un ejército revolucionario. También publica un virulento ataque contra el ILP firmado por 3 series de iniciales, una la de Audrey Brockway,[7] en el que se proclama el eslogan de la 4.ª Internacional.[8] [*Socialist Correspondence*]

* Palmer [nota de Orwell].

1. Joachin von Ribbentrop (1893-1946) fue el ministro alemán de Asuntos Exteriores entre 1938 y 1945. Negoció el pacto de no agresión germano-soviético de 1939 con Molótov (véase *Acontecimientos*, 28-8-1939, n. 4). Fue ahorcado como criminal de guerra tras ser declarado culpable por el Tribunal Militar Internacional de Nuremberg.

2. Véase *Acontecimientos*, 2-7-1939, n. 2. Tres meses después, la «Radio Libre por la Libertad Alemana» seguía emitiendo llamamientos a los alemanes para liberarse del régimen de Hitler.

3. *Letchworth Citizen* era el periódico local de Orwell en Wallington.

4. Véase *Acontecimientos*, 6-8-1939, n. 4.

5. International Communist Opposition, cuyo cuartel general estaba en París. El declive de la ICO fue el asunto tratado en el suplemento de julio de *Socialist Correspondence*.

6. August Thalheimer (1884-1948) era uno de los dirigentes de International Communist Opposition, y el *New Leader* del 20 de agosto de 1937 (número en el que colaboró con el artículo titulado «Llamamiento a la unidad socialista revolucionaria») dijo de él que era «uno de los autores de la tesis que formó la base de la Internacional Comunista desde su fundación». Durante muchos años fue el líder del Partido Comunista en Alemania, pero lo destituyó la Ejecutiva de la IC porque se opuso a la desastrosa política de dividir el movimiento sindical mediante la formación de los Sindicatos Rojos. El *New Leader* agradeció la oportunidad de publicar sus opiniones «porque indican que hay margen para la cooperación cercana entre los partidos (entre ellos el ILP) asociados a la Oficina Internacional por la Unidad Socialista Revolucionaria y la Oposición Internacional Comunista».

7. Audrey Brockway (1916-1974) era secretaria de la Liga Juvenil del ILP y estaba casada con Jim Wood, un miembro del grupo trotskista del ILP.

8. La Cuarta Internacional la formaron en 1938 los seguidores de Trotski. Tenían la esperanza de que la inminente contienda crearía unas condiciones favorables para la revolución mundial. Se dijo que mientras Trotski agonizaba en Ciudad de México

en 1940, víctima de un asesino, dijo: «Confío en la victoria de la Cuarta Internacional. ¡Seguid adelante!».

23-8-1939

Política exterior y general
1. El Parlamento se reúne mañana para aprobar la Ley del Estado de Excepción. Se llamará a algunos reservistas. El rey regresa a Londres. Los reservistas en Francia y Alemania han sido llamados a filas. Se está acelerando la legislación en el Parlamento para impedir que Alemania siga comprando níquel, cobre, etc. Casi todas las acciones han caído, sin duda previendo esto. Los comentarios de la prensa internacional citados por el *D. Tel.* no se comprometen, pero es evidente que las potencias del Eje están encantadas con la iniciativa de los rusos. [*Daily Telegraph*]

Sociedad
1. La huelga de ferrocarril empezará dentro de unos días. [*Daily Telegraph*]

Partidos políticos
1. El número de miembros del Partido Comunista se calcula en 17.000,* lo que supone un aumento de 2.000 personas con respecto al año pasado. El PC vuelve a pedir la entrada en el PL.[1] [*Daily Telegraph*]

* El 40 por ciento en Londres, el número de miembros en las zonas industriales es insignificante (panfleto del PC) [nota de Orwell].
1. El Partido Laborista.

24-8-1939

Política exterior y general
1. Firmado el pacto germano-ruso. Los términos explicados en Berlín (Archivo de Guerra, etc.)[1] dan a entender que el pacto no tiene cláusulas de «escape». Esta noche las noticias de la radio

confirman dichos términos desde Moscú. Declaración oficial de Moscú de que «enemigos de ambos países» han intentado enfrentar a Rusia con Alemania. El embajador británico visita a Hitler y se le informa de que ninguna acción por nuestra parte puede influir en la decisión alemana. La opinión pública japonesa evidentemente está muy molesta por lo que equivale a la deserción alemana del pacto anti-Comintern, y lo mismo ocurre con la española (Franco). Se dice que Rumanía ha declarado su neutralidad. El discurso de Chamberlain, tal como se ha informado de él por la radio, ha sido muy duro y no parece dejar escapatoria a la hora de ayudar a los polacos.

E[ileen], al visitar hoy el M. G.,[2] ha sacado la impresión de que la guerra es casi segura. Esta mañana ha venido la policía para organizar el acantonamiento de los soldados. Varias personas (extranjeras) han llegado por la tarde buscando alojamiento, el segundo lote en 3 días. Por más atención que preste, no consigo oír ningún comentario espontáneo en las tabernas, etc., que demuestre el menor interés por la situación, a pesar de que, si preguntas, casi todo el mundo cree que habrá guerra. [*The Times*; *Daily Telegraph*; *News Chronicle*; *Manchester Guardian*; *Daily Express*; *Daily Herald*; *Daily Mail*; *London Evening News*]

Sociedad
1. La Ley del Estado de Excepción se aprobó sin demasiada dificultad. Incluye cláusulas que permiten las detenciones preventivas, los registros sin orden judicial y los juicios a puerta cerrada. Pero aún no se ha producido la conscripción industrial. [Emisión radiofónica 6 pm][3]
2. El aeropuerto de Moscú estaba decorado con esvásticas para recibir a Ribbentrop. El *M. Guardian* añade que estaban tapadas para que no se viesen desde otras partes de la ciudad. [*Manchester Guardian*]

Partidos políticos
1. El PC pone buena cara ante el pacto germano-ruso y asegura que es un movimiento en favor de la paz. Se sigue exigiendo la firma de un pacto anglo-soviético. El *D. Worker* no publica los términos del pacto, pero reimprime partes de un pacto ruso-polaco anterior que incluía una cláusula de «escape» para dar la impresión de que este también debe incluir alguna cláusula similar. [*Daily Worker*]

2. En el debate de hoy Sinclair y Greenwood[4] han hablado decididamente en apoyo del gobierno. Mander[5] ha exigido el «reforzamiento del gabinete». Maxton[6] ha declarado que el ILP no apoyará al gobierno en caso de guerra. [Emisión radiofónica 6 pm]

1. Presumiblemente, un archivo que Orwell mantenía sobre este asunto. Es posible que esté relacionado con su referencia «Archivo S. P. 1».
2. Eileen estaba trabajando en el Departamento de Censura del Ministerio de la Guerra.
3. La BBC emitía las noticias a las 6 p.m.
4. Archibald Sinclair; véase *Acontecimientos*, 2-7-1939, n. 3. Arthur Greenwood (1880-1954) fue parlamentario laborista entre 1922 y 1931 y 1932-1954; dirigente delegado del partido en 1935 y secretario del departamento de investigación del partido entre 1920 y 1943. Su oposición a los regímenes totalitarios llevó a su elección para atacar a Hitler en 1938.
5. Geoffrey Mander; véase *Acontecimientos*, 4-8-1939, n. 3.
6. James Maxton (1885-1946), parlamentario independiente laborista entre 1922 y 1946; presidente del ILP entre 1926 y 1931 y 1934 y 1939.

28-8-1939

[Sin encabezamiento de sección]
He estado viajando,[1] etc. estos últimos días, por lo que no he podido llevar el diario del modo acostumbrado.

Los principales acontecimientos han sido los siguientes:

Hitler ha propuesto una especie de plan que N. Henderson[2] ha traído en persona y se ha discutido en varias reuniones del gobierno, entre ellas una ayer (domingo) por la tarde, pero nadie ha hecho declaraciones respecto a la naturaleza de la propuesta de Hitler. H. tiene que regresar hoy con la respuesta del gobierno británico, pero aun así no hay indicios claros de si se comunicará al público la propuesta de H.[3] o la respuesta del gobierno. Varios periódicos han publicado declaraciones, pero todas han sido desmentidas oficialmente.

Aún no hay indicaciones claras del significado del pacto germanoruso. Los periódicos de tendencia izquierdista continúan dando a entender que no tiene mayor importancia, pero en general parece darse por supuesto que Rusia abastecerá a Alemania de materias primas, y que posiblemente se ha alcanzado un acuerdo a gran escala para entregar Europa a Alemania y Asia a Rusia. Molótov⁴ va a hacer pronto una declaración. Es evidente que la explicación rusa será, al menos al principio, que los británicos estaban haciendo un doble juego y en realidad no deseaban un pacto franco-ruso-británico. Se dice que la opinión pública en Rusia está un poco desconcertada por el cambio de frente, y lo mismo la opinión de izquierdas en Occidente. Los periódicos de izquierdas continúan culpando a Chamberlain en un intento de exonerar a Stalin, pero es evidente que están consternados. En Francia se ha producido un cambio de opinión contra el Partido Comunista, y se dice que ha habido dimisiones a gran escala (*D. Tel.* citando a Reuter). *Humanité* ha sido cerrado temporalmente. La misión militar anglofrancesa ya está de regreso.

Alemania y Polonia han completado más o menos su movilización. Francia ha llamado a filas a más reservistas y se dice que dispone ya de 4.000.000* de hombres en armas. En Gran Bretaña aún no han llamado a filas a más reservistas. El Almirantazgo ha tomado el control de todo el transporte naval. La venta de acciones extranjeras está bajo el control del gobierno. Los principales edificios de Londres están siendo protegidos con sacos terreros. Hoy se ha llevado a cabo un ensayo de evacuación de niños a las zonas de evacuación. Poca o ninguna agitación en Londres. Los últimos días era posible oír a la gente hablando del asunto en la calle, pero solo se preguntaba: «¿Habrá guerra?». Ayer por la tarde, durante la reunión del gobierno, se concentraron unas 1.000 personas en Downing Street, la mayoría curiosos sin pancartas, etc. No ha habido manifestaciones en Hyde Park. El único conferenciante es un trotskista⁵ que había reunido un nutrido público (unas 200 personas).† No hay éxodos masivos en las estaciones, pero sí mucho equipaje esperando para partir, y por su aspecto parece pertenecer a gente pudiente.

L. M.⁶ es de la opinión de que, si no implicamos a Italia en la guerra, no harán nada hasta que estemos en dificultades y nos hayamos enemistado con los países más pequeños, y luego se pondrán de parte de los alemanes. Es de la opinión de que prácticamente toda la clase adinerada es traidora y está dispuesta a llegar a un trato con Alemania, o bien sin guerra o tras una breve guerra de pacotilla, que permitiera presentarlo como una paz honorable y permitiera la imposición del fascismo en Inglaterra.§ España está haciendo declaraciones de neutralidad y Turquía continúa diciendo que se pondrá del lado de Francia e Inglaterra.

El precio del oro ha alcanzado un precio récord (unos 155 chelines la onza).[7] El precio del trigo sigue muy bajo (el precio en los mercados mayoristas se ha cifrado hace poco en menos de 4 chelines los 50 kilos). La PPU como puede imaginarse guarda silencio y no tiene intención de hacer nada. El ILP ha hecho una declaración oficial advirtiendo de que no apoyará al gobierno en la guerra.

La Ley del Estado de Excepción se aprobó por 400 votos a favor y 4 en contra. Los que se opusieron fueron Maxton (los otros dos parlamentarios del ILP actuaron como escrutadores), Lansbury, Cecil Wilson y un independiente.[8] Gallacher se abstuvo.[9] Algunos extremistas, como Ellen Wilkinson[10] y A. Bevan,[11] votaron a favor de la ley.

[*Daily Telegraph*; *News Chronicle*; *Daily Mirror*; *Daily Express*; *New Statesman*; *Sunday Times*; *Observer*; *Reynold's News*; *Empire News*; sin fechas]

* Hoy (29-8-1939) se calcula en 3.000.000 [nota de Orwell].

† Véase *Acontecimientos*, 31-8-1939, Partidos políticos [nota de Orwell].

§ N. B. Que L. M. dice que la idea se la ha dado Geoffrey Pike, un comunista [nota de Orwell; la valoración de Myers sobre las intenciones de Italia resultaron ser exactas].

1. El 24 de agosto Orwell viajó a Ringwood en Hampshire, donde se alojó con el novelista L. H. Myers (1891-1944). A propósito de Myers, véase también *Acontecimientos*, 29-8-1939, n. 2. Se quedó en Ringwood como mínimo hasta el 31 de agosto. El 3 de septiembre estaba en Greenwich, donde vivían los O'Shaughnessy. No es posible saber con seguridad dónde estuvo el 1 y el 2 de septiembre.

2. Sir Neville Henderson (1882-1942) fue embajador británico en Berlín entre 1937 y 1939. Véase su *Failure of a Mission* (1940).

3. Hitler.

4. Viacheslav Molótov (1890-1986) fue presidente del Consejo de Comisarios del Pueblo de la URSS entre 1930 y 1941, y comisario de Asuntos Exteriores entre 1939 y 1949 y 1953 y 1956. En agosto de 1939 negoció con Ribbentrop el pacto de no agresión germano-ruso. Después fue delegado en la Asamblea General de las Naciones Unidas.

5. Al principio Orwell escribió «comunista».

6. Debe de tratarse de L. H. Myers, con quien se alojaba Orwell. Myers era comunista, al igual que su fuente de información. Véase el libro de G. H. Bantock, *L. H. Myers*, p. 152.

7. En enero de 1939, el precio del oro era de 150 chelines y 5 peniques (7,52 libras). En junio cayó a 148 chelines y 6 peniques. En enero de 1940 era de 168 chelines (8,40 libras). A partir de junio de 1945 se hizo efectivo un precio oficial (172 chelines y 3 peniques) hasta que volvió a instaurarse el mercado libre en marzo de 1954, cuando el precio llegó a 248 chelines (12,40 libras); véase *Currency Conversion*

Tables (1970) de R. L. Bidwell. En enero de 1939, una libra equivalía a 4,63 dólares; de enero de 1940 a septiembre de 1949, el cambio estuvo a 4,03 dólares. Luego la libra se devaluó y pasó a valer 2,80 dólares hasta 1967.

8. Para George Lansbury y Cecil Wilson; véase *Acontecimientos*, 11-8-1939, n. 2.

9. A propósito de William Gallacher, véase *Acontecimientos*, 27-7-1939, n. 2.

10. Ellen Wilkinson (1891-1947) fue miembro fundadora del Partido Comunista en 1920; entre 1924 y 1931 fue elegida parlamentaria laborista. En 1933 fue reelegida por Jarrow y en 1936 organizó una marcha de desempleados desde Jarrow a Londres. Presenció con Clement Attlee el bombardeo alemán de Valencia durante la Guerra Civil española. Véase también Thomas, p. 792, n. 2. Formó parte del gobierno de coalición durante la guerra y fue nombrada ministra de Educación en 1945. Escribió dos novelas y *The Town that Was Murdered*, un relato de la Marcha de Jarrow. Era famosa por su cabello pelirrojo.

11. Aneurin (Nye) Bevan (1897-1960), minero de Tredegar, fue parlamentario laborista en representación de la circunscripción de Ebbw Vale, en Gales del Sur, desde 1927 hasta su fallecimiento. Orador apasionado, era el ídolo de gran parte de la izquierda y desaprobado, e incluso temido, por muchos conservadores. Como ministro de Sanidad entre 1945 y 1950, fue responsable de la creación del Servicio Nacional de Salud. En 1951 dimitió del segundo gobierno laborista de posguerra por desacuerdos sobre el desarme, y en 1955 fue derrotado como líder del partido. Era director de *Tribune* en la época en que Orwell escribía para dicho periódico, y permitió a Orwell una libertad total para decir lo que quisiera incluso en contra de la política del partido. En su *In Place of Fear* (1952) expone sus opiniones. Véase también *Segundo diario de guerra*, 27-3-1942, n. 13.

29-8-1939

Política exterior y general

1. N. Henderson ha regresado a Berlín con la respuesta del gobierno británico y esta tarde se reúne el Parlamento y es de presumir que acabe dilucidándose la cuestión.
2. Entra en vigor la Ley del Estado de Excepción.[1] El Almirantazgo no solo ha asumido el control del transporte marítimo, sino que ha ordenado a todos los barcos británicos que salgan del Báltico y el Mediterráneo.
3. Se dice que el ensayo de evacuación de los colegiales ha sido un éxito. Los niños seguirán en el colegio aunque no sea época de clases.
4. El gobierno japonés ha dimitido a causa del pacto germano-ruso. Es evidente que la política japonesa se volverá probritánica.

[Las entradas 1, 2, 3 y 4 están entre paréntesis y junto a ellas figuran *The Times, News Chronicle* —ambos del 29-8-1939— y *Bournemouth Echo*[2] del 28-9-1939; separado: *Daily Telegraph* del 29-8-1939, y radio, sin fecha]

Sociedad

1. Desde hace unos días los automovilistas particulares están comprando grandes cantidades de gasolina. [Sin referencia]

Partidos políticos

1. El Partido Laborista sigue declarándose en contra de participar en el gobierno. Afirma que, en caso de guerra, solo aceptarían incluir un representante laborista en los términos definidos por el partido, tan rigurosos que probablemente serían inaceptables para el gobierno nacional. [*News Chronicle*]

Miscelánea

1. A juzgar por ciertas informaciones personales fiables sir O. Mosley es un masoquista extremado en su vida sexual. [Comunicación personal]

    1. Ley del Estado de Excepción. Véase *Acontecimientos*, 28-8-1939, último parágrafo.

    2. El periódico local de Ringwood donde se alojó Orwell con L. H. Myers al menos del 24 al 31 de agosto. Como muestra este diario, no regresó a Wallington hasta el 5 de septiembre, dos días después de la declaración de guerra por parte de Gran Bretaña tras la invasión alemana de Polonia el 1 de septiembre. Puede que fuese a Greenwich el 1 o el 2, y es seguro que estuvo allí el 3; véase *Acontecimientos*, 28-8-1939, n. 1. Myers era quien había hecho el préstamo (concebido como un regalo) que permitió a los Orwell pasar el invierno de 1938-1939 en el Marruecos francés. Orwell no supo quién había sido su benefactor hasta 1946, dos años después de la muerte de Myers, tras pagar el primer plazo de lo que el pensaba que era una deuda. Envió el dinero a Dorothy Plowman, que había actuado como intermediaria.

30-8-1939

Política exterior y general

Sin noticias. Circulan comunicados de aquí para allá, pero el gobierno sigue sin revelar nada. La sesión del Parlamento se ha aplazado una semana. El rey de los belgas se ha ofrecido a hacer de mediador, los polacos han aceptado y los alemanes parecen verlo con buenos ojos, pero entretanto continúan los movimientos de tropas y los incidentes fronterizos. Rumanía está reforzando la frontera con Rusia. Se dice que entre 200.000-300.000 soldados rusos han sido trasladados al frente occidental.

El Parlamento soviético no ratificará el pacto hasta finales de semana, obviamente para darle una interpretación distinta según las circunstancias. En caso necesario aún podrían rechazar la ratificación y podrían utilizarlo como una prueba de la democracia soviética.

Harold Nicolson[1] afirma que la URSS no puede proporcionar a Alemania mucho combustible en caso de guerra. Información de tercera mano a través de la Bolsa indica que hace 3 días el gobierno estaba seguro de que Hitler no podría moverse. Por otro lado, L. M[yers] dice que hace unas semanas W. Churchill le dio una visión muy pesimista basada en conversaciones con generales alemanes. [*The Times*; *News Chronicle*; *Daily Mirror*; radio, sin fecha; comunicación personal]

Sociedad

1. Aprobado sin oposición el aplazamiento por una semana de la sesión del Parlamento. [*The Times*]

1. Harold Nicolson (1886-1968; nombrado caballero en 1953), diplomático (hasta 1929), biógrafo y novelista, fue parlamentario entre 1935 y 1945. Sus *Diaries and Letters* (editados en 3 volúmenes por su hijo Nigel Nicolson entre 1966 y 1968) proporcionan datos sobre la vida política en los años treinta. En su *English History 1914-1945*, A. J. P. Taylor reproduce la tensa escena que se produjo tras el anuncio de Chamberlain en la Cámara de los Comunes el 28 de septiembre de 1938 de que Hitler había aceptado celebrar una conferencia con las cuatro potencias en Munich: «Los parlamentarios se pusieron en pie gritando y dando vivas. Attlee [el dirigente laborista], el dirigente liberal Sinclair y Maxton del ILP bendijeron la misión de Chamberlain. Solo el comunista Gallacher habló en contra». En una nota al pie pregunta: «¿Quiénes se quedaron en sus escaños?». Sin duda Gallacher y, citando a R. W. Seton-Watson, añade a Churchill, Eden y Amery. Otra fuente, J. W. Wheeler-Bennett, afirma: «Harold Nicolson, a pesar de las amenazas de quienes lo rodeaban, se quedó en su escaño». Taylor cuenta que Nicolson solo recuerda que al día siguiente un parlamentario conservador le reprochó que no se hubiese levantado. Nicolson, que había ingresado en el Partido Nuevo de Mosley en 1931 y lo abandonó al año siguiente cuando se fundó la Unión Británica de Fascistas, participó en el gobierno como laborista nacional (edición revisada Pelican, 1970, p. 525.)

31-8-1939

Política exterior y general
1. Sin noticias claras. Polonia ha llamado a filas a más reservistas, aunque la movilización sigue sin estar completa. La ocupación alemana de Eslovaquia continúa y se dice que ahora hay 300.000 soldados en puntos estratégicos de la frontera polaca. Hitler ha creado un gobierno de seis personas entre las que no se encuentra Ribbentrop.
    Se han evacuado ya 16.000 niños de París. Se cree que es probable que la evacuación de los niños londinenses empiece pronto. Sin noticias en uno u otro sentido sobre la ratificación del pacto germano-ruso. Los pocos indicios que hay dan a entender que se ratificará. La persecución de los judíos parece haber disminuido un poco en Alemania y se ha retirado una película antialemana del pabellón soviético en la Exposición Universal de Nueva York. Se dice que Voroshílov[1] ha declarado que la URSS proporcionará armas a Polonia. [*Daily Telegraph*; *News Chronicle*; *Daily Mirror*]

Sociedad
1. Sir J. Anderson[2] pide a la gente que no compre reservas adicionales de comida y conserve las que tiene, y asegura que no hay escasez de comida. [*Daily Telegraph*]
2. La AEU[3] está dispuesta a aceptar ahora la reducción de la jornada laboral. [*Daily Telegraph*]

Partidos políticos
1. Por lo que cuenta E[ileen] de los discursos en Hyde Park, parece que el Partido Comunista está adoptando una línea más izquierdista, pero tampoco desea hablar del pacto germano-ruso. Un orador [Ted Bramley] aseguraba que los parlamentarios que votaron contra la Ley del Estado de Excepción fueron Gallacher, Wilkinson, Bevan y otro.[4] (En realidad fueron Maxton, Lansbury, C. Wilson y otro). [Comunicación personal]

---

1. Kliment Voroshílov (1881-1969), mariscal de la Unión Soviética, fue Comisario del Pueblo para la Defensa entre 1925 y 1940, y presidente de la URSS entre 1953 y 1960. Fue uno de los responsables de la organización de la defen-

sa de Leningrado durante el sitio de 900 días, entre septiembre de 1941 y enero de 1944.

2. John Anderson (1882-1958; nombrado vizconde en 1952) fue parlamentario en representación de las universidades escocesas entre 1938 y 1950 (en la época las universidades elegían directamente a unos cuantos parlamentarios). Chamberlain lo nombró lord del Sello Privado en noviembre de 1938, con la responsabilidad de organizar la defensa civil. Fue responsable de los refugios antiaéreos Anderson, instalados en los jardines traseros de las casas. Al estallar la guerra, fue nombrado ministro del Interior y después lord presidente del Consejo entre 1940 y 1943, y ministro de Hacienda entre 1943 y 1945. En *El león y el unicornio*, Orwell observó que hizo falta «el sufrimiento de decenas de miles de personas en el East End [refugiados en los refugios Anderson] para librarse siquiera en parte de sir John Anderson» (*CW*, XII, p. 416). Los refugios podían ser muy incómodos y tendían a inundarse. El 3 de septiembre de 1940 Churchill escribió a Anderson para decirle que «habría que hacer un esfuerzo para ayudar a la gente a drenar sus refugios Anderson, que tanta fama han dado a su nombre...».

3. El Sindicato Unificado de Maquinistas.

4. Véase *Acontecimientos*, 28-8-1939, último párrafo.

1-9-1939

Esta mañana ha empezado la invasión de Polonia. Varsovia ha sido bombardeada. En Inglaterra se ha proclamado la movilización general, lo mismo en Francia, además de la ley marcial. [Emisión radiofónica]
Política exterior y general

1. Los términos de Hitler respecto a Polonia se resumen en la devolución de Danzig y la celebración de un plebiscito sobre el corredor[1] en el plazo de un año y basado en el censo de 1918. Por el momento en que se presentaron, todo parece un camelo porque la respuesta debía darse antes del 30-8-1939. H.[2] afirma que ya han sido rechazados. [*Daily Telegraph*]
2. Llamados a filas los reservistas de la marina, del ejército y de la RAF. La evacuación de los niños, etc., empieza hoy, afectará a 3 millones de personas y se calcula que durará 3 días. [Emisión radiofónica, sin fecha]
3. Ratificado el pacto germano-ruso. Las fuerzas armadas rusas van a reforzarse aún más. El discurso de Voroshílov se interpreta como que no se considera una alianza germano-rusa. [*Daily Express*]

4. Las noticias en Berlín afirman que se espera de forma inminente la llegada de una misión militar rusa. [*Daily Telegraph*]

1. El Corredor Polaco, que dio a Polonia una salida al mar Báltico entre 1919 y 1939; separaba Prusia Oriental del resto de Alemania y, junto con Danzig, fue fuente de fricciones y una de las causas declaradas del estallido de la guerra.
2. Hitler.

3-9-1939

He vuelto a viajar, etc. Hoy pondré fin a este diario, que, tal como está, servirá como un diario de los acontecimientos que condujeron a la guerra.

Por lo visto, llevamos en estado de guerra desde las 11 de la mañana. No se ha recibido respuesta del gobierno alemán a la exigencia de evacuación del territorio polaco. El gobierno italiano hizo una especie de llamamiento en el último minuto a la resolución pacífica de las diferencias, que ha hecho que algunos periódicos matutinos expresen leves dudas de si habrá o no guerra. Daladier ha hecho una agradecida referencia al «noble esfuerzo» de Italia que puede entenderse como que se respetará la neutralidad italiana.

Sigue sin haber noticias claras respecto a qué operaciones militares se están llevando a cabo. Los alemanes han tomado Danzig y están atacando el corredor desde cuatro puntos al norte y al sur. Por lo demás, solo hay las habituales declaraciones y desmentidos sobre ataques aéreos, número de aviones derribados, etc. Por lo que publican el *Sunday Express* y otros periódicos, parece evidente que el primer ataque contra Varsovia no ha llegado a las puertas de la ciudad. Se rumorea que ya hay fuerzas británicas en Francia. Constantemente salen de la estación de Waterloo grupos de soldados con el equipo completo, aunque no en números gigantescos. Esta mañana se ha llevado a cabo un ensayo de ataque aéreo justo después de la proclamación del estado de guerra. Parece haber salido bien, aunque muchos pensaban que era real. Ahora hay muchos refugios públicos antiaéreos, aunque la mayor parte no estarán terminados hasta dentro de un día o dos. Se están repartiendo máscaras antigás de forma gratuita y la gente da la impresión de tomárselo en serio. Las brigadas de bomberos voluntarias están activas y parecen muy eficaces. A partir de ahora la policía usará cascos de acero. No hay escenas de pánico, pero tampoco de entusiasmo; de hecho, nadie parece expresar demasiado interés. Los globos de barrera[1] cubren Londres por completo y es evidente que es prácticamente imposible volar a poca altura. Por las noches los apagones son casi completos y se están poniendo multas muy elevadas por violarlos. La evacuación que afecta a 3 millones de personas (más de 1 millón solo en Londres) se está llevando a cabo a toda prisa. El resultado es cierta descoordinación de los servicios ferroviarios.

Churchill y Eden van a entrar en el gobierno. Los laboristas se niegan a participar de momento. Los parlamentarios laboristas en la Cámara lanzan violentas proclamas de lealtad, pero el tono de la prensa de izquierdas es claramente amargo, pues está claro que comprenden que les han quitado la tierra de debajo de los pies. Continúa la controversia sobre el pacto germano-ruso. Todas las cartas publicadas en *Reynold's*[2] alaban el pacto, pero han dejado de decir que se trata de un «movimiento por la paz» y ahora afirman que se trata de una maniobra de la URSS para protegerse. El *Action* del 2-9-1939 sigue clamando en contra de la guerra. Todavía no circulan rumores sobre atrocidades ni se ven carteles de propaganda. La Ley de I. M.[3] se ha hecho extensiva a todos los hombres entre 18 y 41 años. No obstante, es evidente que todavía no necesitan muchos soldados y que solo han aprobado la ley para poder llamar a filas a quien quieran e imponer después la conscripción industrial.

1. Parte del sistema de defensa aérea consistía en el uso de globos de barrera. Eran globos no tripulados que hacían imposible los picados para bombardear la ciudad a poca altura por los cables que anclaban los globos.
2. *Reynold's News* se fundó el 5 de mayo de 1850. Era un popular periódico dominical de tendencia socialista. El 20 de agosto de 1944 se fusionó con el *Sunday Citizen* con ese nombre; el *Citizen* dejó de publicarse el 18 de junio de 1967.
3. La Ley de Instrucción Militar.

Así concluye el registro de Orwell de los acontecimientos
que condujeron a la guerra.

Diario de guerra

28 de mayo de 1940-28 agosto de 1941

A consecuencia de la invasión de Polonia por las tropas alemanas el 1 de septiembre, Gran Bretaña declaró la guerra a Alemania el 3. El 9 de septiembre, Orwell ofreció sus servicios para colaborar en el esfuerzo bélico. La carta no se conserva, pero sabemos que así fue por la respuesta que ha sobrevivido del Ministerio de Trabajo informándole de que lo habían incluido en el Registro Central dedicado a autores y escritores. No parece que llegasen a requerir sus servicios. Irónicamente, Eileen trabajaba en el Departamento de Censura en Whitehall, los días laborables vivía en casa de su hermano en Greenwich y se veía con Orwell los fines de semana en Wallington. Orwell pasaba el tiempo cuidando de su parcela, y revisando y escribiendo los artículos que recopilaría en *Dentro de la ballena*, publicado por Gollancz el 11 de marzo de 1940. Entre ellos, «Charles Dickens», «Semanarios juveniles» y «En el vientre de la ballena». Coqueteó con la idea de escribir una novela larga que debía publicarse en tres partes y, a partir del 30 de enero de 1940, pasó seis semanas en Greenwich enfermo de gripe. Continuó haciendo reseñas, pero se sintió cada vez más frustrado por no participar en el esfuerzo bélico. El 1 de mayo de 1940, Eileen y él se mudaron al número 18 de Dorset Gardens, cerca de Regent's Park. El 10 de mayo, los alemanes invadieron Holanda, Bélgica y Luxemburgo, lo que condujo a la caída de Francia y a la evacuación de Dunkerque.

Los dos diarios de guerra se escribieron a mano, aunque después (en septiembre de 1942) fueron pasados a máquina (posiblemente por Eileen). En el proceso de mecanografiado se hicieron algunos cortes que se indican con puntos suspensivos entre corchetes. La versión manuscrita del primer *Diario de guerra* no ha sobrevivido. La escritora y periodista Inez Holden (1906-1974) y Orwell pensaron en publicar juntos sus respectivos diarios a modo de registro de la época. El proyecto conjunto no llegó a realizarse porque Holden pretendió cambiar algunas cosas con las que estaba en desacuerdo o que le parecían inexactas en el diario de Orwell. Su diario se publicó en 1943 con el título *It Was Different at the Time*. En él recordó que Gollancz rechazó el *Diario de guerra* de Orwell por temor a ofender a algunas personas. Inez Holden proporcionó notas que permitieron determinadas identificaciones en las *Obras completas* y por tanto en este volumen. El título —*Diario de guerra*— es el que eligió Orwell.

Orwell inició este diario una semana antes de empezar su breve carrera como crítico de cine y de teatro y dos días después de que se iniciase la evacuación de 338.226 soldados británicos y aliados de las playas de Dunkerque. Dicha operación concluyó el 4 de junio de 1940. Las tropas alemanas entraron en París el 14 de junio y la rendición francesa se aceptó el 22.

Las notas se incluyen al final de cada entrada y se numeran a partir del número 1.

28-5-1940

Hoy se ha interrumpido definitivamente la colocación de carteles de los periódicos vespertinos. [...] Media primera plana del *Star*[1] estaba dedicada a la rendición de Bélgica, la otra mitad a noticias sobre la resistencia de los belgas con el rey al frente. Probablemente se deba a la falta de papel. No obstante, de las ocho páginas del *Star*, seis están dedicadas a información sobre las carreras.

Los últimos días no ha habido verdaderas noticias y apenas se puede deducir lo que está pasando. Las posibilidades más verosímiles eran: i. Que los franceses tuviesen verdadera intención de contraatacar desde el sur. ii. Que quisieran hacerlo, pero los bombarderos alemanes les estuvieran impidiendo concentrar un ejército. iii. Que las fuerzas del norte confiasen en resistir y considerasen que era mejor no contraatacar hasta que la ofensiva alemana hubiese perdido fuerza, o iv. Que la posición en el norte fuese realmente insostenible y las fuerzas que se hallaban allí solo pudieran abrirse camino luchando hacia el sur, capitular, ser aniquiladas o escapar por mar, probablemente con un enorme número de bajas. Ahora solo la cuarta alternativa parece posible. Los partes de guerra franceses hablan de estabilizar la línea a lo largo del Somme y el Aisne, como si las fuerzas aisladas en el norte no existieran. Por horrible que sea la idea, espero que la FEB[2] se deje hacer pedazos antes que capitular.

La gente empieza a hablar de la guerra, pero muy poco. Como de costumbre, es imposible oír ningún comentario en los pubes, etc. Anoche E[ileen] y yo fuimos al pub a oír las noticias de las nueve. La camarera no habría encendido la radio si no se lo hubiésemos pedido y daba la impresión de que nadie escuchara.[3]

1. En la época había tres periódicos vespertinos en Londres: el *Star*, el *Evening News* y el *Evening Standard*; solo el último ha sobrevivido y continúa publicándose.
2. Fuerza Expedicionaria Británica; las tropas que había en Francia cuando se produjo la derrota ante Alemania.
3. En la entrada del 15 de abril de 1941, Orwell cuenta que Eileen y él fueron al pub a oír el parte de las nueve, por lo que es evidente que no tenían aparato de radio. Llegaron unos minutos tarde y preguntaron a la camarera por las noticias. Respondió que no las había oído y que nunca encendía la radio porque nadie la escuchaba.

29-5-1940

En estos tiempos uno se entera de las noticias importantes por insinuaciones y alusiones. Anoche causó mucho revuelo que las noticias de las nueve fuesen precedidas de una charla patriótica (bastante inspirada) de Duff Cooper,[4] para dorar la píldora, y que Churchill anunciase en su discurso que volvería a informar de la situación a principios de la semana que viene, y que la Cámara debía prepararse para recibir «noticias sombrías y aciagas». Presumiblemente, eso implique que van a intentar una retirada, pero nadie sabe si las «noticias sombrías» significan un enorme número de bajas, la rendición de una parte de la FEB o alguna otra cosa. Oí las noticias entre actos durante la interpretación de una obra con pretensiones más o menos intelectuales en el Torch Theatre.[5] El público escuchaba con mucha más atención que en el pub.

Eileen dice que los empleados en el Departamento de Censura donde trabaja meten a todos los periódicos «rojos» en el mismo saco y piensan que el *Tribune*[6] es exactamente igual que el *Daily Worker*.[7] Hace poco cuando se prohibió la exportación del *Daily Worker* y el *Action*,[8] uno de sus colegas le preguntó: «¿Conoces un periódico llamado *Daily Worker and Action*?».

Rumores actuales: que, desde su nombramiento, Beaverbrook[9] ha puesto en el aire 2.000 aviones a pesar de todos los obstáculos. Que los ataques aéreos, probablemente contra Londres, empezarán dentro de dos días. Que el plan de Hitler para invadir Inglaterra es emplear miles de lanchas motoras que pueden navegar sobre los campos de minas. Que faltan muchísimos fusiles (este rumor me ha llegado de varias fuentes). Que la moral de la infantería alemana en el frente es muy baja. Que, cuando ocurrió la invasión de Noruega, el Ministerio de la Guerra estaba tan mal informado que ni siquiera sabía que las noches allí son cortas, y pensó que las tropas que tuvieron que desembarcar en pleno día lo harían al abrigo de la oscuridad.

4. Alfred Duff Cooper (1890-1954; vizconde de Norwich, 1952) fue un político, diplomático y escritor conservador. Tras su dimisión como Primer Lord del Almirantazgo por su desacuerdo con Chamberlain sobre Munich, se convirtió en el símbolo del derecho patriótico. Churchill lo nombró ministro de Información en mayo de 1940. En cuanto a su carrera posterior, véase *Segundo diario de guerra*, 22-3-1942, n. 7.

5. Orwell escribió la crítica de *Portrait of Helen*, de Audrey Lucas, en el número del 8 de junio de *Time and Tide*. Entre sus comentarios leemos: «La obra tiene algunas frases buenas, pero la dirección escénica es pésima».Véase *CW*, XII, p. 181.

6. Semanario socialista, dirigido entonces por Raymond Postgate, en el que Orwell publicó muchas reseñas y artículos.

7. El diario del Partido Comunista en Gran Bretaña.

8. El periódico de la Unión Británica de Fascistas.

9. En mayo, Churchill nombró a Max Aitken, primer barón de Beaverbrook (1879-1964) y propietario de periódicos canadiense, ministro de Producción Aérea. Aunque controvertido, era un hombre eficaz. Posteriormente fue ministro de Producción Bélica. En 1918 fue ministro de Información.

30-5-1940

La FEB está retrocediendo en Dunkerque. Es imposible no solo calcular cuántos soldados lograrán escapar, sino cuántos hay. Anoche hubo una charla en la radio con un coronel que acababa de volver de Bélgica; por desgracia, no pude oírla, pero Eileen me cuenta que el entrevistador le interrumpió varias veces para decir que el ejército había sido traicionado por (a) los franceses (por no contraatacar) y (b) las autoridades militares por haberlos equipado mal. En la prensa no hay una sola palabra de reproche contra los franceses, y la emisión radiofónica de Duff Cooper de hace dos noches advirtió especialmente de que no la hubiese. [...] El mapa hoy da a entender que el contingente francés en Bélgica se está sacrificando para dejar huir a la FEB.

Borkenau[10] afirma que Inglaterra se halla, sin duda, en la primera etapa de la revolución. Connolly[11] hace un comentario y cuenta que hace poco iba a partir del norte de Francia un barco con refugiados a bordo y algunos pasajeros normales. Los refugiados eran sobre todo niños en un estado calamitoso que habían sido ametrallados y demás. Entre los pasajeros estaba lady ————————,[12] que intentó saltarse la cola para subir a bordo, y, cuando le pidieron que volviese atrás, preguntó indignada: «¿Sabe con quién está hablando?». El camarero respondió: «No, no tengo ni idea de con quién estoy hablando, zorra estúpida. Pero ya puede ir volviendo a la cola». Interesante, si es cierto.

Sigue sin haber demasiadas muestras de interés por la guerra. Pero las elecciones parciales, la respuesta a las llamadas a la movilización, etc., muestran cuáles son los sentimientos de la gente. Por lo visto, les resulta casi imposible entender que corren peligro, aunque hay buenas razones para pensar que en unos pocos días podría intentarse la invasión de Inglaterra, y todos los periódicos lo dicen. No lo entenderán hasta que empiecen a caer las bombas. Connolly opina que se dejarán llevar por el pánico, pero yo no lo creo.

10. Franz Borkenau (1900-1957), sociólogo austríaco y escritor político nacido en Viena, de 1921 a 1929 fue miembro del Partido Comunista alemán. Su *Zur Soziologie des Faschismus* se publicó en Tubinga en 1933, el año que emigró debido a la llegada al poder de los nazis. Publicó *Pareto* (1936) en la Modern Sociologists Series. Orwell escribió la reseña de su *El reñidero español* (véase *CW*, XI, pp. 51-52), *The Communist International* (*CW*, XI, pp. 202-204) y *The Totalitarian Enemy* (*CW*, XII, pp. 158-160). Borkenau murió en Zurich. Para sus conversaciones con Orwell en la época de Dunkerque, véase *infra* 6-6-1940.

11. Cyril Connolly (1903-1974) estuvo con Orwell en la Saint Cyprian's Preparatory School y en Eton. Volvieron a encontrarse en 1935, cuando Connolly reseñó *Los días de Birmania*, y colaboraron en numerosas actividades literarias, en particular en el periódico *Horizon*, que dirigía Connolly y para el que escribió Orwell. La segunda mujer de Orwell, Sonia Brownell, trabajaba en *Horizon* y Connolly los presentó. En *Orwell Remembered* (pp. 32-34) se incluyen extractos de su libro *Enemigos de la promesa* (1938) en los que se alude a Orwell.

12. Sin identificar. El número de guiones utilizado por Orwell no siempre coincide con el de letras del nombre original; se reproduce el número que aparece en el diario.

31-5-1940

Anoche fui a ver la obra de Denis Ogden *The Peaceful Inn*. Una birria espantosa. Lo interesante era que, aunque está ambientada en 1940, no incluye ni una sola referencia, directa o indirecta, a la guerra.[13]

Me sorprende que hayan movilizado a tan poca gente. Por lo general, si miras por la calle, es imposible ver un uniforme. [...] Están colocando alambre de espino en muchos puntos estratégicos, por ejemplo, al lado de la estatua de Carlos I en Trafalgar Square. [...] He oído hablar en tantos sitios de la falta de fusiles que creo que debe de ser cierta.

13. Publicada con la reseña de Orwell de *Portrait of Helen*. A Orwell le resultó imposible tomarse en serio los problemas de los personajes.

1-6-1940

Anoche fui a las estaciones de Waterloo y Victoria por si conseguía noticias de [Eric].[14] Fue imposible, claro. Los repatriados tienen órdenes de no hablar con los civiles y en cualquier caso se los llevan lo antes posible de las estaciones de ferrocarril. Lo cierto es que vi muy pocos soldados británicos, al menos de la FEB, aunque había muchos refugiados belgas o franceses, unos cuantos soldados belgas o franceses y varios marineros, entre ellos algunos oficiales. Los refugiados parecían gente normal del tipo tendero-oficinista, parecían estar bastante bien e iban cargados con sus pertenencias. Una familia llevaba un loro en una jaula enorme. Una refugiada lloraba, o estaba al borde de las lágrimas, pero la mayoría parecían solo confusos por la muchedumbre y la extrañeza general. En la estación de Victoria había una gran multitud y la policía tuvo que contenerla para dejar salir a la calle a los refugiados y a los demás. A los primeros los acogieron en silencio, pero a todos los marineros los vitorearon con entusiasmo. Un oficial de marina con un uniforme que había estado en el agua y parte del equipo de soldado corrió a coger el autobús, sonriendo y llevándose la mano al casco mientras las mujeres gritaban y le daban palmadas en el hombro.

Vi una compañía de infantes de marina que desfilaba por la estación para coger el tren de Chatham. Me impresionaron su porte y su físico, las fuertes pisadas de las botas y el soberbio aspecto de los oficiales; me recordó a 1914, cuando todos los soldados me parecían gigantes.

Los periódicos matutinos afirman que entre cuatro quintas partes y tres cuartas partes de la FEB ya han sido evacuadas. Las fotos, probablemente escogidas o manipuladas, muestran a los hombres en buena forma física y con el equipo casi intacto.

14. «Eric», el diminutivo de su segundo nombre, era como llamaban al querido hermano de Eileen Blair, Laurence Frederick O'Shaughnessy. Orwell no mecanografía su nombre en el diario y lo representa solo con cuatro guiones cortos. Era un distinguido cirujano torácico y cardíaco, había obtenido cuatro becas y estudiado medicina en Durham y en Berlín. Fue conferenciante del Real Colegio de Cirujanos entre 1933 y 1935. En 1937 ganó la Medalla Trianual Hunter por sus investigaciones en cirugía torácica, y el año siguiente recibió una ayuda y una mención de honor para dictar una conferencia sobre cirugía cardíaca. Adaptó *Thoracic Surgery* (1937) de Sauerbruch, y, en 1939, colaboró con otros dos médicos en una obra sobre tuberculosis pulmonar. Al estallar la guerra se enroló en el Cuerpo Médico del Ejército y murió atendiendo a los heridos en las playas de Dunkerque. Tenía el rango de comandante y solo treinta y seis años (tomado de la necrológica publicada en *The Times* el 8 de junio de 1940). Su mujer, Gwen, también era médico. La muerte de su hermano afectó mucho a Eileen; véase Tosco Fyvel, *George Orwell: A Personal Memoir*, pp. 105-106 y 136.

2-6-1940

Es imposible saber cuántos hombres de la FEB han sido repatriados en realidad, pero las cifras proporcionadas por diversos periódicos sugieren que rondan los 150.000 y que el número destacado en Bélgica era de 300.000. No se dice cuántas tropas francesas había con ellos. Varios periódicos dan a entender que tal vez se queden en Dunkerque en lugar de evacuarlos por completo. Eso parece imposible sin destacar allí un gran número de aviones. Pero, si de verdad han sacado a 150.000, tal vez sea posible evacuar a muchos más. Ahora se predice la entrada de Italia en la guerra a partir del 4 de junio, presumiblemente con una oferta de paz como pretexto. [...]

[...] Hay mucha expectación general de que pueda producirse un intento de invadir Inglaterra, aunque solo sea como movimiento de distracción, mientras Alemania e Italia terminan de invadir Francia. [...] Es evidente que muchos, entre ellos De Valera,[15] creen en la posibilidad de un desembarco en Irlanda. Casi nadie lo ha dicho hasta hace unos días, pero estaba claro desde el principio.

En la calle hay las mismas muchedumbres de todos los domingos, cochecitos de niño, clubes ciclistas, gente paseando al perro, grupos de jóvenes ociosos en las esquinas, sin que ningún gesto o comentario dé a entender que esa gente entienda que es probable que nos invadan las próximas semanas, aunque hoy lo dicen todos los periódicos dominicales. La respuesta a las llamadas de evacuación de los niños de Londres ha sido muy escasa. Es evidente que el razonamiento es: «La otra vez no hubo ataques aéreos, así que tampoco los habrá ahora». Sin embargo, esta gente actuará con valor cuando llegue el momento, si se le dice lo que debe hacer.

He aquí un breve análisis de los anuncios en el ejemplar de hoy del *People*:[16]

El periódico tiene doce páginas[17] y 84 columnas. De ellas, unas 26 ½ (más de ¼) son anuncios. Están repartidos como sigue:

Comida y bebida: 5 ¾ columnas.
Medicinas patentadas: 9 y un tercio.
Tabaco: 1.
Juego: 2 y un tercio.
Ropa: 1 ½.
Anuncios diversos: 6 ¾.

De 9 anuncios de comida y bebida, 6 son de lujos innecesarios. De 29 anuncios de medicinas, 19 son fraudulentos (curas para la calvicie y demás), más o menos nocivos (Sales Kruschen, purgantes biliares), o chantajistas («El estómago de su hijo necesita magnesia»). En el caso de algunas medicinas he concedido el beneficio de la duda. De 14 anuncios diversos, 4 son de jabón, 1 de cosméticos, 1 de un lugar de veraneo y 2 anuncios gubernamentales, entre ellos uno muy grande de deuda pública. Tan solo 3 anuncios del total eran para recaudar fondos para la guerra.

---

15. Eamon de Valera (1882-1975), líder político irlandés; a la sazón era primer ministro del Estado Libre de Irlanda. Se convirtió en presidente en 1959.
16. Un popular periódico dominical.
17. El número de páginas se redujo a seis el 1 de julio; véase *infra* 1-7-1940.

3-6-1940

De una carta de lady Oxford[18] al *Daily Telegraph*, a propósito de la escasez causada por la guerra:

«Como casi todas las casas de Londres están vacías apenas hay recepciones [...], en cualquier caso, casi todo el mundo ha tenido que despedir a la cocinera e irse a vivir a un hotel».

Por lo visto, nada hará entender jamás a esta gente que existe el otro 99 por ciento de la población.

18. Margot Asquith (1864-1945) era la viuda de Herbert Henry Asquith, conde de Oxford y Asquith, primer ministro de 1906 a 1916.

6-6-1940

Tanto Borkenau como yo pensábamos que el siguiente ataque de Hitler sería contra Francia y no contra Inglaterra, y resulta que teníamos razón. Borkenau opina que Dunkerque ha demostrado de una vez por todas que los aviones no pueden destruir a los barcos de guerra si estos últimos también cuentan con apoyo aéreo. Las cifras oficiales son 6 destructores y unos 25 barcos de otros tipos perdidos durante la evacuación de 330.000 hombres. El número de hombres evacuados probablemente sea cierto, e incluso si doblásemos el número de barcos perdidos[19] no sería tan grande para semejante proeza, teniendo en cuenta que las circunstancias no podían ser más propicias para los aviones.

Borkenau cree que el plan de Hitler es derrotar a Francia y exigir la entrega de la flota como parte de los términos de paz. Después será factible la invasión de Inglaterra con tropas transportadas por mar.

Un enorme anuncio en los lados de un autobús: «PRIMEROS AUXILIOS EN TIEMPO DE GUERRA, CHICLE WRIGLEY'S DA SALUD, FUERZA Y VALOR».

19. Las cifras eran correctas. Aunque la mayor parte del equipo se perdió, se evacuó a 198.000 británicos y a 140.000 soldados belgas y franceses. De los cuarenta y un barcos de guerra utilizados, seis resultaron hundidos y diecinueve dañados. Además, unos 220.000 soldados fueron evacuados de puertos de Normandía y Bretaña.

7-6-1940

Aunque se ha prohibido la colocación de los carteles de los periódicos,[20] a menudo se ve a los vendedores de periódicos desplegando un cartel. Por lo visto, resucitan y utilizan los antiguos, y los que llevan frases como «Ataques aéreos de la RAF contra Alemania» o «Enormes pérdidas alemanas» pueden utilizarse casi en cualquier ocasión.

> 20. La palabra «prohibido» hace pensar en algún tipo de censura; en realidad, dichos carteles (los que colocaban los vendedores de periódicos) se prohibieron solo para ahorrar materias primas y economizar en las importaciones y ahorrar espacio en los envíos por barco.

8-6-1940

En medio de una batalla espantosa, en la que supongo que mueren a diario miles de personas, uno tiene la impresión de que no hay noticias. Los periódicos vespertinos son idénticos a los matutinos, los matutinos son los mismos que los de la tarde anterior y la radio repite lo que dicen los periódicos. En cuanto a la veracidad de las noticias, probablemente estén ocultando más que mintiendo. Borkenau cree que la radio ha hecho que la guerra sea más sincera y que la única mentira a gran escala hasta el momento ha sido el número de barcos británicos hundidos según los alemanes. Sin duda es descabellado. Hace poco uno de los periódicos vespertinos comentó las cifras dadas por los alemanes y subrayó que, en apenas 10 días, aseguraban haber hundido 25 acorazados, es decir, diez más de los que hemos tenido nunca.

Stephen Spender me dijo no hace mucho: «¿No tienes la impresión de que en cualquier momento de los últimos diez años podías predecir los acontecimientos mejor que el propio gobierno?», y tuve que darle la razón. En parte, es porque no nos dejamos cegar por intereses de clase, etc.; por ejemplo, cualquiera que no tuviese intereses económicos podía reparar a simple vista en el peligro estratégico que suponía para Inglaterra dejar que Alemania e Italia dominaran en España, mientras que muchas personas de derechas, algunas de ellas soldados profesionales, fueron incapaces de entender un hecho tan evidente. Pero creo que la gente como nosotros comprende la situación mejor que los supuestos expertos, no porque tengamos ningún poder para predecir acontecimientos concretos, sino porque tenemos la capacidad de entender el mundo en que vivimos. En cualquier caso, he sabido desde 1931 (Spender dice que lo supo en 1929) que el futuro debía ser catastrófico. No habría podido precisar qué guerras y revoluciones ocurrirían, pero nunca me han sorprendido cuando se han producido. Desde 1934 he intuido que habría una guerra entre Alemania e Inglaterra, y desde 1936 lo he sabido con absoluta certeza.[21] Lo notaba en el estómago, y nunca me han engañado ni la cháchara de los pacifistas, por un lado, ni la gente del Frente Popular que fingía temer que Gran Bretaña se estuviese preparando para combatir con Rusia, por el otro. Del mismo modo, horrores como las purgas rusas no me han cogido por sorpresa, porque siempre había tenido la sensación de que —no exactamente así, pero parecidas— eran inherentes al dominio bolchevique. Lo notaba en su literatura.

[...] ¿Quién habría creído hace siete años que Winston Churchill tenía futuro político? Hace un año Cripps[22] era el niño malo del Partido Laborista, que lo expulsó e incluso se negó a oír su defensa. Por otra parte, para los conservadores era un rojo peligroso. Ahora es embajador en Moscú, y los periódicos de Beaverbrook han apoyado su nombramiento. Es imposible saber si se trata del hombre adecuado. Si los rusos están dispuestos a ponerse de nuestra parte, probablemente lo sea, pero, si siguen mostrándose hostiles, tal vez habría sido mejor enviar a alguien que no admirase el régimen soviético.

21. Véase «Mi país, a derechas o a izquierdas», *CW*, XII, pp. 269-272. El título del ensayo adapta el de Stephen Decatur «Mi país, con razón o sin ella», 1816.
22. Sir Stafford Cripps; véase *Acontecimientos*, 2-7-1939, n. 7.

10-6-1940

Acabo de oír, aunque no aparece en los periódicos, que Italia ha declarado la guerra. [...] Las tropas aliadas se están retirando de Noruega, la razón alegada es que pueden ser útiles en otra parte y que Narvik, tras su captura, se había vuelto inútil para los alemanes. Pero, de hecho, no la necesitarán hasta el invierno, en cualquier caso no les habría servido de mucho cuando Noruega dejó de ser neutral, y no creo que los Aliados tuviesen tantas tropas en Noruega como para que se notase la diferencia. Probablemente la verdadera razón sea que no quieren perder barcos de guerra.

Esta tarde he recordado con mucha claridad el incidente con el taxista en París en 1936, e iba a escribir sobre él en el diario. Pero estoy tan apesadumbrado que me resulta imposible. Todo se está desintegrando. Me duele estar escribiendo reseñas de libros y demás en estos tiempos, e incluso me irrita que se permitan semejantes pérdidas de tiempo. La entrevista del sábado en el Ministerio de la Guerra podría tener algún resultado si consigo engañar al médico. Si logro alistarme, sé, por analogía con la guerra de España, que dejarán de interesarme los asuntos públicos. Ahora me siento igual que en 1936, cuando los fascistas se aproximaban a Madrid, pero mucho peor. Ya escribiré lo del taxista en otra ocasión.[23]

23. Orwell relató el incidente con el taxista parisino en «As I Please», 42, 15 de septiembre de 1944. En suma, la carrera fue tan corta que el taxista se puso furioso porque le «hubiese hecho salir de la parada para una carrera que en dinero inglés eran unos tres peniques», y aún más porque Orwell no tenía cambio. Tuvieron una «sórdida discusión» que «en aquel momento me causó un violento enfado y luego me dejó triste y asqueado."¿Por qué se porta así la gente?", pensé». Para más detalles, véase *CW*, XVI, pp. 402-403.,

12-6-1940

Anoche Eileen y yo dimos un paseo por el Soho para comprobar si los ataques a los comercios italianos, etc., era como habían dicho. Me pareció que los periódicos habían exagerado, pero creo que vimos tres tiendas con la luna del escaparate rota. La mayor parte se habían declarado enseguida «británicos». Gennari's, la verdulería italiana, estaba cubierta de carteles impresos que decían: «Este establecimiento es totalmente británico». La Spaghetti House, una tienda especializada en comida italiana, se había rebautizado como «Tienda de comida inglesa». Otra tienda decía ser suiza, e incluso un restaurante francés se las daba de británico. Lo interesante es que los carteles debían de estar impresos de antemano para la ocasión. [...] Por repulsivos que sean estos ataques a unos inofensivos tenderos italianos, son un fenómeno interesante porque los ingleses, y me refiero a los que serían capaces de saquear una tienda, por lo general no están muy interesados en la política exterior. No creo que se produjese nada semejante durante la guerra de Abisinia y la guerra de España sencillamente no llegó a las masas. Tampoco ha habido ninguna reacción contra los alemanes residentes en Inglaterra hasta hace un mes o dos. La rastrera y fría declaración de guerra por parte de Mussolini en un momento así debe de haber impresionado incluso a la gente que por lo general apenas lee los periódicos.

13-6-1940

Ayer asistí a una conferencia de los LDV[24] celebrada en la sala de reuniones del Lord's. [...] La última vez que estuve en el Lord's debió de ser después del partido entre Eton y Harrow en 1921. En esa época debí de pensar que entrar en el Pavilion sin ser miembro del MCC[25] era igual que mearse en el altar, y años después aún pensaba que era un delito por el que podían procesarte.

Reparo en que uno de los carteles de reclutamiento de Pioneros, con un pie pisoteando una esvástica y la leyenda «Aplástala», está copiado de un cartel gubernamental de la guerra de España, o más bien lo que han copiado ha sido la idea. Por supuesto, la han vulgarizado hasta volverla cómica, pero su aparición demuestra al menos que el gobierno empieza a querer aprender.

El candidato comunista en las elecciones parciales de Bow[26] obtuvo unos 500 votos. Es un resultado pésimo, aunque los camisas negras a menudo obtienen menos (en un caso, unos 150). Resulta notable porque Bow era el feudo de Lansbury,[27] y era de esperar que en él hubiese muchos pacifistas. En todo caso, la participación fue muy baja.

---

24. Los Local Defence Volunteers; posteriormente la Home Guard. Orwell se alistó el 12 de junio en lo que se convirtió en la Compañía C, 5.º Condado del Batallón Londinense, y muy pronto lo ascendieron a sargento y lo pusieron a instruir a diez hombres. Se tomó muy en serio sus obligaciones. Véase Crick, pp. 396-401.

25. Marylebone Cricket Club, organismo que controlaba entonces el críquet nacional e internacional.

26. Una circunscripción de clase obrera en el East End londinense.

27. George Lansbury, un ferviente pacifista, véase *Acontecimientos*, 11-8-1939, n. 2.

14-6-1940

Los alemanes han llegado a París un día antes de lo previsto. Puede darse por sentado que Hitler irá a visitar Versalles. ¿Por qué no lo minan y lo vuelan por los aires a su llegada? Las tropas españolas han ocupado Tánger, obviamente para dejar que los italianos lo utilicen como base. Conquistar el Marruecos español desde el Marruecos francés probablemente resultaría fácil en estos momentos, y se podría hacer lo mismo en las demás colonias españolas, y establecer a Negrín[28] o a alguien como él en un gobierno alternativo, lo cual sería un duro golpe contra Franco. Pero al actual gobierno británico no se le pasaría por la cabeza hacer algo semejante. Uno ya casi ha perdido la capacidad de imaginar que los gobiernos aliados puedan tomar alguna vez la iniciativa.

Siempre que recorro las estaciones de metro me repugnan los anuncios, las caras estúpidas y los colores chillones,[29] el esfuerzo frenético por inducir a la gente a malgastar su trabajo y sus cosas, en consumir lujos inútiles o drogas perniciosas. Cuántas de esas tonterías barrerá la guerra si resistimos hasta el verano. La guerra no es más que el reverso de la vida civilizada, su lema es «Mal, sé mi bien»,[30] y hay tantos bienes de la vida moderna que en realidad son malos que resulta cuestionable si la guerra causa algún daño.

28. Juan Negrín había sido presidente del gobierno de España durante los últimos años de la República; véase *Acontecimientos*, 2-8-1939, n. 3.
29. A propósito del odio que tenía Orwell a los «carteles de anuncios» con caras sonrientes, idiotas y sonrosadas de una yarda de ancho, véase *Que no muera la Aspidistra*, publicado cuatro años antes; por ejemplo, *CW*, IV, pp. 14 y 16.
30. Milton, *Paraíso perdido*, iv, 110.

15-6-1940

Se me acaba de ocurrir que la caída de París probablemente suponga el fin de la Albatross Library.[31] En ese caso he perdido 30 libras. Parece increíble que la gente siga concediendo importancia a los contratos a largo plazo, los bonos y las acciones. Lo sensato sería pedir dinero prestado a todo el mundo y comprar cosas necesarias. Hace poco Eileen preguntó por la financiación para comprar una máquina de coser y descubrió que tienen planes a dos años y medio.

P.W.[32] contó que Unity Mitford,[33] además de intentar pegarse un tiro mientras estaba en Alemania, va a tener un crío. Al oírlo un hombrecillo de cara arrugada, cuyo nombre he olvidado, exclamó: «¡El Führer nunca haría una cosa así!».

31. La Albatross Continental Library se había comprometido a publicar *Subir a por aire* en el continente. Véase *Acontecimientos*, 4-8-1939, n. 7. El contrato estipulaba que el libro saldría antes de agosto de 1940. Tras la ocupación de París por los alemanes el 14 de junio, se promulgó un decreto que prohibía la venta de libros británicos publicados después de 1870 y la edición no llegó a publicarse.

32. Victor William (Peter) Watson (1908-1956) era un joven acaudalado que, después de mucho viajar, decidió en 1939 consagrar su vida al arte y se convirtió en cofundador con su amigo Cyril Connolly de la revista *Horizon*, que financió y en la que colaboró redactando la sección de arte. En 1948 fue uno de los fundadores del Institute of Contemporary Arts. Siempre admiró las obras de Orwell. Véase Michael Shelden, *Friends of Promise: Cyril Connolly and the World of «Horizon»* (1989).

33. La honorable Unity Valkyrie Mitford (1914-1948), cuarta hija del segundo lord Redesdale, fue una admiradora declarada de Hitler desde que lo conoció en 1934. En enero de 1940, la trasladaron a Inglaterra desde Alemania con una herida autoinfligida en la cabeza. Después vivió apartada del mundo. No estaba embarazada.

16-6-1940

Los periódicos de la mañana dejan bastante claro que, hasta pasadas las elecciones presidenciales, Estados Unidos no hará nada, es decir, no declarará la guerra, que es lo que importa. Y, si Estados Unidos no entra en la guerra, no habrá suficiente control de los negocios o del trabajo para acelerar la producción de armamento. En la última guerra, ese fue el caso, incluso cuando Estados Unidos era uno de los contendientes.

Aún es imposible decidir qué hacer en caso de una conquista alemana de Inglaterra. Lo que no haré es huir, o en todo caso, no más allá de Irlanda, suponiendo que fuese factible. Si la flota sigue intacta y es posible continuar la guerra desde América y los Dominios, hay que hacer lo posible por seguir vivo, si hace falta en un campo de concentración. Si Estados Unidos se pliega también a la conquista, no queda otra posibilidad que morir luchando, pero hay que morir luchando y tener la satisfacción de matar antes a alguien.

Ayer hablé con M.,[34] uno de los judíos de mi sección de los LDV, y le pregunté si cuando pase la crisis actual se produciría una revuelta en el Partido Conservador contra Churchill y un intento por volver a bajar los salarios y demás. Respondió que en ese caso habría una revolución, «o al menos eso esperaba». M. es fabricante y supongo que bastante adinerado.

34. Posiblemente, Michael, el propietario de una pequeña fábrica de ropa a la que se alude en la entrada del diario del 3-9-1940.

17-6-1940

Los franceses se han rendido. Era de prever tras el parte de anoche y, de hecho, desde que fracasaron en la defensa de París, el único sitio donde habría sido posible detener a los tanques alemanes. Estratégicamente, todo depende de la flota francesa, de la que todavía no se tienen noticias. [...]

Hay mucha agitación a propósito de la rendición francesa, y en todas partes se oye a la gente hablar de eso. La frase típica es: «Gracias a Dios, tenemos la Armada». Un soldado escocés medio borracho, con medallas de la última guerra, hizo un discurso patriótico en un vagón del metro que a los demás pasajeros pareció gustarles. La gente se abalanzaba de tal modo sobre los periódicos vespertinos que tuve que hacer cuatro intentos antes de conseguir uno.

Hoy en día, cuando escribo una reseña, me siento ante la máquina y la escribo de un tirón. Hasta hace poco, de hecho hasta hace seis meses, nunca lo había hecho y habría dicho que era incapaz. Casi todo lo que escribía lo escribía al menos dos veces, y los libros tres (algunos pasajes hasta cinco o diez). No es que haya adquirido facilidad, sino que me da igual con tal de pasar la inspección y ganar un poco de dinero. Es un deterioro causado directamente por la guerra.

Gran gentío en Canada House, donde fui a hacer averiguaciones, pues G.[35] está considerando enviar a su hijo a Canadá. Aparte de las madres, no dejan marcharse a nadie entre los 16 y los 60 años, evidentemente por miedo al pánico.

35. Gwen O'Shaughnessy, la cuñada de Eileen. Al principio de la guerra hubo un programa auspiciado por el gobierno para evacuar a los niños a Canadá y Estados Unidos. El hijo de Gwen, Laurence, que tenía diecinueve meses en junio de 1940, fue a Canadá en uno de los últimos barcos que llevaron refugiados, antes del hundimiento en el Atlántico del barco de refugiados *City of Benares*. Véase *infra* la entrada del 25-7-1940.

20-6-1940

Fui a las oficinas del [*New Statesman*][36] a averiguar qué postura habían adoptado sobre la defensa nacional. C.,[37] que es quien manda ahora, estaba en contra de la idea de «armar al pueblo» y dijo que los peligros superaban a las posibles ventajas. Si una fuerza invasora alemana se encuentra con civiles armados podría llevar a cabo tales atrocidades que asustaran a la gente y les animase a rendirse. Dijo que era arriesgado contar con que la gente corriente actuase con valentía y puso el ejemplo de una especie de motín en Glasgow cuando un tanque entró en la ciudad y todo el mundo huyó del modo más cobarde. No obstante, las circunstancias eran distintas porque la gente estaba desarmada y, como ocurre siempre en las luchas internas, sabía que luchaba con la soga al cuello. […] C. afirmó que, en su opinión, Churchill, aunque hasta cierto punto sea un buen tipo, es incapaz de hacer lo necesario para convertir esto en una guerra revolucionaria, por eso protegió a Chamberlain & Co., y dudó al implicar a toda la nación en la contienda. Por supuesto, no creo que Churchill vea las cosas desde nuestro punto de vista, pero tampoco que retroceda antes de dar cualquier paso (por ejemplo, la equiparación de ingresos, o la independencia de la India) que considere necesario para ganar la guerra. Claro que es posible que en la sesión secreta de hoy se consiga lo suficiente para echar de una vez a Chamberlain & Co. Le pregunté a C. si creía que había alguna esperanza y respondió que ninguna. No obstante, recuerdo que el día que los británicos empezaron a evacuar Namsos[38] pregunté a Bevan y Strauss,[39] que acababan de volver de la Cámara, qué esperanza había de derribar a Chamberlain, y también respondieron que ninguna. Sin embargo, una semana después se constituyó un nuevo gobierno.[40]

La creencia en la traición directa del alto mando se ha extendido mucho, lo suficiente para que sea peligrosa. […] Personalmente creo que esa traición consciente se da solo en el elemento profascista de la aristocracia y quizá en el alto mando militar. Por supuesto, el sabotaje inconsciente y la estupidez que nos han llevado a esta situación, por ejemplo, la forma tan idiota en que se manejó lo de Italia y España, es otra cuestión. R. H.[41] dice que los soldados repatriados de Dunkerque se quejan de la conducta de los oficiales, afirman que se fueron en coche y los dejaron con el agua al cuello, etc., etc. Son las cosas que se dicen siempre después de una derrota, y puede que sea cierto o no. Solo se podría demostrar comparando las listas de víctimas, si es que llegan a publicarse. Pero no es tan malo que se digan esas cosas, siempre y cuando no se produzca una desbandada por el pánico, por la absoluta necesidad de establecer todo según una nueva base social. En los nuevos ejércitos, entre los oficiales predominará la gente de clase media; así ocurría ya, por ejemplo, en las milicias españolas, pero de lo que se trata es de «modernizar»[42] el ejército. Lo mismo puede decirse de los LDV. Con la tensión de la emergencia, lo modernizaremos si tenemos tiempo, pero el tiempo es de crucial importancia.

Ayer se me ocurrió una cosa: ¿por qué Inglaterra, que tiene uno de los ejércitos más pequeños del mundo, tiene tantos coroneles retirados?

Reparo en que todos los intelectuales «de izquierdas» a los que veo creen que si Hitler llega a invadirnos se tomará la molestia de fusilar a la gente como nosotros y tendrá largas listas de indeseables. C.[43] afirma que hay en marcha medidas para destruir todos los registros policiales (seguro que todos tenemos uno) de Scotland Yard.[44] ¡Vana esperanza! La policía es precisamente la que acudiría a Hitler en cuanto estuviese segura de que había ganado. En fin, si resistimos unos meses, dentro de un año veremos una milicia roja alojándose en el Ritz,[45] y no me sorprendería demasiado que Churchill o Lloyd George estuviesen al frente.

No dejo de pensar en mi isla en las Hébridas,[46] que supongo que nunca poseeré ni llegaré a ver. Compton Mackenzie dice que la mayoría están deshabitadas incluso ahora (hay 500 y normalmente solo están habitadas el 10 por ciento), y que casi todas tienen agua, un poco de tierra cultivable y cabras que viven allí. Según R. H., una mujer que arrendó una isla en las Hébridas para escapar de los ataques aéreos fue la primera víctima por un bombardeo de la guerra. La RAF soltó allí una bomba por error. Buena historia, si es cierta.

El primer ataque aéreo de importancia en Gran Bretaña se produjo anteanoche. Hubo catorce muertos y se dice que derribaron siete aviones alemanes. Los periódicos incluyen fotografías de los restos de tres aviones, así que es posible que sea cierto.

36. Es posible que se trate de *The New Statesman*, aunque en el diario aparecen cinco guiones.

37. Probablemente, Richard Crossman (1907-1974), erudito, intelectual, periodista y político de izquierdas, que fue director adjunto de *The New Statesman* de 1938 a 1955 y director de 1970 a 1972. También fue parlamentario laborista de 1945 a 1970; ministro de Vivienda y Administración Local entre 1964 y 1966, y ministro de Salud y Seguridad Social entre 1964 y 1970.

38. La 146 Brigada de Infantería británica desembarcó en Namsos, Noruega, en la costa, a unas 300 millas al norte de Oslo, el 16 y 17 de abril de 1940. Se retiró el 2 y el 3 de mayo. Las últimas fuerzas aliadas abandonaron Noruega el 9 de junio.

39. Aneurin Bevan, parlamentario laborista; véase *Acontecimientos*, 28-8-1939, n. 11. En 1949, Orwell le dijo a un amigo: «Si pudiese convertirme en la *éminence grise* de Nye no tardaríamos en poner al país en pie». G. R. Strauss (1901-1993, nombrado lord en 1979) fue un parlamentario laborista y codirector del *Tribune*.

40. El gobierno de Neville Chamberlain cayó el 10 de mayo de 1940 y se formó un gobierno de coalición con Winston Churchill al frente. Magnánimamente, Churchill incluyó a Chamberlain entre sus ministros.

41. Rayner Heppenstall (1911-1981), novelista, crítico, historiador del crimen y productor radiofónico de la BBC. Produjo la adaptación radiofónica de *Rebelión en la granja* y encargó su obra radiofónica *El viaje del Beagle*, 29 de marzo de 1946 (véase *CW*, XVIII, pp. 179-201). Orwell y él compartieron piso en 1935 (de forma no muy amistosa), pero fueron amigos toda la vida. Su *Four Absentees* (1960) incluye recuerdos de Orwell (reproducidos en *Orwell Remembered*, pp. 106-115)

42. La «modernización» fue una frecuente preocupación de Orwell. Véase, por ejemplo, *Diario de guerra*, 23-8-1940, «The Home Guard and You», *CW*, XII, pp. 309-312; «Don't Let Colonel Blimp Ruin the Home Guard», *CW*, XII, pp. 362-365; la reseña de «Home Guard for Victory!», *CW*, XII, pp. 387-389; y «London Letter», *CW*, XII, pp. 474-475.

43. Sin identificar con seguridad. Posiblemente, otra vez Richard Crossman (véase n. 37), o Cyril Connolly. Inez Holden sugirió que pudiese tratarse de Christopher Hollis o de un misterioso individuo llamado Carter, a quien los amigos de Orwell no conocían.

44. Véase «London Letter», *CW*, XII, p. 355.

45. Véase «Mi país, a derechas o a izquierdas», *CW*, XII, pp. 269-272.

46. Esta es la primera referencia al sueño de Orwell de vivir en las Hébridas, que se cumplió en 1945 cuando arrendó Barnhill en Jura. Compárese con la visión de Winston Smith del País Dorado en *1984*, *CW*, IX, pp. 129-130; véase también la reseña de *Priest Island*, *CW*, XII, pp. 190-191.

21-6-1940

Sin verdaderas noticias. Veo en el periódico de ayer que han elegido a Chiappe[47] presidente del Consejo Municipal de París, presumiblemente bajo presión alemana. Se acabaron las pretensiones de que Hitler es amigo de las clases trabajadoras, enemigo de la plutocracia, etc.

Ayer, primer día de instrucción de nuestro pelotón de los LDV. Fueron verdaderamente admirables, solo 3 o 4 (de unos 60 hombres) no habían sido soldados. Algunos oficiales que, según creo, habían ido a burlarse se quedaron muy impresionados.

> 47. Jean Chiappe (1878-1940), jefe corso de la policía de París entre 1927 y 1934, era profascista y responsable de varias medidas represivas contra la izquierda. Elliot Paul, al referirse a su destitución el 2 de febrero de 1934, lo describió como «uno de los jefes de los Cagoulards de Pétain, la orden encapuchada que conspira en pro de una dictadura fascista» (*A Narrow Street*, 1942, cap. 24). A propósito de Orwell sobre la muerte de Chiappe, véase *infra* 1-12-1940.

22-6-1940

Todavía sin verdaderas noticias de los términos impuestos a Francia por Alemania. Se dice que son «tan complejos» que requieren una larga discusión. Supongo que hay que suponer que lo que está ocurriendo en realidad es que los alemanes, por un lado, y Pétain[48] & Co., por el otro, están intentando negociar con mucho esfuerzo una fórmula que lleve a rendirse a los dirigentes franceses en las colonias y a la armada. En realidad, Hitler no puede lograrlo si no es por mediación del gobierno francés. [...] Creo que nos hemos apresurado al dar por sentado que Hitler invadirá ahora Inglaterra; de hecho, es un movimiento tan esperado que casi podría deducirse que no lo hará. [...] Yo en su lugar atravesaría España, conquistaría Gibraltar y barrería Egipto y el norte de África. Si los británicos tienen una fuerza de, digamos, un cuarto de millón de hombres, lo mejor sería trasladarlos al Marruecos francés, invadir el Marruecos español por sorpresa y enarbolar la bandera republicana. Las demás colonias españolas podrían conquistarse sin gran dificultad. Por desgracia, no hay la menor esperanza de que suceda algo semejante.

Al parecer, los comunistas están volviendo a una posición antinazi. Esta mañana he recogido un panfleto que denunciaba la «traición» a Francia de Pétain & Co., aunque hace una semana o dos esta gente era casi abiertamente proalemana.

48. Henri Philippe Pétain (1856-1951), cuya defensa victoriosa de Verdún en 1916 lo convirtió en un héroe nacional, fue nombrado mariscal de Francia en 1918. En 1940 se convirtió en presidente, tuteló la derrota y el desmembramiento de Francia, y presidió el gobierno de Vichy en la zona ocupada hasta el final de la guerra. Fue juzgado por colaboración con los nazis y sentenciado a muerte. El presidente De Gaulle conmutó su sentencia por el confinamiento solitario de por vida.

24-6-1940

Las condiciones del armisticio alemán son las que era de esperar. [...] Lo interesante es ver hasta qué punto se están desmoronando el honor y las lealtades tradicionales. Pétain, irónicamente, es el creador (en Verdún) de la frase «Ils ne passeront pas», convertida desde entonces en un eslogan antifascista. Hace veinte años solo, un extremista de izquierdas o un pacifista radical habría firmado un armisticio semejante, e incluso entonces habría despertado recelos. Hoy los que están cambiando de bando en plena contienda son los patriotas profesionales. A Pétain, Laval,[49] Flandin[50] & Co. la guerra debe de haberles parecido una absurda lucha intestina en el momento en que el verdadero enemigo espera para golpearte. [...] Por tanto, es casi seguro que en Inglaterra haya gente en las altas esferas que se esté preparando para una traición parecida, y mientras, por ejemplo ----- ocupe el cargo -----, no es seguro que no triunfen, incluso aunque no llegue a producirse la invasión de Inglaterra. El lado bueno es que ya nadie puede creer que Hitler sea amigo de los pobres. Quienes están deseando pactar con él son los banqueros, los generales, los obispos, los reyes, los grandes industriales, etc., etc. [...] Hitler es el líder de un terrible contraataque de la clase capitalista, que se está constituyendo en una vasta corporación que sigue conservando el poder sobre la clase obrera, aun a costa de perder algunos de sus privilegios. Llegado el momento de oponerse a un ataque así, cualquiera que pertenezca a la clase capitalista debe ser traidor, al menos en parte, y estará dispuesto a cometer las indignidades más atroces antes que ofrecer una verdadera resistencia. [...] Se mire como se mire, ya sea desde el punto de vista estratégico o considerando los detalles más nimios de la defensa local, está claro que cualquier lucha real equivale a la revolución. Es evidente que Churchill no se ha dado cuenta o no lo aceptará, así que tendrá que marcharse. Pero que se vaya a tiempo de impedir la conquista de Inglaterra depende de lo rápido que la gente comprenda el meollo de la cuestión. Temo que no actúen hasta que sea demasiado tarde.

Estratégicamente, todo depende de que resistamos hasta el invierno. [...] Para entonces, con enormes ejércitos de ocupación en todas partes, una escasez casi segura de alimentos y la dificultad de obligar a trabajar a las poblaciones conquistadas, Hitler se encontrará por fuerza en una situación difícil. Será interesante comprobar si legaliza el Partido Comunista Francés e intenta utilizarlo contra la clase trabajadora en el norte de Francia igual que ha usado a Pétain contra la clase reaccionaria.

Si se produce la invasión y fracasa, todo irá bien y tendremos un gobierno de izquierdas y un movimiento decidido contra la clase gobernante. Creo, no obstante, que la gente se equivoca si cree que Rusia sería más amistosa con nosotros si tuviésemos un gobierno revolucionario. Después de lo de España, no puedo sino pensar que Rusia, es decir, Stalin, se opondrá a cualquier país donde se esté produciendo una verdadera revolución. Estarían moviéndose en direcciones opuestas. Una revolución empieza con la difusión de las ideas de libertad, igualdad, etc. Luego llega la aparición de una oligarquía tan interesada en conservar sus privilegios como cualquier otra clase gobernante. Semejante oligarquía debe ser necesariamente hostil a cualquier revolución que, por fuerza, habrá de recuperar las ideas de libertad e igualdad. El *News Chronicle* de esta mañana anuncia que en el Ejército Rojo se ha reinstaurado el saludo a los mandos superiores. Un ejército revolucionario empezaría aboliendo el saludo, y esa minucia es sintomática de toda la situación. Aunque es probable que los saludos y demás sean necesarios.

Se han dado órdenes a los LDV de que entreguen todos los revólveres a la policía, pues el ejército los necesita. Aferrarse a armas inútiles, como los revólveres, cuando los alemanes tienen fusiles ametralladores, es típico del ejército británico, pero creo que la verdadera razón de semejante orden es impedir que las armas lleguen a las manos «equivocadas».

Tanto E[ileen] como G.[51] insisten en que debería emigrar a Canadá si ocurre lo peor, para seguir vivo y dedicarme a la propaganda. Iré si tengo alguna función, por ejemplo, si el gobierno se trasladara a Canadá y yo tuviese algún trabajo, pero no como refugiado, ni como periodista expatriado que grita desde la seguridad de la distancia. Ya tenemos demasiados de esos «antifascistas» exiliados. Es mejor morir, en caso necesario, y tal vez como propaganda la propia muerte consiga más que emigrar y vivir de la caridad ajena. No es que quiera morir; tengo muchas cosas por las que vivir, a pesar de mi mala salud y de no tener hijos.

Otro panfleto gubernamental esta mañana, sobre el modo de tratar a las víctimas de los ataques aéreos. Los panfletos están mejorando su tono y su lenguaje, y las emisiones radiofónicas también, sobre todo las de Duff Cooper, que de hecho son ideales para cualquiera que esté viviendo con 5 libras a la semana. Pero sigue sin haber nada en un lenguaje verdaderamente popular, nada capaz de conmover a la clase obrera más pobre o que sea siquiera medianamente inteligible. La gente mejor educada no comprende lo poco que impresionan las palabras abstractas a la gente normal. Cuando Acland estaba enviando su asnal «Manifiesto del hombre sencillo» (escrito por él y firmado en la línea de puntos por «hombres sencillos» elegidos por él) me contó que los observadores populares rechazaron el primer borrador tras dárselo a leer a unos obreros y comprobar que causaba graves malentendidos. [...] El primer indicio de que está pasando algo en Inglaterra será la desaparición de esa horrorosa voz engolada de la radio. Observándolos en los bares, he reparado en que los obreros solo prestan atención a la radio cuando se cuela un poco de lenguaje popular. E[ileen], no obstante, opina, y creo que no le falta razón, que la gente sin educación a menudo se conmueve con un discurso en lenguaje solemne que en realidad no llegan a entender pero les parece impresionante. Por ejemplo, la señora A.[52] se impresiona con los discursos de Churchill, aunque no los entienda palabra por palabra.

49. Pierre Laval (1883-1945) fue varias veces ministro del gobierno francés, de Obras Públicas, Justicia, Trabajo, Colonias y Asuntos Exteriores, y presidente de 1931 a 1932 y de 1935 a 1936. Dejó el Partido Socialista en 1920 y fue derivando poco a poco hacia la extrema derecha. El 7 de enero de 1935 firmó, como ministro de Asuntos Exteriores, un acuerdo con Mussolini que reconocía el derecho de los italianos a reclamar ciertas áreas de Abisinia (Etiopía) a cambio del apoyo italiano contar la intervención alemana en Austria. Italia invadió Abisinia el 3 de octubre de 1935, y el 18 de diciembre el ministro de Asuntos Exteriores británico, sir Samuel Hoare, tuvo que

dimitir cuando se supo que había pactado con Laval para apaciguar a Mussolini. Tras la caída de Francia, Laval se convirtió en un símbolo del colaboracionismo traidor. Incluso envió a franceses a trabajar en la industria alemana. Juzgado en 1945, fue ejecutado tras un intento fallido de suicidio.

50. Pierre-Étienne Flandin (1889-1958) desempeñó varios cargos en el gobierno francés. Fue presidente entre 1934 y 1935 y ministro de Asuntos Exteriores en el gobierno de Pétain en 1940, pero intentó resistirse a las exigencias alemanas y fue sustituido por Laval. Después de la guerra se le prohibió participar en la vida pública.

51. Eileen Blair y Gwen O'Shaughnessy, su cuñada, la mujer de Eric O'Shaughnessy.

52. Probablemente la señora Anderson, que limpiaba la casa de los Orwell en Wallington. Aunque Orwell en la época en que escribió esto llevaba cinco o seis semanas viviendo en Londres, aún continuaba visitando Wallington. Hasta 1947 no se mudaron definitivamente de The Stores.

25-6-1940

Anoche hubo un aviso de ataque aéreo a eso de la 1 a.m. En Londres fue una falsa alarma, pero es evidente que se produjo un ataque en alguna parte. Nos levantamos y nos vestimos, pero no fuimos al refugio. Es lo que hizo todo el mundo: levantarse y quedarse charlando, por absurdo que parezca. Pero es natural que uno se levante al oír las sirenas, y luego, a falta de explosiones u otros estímulos, se sienta avergonzado de ir al refugio.

Ayer vi en uno de los periódicos que están repartiendo máscaras antigás en Estados Unidos, aunque la gente tiene que pagarlas. Lo más probable es que las máscaras sean inútiles para la población civil en Inglaterra y en Estados Unidos lo son casi con toda seguridad. El reparto no es más que un gesto de solidaridad nacional, el primer paso antes de ponerse el uniforme. En cuanto empezó la guerra, llevar o no una máscara antigás adquirió tintes políticos y sociales. Los primeros días, a la gente como yo que nos negamos a llevarla nos miraban por la calle y se daba por sentado que éramos de «izquierdas». Luego se perdió la costumbre y los que las llevaban eran tipos ultraprecavidos, gente que paga sus impuestos y vive en barrios residenciales. Con las malas noticias, el hábito ha revivido y yo diría que ahora las lleva un 20 por ciento de la gente. Pero aún te miran si la llevas sin ir de uniforme. Hasta que se produzcan los grandes bombardeos y la gente repare en que los alemanes no utilizan gas, el porcentaje de los que carguen con ellas será probablemente un buen índice de la impresión que las noticias sobre la guerra están causando en la opinión pública.

Esta tarde he ido a la oficina de reclutamiento para apuntarme a los Home Service Battalions. Tengo que volver el viernes para pasar el examen médico, pero como son para hombres entre los 30 y los 50 años, supongo que el nivel debe de ser bajo. El hombre que me ha apuntado, etc., era el típico imbécil, un excombatiente con medallas de la última guerra que apenas sabía escribir. Al escribir las mayúsculas, más de una vez las escribió del revés.

27-6-1940

Por lo visto, anteanoche, al producirse el aviso de ataque aéreo, muchos londinenses se despertaron con la señal de todo despejado, pensaron que era la alarma y fueron a los refugios y se quedaron allí hasta la mañana siguiente esperando la señal para salir. Eso después de diez meses de guerra y de Dios sabe cuántas explicaciones de las precauciones que hay que tomar ante un ataque aéreo.

El hecho de que el gobierno en esta ocasión no haya tenido que hacer una campaña de reclutamiento ha amortiguado la propaganda. [...] Lo más sorprendente es la ausencia de carteles propagandísticos de ningún tipo acerca de la lucha contra el fascismo, etc. Ojalá alguien enseñara al MOI[53] los carteles utilizados en la guerra de España, si me apuras incluso los de Franco. Pero ¿cómo va a alzar esta gente a la nación contra el fascismo cuando ellos mismos eran subjetivamente profascistas y estaban dorándole la píldora a Mussolini casi hasta el momento en que Italia entró en guerra? Butler,[54] en respuesta a unas preguntas sobre la ocupación española de Tánger, ha dicho que el gobierno de S. M. «da por buena la palabra» del gobierno español de que lo han hecho para preservar la neutralidad de Tánger: eso después de las manifestaciones falangistas en Madrid para celebrar la «conquista» de Tánger. [...] Los periódicos matutinos publican un «desmentido» de que Hoare esté preguntando en Madrid por un armisticio. O sea, que lo está haciendo. La pregunta clave es cómo librarnos de esta gente en las próximas semanas, antes de que sea demasiado tarde.

La traición inconsciente de la clase gobernante británica en lo que es en efecto una guerra de clases es demasiado evidente para que valga la pena mencionarlo. Lo difícil es saber qué parte de esa traición es deliberada. [...] L. M.,[55] que conoce o al menos ha visto a esa gente, dice que, con excepciones individuales como Churchill, la aristocracia británica está corrompida hasta el tuétano, carece del patriotismo más elemental y solo le preocupa mantener su nivel de vida. Afirma que tienen conciencia de clase y saben perfectamente que sus intereses coinciden con los de los ricos de cualquier otro lugar. Afirma que la posible caída de Mussolini siempre les ha parecido una pesadilla. Hasta ahora, las predicciones que hizo Myers a propósito de la guerra el mismo día que empezó han sido muy exactas. Dijo que no ocurriría nada hasta que pasara el invierno, que tratarían a Italia con mucho tacto y que de pronto se volverían contra nosotros, y que el objetivo de Alemania sería imponer un gobierno títere en Inglaterra con el que Hitler pudiera gobernar Gran Bretaña sin que la gente se diera cuenta. [...] En lo único que se equivocó Myers es al pensar, como hice yo, que Rusia continuaría colaborando con Alemania, algo que tal vez no suceda. Pero es probable que los rusos no pensaran que Francia caería tan deprisa. Pétain & Co. están intentando llevar a cabo la misma traición contra Rusia que Rusia urdió contra Inglaterra. Lo interesante es que, en la época del pacto germano-ruso casi todo el mundo dio por sentado que era ventajoso para Rusia y que Stalin se las había arreglado para «parar» a Hitler, aunque bastaba echar un vistazo a cualquier mapa para ver que no era así. En Europa occidental el comunismo y el extremismo de izquierdas se han convertido casi totalmente en una forma de masturbación. Personas sin el menor poder de influir en los acontecimientos se consuelan fingiendo que están controlándolos. Desde la perspectiva comunista, nada importa tanto como convencerse a uno mismo de que Rusia está al mando. Ahora resulta dudoso que los rusos hayan hecho otra cosa que ganar un poco de tiempo con el pacto, aunque se las hayan arreglado mucho mejor que nosotros en Munich. Puede que, después de todo, Inglaterra y la URSS se vean obligadas a aliarse, en lo que sería un ejemplo interesante de cómo el interés supera un intenso odio ideológico.

The New Leader[56] habla ahora de la «traición» de Pétain & Co. y la «lucha de los obreros» contra Hitler. Es de presumir que apoyarían la resistencia de los obreros si Hitler invadiese Inglaterra. ¿Y con qué combatirán los obreros? Con armas. Sin embargo el ILP clama al mismo tiempo por el sabotaje en las fábricas de armamento. Esta gente vive casi por completo en una fantasía masturbatoria, condicionada por el hecho de que nada de lo que digan o hagan tendrá la menor influencia en los acontecimientos, ni siquiera en la producción de un simple cartucho.

53. Ministerio de Información, responsable de la propaganda bélica. Tenía oficinas en la Senate House de la Universidad de Londres, el edificio más alto de la ciudad en el período de entreguerras. Inspiró a Orwell el Miniver de *1984*.
54. R.A. Butler (1902-1984; nombrado lord en 1965) fue subsecretario de Estado de Asuntos Exteriores entre 1938 y 1941, ministro de Economía y ministro de Asuntos Exteriores en el gobierno conservador de 1951-1964.
55. L.H. Myers era novelista y un buen amigo de Orwell. Respaldó (sin que Orwell lo supiera) su estancia y la de Eileen en Marruecos en 1938-1939.
56. Semanario del Partido Laborista Independiente, al que se había afiliado Orwell en junio de 1938, y con cuyo contingente había combatido en España. Dejó el partido al principio de la guerra porque adoptó una postura pacifista.

28-6-1940

Me siento muy deprimido por el cauce que están tomando las cosas. Esta mañana he ido a pasar el examen médico y me han rechazado, tengo el grado C, con el que no aceptan a nadie en ningún cuerpo. [...] Qué espantosa falta de imaginación la del sistema, incapaz de encontrar utilidad a un hombre que se halla por debajo del nivel físico medio pero no es un enfermo. Un ejército necesita una inmensa cantidad de trabajo burocrático, y la mayoría lo lleva a cabo gente sana y medio analfabeta. [...] Podría disculparse al gobierno por no utilizar a la *intelligentsia*, que, en conjunto, es políticamente poco de fiar, si estuviese intentando movilizar a la mano de obra de la nación para que dejase de fabricar cosas innecesarias y se dedicase al trabajo productivo. Basta con salir a la calle para ver que eso no es lo que está sucediendo

Hoy los rusos han entrado en Besarabia. La noticia no ha despertado prácticamente ningún interés, y los escasos comentarios que he oído eran de tibia aprobación o al menos no se oponían. Compárese con la intensa ira popular ante la invasión de Finlandia. No creo que la diferencia se deba a la percepción de que Finlandia y Rumanía sean premisas distintas. Probablemente sea por lo desesperado de nuestra situación y por la idea de que ese movimiento podría avergonzar a Hitler, y creo que así será, aunque es evidente que cuenta con todos sus parabienes.

29-6-1940

El gobierno británico ha reconocido a De Gaulle,[57] pero al parecer de una manera equívoca, es decir, no ha declarado que no reconocerá el gobierno de Pétain.

Algo muy esperanzador es que la prensa en nuestro bando conserva su independencia [...] Aunque eso conlleve la dificultad implícita de la «libertad» de prensa, que depende de intereses creados y (a través de los anunciantes) de productos innecesarios. Los periódicos que resistirían a una traición no pueden oponerse con firmeza a la producción de esos productos cuando viven de los anuncios de medias de seda y chocolatinas.

57. Charles de Gaulle (1890-1970) era en la época el líder de la Francia Libre y la inspiración para continuar la resistencia francesa contra Alemania después de la caída de Francia. Su orgullo nacional, unido a la humillación que le produjo el hundimiento francés y su determinación de liberar su país, dificultaron en ocasiones el trabajo conjunto con los Aliados. Después de la guerra fue presidente en funciones de 1945 a 1946. Volvió al poder en 1958 con motivo de la crisis de Argelia, y, como arquitecto y presidente de la V República, entre 1959 y 1969, conservó la independencia militar y estratégica de Francia.

30-6-1940

Esta tarde, desfile en Regent's Park[58] de los LDV de toda la «zona», es decir, 12 pelotones teóricamente de 60 hombres cada uno (en realidad, unos pocos menos). Sobre todo excombatientes y, si dejamos a un lado el pésimo aspecto que tienen siempre los hombres cuando hacen la instrucción vestidos de paisano, no están tan mal. Cerca de un 25 por ciento son de clase obrera. Si hay ese porcentaje en la zona de Regent's Park, en otras será mucho más alto. Lo que ignoro todavía es si se ha producido la tendencia de evitar reclutar contingentes de los LDV en los barrios muy pobres donde los mandos tendrían que ser de clase obrera. En la actualidad, la organización está en un estado anómalo y confuso que ofrece muchas posibilidades. La gente está organizando espontáneamente grupos de defensa local y es probable que estén fabricando granadas de mano caseras. No cabe duda de que las clases altas están atemorizadas por estas tendencias. [...] El general que presidió el desfile era el típico imbécil senil, en realidad decrépito, y pronunció uno de los discursos menos inspirados que he oído. Los hombres, no obstante, estaban dispuestos a dejarse inspirar. Vítores al oír la noticia de que por fin han llegado los fusiles.

Ayer la noticia de la muerte de Balbo[59] estaba en los carteles cuando C.,[60] los M.[61] y yo pasamos por la calle. C. y yo nos alegramos, C. Contó cómo Balbo y sus amigos habían subido al jefe de los senussi en un avión y lo habían arrojado al vacío, y ni siquiera los M. (que son pacifistas convencidos) parecían muy disgustados. E[ileen] también estaba encantada. Por la noche (me quedé a dormir en Crooms Hill)[62] encontramos un ratón que se había caído en el fregadero y no podía subir por las paredes. Intentamos construir una especie de escalera con cajas de jabón en polvo y demás por donde pudiera trepar, pero estaba tan aterrorizado que se ocultó debajo de la tira de plomo del borde del fregadero y no se movió ni siquiera cuando lo dejamos solo media hora o así. Al final, E[ileen] lo cogió con cuidado con la mano y lo dejó marchar. Son cosas sin importancia, [...] pero cuando recuerdo lo mucho que me afectó el desastre del *Thetis*,[63] hasta el punto de quitarme el apetito; creo que uno de los efectos más terribles de la guerra es alegrarse de oír que han hundido un submarino enemigo.

58. Orwell vivía entonces en el 18 de Dorset Chambers, en Chagford Street, NW1, a unas 150 yardas de Regent's Park.
59. Italo Balbo (1896-1940), jefe de la Fuerza Aérea italiana, fue responsable del bombardeo de los etíopes durante la guerra ítalo-etíope entre 1935 y 1936.
60. Cyril Connolly.
61. Sin identificar. Probablemente no se trate de L. H. Myers y su mujer, con quienes no encaja la descripción «pacifistas convencidos».
62. La casa de Gwen O'Shaughnessy en Greenwich.
63. En junio de 1939, el submarino británico *Thetis* no pudo salir a la superficie durante unos ejercicios. Solo se salvaron cuatro personas de una tripulación de 103

debido a un fallo en el sistema de evacuación. Los lentos progresos y el fracaso final de los intentos de rescate fueron seguidos con horror por muchos radioyentes. El submarino se reflotó, entró en el servicio activo como HMS *Thunderbolt* en noviembre de 1940. A la tripulación se le contó la historia de la nave y se le dio la oportunidad de rechazar ese puesto. Después de una carrera jalonada de victorias, sufrió un ataque con cargas de profundidad y se hundió con toda su tripulación en marzo de 1943. La incoherencia se debe a los cortes llevados a cabo por el propio Orwell.

1-7-1940

Los periódicos se han reducido hoy a 6 páginas, es decir, a 3 hojas.[64] La letra ha disminuido de tamaño. Un análisis a grandes rasgos del *News Chronicle* de hoy: 6 páginas = 48 columnas. De ellas (sin contar los anuncios pequeños que hay junto a los titulares en la primera página), 15 columnas o casi un tercio son anuncios. Cerca de 1 ½ columnas están dedicadas a ofertas de empleo, etc., pero la mayoría de los anuncios son de bienes de consumo más o menos inútiles. Las columnas financieras también se mezclan con los anuncios; es probable que algunos de los informes sobre juntas directivas y demás los paguen las propias empresas.

El *Express* de hoy tiene 6 páginas = 42 columnas, de las cuales 12 son anuncios.

En todos los periódicos de hoy hay rumores de que a Balbo lo han eliminado los suyos, como en el caso del general Von Fritsch.[65] Hoy en día cuando alguna persona eminente muere en combate se plantea inevitablemente esta cuestión. En la guerra española están los casos de Durruti y el general Mola.[66] El rumor sobre Balbo se basa en la afirmación de la RAF de que no tienen constancia del enfrentamiento en el que supuestamente ha muerto Balbo. Si es mentira, y es posible que lo sea, se trataría de uno de los mejores golpes de la propaganda británica hasta el momento.

64. Véase, en *Diario de guerra*, 2-6-1940, un análisis de los contenidos de *People* cuando tenía 12 páginas.
65. Werner von Fritsch (1880-1939), general de la vieja guardia del Estado Mayor alemán, nunca ocultó el desprecio que sentía por Hitler. Siempre se pensó que su muerte en combate en 1939 había sido organizada por el Führer.
66. Buenaventura Durruti se convirtió en general y en un líder popular. Murió en la defensa de Madrid, posiblemente a manos de los comunistas. Su funeral congregó

una gran manifestación popular en Barcelona. Emilio Mola Vidal (1887-1937) tenía el mismo rango que Franco y murió en los primeros compases de la Guerra Civil antes de que llegase a plantearse la cuestión de la primacía entre los dos.

3-7-1940

En todas partes predomina una especie de desesperación entre los intelectuales por el fracaso del gobierno a la hora de actuar y por que tantos incompetentes y profascistas continúen en los puestos de mando. Cada vez cunde más la impresión de que lo único que enderezaría la situación sería una invasión fracasada; y a eso se une el temor creciente de que Hitler no intentará la invasión, sino que se centrará en África y Oriente Próximo.

5-7-1940

La casi total ausencia de víctimas británicas en el ataque contra los barcos de guerra franceses en Orán[67] deja bastante claro que los marineros franceses deben de haberse negado a disparar los cañones, o que lo han hecho sin demasiado entusiasmo. [...] A pesar de todo el jaleo en los periódicos sobre «la flota francesa fuera de combate», etc., etc., parece, a juzgar por la lista de barcos, que no tienen en cuenta la mitad de la armada francesa y desde luego solo la mitad de los submarinos. Pero los periódicos no dicen cuántos han caído ya en manos alemanas o italianas, ni cuántos se encuentran todavía en alta mar. [...] El tremendo estallido de rabia en la radio alemana (si los informes son correctos, exhortando al pueblo inglés a que ahorque a Churchill en Trafalgar Square) demuestra lo acertado de esta acción.

67. El 3 de julio, la Royal Navy, al mando del vicealmirante sir John Somerville, atacó los barcos de guerra franceses en Orán y Mers el-Kebir, en Argelia. Entre los barcos franceses hundidos o dañados estaban los acorazados *Provence* y *Bretagne* y el acorazado ligero *Dunkerque*; murieron 1.300 marineros franceses. Varios barcos, entre ellos el acorazado *Strasbourg* y el portaaviones *Commandant Teste*, escaparon a Toulon. Los barcos franceses amarrados en Portsmouth y Plymouth fueron requisados, entre ellos 2 acorazados, 2 cruceros, 2 destructores, unas 200 embarcaciones y varios subma-

rinos. A las tripulaciones se les ofreció la opción de alistarse con los Aliados o ser repatriadas.

10-7-1940

Han inutilizado el acorazado francés *Richelieu*, que estaba amarrado en el puerto de Dakar.[68] Pero no se ha hecho ningún movimiento para capturar los puertos franceses de África occidental, que sin duda no tienen guarniciones muy numerosas. [...] Según Vernon Bartlett,[69] los alemanes se disponen a hacer una propuesta de paz en los términos que yo había augurado, es decir, que Inglaterra deje de intervenir en Europa pero conserve el imperio, y que el gobierno de Churchill dimita y sea sustituido por otro aceptable para Hitler. La presunción es que en Inglaterra hay una facción deseosa de aceptar estas condiciones, y sin duda se ha formado un gobierno en la sombra. Parece casi increíble que alguien pueda imaginar que la gente toleraría un apaño así, a menos que haya combatido y se encuentre en un callejón sin salida. [...] Al duque de Windsor[70] lo han enviado como gobernador a las Bahamas, en la práctica una sentencia de destierro. [...] El libro que acaba de publicar Gollancz, *Guilty Men*, la típica acusación de los presentes en Munich, se está vendiendo como rosquillas. Según *Time*, los comunistas estadounidenses trabajan codo con codo con los nazis de allí para impedir que las armas de Estados Unidos lleguen a Inglaterra. Es difícil saber con cuánta libertad cuentan en cada caso los comunistas. Hasta hace muy poco, daba la impresión de que con ninguna. No obstante, en los últimos tiempos han seguido políticas contradictorias en diversos países. Es posible que se les permita abandonar la «línea oficial» cuando aferrarse estrictamente a ella equivalga a su desaparición.

68. El 8 de julio de 1940, torpederos de la Royal Navy atacaron y dañaron gravemente el acorazado *Richelieu* en Dakar y el *Jean Bart* en Casablanca.
69. Vernon Bartlett (1894-1983), autor de numerosos libros de política, era en la época un importante periodista político liberal. Trabajaba para el *News Chronicle* (que tendía a favorecer las opiniones del Partido Liberal) e informaba sobre las crisis mundiales, en particular las relacionadas con Hitler, Mussolini y Extremo Oriente. En 1938 ganó unas sonadas elecciones parciales como independiente oponiéndose al Pacto de Munich.

70. Eduardo, duque de Windsor (1894-1972), había sido un príncipe de Gales muy popular, y se había interesado por los desempleados y por quienes vivían en áreas empobrecidas. Ascendió al trono como Eduardo VIII el 20 de enero de 1936, pero su decisión de casarse con una mujer dos veces divorciada, la señora Wallis Simpson, provocó una crisis que condujo a su abdicación el 10 de diciembre de 1936. Él y la señora Simpson se casaron y vivieron en Francia, excepto los años de la guerra en que ejerció de gobernador de las Bahamas. La controversia y el rechazo causado por la «crisis de abdicación» y sus relaciones con la Alemania nazi aún no se han olvidado del todo.

16-7-1940

Llevamos varios días sin verdaderas noticias, excepto la rendición parcial del gobierno británico ante Japón, es decir, el acuerdo para dejar de enviar pertrechos de guerra por Birmania durante un tiempo. No obstante, no es tan definitivo como para que no pueda revocarlo un próximo gobierno. F.[71] cree que es el último esfuerzo del gobierno (o, lo que es lo mismo, el último esfuerzo de quienes tienen inversiones en Hong Kong, etc.) para apaciguar a Japón, antes de verse obligados a apoyar a China. Tal vez lo sea. Pero vaya un modo de hacer las cosas: no llevar a cabo un solo acto decente hasta que no te quede otro remedio y el resto del mundo haya dejado de creer en que tus motivos puedan ser honrados.

W.[72] dice que la *intelligentsia* londinense de izquierdas es hoy totalmente derrotista, considera desesperada la situación y está deseando que se produzca la rendición. Qué fácil debería haber sido prever, al oír las bravatas del Frente Popular, que se vendrían abajo en cuanto las cosas se torcieran de verdad.

71. Sin identificar; posiblemente Tosco Fyvel (1907-1985), un judío cuyos padres habían emigrado de Viena a lo que era entonces Palestina, donde entabló relación con el movimiento sionista y colaboró con Golda Meir. Orwell y él se conocieron en enero de 1940, con Fredric Warburg y otros. El resultado de una serie de encuentros posteriores fue Searchlight Books, cuyo primer libro publicado fue *El león y el unicornio* (1941), de Orwell. Véase también T. R. Fyvel, *George Orwell: A Personal Memoir* (1982), pp. 91-102.

72. Sin identificar; posiblemente Fredric Warburg.

22-7-1940

Seguimos sin verdaderas noticias desde hace días. El principal acontecimiento del momento es la conferencia panamericana, que acaba de empezar, y la absorción por Rusia de los Estados Bálticos, que debe de ser una medida contra Alemania. La mujer de Cripps y sus hijas se mudan a Moscú, así que es evidente que cuenta con quedarse mucho tiempo. Se dice que España está importando grandes cantidades de petróleo, evidentemente para los alemanes, sin que se lo impidamos. Hoy hay mucha música celestial en el *News Chronicle* a propósito de la noticia de que Franco no quiere entrar en la guerra, que intenta oponerse a la influencia alemana, etc., etc. [...] Será exactamente como he dicho. Franco fingirá ser probritánico, lo cual se utilizará como excusa para permitir las importaciones, y al final se unirá al bando alemán.

25-7-1940

Sin noticias [...] Varias personas que enviaron a sus hijos a Canadá empiezan a lamentarlo.[73] Las víctimas mortales de los ataques aéreos del mes pasado ascendieron a unas 340. De ser cierto, es un número considerablemente menor que las muertes en la carretera del mismo período. [...] Los LDV, que se supone que cuentan ya con 1.300.000 hombres, ha dejado de reclutar gente y ha pasado a llamarse la Home Guard. Circula el rumor de que quienes ejercen de suboficiales serán reemplazados por hombres del ejército regular. Eso parece indicar o bien que las autoridades empiezan a tomar a los LDV por una fuerza de combate, o que les temen.

Ahora se rumorea que Lloyd George[74] es el Pétain potencial de Inglaterra. [...] La prensa italiana también lo afirma y dice que la prueba es el silencio de L. G. Por supuesto resulta fácil imaginar a L. G. desempeñando ese papel por puro rencor y celos porque no le han dado ningún cargo, pero mucho menos fácil imaginarlo con la camarilla *tory* que favorecería semejante apaño.

Cuando voy por la calle me paso todo el tiempo mirando las ventanas y pensando cuál de ellas sería mejor para instalar un nido de ametralladoras. D.[75] dice que a él le ocurre lo mismo.

73. Véase *Diario de guerra*, 17-6-1940, a propósito de la evacuación de niños a Canadá.

74. David Lloyd George se había convertido, como Pétain, en un líder heroico, cuando demostró ser un primer ministro eficaz. Se quedó en minoría al buscar un tratado de paz conciliador con Alemania después de la guerra. Para más información sobre Lloyd George, véase *Acontecimientos*, 6-8-1939, n. 3.

75. Sin identificar.

28-7-1940

Esta noche he visto una garza volando sobre Baker Street. Aunque eso no es tan improbable como lo que vi hace una o dos semanas: un cernícalo cazando un gorrión en mitad del Lord's Cricket Ground. Supongo que es posible que la guerra, y la disminución del tráfico, aumenten el número de aves que viven en el centro de Londres.

El hombrecillo cuyo nombre siempre se me olvida conocía a Joyce,[76] del partido fascista escindido, conocido por lord Ja Ja. Dice que Joyce odiaba a Mosley[77] con toda su alma y hablaba de él con un lenguaje que no se puede reproducir. Teniendo en cuenta que Mosley es el principal partidario de Hitler en Inglaterra, resulta interesante que utilizara a Joyce y no a uno de los hombres de Mosley. Eso coincide con lo que decía Borkenau de que Hitler no quiere que exista un partido fascista demasiado fuerte en Inglaterra.[78] Evidentemente, el motivo siempre es dividir e incluso dividir a los que dividen. La prensa alemana está atacando al gobierno de Pétain, no está muy claro con qué motivo, y lo mismo están haciendo elementos de la prensa francesa bajo control alemán. Doriot,[79] claro, es uno de los primeros. Me llevé una sorpresa cuando el *Sunday Times* afirmó también que los alemanes en París están utilizando a Bergery.[80] Aunque lo acepto con precauciones, pues sé cómo la derecha y la izquierda oficiales mienten sobre los partidos pequeños disidentes de izquierdas.

76. William Joyce (1908-1946), conocido como lord Ja Ja, supuestamente por su forma de hablar, era un ciudadano estadounidense que nunca adquirió la nacionalidad británica, aunque pasó casi toda su vida en Inglaterra y era un nacionalista furibundo. Se convirtió en fascista y juzgó demasiado blanda la política de Oswald Mosley. En

agosto de 1939 se trasladó a Alemania y en 1940 se naturalizó alemán. La primera parte de la guerra emitió propaganda por radio contra Inglaterra. Los británicos lo ahorcaron el 3 de enero de 1946.

77. Oswald Mosley, dirigente de la Unión Británica de Fascistas.

78. Véase la «London Letter», de Orwell, *CW*, XII, pp. 353-354.

79. Jacques Doriot (1898-1945), un comunista que se había pasado al fascismo, fue el líder del Parti Populaire François, financiado por los alemanes. El 25 de marzo de 1943 escribió a Hitler: «L'armée allemande et ses allies ne combattant pas seulement pour l'Allemagne, mais pour Europe et par consequent pour France». Estuvo detrás de la formación de la Légion des Voluntaires Français Contre le Bolchévisme (la LVF), un primer paso para la colaboración con Alemania en la ocupación. Unos 10.000 voluntarios sirvieron con la Wehrmacht en el Frente Oriental. (Información del Museo de la Memoria de Caen.)

80. Gaston Bergery, un diputado e intelectual francés que pasó de la extrema derecha a la extrema izquierda, y, tras la caída de Francia, colaboró con los alemanes.

8-8-1940

El ataque italiano contra Egipto, o más bien contra la Somalilandia británica, ha empezado. Aún no hay verdaderas noticias, pero los periódicos insinúan que es imposible conservar Somalilandia con las tropas que tenemos allí. El punto más importante es Perim, cuya pérdida cerraría en la práctica el mar Rojo.

H. G. Wells[81] conoce bien a Churchill y dice que es un buen hombre, no un mercenario y ni siquiera un arribista. Siempre ha vivido «como un comisario ruso», «requisa» sus coches, etc., pero el dinero no le interesa. Sin embargo [H. G. Wells], dice que Churchill tiene la capacidad de cerrar los ojos ante los hechos y tiene la debilidad de no querer defraudar a sus amigos personales, lo que explica que no haya destituido a determinadas personas. [Wells] ya ha montado un buen escándalo a propósito de la persecución que sufren los refugiados. Considera que el centro de todos los sabotajes es el Ministerio de la Guerra. Cree que el encarcelamiento de los refugiados antifascistas es un ejemplo consciente de sabotaje debido a que algunas de esas personas están en contacto con los movimientos clandestinos en Europa y podrían en un momento promover una revolución «bolchevique», que, desde el punto de vista de la clase gobernante, es mucho peor que la derrota. Dice que lord Swinton,[82] es el verdadero culpable. Le pregunté si creía que era una acción consciente por parte de lord [Swinton], pues decidir eso es siempre lo más difícil. Respondió que creía que lord [Swinton] sabe perfectamente lo que hace.

Esta noche he asistido a una conferencia con diapositivas de un oficial que había estado en la campaña de Dunkerque. Fue pésima. Dice que los belgas combatieron bien y que no fue cierto que se rindieran sin previo aviso (en realidad avisaron tres días antes), pero habló muy mal de los franceses. Tenía una fotografía de un regimiento de zuavos huyendo a la desbandada después de saquear unas casas; en la acera había un hombre totalmente borracho.

81. Al pasar el diario a máquina, se escribieron cinco guiones, pero Orwell escribió «H. G. Wells» encima, por lo que transcribimos el nombre sin corchetes. El segundo uso de su nombre e iniciales, entre corchetes, tenía siete guiones; el tercero, cinco, así que hemos eliminado las iniciales. La palabra «arribista» debe de ser de Orwell, no de Wells. Era una de las peores características que atribuía Orwell a las personas cuyo comportamiento desaprobaba.

82. Orwell escribió «Swinton» sobre los siete guiones mecanografiados, así que transcribimos su nombre sin corchetes. La siguiente aparición de «Swinton» entre corchetes, sustituye a siete guiones; la tercera a seis. Los seis guiones, en este contexto, son de «Swinton», por lo que es evidente que el número de guiones no es del todo fiable. Philip Cunfliffe-Lister, vizconde de Swinton (1884-1972; nombrado conde en 1955), entró en el Parlamento como unionista (aliado con los conservadores) en 1918. Fue secretario de Estado de las Colonias entre 1931 y 1935; secretario de Estado del Aire entre 1935 y 1938; presidente de la Corporación Comercial del Reino Unido entre 1940 y 1942; ministro residente en África occidental entre 1942 y 1944, y ministro de Aviación Civil entre 1944 y 1945.

9-8-1940

Nuestra situación financiera se está volviendo totalmente insostenible. [...] He escrito una larga carta a los del servicio de impuestos[83] explicándoles que la guerra casi me ha privado de mi medio de vida y al mismo tiempo el gobierno se ha negado a darme un trabajo. El hecho verdaderamente relevante para un escritor, la imposibilidad de escribir libros en mitad de esta pesadilla, no tiene peso oficial. [...] No siento el menor escrúpulo hacia el gobierno y si pudiera no pagaría impuestos.

Sin embargo, daría mi vida por Inglaterra sin dudarlo, si lo considerase necesario. Nadie es patriótico con los impuestos.

Los últimos días no ha habido verdaderas noticias. Solo combates aéreos, en los que, si los informes son ciertos, los británicos causan muchas bajas. Ojalá pudiese hablar con algún oficial de la RAF y hacerme una idea de si son o no fiables.[84]

> 83. El hecho de que Orwell tuviese dificultades para pagar los impuestos resulta interesante si se tiene en cuenta que en los años treinta estuvo rozando la pobreza. En 1939, solo el 20 por ciento de la población pagaba impuestos. Las dificultades de Orwell, comunes a todos los escritores, actores y demás, puede que se debiese a sus ganancias del año anterior (por ejemplo, a los derechos de *El camino a Wigan Pier*) y a que los ingresos de Eileen contaban como si fuesen suyos a efectos fiscales.
> 84. En realidad se derribaron menos aviones en esa época de lo que decían tanto los británicos como los alemanes. El 14 de agosto, la Royal Air Force afirmó haber derribado 144 aviones alemanes; después de la guerra, cuando pudieron examinarse los registros alemanes, el número se redujo a 71. Ese día la RAF perdió 16 aviones, aunque 8 pilotos se salvaron. El 15 de septiembre se derribaron supuestamente 185 aviones alemanes, que resultaron ser 56; se perdieron 26 aviones de la RAF, aunque se rescató a la mitad de los pilotos. Fue el mayor número de aviones derribados en un día en la batalla de Inglaterra. Desde julio hasta finales de octubre, las cifras oficiales contabilizaron 2.698 aviones alemanes derribados; el número correcto fue 1.733. Los alemanes afirmaron haber derribado 3.058 aviones de la RAF, pero las pérdidas fueron de 915 aviones. Es difícil evaluar hasta qué punto las disparidades se debían a una exageración oficial deliberada o a un exceso de entusiasmo por parte de los pilotos.

16-8-1940

Está claro que las cosas van mal en Somalilandia, que es el flanco del ataque contra Egipto. Enormes batallas aéreas sobre el Canal, con, si las noticias se acercan a la verdad, grandes pérdidas para los alemanes. Por ejemplo, ayer se dijo que habían sido derribados 145 aviones. [...] A los habitantes del centro de Londres no les vendría mal que se produjese un ataque para aprender cómo comportarse. De momento, todo el mundo actúa de la manera más absurda, sin que se tome otra precaución que la suspensión del transporte público. Los primeros quince segundos se produce una gran alarma, se oyen silbatos y gritos de que los niños vuelvan a sus casas, luego la gente empieza a congregarse en las calles y mira expectante al cielo. Por lo visto, a la gente le avergüenza ir de día a los refugios si no oye caer las bombas.

El martes y el miércoles pasamos dos días estupendos en Wallington. Sin periódicos y sin aludir a la guerra. Estaban segando la avena y sacamos a Marx los dos días para cazar conejos, y Marx resultó ser más rápido de lo que pensábamos. Me trajo recuerdos de mi infancia, tal vez sea la última vez que disfruto de ese tipo de vida.

19-8-1940

Una característica de los ataques aéreos es la extrema credulidad de casi todos sobre los daños causados en lugares lejanos. George M.[85] llegó hace poco de Newcastle, que todo el mundo cree que ha sido machacado, y nos dijo que los daños apenas son significativos. Por su parte, pensaba que Londres estaría reducido a escombros y lo primero que preguntó fue «si lo habíamos pasado muy mal». Es fácil entender que gente que vive en sitios tan lejanos como Estados Unidos crea que Londres está en llamas, que en Inglaterra escasea la comida, etc., etc. Y al mismo tiempo, hace pensar que nuestros propios ataques contra Alemania occidental deben de haber sido mucho menos dañinos de lo que se dice.

85. Probablemente se trate de George Mason, un médico que era íntimo amigo de Laurence O'Shaughnessy. Eileen lo visitó por motivos profesionales a principios de 1945, y en una carta observó que él y su hermano tenían muy buen opinión de Harvey Evers, el cirujano que la operó el 29 de marzo de 1945. Véase Crick, p. 478.

20-8-1940

Los periódicos están intentando poner buena cara ante la retirada de Somalilandia, que no obstante es una grave derrota; la primera pérdida de territorio británico en varios siglos. [...] Es una lástima que los periódicos (o en todo caso, el *News Chronicle*, el único que he visto hoy) insistan tanto en decir que es una buena noticia. Podría haber sido el inicio de otra agitación que habría servido para sacar a más inútiles del gobierno.

Quejas entre los Home Guards, ahora que los ataques aéreos se vuelven más comunes, porque los centinelas no tienen cascos de acero. Explicaciones del general Macnamara, que nos dice que al ejército regular le faltan todavía 300.000 cascos, y eso después de casi un año de contienda.

22-8-1940

La prensa de Beaverbrook, a diferencia de los titulares que he visto en otros periódicos, parece estar dando a entender que el asesinato de Trotski[86] lo ha llevado a cabo la GPU. De hecho, el *Evening Standard* de hoy incluye varios artículos sobre Trotski y no habla de esa posibilidad. Sin duda, siguen con la mirada puesta en Rusia y quieren aplacar a los rusos a toda costa, a pesar de las caricaturas de Low.[87] Por debajo de eso puede haber muchas maniobras más sutiles. Los responsables de la actual política prorrusa del *Standard* sin duda son lo bastante listos para comprender que el apoyo al Frente Popular no es el verdadero modo de garantizar una alianza con Rusia. Pero también saben que la masa izquierdista en Inglaterra sigue dando por descontado que el modo de atraer a Rusia a nuestro lado es mediante una política antifascista decidida. Es curioso que siempre atribuya motivos tan tortuosos a los demás, cuando yo no soy precisamente muy astuto y me cuesta recurrir a métodos indirectos incluso cuando comprendo que son necesarios.

Hoy he visto en Portman Square un cabriolé de cuatro ruedas en bastante buen estado, con un buen caballo y un cochero al estilo de antes de 1914.

---

86. León Trotski (1879-1940), dirigente de la Revolución de Octubre de 1917 en Rusia y comisario de Guerra y Asuntos Exteriores entre 1917-1924, fue clave en la creación del Ejército Rojo. Fue derrotado por Stalin en la lucha de poder que se produjo tras la muerte de Lenin en 1924 y se exilió. Lo asesinaron en México porque él y sus seguidores continuaron oponiéndose a Stalin. Su muerte se atribuyó a la policía secreta rusa, la OGPU.

87. David Low (1891-1963) fue un agudo caricaturista político de extrema izquierda que trabajó para el *Evening Standard* y luego para el *Manchester Guardian*.

23-8-1940

Esta mañana ha habido una alarma de ataque aéreo a eso de las 3 a.m. Me he levantado, he visto la hora, me he sentido incapaz de hacer nada y he vuelto a acostarme. Se habla de reformar el sistema de alarmas y más vale que lo hagan si quieren evitar que cada aviso cueste miles de libras en tiempo malgastado, sueño perdido, etc. El hecho de que ahora las alarmas suenen en una zona muy extensa cuando los aviones alemanes solo están operando en parte de ella, no solo implica despertar innecesariamente a la gente o hacerles dejar el trabajo, sino que está contribuyendo a crear la impresión de que las alarmas siempre son falsas, lo cual es evidente que resulta muy peligroso.

Me han dado mi uniforme de la Home Guard, después de 2 meses y medio.

Anoche asistí a una conferencia del general ————,[88] que está al mando de casi un cuarto de millón de hombres. Dijo que lleva 41 años en el ejército. Vivió la campaña de Flandes y sin duda fue *limogé*[89] por incompetente. Se explayó diciendo que la Home Guard es una fuerza defensiva estática, y añadió con desprecio y subrayando sus palabras que no veía la menor utilidad en nuestros ejercicios para ponernos a cubierto, «arrastrar la barriga por el suelo», etc., etc, claramente una pulla contra el centro de instrucción de Osterley Park.[90] Nuestra labor, afirmó, era morir en nuestro puesto. Insistió mucho en el uso de la bayoneta, y dio a entender que pronto se introducirían los rangos militares, los saludos, etc. [...] Esos carcamales, tan claramente estúpidos y seniles, degenerados en todo menos en el valor físico, son ante todo patéticos y no inspirarían más que lástima si no los llevásemos colgados del cuello como piedras de molino. La actitud en esas arengas de los soldados rasos —tan deseosos de mostrarse entusiastas y tan dispuestos a vitorearles y reírles las gracias, y al mismo tiempo conscientes de que algo no acaba de encajar— siempre me ha parecido conmovedora. Ha llegado el momento de que alguien suba al estrado y les diga que están perdiendo el tiempo, que estamos perdiendo la guerra y quién tiene la culpa, para que se rebelen y echen a esos carcamales al cubo de la basura. Cuando los veo escuchar las charlas de esos borricos, siempre recuerdo el pasaje de *Los cuadernos de notas* de Samuel Butler sobre un ternero al que vio comiendo estiércol.[91] No acababa de decidirse si le gustaba o no y lo único que necesitaba era una vaca que le diese una cornada para que recordase de por vida que el estiércol no se come.

Ayer pensé en cómo se las va a arreglar el Estado soviético sin Trotski. ¡O los comunistas! Lo más probable es que tengan que inventar un sustituto.

88. Sin identificar. Tom Hopkinson, uno de los fundadores del centro de instrucción de la Home Guard en Osterley Park, cuenta que un tal general Whitehead intentó cerrar el centro en el otoño de 1940 porque no tenía licencia; véase su *Of This Our Time* (1982), p. 180. Es imposible que se trate del teniente general sir T. R. Eastwood, que asumió el mando la de Home Guard en otoño de 1940, porque tenía menos de cincuenta años.

89. Relegado en los ascensos.

90. El centro de instrucción de Osterley Park lo dirigieron Tom Wintringham (1898-1949) y Hugh (Humphrey) Slater (1905-1958). Enseñaban tácticas de guerrilla y lucha callejera basados en su experiencia con las Brigadas Internacionales en la Guerra Civil española. Se conservan las notas de Orwell para instruir a la Home Guard. Tratan con bastante detalle sobre la lucha callejera, las fortificaciones de campaña y el uso de morteros (véase *CW*, XII, pp. 328-340).

Wintringham había servido en el Royal Flying Corps en la Primera Guerra Mundial y dirigido la *Left Review* entre 1934 y 1936. Capitaneó el batallón británico de las Brigadas Internacionales cerca de Madrid en 1937. Fue miembro fundador del Partido Comunista de Gran Bretaña, pero lo abandonó después de diecisiete años, tras sus vivencias en España. Escribió una de las ediciones especiales de Penguin, *New Ways of War* (1940).

Slater era pintor y escritor. Había sido comunista y se había involucrado en la política antinazi en Berlín a principios de los años treinta. Combatió con los republicanos en España (1936-1938) y llegó a ser jefe de operaciones de las Brigadas Internacionales. Orwell reseñó su manual *Home Guard for Victory! An Essay in Strategy, Tactics and Training* (1941) (*CW*, XII, pp. 387-389 y pp. 439-441). En 1941 también publicó *War into Europe: Attack in Depth*.

91. «*Art of Knowing What Gives One Pleasure*», *Further Extracts from the Note-Books of Samuel Butler*, seleccionadas y editadas por A. T. Bartholomew (1934), pp. 165-166. El libro fue reseñado por Orwell en 1934, *CW*, X, pp. 339-340.

26-8-1940

(Greenwich.) El ataque aéreo del día 24 fue, que yo sepa, la primera incursión verdadera contra Londres, es decir, el primero en el que he oído caer las bombas. Estábamos en la puerta principal cuando bombardearon los muelles de East India. En los periódicos dominicales no se alude a los daños sufridos en los muelles, así que es evidente que ocultan los ataques contra los objetivos de importancia. [...] Hizo mucho ruido, pero no resultó demasiado alarmante y no pareció que la tierra temblase, por lo que no deben de ser bombas muy grandes. Recuerdo las dos bombas que lanzaron cerca de Huesca cuando yo estaba en el hospital de Monflorite. La primera, que cayó a unos cuatro kilómetros, produjo un ruido espantoso que estremeció las casas e hizo que nos levantáramos de la cama asustados. Aquella debió de ser una bomba de 2.000 libras[92] y las de ahora deben de ser de 500 libras.

Tendrán que hacer algo cuanto antes acerca de la localización de las alarmas. Ahora millones de personas se despiertan o dejan de trabajar cada vez que un avión sobrevuela cualquier parte de Londres.

92. En este bombardeo cayeron las primeras bombas sobre el centro de Londres que alcanzaron la iglesia de Saint Giles y Cripplegate. Aunque después la RAF empleó bombas de once toneladas, en esta etapa de la guerra no había bombas de 2.000 libras. En el ataque contra el arsenal de Woolwich y los muelles de Londres del 7 de septiembre de 1940, unos 300 bombarderos alemanes lanzaron 337 toneladas de bombas —una media de 2.500 libras por avión—. Es posible que Orwell recordase unas bombas frenadas por paracaídas, o más bien sus efectos. Churchill escribió un memorando al general Ismay el 19 de septiembre de 1940 subrayando que los alemanes habían lanzado 36 bombas frenadas por paracaídas. Quería una respuesta proporcionada —bombas de 1.000 libras, si no disponían de bombas frenadas por paracaídas—. La desventaja de la bomba frenada por paracaídas, salvo como arma para aterrorizar a la población, era que se soltaba a 5.000 pies de altura y se dejaba a merced del viento, por lo que no podía alcanzar un objetivo concreto. Véase Winston Churchill, *The Second World War*, II, pp. 321-322.

29-8-1940

Las alarmas aéreas de las últimas tres noches han sumado unas 16-18 horas en total. [...] Está muy claro que estos bombardeos nocturnos solo sirven para molestar, y, mientras se dé por supuesto que al oír la sirena todo el mundo tiene que correr a los refugios, bastará con que Hitler envíe media docena de aviones cada vez para interrumpir el trabajo y privar a la gente del sueño de manera indefinida. No obstante, la idea ya está empezando a cambiar. [...] Por primera vez en veinte años he oído a cobradores del autobús perder los nervios y ser groseros con los pasajeros. Por ejemplo, la otra noche, una voz surgida de la oscuridad: «¿Quién es el cobrador, señora, usted o yo?». Me recordó al final de la pasada guerra. [...] E[ileen] y yo hemos prestado muy poca atención a los bombardeos y yo tenía la sincera impresión de que solo me preocupaba la desorganización, etc., que causan.[93] Sin embargo, esta mañana, cuando descansaba unas horas como hago siempre que vuelvo de guardia, he tenido una pesadilla muy desagradable en la que caían unas bombas muy cerca y me moría de miedo. Lo he comparado con el sueño que tuve al final de mi estancia en España, en el que estaba en un ribazo sin protección y a mi alrededor caían granadas de mortero.

93. Véase «London Letter», *CW*, XII, pp. 356-357.

31-8-1940

Los ataques aéreos, cerca de media docena cada 24 horas, se están convirtiendo en una auténtica molestia. Se está extendiendo rápidamente la opinión de que no hay que hacer caso a no ser que se sepa que son a gran escala y ocurran en la zona donde te encuentres. De la gente que pasea por Regent's Park, yo diría que al menos la mitad no presta atención a los ataques aéreos. [...] Anoche, justo cuando íbamos a acostarnos, se oyó una explosión bastante fuerte. Luego nos despertó un enorme estallido, causado, según dijeron, por una bomba caída en Maida Vale.[94] E[ileen] y yo comentamos que había sido muy ruidosa y volvimos a dormirnos; con la vaga impresión de oír los disparos de los cañones antiaéreos, volví mentalmente a España, a una de esas noches en las que tenías buena paja para dormir, los pies secos, varias horas de descanso por delante y el sonido de los cañones antiaéreos a lo lejos, que actúa como un soporífero, siempre que esté lo bastante lejos.

94. Un barrio de Londres que se extiende por los distritos NW8 y W9, hasta cerca de una milla de donde vivían los Orwell en Chagford Street.

1-9-1940

Hace poco he comprado una gorra militar. [...] Por lo visto, apenas hay gorras por encima de la talla 7. Está claro que quieren que los soldados tengan poca cabeza. Esto encaja con el comentario que le hizo un oficial a R. R.[95] en París cuando quiso alistarse en el ejercito: «Por Dios, no creerá que queremos hombres inteligentes en la línea del frente, ¿verdad?». Todos los uniformes de la Home Guard tienen veinte pulgadas de cuello. [...] En todas partes empieza a haber tiendas donde se venden camisas caqui «aptas para la Home Guard». Exactamente igual que en Barcelona, los primeros días, cuando estaba de moda pertenecer a la milicia.

95. El baronet sir Richard Rees (1900-1970) fue durante mucho tiempo amigo y benefactor de Orwell, sobre todo cuando estaba intentando hacerse un nombre. El Ravelston de *Que no muera la aspidistra* debe algo a su naturaleza generosa. Era pintor y entre 1930 y 1937 dirigió *The Adelphi*. Fue socio de Orwell en su granja en Jura y se convirtió (junto con Sonia Orwell) en su albacea literario. Véanse su *George Orwell: Fugitive from the Camp of Victory* (1960) y los fragmentos de *Orwell Remembered*, que incluyen parte de una entrevista de la BBC (pp. 115-126). Véase también a propósito de Rees, *CW*, X, pp. 181-182.

3-9-1940

Ayer hablé con la señora C.,[96] que ha vuelto hace poco de Cardiff. Los bombardeos allí han sido casi continuos hasta que por fin se tomó la decisión de que el trabajo en los muelles debía continuar con bombardeos o sin ellos. Casi inmediatamente después, un avión alemán se las arregló para soltar una bomba justo en la bodega del barco, y, según la señora C., hubo que «sacar en cubos» los restos mortales de siete hombres que trabajaban allí. Después se produjo una huelga en los muelles y volvió a adoptarse la medida de acudir a los refugios. Esas son las cosas que no llegan a los periódicos. Ahora se dice en todas partes que el número de víctimas de los últimos bombardeos, por ejemplo, en Ramsgate, se ha reducido al mínimo, lo que sulfura a la gente de la zona, pues no les gusta leer que no habido «apenas daños» cuando han muerto 100 personas, etc., etc. Me interesaría ver las cifras de víctimas de este mes, es decir, de agosto. Mi impresión es que si fuesen unos 2.000 al mes dirían la verdad, pero que a partir de ahí las cifras estarían maquilladas.[97]

Michael[98] calcula que en su fábrica de ropa, un negocio pequeño regentado por una sola persona, el tiempo perdido por los ataques aéreos le cuesta 50 libras a la semana.

96. Sin identificar.
97. El número de muertos por los bombardeos en septiembre fue 6.954; 10.615 resultaron heridos graves. La cifras del invierno siguiente en toda Gran Bretaña fueron:

	Muertos	Heridos
Octubre de 1940	6.334	8.695
Noviembre	4.588	6.202
Diciembre	3.793	5.244
Enero	1.500	2.012
Febrero	789	1.068
Marzo	4.259	5.557

En la devastación de Coventry del 16 de noviembre (conocida por los alemanes con el nombre en clave «Sonata Claro de Luna») murieron 554 personas de una población de un cuarto de millón; solo se derribó un avión alemán. En toda la guerra murieron 60.595 civiles por acciones enemigas. La cifra contrasta con los 30.248 miembros de la marina mercante; los 50.758 de la Royal Navy; los 69.606 de la RAF, y los 144.079 del ejército. De los cerca de 36.500 civiles muertos en los bombardeos a finales de 1941, más de 20.000 murieron en Londres, más de 4.000 en Liverpool, unos 2.000 en Birmingham y casi 2.000 en Glasgow.

98. Probablemente el «M» citado en la entrada del *Diario de guerra* del 16-6-1940. Cincuenta libras a la semana eran el salario semanal de unas 10-12 personas.

7-9-1940

Las alarmas de ataque aéreo se han vuelto lo bastante frecuentes, y duran lo suficiente, para que la gente olvide si la alarma está o no en vigor en cada momento o si ha sonado ya la señal de todo despejado. El ruido de las bombas y los antiaéreos, excepto cuando suena muy cerca (probablemente a menos de dos millas) se acepta como sonido de fondo para dormir o conversar. Todavía no he oído explotar ninguna bomba con ese estallido que hace que te sientas personalmente implicado.

Según el discurso de Churchill, el número de fallecidos en los ataques aéreos en el mes de agosto asciende a 1.075. Aunque sea cierto, es probable que sea una enorme subestimación, pues incluye solo a las víctimas civiles. El secretismo oficial con respecto a los ataques aéreos es extraordinario. Los periódicos de hoy informan de que cayó una bomba en «el centro de Londres». Resulta imposible averiguar en qué plaza fue, aunque miles de personas deben de saberlo.

10-9-1940

No puedo escribir mucho de la locura de los últimos días. No es tanto que los bombardeos sean preocupantes en sí mismos como que la desorganización del tráfico, la frecuente dificultad para telefonear, las tiendas cerradas cada vez que se produce un ataque, etc., etc., combinadas con la necesidad de continuar con el trabajo normal, fatigan y convierten la vida en un constante esfuerzo por recobrar el tiempo perdido. Incluyo unas notas sobre las bombas, etc.:

No he visto ningún cráter que tenga más de unos doce pies de profundidad. Uno que había enfrente de la casa de Greenwich tenía solo (nota interrumpida por un ataque aéreo, continúo el 11-9-1940) el tamaño de los que hacían en España los obuses de 15 centímetros. En general el ruido es impresionante, pero no tan estremecedor como el de las bombas que vi caer en Huesca. Dejando aparte las bombas «ensordecedoras», he oído a menudo el silbido de una bomba —calculo que para oírlo hay que estar como mucho a una milla— y luego una explosión no muy ruidosa. En conjunto deduzco que están empleando bombas pequeñas. Las que causaron casi todos los destrozos en la antigua carretera de Kent tuvieron un efecto curiosamente limitado. A menudo una casita quedaba reducida a un montón de cascotes y la de al lado apenas sufría ningún daño. Lo mismo ocurre con las bombas incendiarias, que a veces queman por completo el interior de una casa y dejan la fachada casi intacta.

Las bombas de acción retardada son una auténtica molestia, aunque por lo visto se les da bien localizarlas y evacuar a los vecinos antes de que exploten. En todo el sur de Londres hay grupos de gente desconsolada que vaga por ahí con hatos y maletas, gente que se ha quedado sin casa, o, más frecuentemente, a la que las autoridades han echado a la calle por culpa de una bomba sin estallar.

Daños notables hasta el momento: enormes incendios en los muelles el 7 y el 8-9-1940, en Cheapside el 9-9-1940. El Banco de Inglaterra apenas sufrió daños (un cráter a unos quince pies de la pared). Pequeños desperfectos en el Colegio Naval de Greenwich. Muchos destrozos en Holborn. Una bomba cayó en un almacén de Marylebone.[99] El cine de Madame Tussaud destruido. Muchos incendios de importancia, muchas tuberías de gas y cables eléctricos destrozados, numerosos desvíos en el tráfico por carretera, los puentes de Londres y Westminster estuvieron varios días inutilizables, y las vías férreas sufrieron daños suficientes para causar retrasos durante un día o dos. Alcanzaron una central eléctrica en el sur de Londres y los tranvías estuvieron medio día sin funcionar. Dicen que hay graves daños en Woolwich,[100] y, a juzgar por la columna de llamas y humo, el 7-9-1940 debieron de alcanzar uno o más de los grandes depósitos de combustible del estuario del Támesis. El reparto de la leche y el correo se retrasan un poco, los periódicos por lo general salen unas horas tarde, todos los teatros (excepto el Criterion,[101] que es subterráneo) cerraron el 10-9-1940, y creo que los cines también.

Anoche pasamos casi toda la noche en el refugio público, llevados allí por el silbido constante y el estallido cercano de las bombas a intervalos de un cuarto de hora. Horribles incomodidades por culpa del hacinamiento, aunque el lugar estaba bien acondicionado, con ventiladores y luz eléctrica. La gente, sobre todo los obreros de más edad, se quejaba amargamente de lo duros que estaban los asientos y lo larga que se hacía la noche, pero no oí conversaciones derrotistas [...] Ahora se ve gente con mantas haciendo cola al caer el sol a la puerta de los refugios. Los primeros en entrar cogen sitio en el suelo y deben de dormir razonablemente bien. Dejando aparte los ataques aéreos, las horas de los bombardeos son por lo general de 8 p.m. hasta 4.30 a.m., es decir, desde la caída del sol hasta poco antes del amanecer.

Diría que 3 meses de ataques aéreos continuados con la misma intensidad que estas últimas 4 noches bastarían para hundir la moral de cualquiera. Pero es dudoso que nadie pueda mantener bombardeos a una escala semejante durante 3 meses, sobre todo si él también los está sufriendo.

99. Holborn está en la City londinense; la estación de ferrocarril de Marylebone, una estación terminal de Londres, estaba a unas doscientas o trescientas yardas de donde vivía Orwell en Chagford Street.
    100. Woolwich, a dos o tres millas al este de Greenwich, donde vivían los O'Shaughnessy, era la ubicación de un arsenal, un depósito de artillería y la Real Academia Militar.
    101. El Criterion está en Piccadilly Circus. El Windmill Theatre, que se jactaba de no haber «cerrado nunca», estaba un poco al nordeste de Piccadilly Circus.

12-9-1940

En cuanto empezaron en serio los ataques aéreos se hizo evidente que la gente estaba mucho más dispuesta que antes a hablar con desconocidos por la calle. [...] Esta mañana he conocido a un joven de unos veinte años con un mono de faena sucio, tal vez un mecánico de algún garaje. Hablaba con amargura y en tono derrotista de la guerra, y estaba horrorizado por los destrozos que había visto en el sur de Londres. Dijo que Churchill había visitado el área bombardeada cerca de Elephant[102] y, al llegar a un sitio donde habían destruido 20 de 22 casas, observó que «no era para tanto». El joven: «Si me lo llega a decir a mí, le retuerzo el puñetero cuello». Era pesimista acerca de la guerra, pensaba que Hitler vencería y reduciría Londres al mismo estado que Varsovia. Habló amargamente de la gente que se ha quedado sin casa en el sur de la ciudad y se mostró de acuerdo conmigo cuando dije que deberían requisar las casas vacías del West End para alojarlos. Pensaba que todas las guerras se libran para beneficiar a los ricos, aunque estuvo de acuerdo conmigo en que esta culminaría probablemente en una revolución. Pese a todo, no le faltaba patriotismo. Una de sus quejas era que había intentado alistarse en la Air Force cuatro veces en los últimos seis meses y lo habían rechazado.

    Anoche y esta noche han estado probando el nuevo sistema de mantener una cortina de fuego antiaéreo continua, por lo visto disparando a ciegas o guiados solo por el sonido, aunque supongo que debe de haber alguna especie de detector de sonido que calcula la altura a la que deben estallar los proyectiles. [...] El ruido es ensordecedor y casi constante, pero no me importa porque sé que se trata de fuego amigo. Me quedé en casa de S.[103] con una batería disparando en la plaza a breves intervalos toda la noche. Dormí bastante bien, allí no se oían bombas.

Según cuenta todo el mundo, los estragos en el East End y el sur de Londres son terribles. [...] El discurso que pronunció anoche Churchill aludió muy en serio al peligro de una invasión inminente. Si de verdad va a producirse la invasión y no se trata de una maniobra de distracción, la idea es, o bien eliminar nuestras bases aéreas en la costa sur, tras lo cual podrían bombardear con suma facilidad las defensas terrestres y causar toda la confusión posible en Londres y sus comunicaciones con el sur, o atraer nuestras fuerzas de defensa hacia el sur antes de atacar Escocia o posiblemente Irlanda.

Entretanto, nuestro pelotón de Home Guards, después de 3 meses y medio, tiene más o menos 1 fusil por cada 6 hombres, ninguna otra arma excepto bombas incendiarias y tal vez un uniforme por cada 4 hombres. Al final se han opuesto a dejar que los hombres se lleven los fusiles a casa.[104] Están todos almacenados en el mismo sitio, donde una bomba podría destruirlos cualquier noche.

102. The Elephant and Castle, una taberna, dio su nombre a esa importante zona residencial obrera, centro comercial y punto de encuentro de varias carreteras de importancia.

103. El piso de Stephen Spender, y las oficinas de *Horizon*, en Lansdowne Terrace, WC1.

104. El 22 de septiembre de 1940, Churchill escribió al presidente Roosevelt diciéndole: «Necesitamos con urgencia 250.000 fusiles, pues dispongo de 250.000 hombres entrenados y uniformados [la Home Guard] en cuyas manos podría ponerlos». Si dispusieran de ellos, «podríamos coger 250.000 fusiles .303 de la Home Guard, transferírselos al ejército regular y dejar a la Home Guard armada con unos 800.000 fusiles estadounidenses» (*The Second World War*, II, p. 596).

14-9-1940

Se dice que la primera noche que entró en funcionamiento la cortina de fuego antiaéreo,[105] que fue en la que hubo un fuego más intenso, se dispararon 500.000 proyectiles, o lo que es lo mismo, si calculamos un coste medio de 5 libras por proyectil, unos 2 ½ millones de libras. Pero es dinero bien gastado si se tienen en cuenta los efectos en la moral.

105. Cuando los alemanes bombardearon Londres por primera vez, dio la impresión de que no había defensa antiaérea. A veces un avión enemigo sobrevolaba la ciu-

dad y la gente esperaba, a menudo bastante rato, a que soltara la bomba. En otros momentos se producían bombardeos de bombas incendiarias, explosivos de alta intensidad o ambas cosas. Después de reagrupar todos los cañones antiaéreos disponibles en torno a Londres, abrieron fuego inesperadamente la noche del 10 de septiembre. Orwell tiene toda la razón en cuanto al efecto que tuvo en la moral.

15-9-1940

Esta mañana he visto por primera vez derribar un avión. Cayó despacio de entre las nubes, con el morro por delante, exactamente igual que un chorlito cuando le pegan un tiro. Gran alborozo entre los espectadores, interrumpido de vez en cuando por la pregunta: «¿Seguro que es alemán?». Las informaciones son tan contradictorias, y hay tantos tipos de aviones, que nadie sabe siquiera cuáles son los aviones alemanes y cuáles los nuestros. Mi única forma de saberlo es que, si veo un bombardero sobrevolando, debe de ser alemán, mientras que si es un caza debe de ser nuestro.

17-9-1940

Anoche hubo bombardeos en esta zona hasta eso de las 11 p.m. [...] Estuve hablando en el recibidor de la casa con dos jóvenes y una chica que los acompañaba. La actitud psicológica de los tres era interesante. Estaban muy asustados y no les importaba reconocerlo, admitieron que les temblaban las rodillas, etc., y sin embargo al mismo tiempo estaban emocionados e interesados, salían a la calle entre explosión y explosión para ver lo que ocurría y recoger fragmentos de metralla. Después estuve en la salita reforzada de la señora C., con la señora C., su hija, la criada y tres chicas jóvenes que se alojan también allí. Todas las mujeres, excepto la criada, chillaban al unísono, se abrazaban y se tapaban la cara, cada vez que caía una bomba, pero en los intervalos entre las explosiones se comportaban con normalidad y charlaban animadamente. El perro se acurrucaba intranquilo, consciente de que pasaba algo. A Marx le ocurre lo mismo durante los bombardeos, se agazapa inquieto. No obstante, algunos perros se vuelven agresivos durante los bombardeos y ha habido que sacrificarlos. Aquí cuentan, y E[ileen] dice lo mismo de

Greenwich, que todos los perros del parque corren a casa en cuanto oyen la sirena.

Ayer, mientras me estaban cortando el pelo en la City, le pregunté al barbero si seguía trabajando durante los bombardeos. Respondió que sí. Quise saber si también lo hacía cuando estaba afeitando a alguien. Oh, sí, seguía como si tal cosa. Añadió que algún día caería alguna bomba lo bastante cerca como para sobresaltarle y le rebanaría media cara a alguien.

Luego me abordó un hombre, diría que una especie de viajante de comercio, de gesto agrio, mientras esperaba el autobús. Empezó a divagar diciendo que él y su mujer iban a marcharse de Londres, que tenía los nervios destrozados y sufría de problemas de estómago, etc., etc. Ignoro si habrá muchos como él. [...] Por supuesto, se ha producido un gran éxodo del East End y todas las noches se producen emigraciones masivas a los sitios donde hay suficiente espacio en los refugios. Se va extendiendo la práctica de comprar un billete de segunda y pasar la noche en una de las estaciones de metro más profundas, por ejemplo, Piccadilly. [...] Toda la gente con quien he hablado coincide en que las casas vacías y amuebladas del West End deberían utilizarse para realojar a los que se han quedado sin hogar, pero supongo que los cerdos ricos todavía tienen suficiente influencia para impedirlo. El otro día, 50 personas del East End, encabezados por algunos concejales, entraron en el Savoy y exigieron que les dejasen utilizar el refugio antiaéreo. La dirección no consiguió expulsarlos hasta que concluyó el bombardeo y se marcharon voluntariamente. Al ver cómo siguen comportándose los ricos, en lo que manifiestamente se está convirtiendo en una guerra revolucionaria, piensa uno en San Petersburgo en 1916.

(Noche.) Es casi imposible escribir con este estruendo tan infernal. (Acaba de irse la luz. Por suerte, tengo velas.) Hay tantas calles (ya ha vuelto la luz) cerradas con cuerdas en el barrio por culpa de las bombas sin explotar, que llegar a casa desde Baker Street, digamos unas 300 yardas, es como encontrar el camino hasta el centro de un laberinto.

21-9-1940

Han pasado varios días sin que pudiese comprar un cuaderno para continuar este diario porque tres de las cuatro papelerías del vecindario están acordonadas debido a bombas sin explotar.

Rasgos habituales de estos tiempos: cristales rotos pulcramente barridos, montones de cascotes, olor a escapes de gas y grupos de curiosos esperando tras los cordones de seguridad.

Ayer, a la entrada de una calle cercana, había una pequeña multitud y un voluntario del Servicio de Precaución ante Ataques Aéreos con un casco de acero negro. Un estruendo espantoso, con una gigantesca nube de polvo, etc. El hombre del casco negro sale corriendo en dirección a su cuartel general, donde otro con un casco blanco sale mordisqueando pan con mantequilla.

El hombre del casco negro: «Dorset Square, señor».
El hombre del casco blanco: «Ok». (Hace una marca en su cuaderno.)

Gente corriente deambula por las calles tras ser evacuada de sus casas por culpa de las bombas de acción retardada. Ayer dos chicas muy elegantes, aunque con la cara muy sucia, me pararon por la calle: «Disculpe, señor, ¿podría indicarnos dónde nos encontramos?».

A pesar de todo hay vastas áreas de Londres que siguen funcionando casi con total normalidad, en las que la gente pasa el día como si tal cosa sin pararse a pensar en la noche que les espera, igual que los animales, que son incapaces de prever el futuro y se contentan con tener un poco de comida y un rincón soleado.

24-9-1940

Ayer en Oxford Street, desde Oxford Circus hasta Marble Arch, no había ningún tráfico, y solo unos cuantos peatones bajo el sol poniente que brillaba sobre la calle vacía y se reflejaba en los innumerables fragmentos de cristal roto A la puerta de John Lewis,[106] había apilados varios maniquíes de escayola, tan sonrosados y realistas que desde no muy lejos parecían un montón de cadáveres. Recuerdo la misma imagen en Barcelona, aunque allí eran santos de escayola de las iglesias profanadas.

Se habla mucho de si se oiría una bomba (es decir, su silbido) que fuese a caerte encima. Todo gira en torno a si la bomba viaja más rápido que el sonido. [...] Una cosa que he deducido, creo que correctamente, es que cuanto más lejos cae la bomba, más largo es el silbido. Por tanto, al oír un silbido corto es cuando hay que ponerse a cubierto. Creo que es el mismo principio que se usa para protegerse de los obuses, aunque en ese caso uno parece saberlo por instinto.

Los aviones vuelven y vuelven cada pocos minutos. Es como cuando, en un país oriental, crees haber matado el último mosquito de la mosquitera, y en cuanto apagas la luz empieza a zumbar otro.

106. Unos conocidos almacenes, organizados en régimen de cooperativa, que aún hoy siguen en funcionamiento.

27-9-1940

El *News Chronicle* de hoy es totalmente derrotista, y no me extraña después de las noticias de ayer sobre Dakar.[107] Aunque tengo la sensación de que el *News Chronicle* lo habría sido de todos modos y se pondrá en cabeza en cuanto nos ofrezcan unos términos de paz aceptables. No tiene una política clara ni el menor sentido de la responsabilidad, solo un disgusto tradicional por la clase gobernante británica, que se basa en último extremo en la fe no conformista. No hacen más que dar la matraca igual que el *New Statesman*, etc. Seguro que todos se hunden en cuanto la situación se vuelva insoportable por culpa de la guerra.

Anoche cayeron muchas bombas, aunque creo que ninguna a menos de media milla de casa. El ruido que produce la caída de la bomba es sorprendente. El edificio entero se estremece y los objetos que hay sobre la mesa tiemblan. Por supuesto, ahora están lanzando bombas muy grandes. Se dice que la que no llegó a explotar en Regent's Park es «del tamaño de un buzón de Correos». Casi todas las noches se va la luz en algún momento, no de pronto, como cuando hay un corte eléctrico, sino apagándose poco a poco y volviendo al cabo de unos cinco minutos. Nadie parece saber por qué se atenúa la luz cuando cae una bomba cerca.

107. En septiembre de 1940, una expedición británica conjunta con fuerzas de la Francia Libre bajo el mando del general De Gaulle intentó reconquistar el puerto de Dakar, que estaba en manos del gobierno de Vichy. La expedición fue un fracaso.

15-10-1940

Escribo esto en Wallington, pues llevo unos quince días enfermo con una infección en el brazo. Pocas noticias, es decir, solo asuntos de importancia internacional; nada que me haya afectado mucho personalmente.

Ahora hay 11 niños evacuados en Wallington (llegaron 12, pero uno se escapó y tuvieron que enviarlo de vuelta a casa). Vienen del East End. Una niñita de Stepney nos contó que han bombardeado siete veces la casa de su abuelo. Parecen muy buenos y se están adaptando bastante bien. No obstante, en algunos barrios ha habido quejas. Por ejemplo, del niño de siete años que se aloja con la señora ———: «Está hecho un diablillo. Se mea en la cama y se lo hace en los pantalones. Si estuviese a mi cargo se lo restregaría por las narices, menudo diablillo».

Corren rumores sobre el número de judíos en Baldock. ———[108] asegura que los judíos predominan claramente entre quienes se refugian en los túneles del metro. Tengo que intentar comprobarlo.

Este año la cosecha de patatas ha sido muy buena, a pesar del tiempo seco, y menos mal.

108. Ambos nombres sin identificar.

19-10-1940

Qué depresión tan indescriptible encender el fuego todas las mañanas con periódicos de hace un año, y entrever los titulares optimistas mientras se elevan convertidos en humo.

21-10-1940

A propósito de los anuncios en las estaciones del metro, «Sé un hombre», etc. (pidiendo a los hombres con buena salud que no busquen refugio allí y que dejen sitio a las mujeres y los niños), D.[109] cuenta que circula una broma por Londres que dice que fue un error imprimir los carteles en inglés.

Priestley,[110] cuyos programas radiofónicos nocturnos eran propaganda socialista, ha sido eliminado de las ondas, evidentemente a instancias del Partido Conservador. [...] Es como si la pandilla de Margesson[111] estuviese escenificando su retorno.

109. Sin identificar.
110. J. B. Priestley (1894-1984), un prolífico y popular novelista, dramaturgo y literato. En 1940 y 1941 dio una serie de charlas radiofónicas animando a la nación a oponerse unida y con decisión a Hitler con la esperanza de que el país se hiciese más democrático e igualitario.
111. David R. Margesson (1890-1965; nombrado vizconde en 1942) fue un parlamentario conservador por la circunscripción de Rugby; Whip del gobierno entre 1931 y 1940, fue fiel a todos los primeros ministros a los que sirvió. Con Churchill fue Whip del gobierno conjunto, y después de seis meses fue secretario de Estado de Guerra.

25-10-1940

La otra noche me dediqué a observar a las multitudes que se refugian en las estaciones de Chancery Lane, Oxford Circus y Baker Street. No todos son judíos, pero creo que hay una proporción mayor de la que uno vería normalmente entre una muchedumbre semejante. Lo malo de los judíos es que no solo se hacen notar, sino que se esfuerzan en conseguirlo. Una espantosa mujer judía, que parecía la caricatura de una judía en una tira cómica, se apeó en Oxford Circus propinando golpes a todos los que se interponían en su camino. Me recordó a los viejos tiempos en el metro de París.

Me sorprende descubrir que D., que es de opiniones decididamente izquierdistas, se inclina a compartir el actual rechazo contra los judíos. Afirma que los judíos de los círculos financieros se están volviendo partidarios de Hitler, o se preparan para hacerlo. Suena casi increíble, pero según D., siempre admiran a quienes les maltratan. Mi opinión es que cualquier judío, me refiero a cualquier judío europeo, preferiría el sistema social de Hitler al nuestro, si no fuese porque los persigue. Y lo mismo puede decirse de casi todos los centroeuropeos, por ejemplo, los refugiados. Recurren a Inglaterra como refugio, pero no pueden evitar sentir por ella el más profundo desprecio. Se les nota en los ojos, aunque no lo digan de manera clara. La realidad es que la perspectiva insular y la continental son completamente incompatibles.

Según F.,[112] es bastante cierto que los extranjeros se asustan más que los ingleses durante los bombardeos. No es su guerra y, por tanto, no tienen nada que los anime. Creo que eso explica también el hecho —estoy casi seguro de que lo es, aunque quede mal decirlo— de que los obreros se asusten más que la gente de clase media.

Qué desesperanza inspiran los inminentes acontecimientos en Francia, África, Siria y España, tener la sensación de poder prever lo que va a ocurrir y ser incapaz de impedirlo, aparte de tener la absoluta certeza de que un gobierno británico no puede actuar de modo que sea el primero en recibir el golpe. Los ataques aéreos han sido mucho menos intensos estos últimos días.

112. Probablemente Tosco Fyvel, con quien Orwell trabajaba por aquel entonces; véase *supra* n. 71. «D.» sin identificar.

16-11-1940

Nunca pensé que viviría lo suficiente para sentir indiferencia ante los cañonazos, pero así es.

23-11-1940

Antes de ayer almorcé con H. P., director de ————.[113] H. P. es pesimista acerca de la guerra. Cree que no hay respuesta al Nuevo Orden,[114] es decir, que este gobierno es incapaz de articular una respuesta, y que sería fácil convencer a la gente de aquí y de Estados Unidos de que lo aceptasen. Le pregunté si la gente no repararía en que cualquier oferta de paz en esos términos sería una trampa. H. P.: «Y un cuerno, yo mismo podría disfrazarlo de tal modo que creerían que se trata de la mayor victoria en la historia mundial, podría hacer que se lo tragasen». Es verdad, claro. Todo depende de cómo se le digan las cosas a la gente. Mientras nuestros propios periódicos no hagan el trabajo sucio, se mostrarán indiferentes a los cantos de sirena de Europa. No obstante, H. P. está convencido de que ------[115] & Co. se preparan para venderse. Parece que aunque -------[116] no está sometido a la censura, han advertido a todos los periódicos de que no publiquen interpretaciones de la política gubernamental respecto a España. Hace unas semanas Duff Cooper[117] reunió a los corresponsales de prensa y les dio «su palabra de honor» de que «las cosas iban muy bien en España». Lo más que puede decirse es que la palabra de honor de Duff Cooper vale más que la de Hoare.

H. P. afirma que, tras la caída de Francia, se celebró una reunión del gobierno para decidir si continuar la guerra o negociar la paz. El resultado fue de 50-50 excepto por un voto de calidad, que, según H. P., fue el de Chamberlain. De ser cierto, me pregunto si alguna vez se hará público. Podría decirse que fue el último acto público de Chamberlain, pobre hombre.

Un sonido característico de la guerra en invierno: el tintineo musical de las gotas de lluvia sobre el casco de acero.

113. Director y periódico sin identificar.
114. El Nuevo Orden de Hitler para Europa: el nazismo.
115. Es posible que la animosidad que sentía Orwell por sir Samuel Hoare (véase la última frase del párrafo) lo llevase a reproducir la afirmación de H. P. En *The Second World War*, Churchill, al explicar cómo formó su gabinete de guerra en mayo de 1940, defiende a Hoare, Halifax y Simon de las acusaciones que los responsabilizaban de los errores del período prebélico (II, p. 10). Aunque incluyó a los dos lores en su gobierno, nombró a Hoare embajador en España el 17 de mayo. Luego comenta que «nadie podría haber llevado a cabo mejor que él la fatigosa, delicada y crucial misión de esos cinco años» (II, p. 59). Véase *Acontecimientos*, 4-8-1939, n. 5.
116. Sin identificar; los seis guiones podrían ser un error refiriéndose a los siete del periódico de H. P.
117. Alfred Duff Cooper, ministro de Información, véase *Diario de guerra*, 29-5-1940 n. 4.

28-11-1940

Ayer comí con C.,[118] director de *France*. [...] Para mi sorpresa, estaba de muy buen humor y no llegó con una lista de agravios. Esperaba que un refugiado francés se quejase constantemente de la comida, etc. No obstante, C. conoce bien Inglaterra y ya ha vivido aquí antes.

Asegura que hay mucha más resistencia de lo que la gente cree, tanto en la Francia ocupada como en la no ocupada. La prensa lo oculta, sin duda por nuestras relaciones con Vichy. Dice que cuando se produjo el hundimiento de Francia ningún europeo imaginó que Inglaterra seguiría combatiendo, y que en general tampoco lo pensaron los estadounidenses. Es bastante anglófilo y cree que la monarquía es una gran ventaja para Inglaterra. Según él, ha sido uno de los principales factores que han impedido el establecimiento del fascismo. Considera que la abdicación de Eduardo VIII se produjo por las conocidas conexiones fascistas de la señora S.[119] [...] El hecho es que, en conjunto, los antifascistas ingleses apoyaban a Eduardo, pero C. repite sin duda lo que se decía en el continente.

C. fue jefe de prensa durante el gobierno de Laval.[120] En 1935, Laval le dijo que Inglaterra era «pura apariencia» y que Italia era un país verdaderamente fuerte, por lo que Francia debía romper con Inglaterra y aliarse con Italia. Al volver de la firma del pacto franco-ruso afirmó que Stalin era el hombre más poderoso de Europa. Las profecías de Laval no parecen haberse cumplido, pese a su gran inteligencia.

Noticias totalmente contradictorias de testigos presenciales acerca de los daños sufridos en Coventry.[121] Parece imposible averiguar la verdad sobre un bombardeo desde la distancia. Cuando aquí pasamos una noche tranquila, la gente se intranquiliza convencida de que en las ciudades industriales deben de estar pasándolo mal. En el fondo todo el mundo cree que en Londres nos hemos acostumbrado y en otros sitios la moral es menos fiable.

118. Pierre Comert, periodista francés y antiguo diplomático, se exilió en Inglaterra tras la caída de Francia.
119. La señora Wallis Simpson, en aquella época casada con el duque de Windsor; véase *Diario de guerra*, 10-7-1940, n. 70.
120. Para Pierre Laval, véase *Diario de guerra*, 24-6-1940, n. 49.

121. Coventry fue bombardeada la noche del 14 de noviembre de 1940. Los titulares del *Daily Herald* del 16 de noviembre decían: «La ciudad de las Midlands está como una ciudad francesa bombardeada», «Esta mañana los habitantes de Coventry que se han quedado sin hogar han dormido en los caminos», «El golpe no ha sido mortal. El trabajo se reanudará». Informaba de que habían participado 500 aviones, de que los alemanes afirmaban haber lanzado 30.000 bombas incendiarias en un ataque desde el anochecer hasta el alba, y de que el Ministerio del Interior afirmaba que había un millar de víctimas (*War Papers*; *The War Papers* son una serie de periódicos reimpresos, en 74 volúmenes, 1977-1978). En el libro de Cesare Salmaggi *2194 Days of War* (1979) [trad. cast.: *Crónica de la Segunda Guerra Mundial (2.194 días de guerra)*; en esta obra se cita por la edición inglesa] afirma que 449 aviones alemanes llevaron a cabo un «bombardeo de barrido» en el centro de Coventry y destruyeron numerosos edificios históricos, entre ellos la catedral del siglo XIV. Hubo 550 muertos y muchos más heridos; se arrasaron 21 fábricas, pero la capacidad productiva de la ciudad no resultó afectada de gravedad. Concluye: «Después de esto los alemanes acuñaron el término "Coventrisieren", que significa "aniquilar, arrasar"» (pp. 78-79). Churchill da una cifra de 400 muertos y muchos más heridos graves y añade: «La radio alemana proclamó que nuestras demás ciudades también serían "coventrizadas"» (*The Second World War*, II, p. 332). Véase también el libro de Tom Harrisson, *Living Through the Blitz* (1976), sobre todo el capítulo VI, «Coventrización».

1-12-1940

El cabrón de Chiappe[122] ya es fiambre. Alborozo general, como cuando murió Balbo.[123] Al menos esta guerra está acabando con unos cuantos fascistas.

122. Véase *Diario de guerra*, 21-6-1940, n. 47.
123. Véase *Diario de guerra*, 30-6-1940, n. 59.

8-12-1940

Anteanoche participé en una emisión radiofónica.[124] [...] Conocí a un polaco que acababa de huir de Polonia por una ruta clandestina que no quiso revelar. [...] Contó que, en el cerco de Varsovia, sufrieron daños el 93 por ciento de las casas y cerca de un 25 por ciento fueron demolidas. Se interrumpieron todos los servicios, electricidad, agua, etc., y hacia el final la gente no tenía cómo protegerse de los aviones ni, peor todavía, de la artillería. Describió a gente que corría a arrancar trozos de carne de un caballo al que había matado una bomba, salía huyendo cuando se reanudaba el bombardeo y volvía a abalanzarse sobre el cadáver. Cuando Varsovia quedó incomunicada, la gente resistió pensando que los ingleses los ayudarían; hubo rumores de que había un ejército inglés en Danzig, etc., etc. [...]

Desde hace una semana se ha extendido el rumor de que la noticia publicada por los periódicos de que el gobernador italiano de Albania se había suicidado se debió a un error de imprenta.

Durante la peor época de los bombardeos, cuando todo el mundo estaba medio desquiciado, no tanto por las bombas como por la falta de sueño, las llamadas de teléfono interrumpidas, la dificultad de las comunicaciones, etc., etc., constantemente acudían a mi imaginación fragmentos de poesía absurda. Nunca eran más que uno o dos versos y la tendencia cesó cuando disminuyó la frecuencia de los bombardeos; he aquí algún que otro ejemplo:

> Un viejo campesino rumano
> que vivía en Mornington Crescent

y

> La llave no entra, el timbre no suena,
> pero todos en pie a entonar el Dios salve al Rey[125]

y

> Cuando el topógrafo del municipio se posa
> en su poste, su palo o su rama.

124. Fue un programa de debate con Desmond Hawkins sobre «The proletarian Writer». Reeditado en *CW*, XII, pp. 244-249.

125. Véase la referencia en «Mi país, a derechas o a izquierdas» al modo en que se escandalizaba la gente al ver ridiculizar a la realeza, *CW*, XII, p. 272.

29-12-1940

Tomado de un reportaje periodístico (no irónico) sobre un bombardeo: «Las bombas caían como el maná».

1941

2-1-1941

La reacción de la derecha está en pleno auge, y la entrada de Margesson en el gobierno es sin duda la capitalización de la victoria de Wavell en Egipto. Resulta cómico que, justo cuando llegaron las noticias de Sidi Barrani, apareciera en *Horizon* la reseña que escribí hace unos meses sobre el libro de Wavell sobre la vida de Allenby. En la reseña decía que, ya que Wavell desempeñaba un puesto de mando de tanta importancia, el principal interés del libro era la luz que arrojaba sobre su capacidad intelectual, y daba a entender que no me parecía gran cosa. Así que la broma se ha vuelto contra mí, aunque Dios sabe que me alegro de haberme equivocado.[126]

La palabra *blitz* se emplea ahora en todas partes para referirse a cualquier ataque contra cualquier cosa. Recuerda al uso que se hacía de *strafe* en la última guerra. *Blitz* todavía no se utiliza como verbo, aunque no creo que tarde.[127]

126. La reseña de Orwell se publicó en diciembre de 1940, véase *CW*, pp. 292-293. Las fuerzas del general Wavell rompieron las líneas italianas al mando del general Graziani en Sidi Barrani el 9 de diciembre de 1940. En el número de marzo de *Horizon*, el comentario editorial se cerraba con este párrafo: «El director quisiera puntualizar al *Spectator* y a muchos lectores de *Horizon* que se han quejado de la reseña de Orwell sobre el *Allenby* de Wavell que dicha reseña se escribió a principios de verano, en un momento en que, después de lo ocurrido en Francia, el cargo de general no resultaba muy tranquilizador, y cuando Orwell ignoraba que el biógrafo de Allenby iba a demostrar ser más grande que su objeto de estudio. Pasaron varios meses antes de que hubiese espacio para publicarla, y el señor Orwell afirma que se equivocó sobre el general Wavell, se alegra de haberse equivocado y lamenta haber cometido el error».

127. Sobre el momento en que Orwell documenta el uso como verbo, véase *infra* 22-1-1941.

22-1-1941

———[128] está convencido, y puede que tenga razón, de que se subestima mucho el peligro de ese tinglado de la Convención del Pueblo[129] y que habría que combatirla en lugar de pasarla por alto. Afirma que hay miles de personas ingenuas que se dejan engañar por su atractivo programa y no reparan en que se trata de una maniobra derrotista concebida para ayudar a Hitler. Citó una carta del deán de Canterbury[130] que decía: «Quiero que quede claro que estoy totalmente a favor de ganar la guerra, y que creo que Winston Churchill es el único dirigente posible hasta que concluya la contienda» (o algo por el estilo) y al mismo tiempo apoyó la Convención del Pueblo. Por lo visto, hay miles como él.

A propósito de lo que dice ————, no cabe duda de que los de la Convención han recaudado mucho dinero de algún sitio. Hay carteles por todas partes, y también se ven muchos nuevos del *Daily Worker*. No han pagado por el espacio, pero aun así la impresión, etc., ha debido de costar mucho. Ayer arranqué varios carteles, es la primera vez que lo hago. Qué diferencia con el verano en que escribí con tiza «Chamberlain fuera», etc., y con Barcelona, tras la supresión del POUM, cuando escribí «Visca el POUM».[131] En circunstancias normales mis instintos van en contra de escribir en las paredes o interferir en lo que hayan escrito otros.

La escasez de cebollas ha hecho que todo el mundo se haya vuelto muy sensible a su olor. Un cuarto de cebolla picada en un guiso parece muy fuerte. El otro día [Eileen] supo nada más darle un beso que había comido cebollas unas seis horas antes.

Un ejemplo de los abusos que se producen cuando cualquier artículo cuyo precio no está regulado empieza a escasear: el precio de los relojes despertadores. Los más baratos que se pueden conseguir son unos alemanes muy malos que se vendían por 3 chelines y 6 peniques y ahora cuestan 15 chelines. Los franceses pequeños de hojalata, que costaban 5 chelines, ahora cuestan 18 chelines y 6 peniques, y a todos los demás les ocurre lo mismo.

El *Daily Express* ha utilizado *blitz* como verbo.[132]

Las noticias de la mañana: han abierto una brecha en las defensas de Tobruk[133] y ha cerrado el *Daily Worker*.[134] No sé si alegrarme de lo segundo.

128. Sin identificar.
129. La Convención del Pueblo la organizaron los comunistas en enero de 1941 con la excusa de luchar por los derechos públicos, salarios más altos, mejores medidas

contra los ataques aéreos y por su amistad con la URSS, pero algunos historiadores han afirmado que su verdadero propósito era oponerse al esfuerzo bélico. En julio de 1941, tras la entrada de Rusia en la guerra, exigió que se abriese un segundo frente. En 1942, su actividad había cesado.

130. El reverendísimo Hewlett Johnson (1874-1966), deán de Canterbury entre 1931 y 1963, conocido como el «deán Rojo» por sus simpatías prorrusas. Entre los libros que escribió estaba *The Socialist Sitxth of the World*, *Soviet Strength*, y *Christians and Communism*.

131. Véase *Homenaje a Cataluña*, p. 185.

132. Véase *supra*, n. 127.

133. Tobruk cayó ante los británicos el 22 de enero de 1941, hasta que el 21 de junio de 1942 lo reconquistaron las tropas alemanas al mando del general Erwin Rommel (1891-1944), el brillante comandante del Afrika Korps entre 1941 y 1943, y en el norte de Francia en la época del desembarco aliado en 1944.

134. El cierre duró desde el 22 de enero de 1941 hasta el 6 de septiembre de 1942.

26-1-1941

Distribución del espacio en el *New Statesman* de esta semana:
Caída de Tobruk (con 20.000 prisioneros): 2 líneas.
Cierres del *Daily Worker* y *The Week*:[135] 108 líneas.

[...] Todo el mundo que piensa un poco está intranquilo por la calma que impera en este momento de la guerra, y tiene el convencimiento de que se prepara alguna nueva diablura. Pero el optimismo popular vuelve a crecer y el cese de los ataques aéreos, siquiera por unos días, tiene sus peligros. Debido a uno de esos cruces que ahora son tan frecuentes, el otro día[136] oí una conversación telefónica ajena en la que dos mujeres afirmaban que «ya no falta mucho», etc., etc. A la mañana siguiente fui a la tienda de la señora J. y se me ocurrió decir que la guerra duraría probablemente tres años. La señora J. se quedó perpleja y horrorizada. «¡Ay, no diga eso. No puede ser! ¡Pero si se están batiendo en retirada! Hemos conquistado Bardia, y desde ahí podemos pasar a Italia y llegar a Alemania, ¿no?» La señora J. me parece una mujer excepcionalmente ecuánime y aguda. No obstante, ignora que África está al otro lado del mar Mediterráneo.

135. *The Week* era un boletín comunista para suscriptores dirigido por Claud Cockburn (también bajo el seudónimo de Frank Pitcairn; 1904-1981) entre 1933 y 1946.

136. Orwell debió de oír esa conversación poco después del 5 de enero de 1941, tras la caída de Bardia, a la que la tal señora J. se refirió al día siguiente. La caída de Tobruk no se completó hasta el 22 de enero, cuando se rindió la guarnición italiana. Se hicieron unos 30.000 prisioneros (comparados con los 40.000 o 50.000 de Bardia) con un balance de unos 1.000 soldados británicos y Aliados muertos o heridos. El optimismo de la señora J. no era, por tanto, tan descabellado. Que *The New Statesman* dedicara tan solo dos líneas a la caída de Tobruk, se debió en parte a que se trató de una noticia de última hora (y prematura).

7-2-1941

Cada vez hay más división de opiniones sobre si estamos luchando contra los nazis o contra los alemanes. La cuestión estaba implícita desde el principio, aunque la gente empieza a darse cuenta ahora, y está ligada a la de si Inglaterra debería declarar sus objetivos bélicos, o incluso si debería tenerlos. Lo que podríamos llamar opinión respetable está en contra de dar cualquier significado a la guerra («Nuestra labor es vencer a los boches, es el único objetivo del que vale la pena hablar») y es probable que se acabe convirtiendo también en la política oficial. Dicen que el panfleto[137] de Vansittart contra Alemania se está vendiendo como rosquillas.

No hay noticias concretas de Francia. Está claro que Pétain cederá e incluirá a Laval en el gobierno. Luego se producirá otro escándalo respecto al paso de tropas por la Francia no ocupada, las bases de África, etc., volverán a «resistirse con firmeza» y se harán nuevas concesiones. Todo depende del factor tiempo, es decir, de que los alemanes consigan o no llegar a África antes de que se rindan los ejércitos italianos. Es posible que después los cañones se vuelvan contra España, y entonces nos dirán que Franco se «resiste con firmeza», lo que demuestra que el gobierno británico tenía razón al adoptar una actitud conciliatoria respecto a dicho país, hasta que Franco se decida a atacar Gibraltar o permita a las tropas alemanas atravesar su territorio. O puede que Laval, cuando llegue al poder, se resista un tiempo a las exigencias alemanas más exageradas y pase de pronto de ser un villano a un patriota que se «resiste con firmeza», como está haciendo ahora Pétain. Lo que no entienden los conservadores británicos es que a la derecha no le quedan fuerzas y su única razón de ser es la derrota.

137. Robert Vansittart (1881-1957; nombrado caballero en 1929 y barón de Denham en 1941), diplomático y escritor, subsecretario permanente de Asuntos Exteriores entre 1930 y 1938, y asesor diplomático del ministro de Asuntos Exteriores de 1938 a 1941, fue muy conocido antes y durante la primera parte de la contienda por sus críticas abiertas a Alemania y los alemanes. El panfleto al que se refiere Orwell es *Black Record: Germans Past and Present* (1941). Un primo lejano suyo, Peter Vansittart (1920-2008), era novelista y amigo de Orwell.

12-2-1941

Esta semana han llamado a filas a Arthur Koestler[138] y van a alistarlo en los Pioneros;[139] las demás secciones de las fuerzas armadas le están vedadas por su condición de alemán. ¡Qué espantosa estupidez, tener a un joven dotado que habla qué sé yo cuántos idiomas, que conoce bien Europa, y sobre todo sus movimientos políticos, y utilizarlo solo para cargar ladrillos!

Hoy me he quedado impresionado por los destrozos en los alrededores de Saint Paul, que no había visto hasta el momento. Saint Paul apenas está desportillada y asoma como una roca. Por primera vez he reparado en que es una pena que la cruz de lo alto de la cúpula sea tan elaborada. Debería ser una cruz más sencilla que asomara como la empuñadura de una espada.

Es curioso, pero no parece que el nombramiento de ese necio de Ironside como «lord Ironside de Arcángel» haya tenido grandes repercusiones.[140] Es de una impudicia inconcebible, y cualquiera debería protestar, con independencia de cuál sea su opinión sobre el régimen soviético.

138. Arthur Koestler (1905-1983), novelista y ensayista nacido en Budapest, ingresó en el Partido Comunista en 1931 (luego lo abandonó a finales de los años treinta) y pasó un año en la URSS. Trabajó como reportero en la Guerra Civil española, donde fue capturado y condenado a muerte, aunque escapó aprovechando un intercambio de prisioneros. En Francia fue encarcelado en un campo de prisioneros y los británicos no lo encarcelaron por extranjero. En *Testamento español* (1937) describe sus vivencias en España y en *La espuma de la tierra* (1941; su primer libro escrito en inglés) sus vivencias posteriores. Orwell reseñó *Oscuridad a mediodía* en 1941 y se hicieron muy amigos. Véanse el ensayo de Orwell «Arthur Koestler», escrito en 1941 e incluido en sus *Ensayos críticos* (1946); Arthur y Cynthia Koestler, *Stranger on the Square*, editado

por Harold Harris (1984); y *Living with Koestler, Mamaine Koestler's Letters 1945-1951*, editado por Celia Goodman (1985).

139. El Pioneers Corps (Cuerpo de Pioneros) era el equivalente de los Construction Battalions de la Marina de Estados Unidos. Reclutaba en parte a personas a quienes las autoridades consideraban poco de fiar políticamente, aunque con frecuencia eran refugiados judíos de Alemania y otros países que tenían muchos motivos para oponerse a los nazis. Después se trasladó a algunos Pioneros a otras unidades más peligrosas y políticamente delicadas, donde sus conocimientos e inteligencia podían prestar un servicio más útil y peligroso.

140. William Edmund Ironside, primer barón de Arcángel e Ironside (1880-1959), fue el comandante de las fuerzas aliadas enviadas a combatir a los bolcheviques en Arcángel en 1918. Entre 1939 y 1940 fue jefe del Estado Mayor Imperial y director de las fuerzas de Defensa Nacional entre mayo y julio de 1940. Antes de que se retirase en 1940 fue ascendido a mariscal de campo.

1-3-1941

Los B., que acaban de llegar a Londres hace unas semanas y no han vivido el *blitz*, dicen que encuentran a los londinenses muy cambiados, que todo el mundo está histérico, habla a voces, etc. etc. De ser cierto, ha ocurrido gradualmente y estando aquí no se aprecia, como ocurre con el crecimiento de un niño. El único cambio que he notado desde que empezaron los ataques aéreos es que la gente está mucho más dispuesta a hablar en la calle con desconocidos. [...] Las estaciones de metro ya no huelen mal, los nuevos camastros metálicos son bastante cómodos[141] y la gente tiene suficientes mantas y parece contenta, aunque eso es precisamente lo que me inquieta. ¿Qué pensar de una gente que continúa soportando esta vida infrahumana, noche tras noche, durante meses, incluso cuando hay períodos de tres semanas o más en los que ningún avión ha pasado siquiera cerca de Londres? [...] Es horrible seguir viendo a niños pequeños en las estaciones de metro, como si fuese lo más normal y pasándoselo en grande en la línea circular. Hace un tiempo D.J.[142] volvía de Cheltenham a Londres y en el tren viajaba una joven con sus dos niños a los que habían evacuado a no sé qué sitio al oeste del país y a los que ahora llevaba de vuelta a casa. Cuando estaban llegando a Londres se produjo un ataque aéreo y la mujer pasó el resto del viaje llorando. Se había decidido a regresar porque llevaban más de una semana sin que se produjese ningún bombardeo y había llegado a la conclusión de que «todo había acabado». ¿Qué decir de la mentalidad de alguien así?

141. Se proporcionaron hileras de camastros de metal para que la gente pudiese dormir en las estaciones de metro (utilizadas como refugios antiáereos) con seguridad y relativa comodidad. Para ver el efecto de ese tipo de refugios, véanse los dibujos de Henry Moore, que lo expresan mucho mejor que las fotografías. Moore sugiere unos durmientes «hechizados y condenados» que sufren «un "desasosiego" profundamente perturbador» (Dennis Rudder, citado por Eric Newton en la introducción de *War Through Artists' Eyes*, 1945, p. 9. Las reproducciones de Moore están en las pp. 62, 63 y 65).

142. Denzil Jacobs, de regreso de Cheltenham donde había estado llevando a cabo una auditoría (carta al director, 23 de mayo de 1997). Se alistó en la Home Guard (por aquel entonces los Local Defence Volunteers) con su tío y tutor Victor Jacobs, un fabricante de pianos (para quien trabajaba), en el Lord's Cricket Ground el 12 de junio de 1940. Sirvió en el pelotón de Orwell hasta que se alistó en la RAF como piloto en 1941. El señor Jacobs describió el pelotón en una carta al director el 22 de agosto de 1996. Lo integraba gente muy dispar, desde prósperos verduleros hasta Fredric Warburg (que había combatido como teniente en Passchendaele en 1917), o un conductor de furgonetas que trabajaba en Selfridge's, en Oxford Street. En los momentos de calma, los que tenían dinero jugaban al póquer. En una ocasión Orwell participó en la partida, pero después de perder 10 chelines (50 peniques en la moneda actual) lo dejó porque la apuesta le pareció demasiado alta. Orwell era, según dijo, un buen jefe de sección y particularmente ducho en los combates callejeros. También preparó un gran (y peligroso) arsenal de bombas de gasolina que guardaba en un cobertizo abandonado. Ambos hombres visitaron a Orwell varias veces en el University College Hospital. Orwell, junto a algunos miembros de su sección de la Home Guard (entre ellos Fredric Warburg) aparece retratado en la foto 18 de *The Lost Orwell*.

3-3-1941

Anoche fui con G.[143] a ver el refugio de la cripta de la iglesia de Greenwich. Hay los típicos catres de madera, sucios (y sin duda llenos de chinches cuando haga calor), es lóbrego y maloliente, y eso que esa noche no había demasiada gente. La cripta tiene un sistema de túneles que unen las bóvedas en las que están escritos los nombres de las familias que yacen enterradas en ellas. Las más recientes son de 1800. [...] G. y los demás insistieron en que no había visto lo peor, porque las noches en que está abarrotada (con unas 250 personas) el hedor es casi insoportable. No obstante, yo seguí en mis trece, aunque nadie estaba de acuerdo, en que es mucho peor para un niño jugar en unas bóvedas llenas de cadáveres que tener que soportar el olor corporal de la gente.

143. Gwen O'Shaughnessy, la cuñada de Eileen.

4-3-1941

Estoy en Wallington. Hay flores de azafrán silvestre por todas partes, algunos brotes de alhelíes y las campanillas están en su mejor momento. Parejas de liebres se contemplaban entre el trigo de invierno. De vez en cuando en esta guerra, cada varios meses, uno saca la nariz del agua un momento y repara en que la tierra sigue girando alrededor del sol.

14-3-1941

Los últimos días han circulado rumores por todas partes, y ha habido también insinuaciones en los periódicos, de que «va a suceder algo» en los Balcanes, es decir, que vamos a enviar una fuerza expedicionaria a Grecia. De ser cierto, se tratará presumiblemente del ejército que está ahora en Libia, o de la mayor parte del mismo.[144] Hace un mes oí que Metaxas,[145] antes de morir, nos pidió 10 divisiones y le ofrecimos 4. Parece un riesgo enorme poner en peligro un ejército en cualquier lugar al oeste de los estrechos. Para tener una opinión bien fundada sobre la estrategia de una campaña semejante, habría que saber de cuántos hombres dispone Wavell y cuántos hacen falta para defender Libia, cuál es la situación del transporte marítimo y en qué estado se encuentran las comunicaciones entre Bulgaria y Grecia, cuántas tropas mecanizadas han conseguido trasladar los alemanes a través de Europa y quién controla el mar entre Sicilia y Trípoli. Sería un desastre espantoso que, mientras el grueso de nuestras tropas estuviesen atascadas en Salónica, los alemanes se las arreglasen para atravesar el mar desde Sicilia y reconquistaran todo lo que han perdido los italianos. Las opiniones están divididas. Emplazar un ejército en Grecia supone un riesgo tremendo y no ofrece muchas ventajas, excepto que, una vez implicada Turquía, nuestros barcos de guerra podrán entrar en el mar Negro; por otro lado, si defraudamos a Grecia habremos demostrado con claridad que no podemos ni estamos dispuestos a ayudar a ninguna nación europea a conservar su independencia. Lo que más temo es una intervención a regañadientes y un fracaso espantoso, como en Noruega. Estoy a favor de poner todos los huevos en la misma cesta y arriesgarnos a sufrir una derrota, porque no creo que ninguna derrota o victoria en el estricto sentido militar tenga tanta importancia como demostrar que estamos de parte de los débiles contra los fuertes.

Lo malo es que cada vez resulta más difícil entender la reacción de los pueblos europeos, igual que ellos parecen incapaces de entender las nuestras. La mayoría de los alemanes con los que he hablado se quejan de nuestro error espantoso de no bombardear Berlín desde el principio de la guerra en lugar de lanzar fatuos panfletos.[146] Sin embargo, estoy convencido de que todos los ingleses nos alegramos de ese gesto (y nos habríamos alegrado igual de haber sabido las bobadas que decían los panfletos), porque nos pareció una prueba de que no teníamos nada contra los alemanes de a pie. Por otro lado, en el libro que le acabamos de publicar, Haffner[147] exclama que es una locura por nuestra parte dejar que los irlandeses conserven bases de vital importancia y que deberíamos conquistarlas cuanto antes. Afirma que el espectáculo de ver cómo nos desafía un país falsamente independiente como Irlanda nos convierte en el hazmerreír de Europa. He ahí la perspectiva europea y su falta de comprensión de los pueblos de habla inglesa. De hecho, si tomásemos las bases irlandesas por la fuerza, sin una larga campaña propagandística previa, el efecto en la opinión pública, no solo en Estados Unidos, sino en Inglaterra, sería desastroso.

No me gusta el tono de las declaraciones oficiales sobre Abisinia. Están farfullando que van a nombrar un «residente» británico, como en las cortes de los rajás indios, cuando se restaure al emperador. Si permitimos que se diga de forma mínimamente creíble que queremos quedarnos Abisinia, el efecto puede ser espantoso. Si expulsamos a los italianos,[148] tendremos la ocasión de hacer un gesto imponente y demostrar más allá de cualquier otro argumento que no luchamos solo por nuestra supervivencia. El eco llegaría al mundo entero. Pero ¿tendrán el valor o la honradez de hacerlo? Es imposible estar seguro. Me parece prever los sesudos argumentos que emplearán para justificar que nos quedemos con Abisinia, las estupideces sobre la esclavitud, etc., etc.

Las últimas noches se han derribado bastantes aviones alemanes, probablemente porque las noches despejadas favorecen la labor de los cazas, pero la gente está muy emocionada a propósito de un «arma secreta» que se dice que están utilizando. Los rumores populares dicen que se trata de una red de alambre que se lanza al aire y en la que queda enredado el avión.[149]

144. El 12 de febrero, Churchill, en el mismo telegrama en que felicitó al general Wavell por la captura de Bengasi, le ordenó dejar una fuerza mínima para defender la Cirenaica y enviar el grueso de sus fuerzas a Grecia. El resultado demostró que los temores de Orwell eran correctos.

145. El general Ioannis Metaxas (1871-1941), primer ministro de Grecia desde 1935, había establecido una especie de dictadura a pesar de ser un defensor acérrimo de la monarquía. Organizó eficazmente la defensa tras la invasión italiana en 1940, pero rechazó la oferta de unidades de tanques y artillería británicas, pues previó que Churchill solo podría ofrecerle una ayuda limitada, que podría conducir a una invasión alemana. Tras su fallecimiento el 29 de enero, Churchill renovó la oferta, que en esa ocasión fue aceptada. El 7 de marzo desembarcó en el Pireo una fuerza expedicionaria británica. Los alemanes invadieron el país el 6 de abril y el 28 habían conquistado Grecia.

146. Al principio de la guerra se pidió a la RAF que lanzara panfletos sobre Alemania en lugar de bombas, con la vana esperanza de convencer a la población de la locura de sus dirigentes. No fue una acción que gozase de mucho predicamento entre la gente corriente. La popular novela de Nevil Shute *Landfall* dio una clara idea de la respuesta a esta política. Los pilotos designados para esa misión en enero de 1940 «despreciaban y se burlaban de la labor que les habían encomendado. La opinión generalizada era: "A Hitler los panfletos le importan una ———". [...] Expresaban su opinión de que el Führer agradecería que los lanzasen para usarlos como papel higiénico» (capítulo V).

147. Sebastian Haffner (1907-1999) había llegado a Inglaterra desde Alemania en 1938. No era judío, aunque su mujer sí, y se oponía frontalmente al nazismo. Aunque Secker & Warburg había publicado su «brillante análisis del nazismo, *Germany-Jekyll and Hyde*» (Fyvel, p. 99) que apareció el 14 de junio de 1940, el día de la caída de París, las autoridades británicas lo internaron en un campo de prisioneros e hizo falta todo el poder de persuasión de Warburg para que lo soltaran. Se convirtió en corresponsal de asuntos extranjeros de *The Observer* y escribió para Fyvel y Orwell *Offensive Against Germany*, el Searchlight Book al que se refiere aquí Orwell. El libro, que intentaba distinguir entre «Alemania» y «nazismo», se publicó a finales de febrero o principios de marzo de 1941. Haffner volvió a trabajar en Alemania en 1954. Su verdadero

nombre era Raimund Pretzel; el seudónimo lo adoptó de una sinfonía de Mozart. Véase Fredric Warburg, *All Authors are Equal*, pp. 6-8.

148. La liberación de Eritrea y Abisinia (como se llamaba entonces Etiopía) por parte de los italianos se llevó a cabo deprisa y con eficiencia. El emperador exiliado, Haile Selassie, regresó a Etiopía el 20 de enero de 1941 y entró en la capital el 5 de mayo acompañado por el general Orde Wingate. El duque de Aosta, virrey italiano de Etiopía, se rindió el 19 de mayo. Las fuerzas del general Wavell, gracias a dicha rendición, hicieron unos 230.000 prisioneros italianos en el norte y el este de África. La labor de limpieza y reconstrucción del país duró hasta octubre; para entonces el jefe de las tropas británicas, el general Alan Cunningham, se había ido para ponerse al frente del Octavo Ejército. A pesar de los temores de Orwell, Gran Bretaña reconoció una Etiopía independiente en enero de 1942.

149. Los rumores abundan en tiempo de guerra, y este parece particularmente imaginativo. No obstante, podría referirse al uso del radar (conocido por aquel entonces como radiolocalización en Gran Bretaña) que la RAF anunció en 1941 que había sido decisivo para derrotar a la Luftwaffe, o tal vez a la IFF —el sistema de Identificación Friend or Foe («Amigo o Enemigo»)—, una forma mejorada que se había instalado en todos los cazas después de la caída de Francia. Ambas cosas podrían recordar a una «red electrónica» (información del Museo de la RAF).

20-3-1941

Anoche hubo muchos ataques, pero solo se derribó un avión, así que no hay duda de que los rumores sobre un «arma secreta» son una sarta de bobadas.

Cayeron muchas bombas en Greenwich, una de ellas mientras hablaba con E[ileen] por teléfono. Se produjo una pausa en la conversación y se oyó un tintineo:

—¿Qué pasa?

—Nada, que se han roto los cristales de la ventana.[150]

La bomba había caído en el parque de enfrente de casa, rompió el cable del globo de barrera e hirió a uno de los que lo manejan y a un miembro de la Home Guard. La iglesia se incendió y los que se habían refugiado en la cripta se encontraron con el fuego encima y el agua que se filtraba, pero nadie intentó salir hasta que se lo ordenaron los vigilantes.

Por primera vez desde 1914 hay un cónsul alemán en Tánger. Parece que por deferencia a la opinión pública estadounidense vamos a dejar pasar más comida a Francia. Aunque se establezca una especie de comisión neutral para supervisarlo, no beneficiará a los franceses. Los alemanes permitirán que les llegue el trigo, etc., que les mandemos y dejarán de enviar ellos la cantidad correspondiente. Ni siquiera durante los preparativos para dejar entrar los barcos de comida se ha visto un solo indicio de que el gobierno haya conseguido algo a cambio; por ejemplo, la expulsión de los agentes alemanes del norte de África. Lo lógico habría sido esperar hasta que Francia estuviese al borde de la hambruna y en consecuencia el gobierno de Pétain se estuviese tambaleando, y luego enviar una gran cantidad de comida a cambio de una concesión considerable, por ejemplo, la entrega de unidades de importancia de la flota francesa. Hoy en día esa política es inconcebible, claro. Ojalá pudiéramos estar seguros de si ——————, —————— y los demás son de verdad unos traidores o solo unos estúpidos.

Al repasar este diario, veo que últimamente he escrito a intervalos más largos y mucho menos sobre sucesos públicos que cuando lo empecé. La sensación de impotencia va en aumento en todo el mundo. Da la sensación de que hace falta un cambio de opinión que solo se producirá si ocurre otro desastre, que no podemos permitirnos y con el que no podemos contar. Lo peor es que la crisis que se avecina será de hambre, y el pueblo inglés no está preparado para eso. Muy pronto la cuestión será si importar armas o comida. Es una bendición que lo peor vaya a suceder en los meses de verano, pero será muy difícil conseguir que la gente se enfrente al hambre, pues, hasta donde pueden ver, la guerra no tiene sentido y los ricos siguen y seguirán igual que siempre, a no ser que se les someta por la fuerza. Da igual no tener objetivos bélicos cuando lo importante es repeler una invasión, porque desde el punto de vista de la gente corriente expulsar a los invasores de Inglaterra es objetivo suficiente. Pero ¿cómo vas a pedirles que maten de hambre a sus hijos para fabricar tanques con los que combatir, cuando nada de lo que se les cuenta permite deducir que combatir en África o Europa tiene que ver con la defensa de Inglaterra?

En una tapia del sur de Londres un comunista o un camisa negra ha escrito con tiza: «Queremos queso, no a Churchill». Qué eslogan tan estúpido. Es una muestra de la ignorancia psicológica de esa gente, que sigue sin darse cuenta de que, aunque hay quien moriría por Churchill, nadie moriría por un poco de queso.

150. Este laconismo es típico de Eileen.

23-3-1941

Anoche asistí a un desfile más o menos obligatorio de la Home Guard en la iglesia para participar en el día nacional de oración. También había miembros del AFS,[151] cadetes de la Fuerza Aérea, de la WAAF[152] etc., etc. Me horrorizaron tanta patriotería y convencimiento de estar en posesión de la verdad. […] No me sorprende, como les ocurre a otros, que la Iglesia defienda la guerra, aunque he reparado en que casi siempre se trata de personas que no son religiosas. Si se acepta el gobierno, se acepta la guerra, y si se acepta la guerra, en la mayoría de los casos quieres que venza uno u otro bando. No consigo escandalizarme de que los obispos bendigan la bandera de los regimientos y demás. Estas cosas se basan en la idea sentimental de que combatir es incompatible con amar a tus enemigos. En realidad, solo se puede amar a los enemigos si uno está dispuesto a matarlos en determinadas circunstancias. Pero lo repugnante de este tipo de servicios religiosos es la ausencia de autocrítica. Por lo visto, se supone que Dios va a ayudarnos porque somos mejores que los alemanes. En las oraciones se pide a Dios que «convierta el corazón de nuestros enemigos y nos ayude a perdonarlos, que se arrepientan de sus pecados y hagan propósito de enmienda», pero no que ellos nos perdonen a nosotros. Me parece que una actitud más cristiana sería admitir que nosotros somos mejores que nuestros enemigos, que todos somos pecadores desdichados, pero resulta que sería mejor que prevaleciera nuestra causa, y por eso es legítimo rezar por ello. […] Supongo que creen que sería malo para la moral dejar que la gente reparase en que el enemigo tiene su parte de razón, pero aun así me parece un error psicológico. No obstante, tal vez no estén pensando en el efecto sobre los asistentes al servicio religioso, sino que busquen resultados directos de su campaña nacional de oración, una especie de cortina de fuego contra los ángeles.

151. Servicio Auxiliar contra Incendios.
152. Fuerza Aérea Auxiliar Femenina.

24-3-1941

Los informes sobre cruceros pesados en el Atlántico dan la impresión de ser una falsedad pensada para atraer a los acorazados británicos.[153] Podría ser el preludio de una invasión. El temor a que suceda ha ido desapareciendo porque la sensación generalizada es que Hitler no podría conquistar Inglaterra con ningún ejército, sin eliminar antes el dominio aéreo y marítimo de los británicos. Creo que probablemente sea acertada y que Hitler no intentará nada hasta haber conseguido una victoria de importancia en algún otro sitio, porque de lo contrario la invasión en sí misma parecería un fracaso y necesitaría algo para compensarla. Aun así, creo que una invasión fallida que supusiera la pérdida de, digamos 100.000 o incluso 500.000 hombres, podría serle útil porque causaría la parálisis casi total de la industria y el suministro interno de alimentos. Si pudiesen desembarcar unos cuantos cientos de miles de hombres y resistir aunque solo fuese tres semanas, harían más daño que miles de ataques aéreos. Sin embargo, los efectos no serían evidentes de inmediato, y por tanto Hitler no lo intentará hasta que las cosas le vayan muy bien.

Es evidente que la Home Guard está escasa de equipamiento, es decir, de armas. Por otro lado, se dice que las capturas de armamento en África han sido tan enormes que han enviado expertos para hacer el inventario. Después se harán lotes y se fabricarán armas nuevas según esas especificaciones. Las capturadas servirán como núcleo de un arsenal nuevo.

---

153. El rumor no era falso. El acorazado de bolsillo *Scheer* y los cruceros de combate *Scharnhorst* y *Gneisenau* hundieron o capturaron diecisiete barcos (los bombarderos hundieron 41 y los submarinos otros 41). Los cruceros de combate atracaron en Brest el 22 de marzo, pero quedaron inutilizados después de los ataques aéreos británicos contra el puerto.

7-4-1941

Ayer bombardearon Belgrado, y esta mañana se emitió el primer comunicado que confirma que hay un ejército británico en Grecia de unos

150.000 hombres. Así que se ha resuelto ya el misterio de dónde se encontraba el ejército británico de Libia, aunque estaba claro desde la retirada británica de Bengasi. Es imposible decir si el tratado de amistad entre Yugoslavia y la URSS servirá o no de algo, pero resulta difícil creer que no suponga un empeoramiento de las relaciones ruso-alemanas. Tendremos un indicio de la postura soviética cuando se restaure, si es que llega a hacerse, al emperador de Abisinia; por ejemplo, veremos si el gobierno ruso lo reconoce y envía un embajador a su corte.

[...] La escasez de mano de obra es cada vez más evidente y los precios de cosas como los productos textiles y los muebles están alcanzando unos niveles que asustan. [...] El negocio de muebles de segunda mano, después de años de estancamiento, está en auge. [...] Está claro que se está utilizando el reclutamiento de manera consciente para silenciar las voces disidentes. La edad de paso a la reserva para los periodistas ha aumentado a los 41 años. Así solo conseguirán unos cuantos cientos de hombres, pero pueden utilizarlo a voluntad contra individuos concretos. Sería cómico que, después de que el ejército me rechazara por razones de salud hace diez meses, mejorase de pronto lo suficiente para ser soldado en los Pioneros.[154]

[...] No hago más que pensar en nuestro ejército en Grecia y en el riesgo enorme de que tenga que retirarse hacia el mar. Imagino cómo los estrategas como Liddell Hart[155] deben de hacerse cruces ante un movimiento tan precipitado. No obstante, políticamente es acertado si se piensa en los resultados dentro de dos o tres años. Lo mejor que se puede decir es que incluso desde un punto de vista puramente estratégico debe de haber alguna esperanza de éxito, o los generales se habrían negado a ejecutarlo. Me cuesta pensar que Hitler ha calculado mal el golpe. En cualquier caso, han perdido Abisinia y el desastre naval italiano no puede haber sido intencionado.[156] Además, si la guerra en los Balcanes dura aunque sea tres meses, los efectos en los suministros de comida en Alemania en otoño serán graves.

154. El Cuerpo de Pioneros; véase *Diario de guerra*, 12-2-1941, n. 139.
155. El capitán sir Basil Liddell Hart; véase *Acontecimientos*, 16-7-1939, n. 1. Orwell reseñó su *The British Way in Warfare* en *The New Statesman and Nation*, *CW*, XIV, pp. 188-190, el 21 de noviembre de 1942. A pesar de sus críticas, Orwell reconoció: «Ningún escritor militar de nuestro tiempo ha hecho más para ilustrar a la opinión pública».

156. La derrota de la batalla del cabo Matapán. Los británicos hundieron, sin sufrir bajas, los cruceros italianos *Zara, Fiume* y *Pola* y los destructores *Alfieri* y *Carducci*. El acorazado *Vittorio Veneto* sufrió graves daños.

8-4-1941

Acabo de leer *The Battle of Britain*, el éxito de ventas del MOI (la demanda era tan grande que, hasta pasados varios días, no ha habido ejemplares suficientes). Se dice que lo ha editado Francis Beeding, el escritor de novelas policíacas. Supongo que podría ser peor, pero teniendo en cuenta que se va a traducir a varios idiomas y que sin duda se leerá en todo el mundo —es el primer relato oficial, al menos en inglés, de la primera gran batalla aérea de la historia— es una lástima que no hayan tenido el sentido común de evitar el tono propagandístico. El panfleto está lleno de «hechos heroicos», «gloriosos», etc., y se habla de los alemanes con desprecio. ¿Por qué no se habrán limitado a narrar los hechos con exactitud y frialdad, ya que son de por sí bastante favorables? A cambio de los pocos vítores que arrancará en Inglaterra han desperdiciado la oportunidad de publicar algo que se aceptara en el mundo entero como autoridad reconocida y que podría usarse para contrarrestar las mentiras alemanas.

Pero lo que más me sorprende al leer *The Battle of Britain* y comprobar las fechas correspondientes en este diario es el modo en que los acontecimientos «épicos» nunca parecen muy importantes en el momento en que suceden. Lo cierto es que tengo algunos recuerdos muy vívidos del día en que los alemanes rompieron el cerco y bombardearon los muelles (creo que debió de ser el 7 de septiembre), pero son cosas triviales. En primer lugar, recuerdo que cogí el autobús para tomar el té con Connolly y oí a dos mujeres que tenía enfrente decir que los proyectiles que estallaban en el cielo eran paracaídas; tuve que hacer un esfuerzo para no corregirles. Después me refugié en un portal de Piccadilly porque caían fragmentos de metralla como si fuese un chubasco pasajero. Recuerdo también una larga fila de aviones alemanes surcando el cielo, y a unos oficiales navales y de la RAF muy jóvenes que salieron corriendo de uno de los hoteles y se pasaron unos a otros un par de prismáticos de campaña. Luego nos sentamos en el ático de

Connolly[157] y estuvimos viendo los pavorosos incendios más allá de Saint Paul y la gran columna de humo de un depósito de combustible río abajo; Hugh Slater estaba al lado de la ventana y dijo: «Igual que en Madrid... qué nostalgia». El único que estaba impresionado era Connolly, que nos acompañó al tejado y, tras contemplar un rato los incendios, dijo: «Es el final del capitalismo. Un juicio contra todos nosotros». Yo no opinaba igual, pero me impresionaron el tamaño y la belleza de las llamas. Esa noche me despertaron las explosiones y salí a comprobar si se habían extinguido los incendios —de hecho, había tanta luz como si fuese de día, incluso en el distrito N.W.—, pero seguí sin tener la sensación de estar viviendo un acontecimiento histórico de importancia. Una vez abandonado el intento de conquistar Inglaterra con bombardeos aéreos, le dije a Fyvel: «Ha sido Trafalgar. Ahora vendrá Austerlitz»,[158] pero en aquel momento no reparé en la analogía.

El *News Chronicle* vuelve a mostrarse muy derrotista, clama en contra de la salida de Bengasi y da a entender que deberíamos haber atacado Trípoli mientras podíamos en lugar de trasladar las tropas a Grecia.[159] Y esos son exactamente los mismos que habrían puesto el grito en el cielo si hubiésemos continuado con la conquista del imperio italiano y dejado a los griegos de lado.

157. En aquel entonces Cyril Connolly tenía un piso amueblado en lo alto de Athenaeum Court, en Piccadilly, pagado en parte por Peter Watson, patrocinador de *Horizon*. A propósito de las vistas desde el ático del ataque aéreo del 7 de septiembre de 1940, véase el libro de Michael Shelden *Friends of Promise*, p. 62. En cuanto a Hugh Slater, véase *Diario de guerra*, 23-8-1940, n. 91.
158. El almirante Nelson derrotó a la flota francesa en la batalla de Trafalgar, pero Napoleón consiguió a finales de ese año la victoria de Austerlitz, donde venció a las fuerzas aliadas de Rusia y Austria y obligó a Austria a abandonar la guerra. Orwell estaba insinuando que, aunque Hitler hubiese perdido la batalla de Londres, era de esperar que lograra victorias de importancia en alguna otra parte.
159. Véase *Diario de guerra*, 14-3-1941, nn. 144 y 145.

9-4-1941

Los presupuestos casi han desplazado de las noticias la campaña de los Balcanes. La gente solo habla de lo primero.[160]

Las noticias de la noche parecen muy malas. El comandante en jefe de los griegos ha emitido un comunicado afirmando que los serbios se han retirado y han dejado desprotegido el flanco izquierdo. Resulta significativo porque uno no dice oficialmente algo así —en la práctica, que los serbios han traicionado a los griegos— si no cree que las cosas están yendo muy mal.

La Home Guard ya tiene ametralladoras, al menos dos por compañía. Parece un gran avance comparado con los tiempos en que nos iban a proporcionar escopetas —aunque no las tenían— y se rieron de mi pregunta de si podríamos tener ametralladoras como si fuese algo descabellado.

160. Los presupuestos aumentaron el impuesto de la renta a diez chelines por libra (un aumento del 50 por ciento).

11-4-1941

Los periódicos de ayer informaron de que Gran Bretaña planea prestar a España 2.500.000 libras, supongo que como recompensa por la toma de Tánger. Es un pésimo síntoma. Siempre que empezamos a hacer concesiones a las potencias totalitarias menores en tiempo de guerra es que nos encontramos en una situación muy apurada.

12-4-1941

Todo el mundo acepta que las tropas alemanas en Libia, o al menos una parte de ellas, han llegado a través de territorio africano francés o en barcos franceses. No obstante, los periódicos no hacen ni la menor alusión al respecto. Es posible que continúen recibiendo instrucciones de limitar las críticas a la Francia de Vichy.

Antes de ayer vi pescados de agua dulce (percas) en una pescadería. Hace un año, los ingleses, y me refiero a los de ciudad, no los habrían tocado.

13-4-1941

Ni una sola noticia fiable sobre Grecia o Libia. […] De los dos periódicos que he podido conseguir hoy, el *Sunday Pictorial* era sombrío y derrotista y el *Sunday Express* no parecía mucho más optimista. El *Evening Standard* de ayer incluía un artículo firmado por «nuestro corresponsal en asuntos militares» […] que aún lo era más. Todo parece indicar que los periódicos están recibiendo noticias muy malas que no les permiten publicar. […] ¡Qué desastre tan espantoso! Lo único alentador es que los expertos militares coinciden en que nuestra intervención en Grecia es desastrosa, y los expertos militares siempre se equivocan.

Cuando la campaña en Oriente Próximo se decida de un modo u otro y la situación se estabilice, interrumpiré este diario. Cubre el período entre las campañas de primavera de Hitler de 1940 y 1941. Dentro de un mes o dos empezará una nueva fase militar y política. Los seis primeros meses de este diario abarcan el período casi revolucionario que siguió al desastre de Francia. Está claro que ahora nos encontramos en otro período desastroso, aunque de características distintas, menos inteligible para la gente normal y que no necesariamente habrá de suponer una mejora política. Al repasar el inicio del diario, veo que mis predicciones políticas se han visto desmentidas, y, no obstante, los cambios revolucionarios que predije están sucediendo a cámara lenta. Veo que escribí una entrada dando a entender que los anuncios comerciales desaparecerían de las paredes en menos de un año. No ha sido así, claro, el repugnante anuncio de jarabe para la tos Famel sigue presente en todas partes, igual que el de «Es más hombre desde que toma Worthington» y el de «La madre de alguien que yo me sé no usa Persil», pero hay muchos menos y los carteles del gobierno son mucho más numerosos. Connolly dijo una vez que los intelectuales tienden a acertar sobre la dirección de los acontecimientos, pero se equivocan respecto a la velocidad a la que van a producirse los cambios, y tiene toda la razón.[161]

El sábado me alisté en el grupo 38 y me quedé horrorizado al ver lo estropeada que está esa gente. Cuando uno ve un grupo como este, escogido solo por la fecha de nacimiento, se da cuenta de que los obreros envejecen más deprisa. Sin embargo, no viven menos, o solo unos pocos años menos, que la gente de clase media. Pero tienen una larga edad mediana, que va desde los treinta a los sesenta años.

161. Connolly no solo lo dijo, sino que lo escribió: «Pues el punto débil del juicio de los intelectuales es que tienden a acertar sobre la dirección de los acontecimientos, pero se equivocan respecto a la velocidad a la que se producen los cambios» (Comentario, *Horizon*, septiembre de 1940, p. 83).

14-4-1941

Las noticias de hoy son espantosas. Los alemanes están en la frontera de Egipto y la fuerza británica de Tobruk da la impresión de haberse quedado aislada, aunque desde El Cairo lo niegan.[162] Hay diversidad de opiniones sobre si los alemanes disponen de verdad de un ejército muy poderoso en Libia o si solo tienen unas fuerzas relativamente pequeñas y lo que ocurre es que nosotros no tenemos nada, pues la mayoría de las tropas y vehículos de combate se trasladaron a otros frentes en cuanto tomamos Bengasi. En mi opinión, lo segundo es más probable, como lo es que enviásemos solo tropas europeas a Grecia y dejásemos sobre todo indios y negros en Egipto. D., que conoce bien Sudáfrica, cree que después de la caída de Bengasi el gobierno retiró las tropas, no tanto para utilizarlas en Grecia como para rematar la campaña de Abisinia, y que el motivo fue político, para regalar a los sudafricanos, que en cierto modo nos son hostiles, una victoria y tenerlos de buen humor. Si resistimos en Egipto habrá valido la pena con tal de despejar el mar Rojo y abrir esa ruta a los barcos estadounidenses. Pero para eso necesitamos los puertos franceses del África occidental, que hace casi un año podríamos haber tomado casi sin combatir.

Los términos del pacto de no agresión entre Rusia y Japón son extremadamente vagos. Pero es probable que incluyan una cláusula secreta por la que Rusia acepta abandonar China, sin duda paulatinamente y sin admitir lo que sucede, como en el caso de España. De otro modo es difícil entender qué sentido puede tener el pacto.

Ninguna noticia fiable de Grecia. Hace tres días que repiten una historia absurda sobre un vehículo acorazado británico que sorprendió a un grupo de alemanes.

162. Las tropas del general Rommel rodearon Tobruk el 12 de abril. Las fuerzas británicas habían sido barridas de la Cirenaica con mucha rapidez (tras la reducción de efectivos para enviarlos a Grecia). No obstante, Tobruk resistió hasta que llegó el relevo el 4 de diciembre de 1941.

15-4-1941

Anoche fui al pub a oír las noticias de las nueve y como llegué unos minutos tarde, pregunté a la patrona qué habían dicho. «Oh, nunca las pongo. Nadie las escucha. En el otro bar están tocando el piano y no dejan de tocar para oírlas.» Y eso en un momento en que un peligro mortal se cierne sobre el canal de Suez. Es como en los peores momentos de la campaña de Dunkerque, cuando la camarera no habría encendido la radio si no se lo hubiese pedido. [...][163] O como cuando en 1936 los alemanes reocuparon la cuenca del Rin. Yo estaba en Barnsley. Entré en un pub justo después de terminar las noticias y observé como de pasada: «Los alemanes han cruzado el Rin». Con un vago aire de recordar alguna cosa alguien murmuró «Parley-voo».[164] Nada más. [...] Y lo mismo en todos los momentos de crisis desde 1931 hasta ahora. Todo el tiempo tiene uno la sensación de estar estrellándose contra un muro de estupidez impenetrable. Aunque es evidente que en determinadas ocasiones esa misma estupidez les ha sido de gran ayuda. Cualquier nación europea en nuestro lugar hace mucho que estaría lloriqueando y pidiendo la paz.

163. Véase *Diario de guerra*, 28-5-1940 y 24-6-1940.
164. Se trata del estribillo de una canción de la Primera Guerra Mundial, «Mademoiselle de Armentières», o «Armenteers», como decía la gente.

17-4-1941

Intenso ataque aéreo anoche, probablemente el más intenso en muchos meses en lo que a Londres se refiere. [...] Una bomba cayó en el Lord's Cricket Ground (esta mañana los colegiales estaban entrenando a unas yardas del cráter como si tal cosa) y otra en los terrenos de la iglesia de Saint John's Wood. Por suerte no cayó entre las tumbas a pesar de mis temores. [...] Esta mañana he pasado junto a un callejón en Hampstead, donde hay una casa reducida a un montón de cascotes por culpa de una bomba, una imagen tan frecuente que uno apenas repara en ella. No obstante, la calle está acordonada, hay gente excavando y una fila de ambulancias esperando. Debajo del enorme montón de ladrillos hay cuerpos destrozados y tal vez quede gente con vida.

Los cañones antiaéreos estuvieron disparando toda la noche. [...] Hoy no he encontrado a nadie que hubiese podido dormir, y E[ileen] dice lo mismo. La fórmula es: «No he pegado ojo ni un minuto». Creo que son tonterías. Desde luego es difícil dormir con semejante estruendo, pero E[ileen] y yo debemos de haber dormido la mitad de la noche.

22-4-1941

He pasado dos o tres días en Wallington. El bombardeo de la noche del sábado se oía sin dificultad pese a que nos encontrábamos a 45 millas.

Aprovechando que estaba en Wallington sembré 40 o 45 libras de patatas, que según la temporada podría permitirnos cosechar entre 200 y 600 libras. Sería raro —espero que no, pero es muy posible que así sea— que cuando llegue el otoño las patatas sean un logro más importante que todos los artículos, emisiones radiofónicas, etc., que he hecho este año.

El frente greco-británico parece haberse desplazado al sur, moviéndose sobre Janina, hasta una posición no muy lejos del norte de Atenas. Si las noticias de los periódicos son ciertas, han atravesado la llanura de Tesalia sin sufrir demasiados daños. Lo que inquieta a todo el mundo y sin duda va a causar mucho revuelo en Australia es la falta de noticias fiables. Churchill dijo en su discurso que incluso el gobierno había tenido dificultades para obtener noticias de Grecia. Lo que más me preocupa son las constantes declaraciones de que estamos causando grandes bajas, de que los alemanes avanzan en formación cerrada y son barridos en masa, etc., etc.[165] Justo lo mismo que decían en la batalla de Francia. [...] Está claro que pronto se producirá un ataque contra Gibraltar, o al menos algún movimiento adverso en España. Los discursos de Churchill empiezan a parecerse a los de Chamberlain: evade las preguntas, etc.

Hace un par de días las tropas británicas invadieron Irak. Aún no hay noticias sobre si están haciendo lo debido, eliminando a los agentes alemanes, etc. Por todas partes hay gente que dice: «Mosul no le servirá de nada a Hitler aunque llegue a conquistarlo. Los británicos volarán los pozos mucho antes». Vete a saber si lo harán. ¿Acaso volaron los pozos rumanos cuando tenían oportunidad? Lo más deprimente de esta guerra no son los desastres que vamos a padecer en esta etapa, sino saber que estamos gobernados por peleles. [...] Es como si tu vida dependiera de una partida de ajedrez, y tuvieses que limitarte a ver cómo hacen las jugadas más estúpidas sin poder hacer nada por impedirlo.

> 165. La sospecha de Orwell de que las tropas alemanas no estaban siendo «barridas en masa» estaba bien fundada. Para más detalles sobre las bajas, véase *Diario de guerra*, 3-5-1941.

23-4-1941

Parece que los griegos se rinden. Habrá que dar muchas explicaciones en Australia.[166] Si condujese a una investigación sobre la campaña en Grecia y a un debate general que defina el papel de Australia en el Imperio y democratice en parte la actuación en la guerra, habrá valido la pena.

> 166. La preocupación de los australianos y neozelandeses porque el sacrificio de sus tropas hubiese sido en vano fue tal vez el motivo por el que Churchill solo diese en su historia de la guerra el número total de bajas en forma de porcentajes: 55,8 por ciento en las tropas del Reino Unido, 25,1 por ciento entre los australianos y 19,1 por ciento entre los neozelandeses (*The Second World War*, III, p. 206). El porcentaje de bajas en Grecia cuando se produjo la ofensiva (que Churchill no calcula) fue de un 34 por ciento de británicos, un 17,33 por ciento de australianos y un 13,55 por ciento de neozelandeses. Véase también *Diario de guerra*, 3-5-1941, n. 169. Un neozelandés, el general Bernard Freyburg, galardonado con la Cruz Victoria, asumió el mando en Creta.

24-4-1941

Seguimos sin noticias claras de Grecia. Lo único que se sabe es que un ejército griego, o parte de un ejército griego, o puede que todo el ejército griego, ha capitulado. No hay detalles sobre cuántos hombres tenemos, en qué situación han quedado, si será posible resistir y dónde, etc., etc. El *Daily Express* da a entender que apenas disponemos de aviones. Los términos del armisticio redactado por los italianos pretenden evidentemente utilizar después a los griegos como rehenes, con intención de que cedamos Creta y otras islas.

No hay indicios sobre la postura rusa. Los alemanes están cerca de los Dardanelos y está claro que el ataque contra Turquía es inminente. Los rusos tendrán que decidir si se oponen a Alemania, si presionan a Turquía para que no se resista y quedarse a cambio Irán, o ver cómo la orilla sur del mar Negro pasa a manos alemanas. En mi opinión, harán lo segundo, o menos probablemente lo tercero, en cualquier caso con demostraciones públicas de fariseísmo.

25-4-1941

C., de mi sección de la Home Guard, pollero de profesión pero que ahora comercia con todo tipo de carnes, compró ayer 20 cebras en el zoológico. Se supone que para carne para perro y no para consumo humano.[167] Me parece un desperdicio. [...] Se dice que quedan aún 2.000 caballos de carreras en Inglaterra, cada uno de los cuales come entre 10 y 15 libras al día. Es decir, esos animales están devorando al día el equivalente a la ración de pan de una división entera.

167. Los animales del zoológico londinense se vendieron porque la comida escaseaba y no había con qué alimentarlos.

28-4-1941

El discurso de Churchill anoche fue muy bueno. Pero resultaba imposible sacar cualquier información de él. El único hecho que pude deducir fue que durante la ofensiva en Libia Wavell nunca pudo concentrar más de 2 divisiones, digamos unos 30.000 hombres. Oí el discurso en el puesto de la Home Guard. Los hombres estaban impresionados, incluso conmovidos. Pero creo que solo dos de los presentes ganaban menos de 5 libras a la semana. La oratoria de Churchill está muy bien, tal vez un poco anticuada, pero no me gusta su forma de hablar en público. ¡Qué lástima que no pueda, no quiera o no le dejen decir nada claro!

2-5-1941

Ayer por la mañana llegó un hombre de ———————[168] para tomar medidas para la tapicería del sillón. Era el típico pañero, menudo, pulcro, con un aire femenino y acericos por todas partes. Me contó que era el único trabajo doméstico que iba a hacer ese día. Se pasa el tiempo cortando patrones de fundas de pistola, que por lo visto se hacen igual que la tapicería de las sillas. Dijo que los de ——————— están ganando mucho dinero con eso.

168. Sin identificar.

3-5-1941

El número de soldados evacuados de Grecia se calcula en torno a los 41.000 o 43.000, pero se afirma que había menos hombres de lo que se pensaba, probablemente en torno a los 55.000. Se cree que ha habido unas 3.000 bajas y unos 7.000 u 8.000 prisioneros, lo cual coincide con las cifras alemanas.[169] Se dice que se han perdido unos 8.000 vehículos, supongo que de todo tipo. No se dice nada de los barcos, aunque imagino que deben de haber hundido varios. Spender, uno de los ministros australianos,[170] declara públicamente que «los fusiles son tan inútiles contra los tanques como los arcos y las flechas». Al menos es un paso adelante.

Al parecer, Irak ha entrado en la guerra. En el mejor de los casos, es un desastre. [...] Lo más probable es que no podamos ni siquiera vérnoslas con el supuesto ejército de Irak, que sin duda podríamos hacer pedazos desde el aire en unas horas. O bien se firmará un acuerdo en el que cederemos y dejaremos las cosas como estaban para que vuelva a suceder lo mismo; o nos enteraremos de que el gobierno de Irak controla los pozos, pero que da igual porque han aceptado proporcionarnos todo lo necesario, etc., etc, y luego sabremos que unos expertos alemanes han llegado en avión pasando por Turquía; o nos pondremos a la defensiva y no haremos nada hasta que los alemanes consigan transportar un ejército por aire, y entonces combatiremos en desventaja. Cada vez que uno considera la política del gobierno británico, puede decirse que, desde 1931, tiene la misma sensación que al apretar a fondo el acelerador de un coche con un solo cilindro, una sensación de enorme debilidad. No sabe uno qué es lo que van a hacer, pero puede estar seguro de que en ningún caso lo conseguirán o actuarán antes de que sea demasiado tarde. [...] Resulta curioso la confianza que se siente cuando se trata solo de combatir y la impotencia que inspira cualquier cuestión de estrategia o diplomacia. Uno sabe de antemano que la estrategia de un gobierno británico conservador está siempre condenada al fracaso porque falta la voluntad de vencer. Sus escrúpulos a la hora de atacar a los neutrales —y esa es la principal diferencia estratégica entre Alemania y nosotros en esta guerra— son solo el síntoma de su deseo subconsciente de fracasar. Uno no tiene escrúpulos cuando combate por una causa en la que cree.

169. Según Liddell Hart: «El 7 de marzo, [...] desembarcó en Grecia el primer contingente de una fuerza británica de 50.000 hombres. [...] Escaparon por los pelos de una derrota completa [...] y dejaron atrás todos los tanques, casi todo el equipo y a 12.000 hombres en manos alemanas» (*History of the Second World War*, 1970, p. 125). Churchill da las siguientes cifras de «bajas»: Reino Unido, 6.606 (entre ellas, probablemente, las fuerzas polacas); Australia, 2.968; Nueva Zelanda, 2.266, o 11.840 de los 53.051 que había en Grecia cuando se produjo la ofensiva alemana. De los supervivientes, 18.850 fueron evacuados a Creta; 7.000 pasaron de allí a Egipto; 15.361, entre ellos los heridos, fueron directamente a Egipto; también fueron evacuados 9.451 no militares, en total 50.662. (*The Second World War*, III, pp. 205-206). *2194 Days of War* afirma que la fuerza expedicionaria perdió 12.712 hombres, de los cuales 9.000 fueron hechos prisioneros; las bajas italianas en los seis meses de campaña fueron 13.755 muertos, 50.000 heridos, 12.368 con graves síntomas de congelación y 25.067 desaparecidos; las bajas alemanas en Grecia y Yugoslavia fueron 1.684 muertos, 3.752 heridos y 548 desaparecidos (no precisamente «barridos en masa»; véase *supra*, 22-4-1941); los griegos tuvieron 15.700 muertos y desaparecidos. La evacuación, llevada a cabo principalmente por la Royal Navy, aunque con la ayuda de barcos aliados, fue un éxito (28 de abril) (*2194 Days of War*, p. 120).

170. Sir Percy Spender (1897-1985), abogado y político, era a la sazón ministro del Ejército en el gabinete de guerra australiano. En la Conferencia de la Commonwealth celebrada en 1950 propuso un plan de desarrollo económico del sur y sudeste asiáticos, que se conoció como el Plan Colombo. Fue juez en el Tribunal Internacional de Justicia de La Haya entre 1958 y 1964, y presidente de dicho tribunal entre 1964 y 1967.

6-5-1941

Los turcos se han ofrecido a mediar en Irak, probablemente sea un mal síntoma. Movilización en Irán. El gobierno estadounidense ha interrumpido el envío de material bélico a la URSS, lo cual es bueno en sí mismo, pero es probable que sea otro mal síntoma.

Sorprendentes imágenes en las estaciones del metro cuando uno pasa por allí de noche. Lo más sorprendente es el aire limpio, normal y doméstico que tiene todo ahora. Sobre todo los matrimonios jóvenes, personas cautas y hogareñas que probablemente estarían comprando una casa a una constructora, arrebujados debajo de una colcha rosa. Y las familias numerosas que se ven aquí y allá, el padre, la madre y varios hijos tumbados en fila como conejos en la conejera. Todos parecen dormir tranquilamente a pesar de la luz. Los niños están tumbados de espaldas, con las mejillas sonrosadas como las muñecas de cera, y todos duermen profundamente.

11-5-1941

La noticia más importante de los últimos días, que los periódicos incluyeron en las últimas páginas, fue el anuncio ruso de que no podían seguir reconociendo los gobiernos de Bélgica y Noruega. Y lo mismo con el de Yugoslavia, según los periódicos de ayer. Es el primer movimiento diplomático desde que Stalin se nombró presidente a sí mismo, y equivale al anuncio de que Rusia consentirá cualquier tipo de agresión. Debe de haber habido presiones alemanas y, puesto que coincide con la destitución de Molótov,[171] probablemente sea indicio de un claro alineamiento de la política rusa con la del bando alemán, que requiere de la autoridad personal de Stalin para ser efectiva. No tardarán en hacer algún movimiento hostil contra Turquía, Irán o ambos países.

Anoche se produjo un ataque aéreo muy intenso. Una bomba causó daños leves en este edificio; es la primera vez que ocurre en una casa en la que me encontraba yo. A eso de las 2 a.m., en medio de los estallidos y las bombas que se oían a lo lejos, hubo un estruendo devastador que nos despertó, aunque no rompió los cristales de las ventanas ni hizo temblar la habitación. E[ileen] se levantó y se asomó a la ventana, pues había oído gritar a alguien que habían alcanzado la casa. Poco después salimos al pasillo y lo encontramos lleno de humo y con un fuerte olor a goma quemada. Subimos al tejado y vimos grandes incendios en todas las direcciones, uno al oeste, a varias millas de distancia, con unas llamaradas enormes, debía de ser en un almacén de algún material combustible. El humo se colaba por el tejado, pero al final decidimos que no procedía de este bloque de pisos. Al bajar las escaleras nos dijeron que sí procedía de este bloque, pero que todo el mundo debía quedarse en su piso. Para entonces el humo era tan espeso que era difícil ver lo que había al otro lado del pasillo. Enseguida oímos gritos de «¡Sí, sí! Todavía queda gente en el 111»,[172] y a los guardias que nos gritaban que saliésemos. Nos pusimos un poco de ropa, cogimos algunas cosas y salimos, pensando que la casa se había incendiado y que tal vez no pudiésemos volver. En ocasiones así uno coge lo que cree más importante, y luego reparé en que no había cogido la máquina de escribir o los documentos, sino las armas y una mochila con comida, etc., que tengo siempre dispuesta. En realidad, lo único que había pasado era que la bomba había incendiado el garaje y quemado los coches que había dentro. Fuimos a casa de los D., que nos dieron té, y nos comimos una tableta de chocolate que llevaba meses guardando. Después le dije a E[ileen] que tenía la cara negra y me respondió: «¿Y cómo crees que estás tú?». Me miré al espejo y vi que la tenía bastante negra. En aquel momento no se me ocurrió pensarlo.

171. Viacheslav Molótov (véase *Acontecimientos*, 28-8-1939, n. 4) había sido presidente del Consejo de Comisarios del Pueblo (después Consejo de Ministros) desde 1930, pero lo reemplazaron en mayo de 1941; después continuó siendo presidente delegado.
172. El número 111 era el piso de Orwell en Langford Court, Abbey Road, NW8. No era una casa, como la describe Orwell una o dos líneas después, sino un bloque de pisos.

13-5-1941

No tengo ninguna teoría sobre las razones de la llegada de Hess.[173] Es un completo misterio. Lo único que sé es que, si hay alguna posibilidad de desperdiciar esta ocasión para hacer propaganda, el gobierno británico dará con ella.

173. Rudolf Hess (1894-1987), Führer delegado y amigo personal de Hitler, voló en un Messerschmitt-110 a Escocia el 10 de mayo de 1941. Saltó en paracaídas, fue capturado por la Home Guard, dijo llamarse Alfred Horn y pidió entrevistarse con el duque de Hamilton, con la esperanza de negociar, por mediación suya, un acuerdo de paz. Churchill, que no quería la paz en un momento en que iban tan mal las cosas, había silenciado la llegada de Hess, pero los alemanes dieron la noticia el 13 de mayo y declararon que Hess había perdido la razón. El tribunal de Nuremberg lo sentenció a cadena perpetua en 1946 y fue encarcelado en la cárcel de Spandau hasta su muerte en circunstancias controvertidas. Hubo quien afirmó que el hombre que había volado a Gran Bretaña y que había muerto en Spandau era un impostor.

18-5-1941

Irak, Siria, Marruecos, España, Darlan,[174] Stalin, Raschid Ali,[175] Franco... sensación de absoluta impotencia.[176] Si se puede hacer algo mal, infaliblemente se hará. Llega uno a pensar que es una ley de la naturaleza.

Ayer, o anteayer, en los carteles de los periódicos: «Los nazis están utilizando las bases aéreas sirias», y noticias de que, cuando se anunció este hecho en el Parlamento, se oyeron gritos de «¡Vergüenza!». Por lo visto, hay gente capaz de sorprenderse cuando se rompen los términos del armisticio y los nazis utilizan el imperio francés. Y, sin embargo, cualquier observador externo como yo podía darse cuenta el día en que Francia salió de la guerra de que era evidente que ocurriría.

Está claro que hemos perdido cualquier oportunidad de ganar la guerra de forma decente. Por lo visto, el plan de Churchill & Co. es retirarse de todas partes y luego reconquistarlo todo con ríos de sangre y la ayuda de los aviones estadounidenses. Por supuesto, es imposible. El mundo entero se pondría en contra suya, y probablemente Estados Unidos también. Dentro de dos años o bien nos habrán conquistado o seremos una república socialista luchando por su supervivencia, con una policía secreta y la mitad de la población pasando hambre. La clase gobernante inglesa se condenó a muerte a sí misma cuando renunció a conquistar Dakar, las Canarias, Tánger y Siria mientras había oportunidad.

174. El almirante François Darlan (1881-1942) fue comandante en jefe de la Armada francesa desde 1939; viceprimer ministro y ministro de Asuntos Exteriores del gobierno de Vichy entre febrero de 1941 y abril de 1942. Fue asesinado el 24 de diciembre de 1942; véase *Segundo diario de guerra*, 30-5-1942, n. 45.

175. Rashid Ali al-Gailani (1892-1965), primer ministro pronazi de Irak; el 19 de abril de 1941 negó a las fuerzas británicas el permiso de desplazarse por el país basándose en un tratado de 1930. Un mes después, tras una breve lucha, se alcanzó un armisticio y se instauró un gobierno probritánico. Rashid Ali huyo a Irán el 30 de mayo de 1941.

176. La sensación de Orwell de «absoluta impotencia» parece expresada por la inclusión de los nombres de los dirigentes nazis y comunistas frente a los británicos y los territorios que podrían ser vulnerables a un ataque y que podrían haber proporcionado el medio de rodear a Alemania y a Italia. No obstante, los recursos de Gran Bretaña en cuanto a soldados, barcos y aviones estaban muy comprometidos y hacían imposibles los ataques contra Dakar, las Canarias, Tánger, Siria, Marruecos e Irak. Sin embargo, las tropas existentes en Irak recibieron refuerzos a partir del 24 de abril; Bagdad fue ocupada el 1 de junio y el 5 de junio se instauró un gobierno iraquí probritánico. El 8 de junio, tropas británicas y de la Francia Libre invadieron Siria, y las tropas francesas leales a Vichy aceptaron un armisticio el 11 de julio. Dadas estas operaciones, los combates en el norte de África, los desastres en Grecia y el repliegue a Creta, conquistar Dakar, con sus buques de guerra franceses, estaba más allá de las esperanzas aliadas. El intento de asalto contra Dakar producido el 24 y 25 de septiembre de 1940 se interrumpió al comprobarse lo eficaz y decidido de su defensa.

21-5-1941

Todos pendientes de Creta. En todas partes se oye lo mismo: que demostrará, de un modo u otro, la posibilidad de invadir Inglaterra. Podría ser cierto si nos diesen el único dato relevante, es decir, cuántos hombres tenemos allí y cómo están equipados. Si solo tenemos 10.000 o 20.000 soldados,[177] y además de infantería, los alemanes podrían vencernos simplemente por superioridad numérica, aunque no consigan desembarcar tanques, etc. En conjunto, las circunstancias en Creta son mucho más favorables a los alemanes de lo que lo serían en Inglaterra. Si el ataque contra Creta es una prueba, es mucho más probable que lo sea para un ataque contra Gibraltar.

177. En total había unos 42.500 soldados en Creta: 17.690 británicos, 10.300 griegos, 7.700 neozelandeses y 6.540 australianos. (Liddell Hart habla de 28.600 soldados británicos, australianos y neozelandeses y «casi otros tantos griegos».) Recién huidos de Grecia, estaban mal organizados y disponían de poca protección aérea. Solo tenían 68 cañones antiaéreos para proteger una isla de casi 160 millas de longitud. La fuerza aérea alemana atacó la mañana del 20 de mayo con gran eficacia y luego lanza-

ron paracaidistas y transportaron tropas por avión. El oficial al mando, el general Freyburg, le había dicho a Churchill el 5 de mayo: «No me preocupa lo más mínimo un ataque aerotransportado [...], puedo arreglármelas con las tropas de que dispongo» (*The Second World War*, III, p. 246). A pesar de la victoria de los paracaidistas alemanes, Hitler no quiso intentar otro ataque con sus fuerzas aerotransportadas.

24-5-1941

Las noticias de Grecia son claramente muy buenas, pero en todas partes se percibe una nota de pesimismo bajo la superficie. No hay noticias de Siria o Irak, y eso es un pésimo indicio. Darlan anuncia que no va a entregar la flota francesa a los alemanes. Sin duda, se tomarán medidas más moderadas basadas en esa mentira tan palpable.

25-5-1941

Me cuentan en privado que hemos perdido tres cruceros en las operaciones de Creta.[178] Muchas excusas en los periódicos porque no dispongamos de ningún caza.[179] Ninguna explicación sobre por qué no se habían inutilizado las pistas de aterrizaje para que no pudiesen usarlas los aviones alemanes de transporte de tropas, ni de por qué no conseguimos armar a la población cretense hasta que fue demasiado tarde.

178. De los más de 50 barcos de guerra utilizados, muchos para intentar proteger a las tropas de los ataques aéreos, resultaron hundidos 3 cruceros y 8 destructores; 3 barcos de guerra, 1 portaaviones, 7 cruceros, 9 destructores y varios barcos más pequeños sufrieron daños; la Royal Navy sufrió 2.261 bajas (*The War Papers*, n. 15; Liddell Hart proporciona unas cifras ligeramente diferentes, p. 142).

179. No eran simples excusas. La RAF disponía solo de 21 Hurricanes para defender Libia y de 14 para proteger Suez y Alejandría. De ahí que la responsabilidad recayera en la Royal Navy, y la cruel cancioncilla marinera: «Que zarpen el *Nelson*, el *Rodney* y el *Hood*, / que la puñetera fuerza aérea no vale un pimiento». Por desgracia, el *Hood* figuraba solo en la canción: lo hundió el *Bismark* el 24 de mayo de 1941, un día antes de escribirse esta entrada en el diario (*The War Papers*, n. 15).

31-5-1941

La cuestión de Abisinia sigue preocupándome. Hoy he visto el noticiero de las tropas sudafricanas avanzando hacia Addis Abeba. En el palacio del emperador (o lo que quiera que fuese ese edificio) se izó primero la Union Jack y solo después la bandera abisinia.

1-6-1941

Nos estamos retirando de Creta. Se habla de 13.000 hombres evacuados.[180] Aún no se ha dicho nada del número total de soldados que participaron en la operación. Si rescatamos primero a las fuerzas británicas y dejamos atrás a los griegos daremos una impresión lamentable, aunque desde un punto de vista militar sea lo más indicado.

Los británicos están en Bagdad. Aún sería mejor que estuviesen en Damasco. Se sabe de antemano que no impondremos condiciones demasiado severas a los iraquíes, es decir, que no nos adueñaremos de los pozos de petróleo, como condición del armisticio. Hace días que Hess no aparece en las noticias. Las respuestas evasivas a cualquier pregunta sobre él en el Parlamento, el desmentido de que el duque de Hamilton haya recibido jamás una carta suya, las afirmaciones de que el MOI estaba mal informado cuando dio la noticia y el aparente fracaso de toda la Cámara a la hora de preguntar quién informó mal al MOI y por qué, fueron tan penosos que estoy tentado de revisar el debate en Hansard para averiguar si lo han censurado en los periódicos.

Acaban de sonar las sirenas tras un período de tres semanas en las que no había habido un solo ataque aéreo.

180. De los 42.500 soldados que había en Creta se rescató a 16.500, de los cuales unos 2.000 eran griegos (Liddell Hart, p. 14).

3-6-1941

Ahora que se ha completado la evacuación de Creta, se habla de 20.000 soldados evacuados. Así que es evidente que debió de empezar mucho antes de lo que dijo la prensa y que los barcos hundidos se perdieron en esa operación. Las bajas totales ascenderán probablemente a 10.000 hombres, 7 barcos de guerra (3 cruceros y 4 destructores),[181] probablemente también algún mercante, muchos cañones AA y varios tanques y aviones. Todo por nada. [...] Los periódicos se muestran más críticos que hasta ahora. Uno de los periódicos australianos dice abiertamente que no vale la pena defender Chipre a menos que actuemos contra Siria. En apariencia no hay indicios de que vayamos a hacerlo. Esta mañana se ha dado la noticia de que los alemanes ya han desembarcado unidades acorazadas en Latakia.[182] También vagas insinuaciones de que los británicos «podrían» invadir Siria. Dentro de unos cuantos días podría ser demasiado tarde, aunque tal vez lo sea desde hace seis meses.

181. Los cruceros *Calcutta*, *Fiji* y *Gloucester* y los destructores *Greyhound*, *Hereward*, *Imperial* y *Juno* resultaron hundidos con la pérdida de 2.011 marineros y otros fueron alcanzados pero no hundidos. Las fuerzas aliadas perdieron 16.583 hombres (de los cuales 8.200 eran británicos, 3.376 australianos y 2.996 neozelandeses). Los alemanes tuvieron 3.714 muertos y desaparecidos y unos 2.500 heridos (*2194 Days of War*, 2 de junio de 1941).

182. Latakia está en Siria. La noticia era falsa. Los británicos esperaban que los alemanes «atacasen Chipre, Siria, Suez o Malta» después de la conquista de Creta. Al acabar la guerra, el general K. Student, comandante en jefe de las fuerzas aerotransportadas alemanas, reveló que Hitler dudó si correr el riesgo de atacar Creta. Tras las grandes pérdidas sufridas para conquistarla (pese a que las de los Aliados fueron mucho mayores), se negó «a abalanzarse sobre Chipre para ocupar el canal de Suez» (Liddell Hart, pp. 144-145).

8-6-1941

Esta mañana los británicos han entrado en Siria.

14-6-1941

Un misterio absoluto, sobre el que nadie tiene noticias ciertas, envuelve las relaciones entre Rusia y Alemania. No conozco a nadie que haya visto a Cripps desde su regreso.[183] Solo se puede juzgar por las probabilidades, y mi impresión es que los dos hechos generales son (i) que

Stalin no irá a la guerra contra Alemania mientras quede un modo no suicida de evitarlo, y (ii) a Hitler no le conviene dejar a Stalin en mal lugar, pues lo está utilizando contra la clase obrera del mundo entero. Mucho más probable que un ataque directo contra Rusia, o un acuerdo claramente desventajoso para esta, es que se produzca alguna concesión disfrazada de alianza, tal vez acompañada de un ataque contra Irán o Turquía. Después oiremos que ha habido un «intercambio de expertos», etc., etc., y que parece haber muchos ingenieros alemanes en Bakú. Pero no hay que descartar la posibilidad de que toda esa maniobra sea un farol para disimular un ataque inminente, posiblemente la invasión de Inglaterra.

183. Stafford Cripps (1889-1952), a la sazón embajador británico en Moscú, había vuelto a Londres el 11 de junio. El 13 de junio, el conde Friedrich von Schulenburg, el embajador alemán en Moscú, telegrafió al Ministerio de Asuntos Exteriores alemán: «[...] Ya antes del regreso del embajador inglés Cripps a Londres, pero sobre todo desde dicho regreso, han circulado en la prensa inglesa y extranjera numerosos rumores sobre una guerra inminente entre Alemania y la URSS». Tildó dichos rumores de absurdos, pese a que había juzgado necesario «aclarar que se trata de una burda maniobra propagandística» en los círculos responsables de Moscú» (Churchill, *the Second World War*, III, pp. 326-337). Véase también *Acontecimientos*, 2-7-1939, n. 7.

19-6-1941

Pacto de no agresión entre Turquía y Alemania. He aquí nuestra recompensa por no acabar en su momento con Siria. A partir de ahora la prensa turca estará en contra nuestra, y eso tendrá efectos en los árabes.

Ayer se corrió el Derby, en Newmarket, y al parecer asistió una multitud. Hasta el *Daily Express* se burló. El *Evening Standard* lleva un tiempo diciendo que Hitler invadirá Gran Bretaña dentro de 80 días e insinúa que las maniobras en Europa oriental probablemente sean un movimiento de distracción, pero creo que lo hace con la intención de asustar a la gente para que trabaje más.

El gobierno británico ha dejado de emitir pasavantes[184] a Petsamo y ha detenido tres barcos finlandeses con la excusa de que Finlandia es ahora territorio ocupado por el enemigo. Es el indicio más claro hasta el momento de que algo está pasando entre Rusia y Alemania.

184. Los funcionarios consulares podían emitir certificados a los barcos de países neutrales (como Finlandia) para que pudiesen pasar libremente sin ser abordados ni inspeccionados.

20-6-1941

Llevamos varios días a punto de derretirnos de calor. Una de las escasas ventajas de la guerra es que los periódicos han abandonado la estúpida costumbre de publicar titulares sobre el tiempo del día anterior.

22-6-1941

Los alemanes han invadido la URSS esta mañana.
 Todo el mundo está muy nervioso. En todas partes se da por sentado que es ventajoso para nosotros. No obstante, solo lo será si los rusos tienen intención de combatir y logran ofrecer verdadera resistencia, capaz si no de detener su avance al menos de desgastar su armada y su fuerza aérea. Está claro que el objetivo inmediato de los alemanes no son ni el territorio ni el petróleo, sino barrer a la fuerza aérea rusa y eliminar así un peligro de su retaguardia mientras se encargan de Inglaterra. Es imposible adivinar lo que harán los rusos. El indicio más ominoso es que los alemanes no habrían intentado algo así sin estar seguros de alcanzar una victoria rápida.

23-6-1941

En mi opinión, el discurso de Churchill ha sido magnífico. No complacerá a la Izquierda, pero olvidan que tiene que hablar para el mundo entero, por ejemplo, para los estadounidenses del Medio Oeste, para los oficiales navales y de aviación, para los tenderos y granjeros descontentos, y para los propios rusos, aparte de los partidos políticos de izquierdas. Sus referencias hostiles al comunismo eran ciertas y se limitaban a subrayar que nuestra oferta de ayuda es sincera. Imagino los gritos que darán los corresponsales en el *New Stateman*, etc. ¿Qué impresión daría que Stalin se pusiese en pie y dijese: «Siempre he sido un partidario convencido del capitalismo»?

Es imposible adivinar qué impresión causará en Estados Unidos este movimiento de Hitler. La idea de que conducirá a la creación de un partido pronazi fuerte en Inglaterra está equivocada. Sin duda hay gente acaudalada a la que le gustaría que Hitler destruyera el régimen soviético, pero se trata de una minoría. Los católicos estarán sin duda entre ellos, pero probablemente tendrán el suficiente sentido común de no mostrar sus cartas hasta que la resistencia rusa empiece a ceder. He hablado con gente de la Home Guard, entre ellos algunos militares carpetovetónicos y hombres de negocios bastante adinerados; todos son totalmente prorrusos, aunque están muy divididos respecto a la capacidad rusa de resistir. He aquí una típica conversación reproducida lo mejor que recuerdo.

Pollero al por mayor: En fin, espero que los rusos les den una buena tunda.

Pañero (judío): No. Se vendrán abajo, como la última vez. Ya lo verá.

Médico (extranjero, tal vez refugiado): Se equivoca. Todo el mundo subestima la fuerza de Rusia. Barrerán a los nazis.

Verdulero: Caramba, son doscientos puñeteros millones.

Pañero: Sí, pero no están organizados, etc., etc.

Todos hablan sin saber, pero demuestran cuáles son los sentimientos de la gente. Hace tres años, la mayoría de la gente que ganase más de 1.000 libras al año, o incluso más de 6 por semana, se habría puesto del lado de los alemanes y contra los rusos. A estas alturas, el odio a Alemania les ha hecho olvidar todo lo demás.

En realidad, todo depende de si Rusia y Gran Bretaña están dispuestas a cooperar de verdad, sin *arrière-pensée* y sin cargar al otro con la mayor parte de la lucha. Sin duda en Rusia hay un partido pronazi fuerte, y me atrevo a decir que lo dirige el propio Stalin. Si Rusia vuelve a cambiar de bando y Stalin representa el papel de Pétain, sin duda los comunistas lo seguirán y volverán a ser pronazis. En mi opinión, si destruyen el régimen soviético y matan a Stalin o lo hacen prisionero, muchos comunistas se declararían leales a Hitler. De momento, los comunistas británicos han emitido una especie de manifiesto, exigiendo un «gobierno del pueblo», etc., etc. Cambiarán de cantinela en cuanto lleguen las instrucciones de Moscú. Si de verdad los rusos piensan ofrecer resistencia, no les conviene que haya un gobierno débil en Gran Bretaña, ni que estén en marcha fuerzas subversivas. Seguro que los comunistas son superpatrióticos dentro de diez días —el eslogan probablemente sea: «Todo el poder para Churchill»— y nadie les hace el menor caso. Pero si la alianza entre los dos países es sincera y con cierto toma y daca, los efectos políticos internos en ambos bandos serán positivos. Las circunstancias especiales que hicieron que la ayuda militar rusa fuese una mala influencia en España no se dan en este caso.

Todo el mundo hace comentarios anticipados sobre lo aburridos que serán los rusos libres. Creen que serán como los rusos blancos. La gente imagina a Stalin en una tiendecita de Putney vendiendo samovares y bailando danzas caucásicas, etc., etc.

30-6-1941

No hay noticias de la campaña germano-rusa. Ambos bandos se han pasado la semana haciendo extravagantes declaraciones sobre el número de tanques enemigos, etc., destruidos. Uno solo puede creer las tomas de ciudades, etc., y por ahora las pretensiones alemanas no son muchas. Han tomado Lemberg y parecen haber ocupado Lituania, también dicen haber rodeado Minsk, aunque los rusos aseguran que han detenido su avance. En cualquier caso, no se han roto las líneas. Todo el mundo está muy optimista: «Los alemanes abarcan demasiado. Si Hitler no consigue romper las líneas la semana que viene, estará acabado», etc., etc. Pocos se paran a pensar que los alemanes son buenos soldados y no habrían iniciado esta campaña sin sopesar antes sus riesgos. Otros cálculos más moderados lo plantean así: «Si en octubre el ejército ruso sigue en pie y continúa combatiendo contra Hitler, es posible que en invierno sea un hombre acabado». Es difícil opinar sobre la orden del gobierno ruso de confiscar los aparatos de radio particulares. Caben varias explicaciones posibles.

No hay nada definitivo sobre la naturaleza de nuestra alianza con la URSS. Anoche todo el mundo esperaba divertido a oír si emitían *La Internacional* después de los himnos nacionales de los demás aliados.[185] No lo hicieron, claro. No obstante, también tardaron en añadir el himno abisinio. Al final tendrán que emitir algo que represente a la URSS, pero elegirlo será peliagudo.

185. La BBC tenía la costumbre de emitir los himnos nacionales de todas las naciones aliadas los domingos por la noche.

3-7-1941

El discurso por radio de Stalin supone la vuelta al Frente Popular, a la defensa de la democracia y, en la práctica, está en total contradicción con lo que él y sus seguidores han estado proclamando los dos últimos años. No obstante, fue un magnífico discurso bélico, complemento exacto del de Churchill, y dejó claro que no busca ningún compromiso, al menos en este momento. No obstante, algunos pasajes dieron a entender que están considerando batirse en retirada. Se refirió a Gran Bretaña y EE. UU. en términos amistosos y más o menos como aliados,[186] aunque en apariencia no existe aún ninguna alianza formal. Tildó a Ribbentrop & Co. de «caníbales» tal como lleva haciendo un tiempo *Pravda*. Por lo visto, una razón de la extraña fraseología de los discursos es que en ruso hay muchos insultos que no tienen equivalente en inglés.

No se me ocurre un ejemplo mejor de la superficialidad moral y emotiva de nuestro tiempo que el hecho de que ahora todos seamos más o menos pro-Stalin. El asesino repugnante está de momento de nuestro lado, de manera que las purgas, etc., se olvidan de repente. Lo mismo ocurriría con Franco, Mussolini, etc., si se pasaran de pronto a nuestro bando. Lo más que se puede decir a favor de Stalin es que probablemente sea sincero —cosa que sus seguidores no pueden ser—, pues sus constantes cambios de bando son al menos fruto de su propia decisión. Es un caso de «cuando papá se da la vuelta, todos nos volvemos»,[187] y por lo visto papá se da la vuelta movido por el espíritu.

186. Resulta significativo que, en ese momento, se evitase utilizar la palabra «aliados». El 12 de julio, sir Stafford Cripps y Viacheslav Molótov firmaron en Moscú un acuerdo anglo-ruso. En él se declaraba que ambas partes apoyarían a la otra «en la guerra contra la Alemania hitleriana» y no firmarían un armisticio o acuerdo de paz por separado. La distinción entre ser aliados y «cobeligerantes» se subrayó en varios comentarios. Así, Vernon Bartlett, el corresponsal político del *News Chronicle*, escribió el 14 de julio (el día que se anunció el acuerdo), bajo el titular «Moscú no es un aliado, sino un "cobeligerante"»: «Ayer la gente se preguntaba si debemos considerar a la Unión

Soviética una potencia aliada o asociada. Cuestiones así [...] resultan absurdas». En cuanto a la frase «Alemania hitleriana», afirmó que daba a entender que «los rusos conservan la esperanza de que se produzca una división de opiniones en Alemania».
187. Más conocida como «Eran diez en la cama y el pequeño dijo: "Daos la vuelta"» (de una cancioncilla infantil).

6-7-1941

Varios periódicos se están impacientando de que no hagamos más por ayudar a la URSS. Ignoro si, aparte de los ataques aéreos, hay intención de prestarles otro tipo de ayuda, pero si no se hace nada, sería un síntoma inquietante, dejando a un lado las consecuencias políticas y militares que eso podría tener. Pues, si no podemos iniciar una ofensiva terrestre ahora que los alemanes tienen 150 divisiones ocupadas en Rusia, ¿cuándo diablos lo haremos? No he oído ningún rumor sobre movimientos de tropas, de modo que al menos desde Inglaterra no se está preparando ninguna expedición.[188] La única novedad es que Beaverbrook ha empezado a producir tanques, igual que el año pasado se puso a producir aviones. Pero eso no dará frutos hasta dentro de unos meses, y no hay el menor indicio de dónde tienen intención de utilizarlos. Si los alemanes estuviesen en situación de traer aquí muchas unidades acorazadas, es decir, si tuviesen el dominio absoluto del mar y el aire, habríamos perdido la guerra.

No se habla de ninguna alianza formal con Rusia, ni de nada que clarifique de hecho nuestra relación, a pesar de las declaraciones más o menos amistosas de ambas partes. Por supuesto, no podemos correr ningún riesgo hasta estar seguros de que se trata de una alianza firme, es decir, de que seguirán combatiendo incluso si consiguen repeler la invasión.

Sin noticias fiables de los frentes. Los alemanes han atravesado el Pruth, pero no está claro que hayan atravesado el Berésina. Los daños declarados por ambas partes son evidentemente falsos. Los rusos aseguran que las bajas alemanas ascienden ya a 700.000, o lo que es lo mismo, casi un 10 por ciento del ejército de Hitler.

He leído varios periódicos católicos, y también varios ejemplares de *Truth*,[189] para ver cuál es su actitud ante nuestra cuasialianza con la URSS. Los periódicos católicos no se han vuelto pronazis, y es posible que no lleguen a hacerlo. Por lo visto, han adoptado la línea de que Rusia está objetivamente de nuestro lado y es necesario ayudarla, aunque no debe haber una alianza clara. *Truth*, que odia a Churchill, ha adoptado la misma línea, aunque tal vez sea un poco más antirruso. Parece ser que algunos periódicos católicos irlandeses se han vuelto claramente pronazis. De ser así, habrá repercusiones similares en EE. UU. Será interesante comprobar si la «neutralidad» impuesta a la prensa irlandesa, que le prohíbe hacer ningún comentario sobre los beligerantes, se pondrá en práctica en el caso de Rusia, ahora que ha entrado en la guerra.

La Convención del Pueblo ha votado un apoyo total al gobierno y exige «la continuación vigorosa de la guerra», y eso solo quince días después de que exigieran una «paz popular». Se cuenta la anécdota de que cuando la noticia de la invasión de Rusia llegó a un café de Nueva York donde estaban charlando unos comunistas, uno de ellos que había ido un momento al baño volvió y descubrió que la «línea del partido» había cambiado durante su ausencia.

188. Desde el momento en que la Unión Soviética entró en la guerra del lado de Gran Bretaña, se produjo una constante agitación a favor de la apertura de un segundo frente, en gran parte promovida por los comunistas y sus simpatizantes.
189. Un periódico de extrema derecha.

28-8-1941

Ya soy oficialmente empleado de la BBC.

El frente oriental, si es que lo hay, se extiende más o menos por Tallinn, Gomel, Smoliensk, Kíev, Dniepropetrovsk y Jersón. Los alemanes han ocupado un área que debe de ser mayor que Alemania, pero no han destruido a los ejércitos rusos. Los británicos y los rusos invadieron Irán hace tres días y los iraníes ya se baten en retirada. No hay rumores fiables sobre los movimientos de tropas en ese país. Ahora disponen de más o menos un mes para emprender alguna acción en el continente, pero no creo que sean esas sus intenciones. Por debajo de los términos de la declaración conjunta de Churchill y Roosevelt se percibe que los sentimientos antihitlerianos de los estadounidenses se han enfriado tras la invasión de Rusia. Por otro lado, no hay indicios de que en nuestro país haya aumentado la voluntad de sufrir sacrificios, etc. Sigue habiendo quejas porque no hacemos lo suficiente por ayudar a la URSS, pero en conjunto no son muchas. Creo que la campaña rusa está decidida en el sentido de que Hitler no logrará llegar al Cáucaso y Oriente Próximo este invierno, pero tampoco se va a hundir y ha causado más daño del que ha recibido. De momento, la victoria no parece estar a la vista. Nos espera una guerra fatigosa, larga y monótona en la que todo el mundo irá empobreciéndose cada vez más. Ya ha empezado la nueva fase que había previsto, y ha concluido el período casi revolucionario que empezó con Dunkerque. Por tanto, pongo final a este diario, como dije que haría cuando empezase la nueva fase.

Esta fue la última entrada en el Diario de guerra *de Orwell hasta marzo de 1942.*

Segundo diario de guerra
14 de marzo de 1942-15 de noviembre de 1942

El 18 de agosto de 1941, Orwell fue nombrado locutor del Servicio Exterior de la BBC con un salario de 640 libras al año, en torno a unas 22.000 libras al cambio actual. Asistió a un cursillo de introducción de dos semanas en Bedford College, de la Universidad de Londres, cerca de Regent's Park. El poeta y erudito William Empson tituló sardónicamente el cursillo «La escuela de los mentirosos». En realidad, el programa de charlas y clases (que ha sobrevivido) era, si se tiene en cuenta el escaso tiempo de que disponían, una introducción sensata (aunque básica) a las emisiones radiofónicas. Orwell pasó después al Servicio Exterior Oriental y trabajó emitiendo para la India, Malasia e Indonesia hasta el 24 de noviembre de 1943, cuando se convirtió en director literario del *Tribune*. Orwell al principio trabajó en el 55 de Portland Place, que le sirvió de inspiración para su «Habitación 101». En concreto, la sala del comité, donde Orwell sufrió las reuniones del Comité de Servicios Orientales. Aunque en *1984* la Habitación 101 es un lugar de torturas físicas, conviene tener presente que O'Brien dice que la Habitación 101 varía de un individuo a otro: «Puede ser morir enterrado vivo, o quemado, o ahogado, o empalado u otras cincuenta muertes diferentes. En algunos casos es algo mucho más trivial, ni siquiera mortal». Para Orwell era el mortal aburrimiento de las reuniones; para Winston Smith eran las ratas, que, como es sabido, habían causado problemas a Orwell, sobre todo mientras estuvo en el frente en España. A principios de junio de 1942, el departamento se trasladó al 200 de Oxford Street. El difunto Eric Robertson, que trabajó allí y conoció a Orwell, me contó que lo conocían familiarmente no como el 200, sino como el ZOO, y que, en su opinión, eso era un vínculo con *Rebelión en la granja*. Orwell produjo y escribió un enorme número de programas. Por ejemplo, escribió 104 o 105 boletines en inglés y 115 o 116 para su traducción a las lenguas vernáculas. Han sobrevivido 50 guiones de emisiones para la India. La idea de Orwell de la propaganda estaba muy sesgada hacia la literatura y la cultura. Una serie de importancia fue «Let's Act it Out» en la que los participantes aprendían técnicas que, a su regreso a la India, ponían en práctica en compañías de teatro ambulante. También inició lo que hoy llamaríamos los cursos de universidad abierta sobre literatura, ciencia y psicología. Para ellos pudo contratar a escritores y eruditos de primera fila como T. S. Eliot, Herbert Reed, E. M. Forster, Joseph Needham y C. D. Darlington. Orwell, en un tono típicamente autocrítico, describió su época en la BBC como «dos años perdidos». Sin duda las emisiones radiofónicas las oyó muy poca gente, pero no por falta de ganas o porque a las producciones les faltara calidad, sino porque había pocos aparatos de radio, mala recepción, numerosos cambios horarios y muchos idiomas distintos.

Durante gran parte del tiempo cubierto por las entradas de estos diarios, Orwell participó activamente en la Home Guard. Fue sargento al mando de una sección, uno de los que estaban a sus órdenes era su editor, Fredric Warburg (que había sido segundo teniente en Passchendaele); véase también *Diario de guerra*, 1-3-1941, n. 142. Aun así, tuvo tiempo de escribir artículos, en particular su «London Letter» para el periódico estadounidense *Partisan Review*.

Existen dos versiones de este *Diario*: una manuscrita (sin encabezamiento) y otra mecanografiada por Orwell y titulada «DIARIO DE GUERRA (continuación)». El manuscrito contiene palabras y pasajes omitidos en la versión mecanografiada (con indicaciones de dónde se habían hecho los cortes). Probablemente, Orwell pretendiera que la versión mecanografiada, más corta, se publicara junto con el diario de Inez Holden (véase la introducción al *Diario de guerra*, 28 de mayo de 1940-28 de agosto de 1941), aunque no llegó a publicarse en vida de Orwell. Aquí seguimos la versión mecanografiada y los pasajes que aparecen únicamente en el manuscrito se imprimen en cursiva y entre corchetes. Los títulos (por ejemplo, de periódicos), que deberían ir en redonda en los pasajes en cursiva, se dejan en cursiva pero subrayados. Si algún nombre aparece en el manuscrito solo con las iniciales y completo en el manuscrito, se incorpora el nombre completo en redonda. Solo se han indicado unas cuantas diferencias significativas entre las versiones manuscrita y mecanografiada.

Las notas al pie se numeran a partir del número 1. Las notas del propio Orwell están indicadas con símbolos.

14-3-1942

Reanudo este diario tras un período de unos 6 meses, pues la guerra ha vuelto a entrar en una nueva fase.

No se ha facilitado la fecha real de la partida de Cripps hacia la India,[1] pero posiblemente se haya ido ya. Los comentarios sobre su marcha son más bien sombríos. Un comentario frecuente es: «Lo han hecho para quitárselo de encima» (que es también uno de los motivos que alega la radio alemana). Es una estupidez y refleja el provincianismo del pueblo inglés, que es incapaz de comprender la importancia de la India. La gente mejor informada es pesimista porque la no publicación de los términos del gobierno con la India indica, casi con seguridad, que las relaciones no pasan por su mejor momento. Es imposible saber qué poderes tiene Cripps. Quienes lo saben no sueltan prenda y solo se pueden conseguir insinuaciones por medios indirectos. Por ejemplo, me han pedido que hable de Cripps en mis boletines[2] y propongo retratarlo como un político extremista. Así me gano la advertencia, «No vayas por ese camino», que permite deducir que no hay muchas esperanzas de que se vaya a conceder la independencia total a la India.

Circulan rumores de todo tipo. Mucha gente parece sospechar que Rusia y Alemania firmarán un tratado de paz por separado este año. Hace mucho que he llegado a la conclusión, tras analizar las noticias de la radio rusa y alemana, de que los informes sobre las victorias rusas son falsos en su mayoría, aunque, desde luego, la campaña no ha ido como planeaban los alemanes. [*Creo que los rusos han conseguido una victoria como la nuestra en la batalla de Inglaterra, es decir, de momento han pospuesto la derrota, pero sin que nada esté decidido.*] No creo que firmen un tratado de paz por separado salvo si Rusia es derrotada, porque no imagino que Rusia ni Alemania lleguen a un acuerdo sobre la cesión de Ucrania. [*No obstante, hay quien cree (por ejemplo, se lo he oído decir a Abrams, un ruso báltico de marcadas simpatías estalinistas, aunque probablemente no sea miembro del PC) que si los rusos lograsen expulsar a los alemanes de su territorio se produciría una especie de paz no declarada y los combates seguirían pero de forma fingida.*]

Rumores sobre la partida de Beaverbrook:[3]
- a. Cripps insistió en eso como condición para entrar en el gobierno.
- b. Se han deshecho de él porque se ha sabido que estaba en contacto con Goering para llegar a un compromiso de paz.
- c. El ejército ha insistido en su cese porque estaba enviando todos los aviones, etc., a Rusia en lugar de a Libia y Extremo Oriente.

Llevo ya unos 6 meses en la BBC. Me quedaré si se producen los cambios políticos que preveo; de lo contrario, es probable que me vaya. El ambiente es una mezcla de un colegio femenino y un manicomio, y todo lo que estamos haciendo es inútil, o ligeramente peor que inútil. Nuestra estrategia radiofónica es incluso peor que nuestra estrategia militar. No obstante, uno adquiere enseguida la mentalidad propagandística y desarrolla unas habilidades de las que antes carecía. Por ejemplo, en mis boletines afirmo constantemente que los japoneses planean atacar Rusia. No creo que sea cierto, pero mis cálculos son:
- a. Si los japoneses atacan Rusia, podremos decir: «Ya os lo avisamos».
- b. Si los rusos atacan primero, podremos fingir que han empezado los japoneses.
- c. Si no se produce ningún ataque, podremos decir que es porque los japoneses temen demasiado a los rusos.

La propaganda siempre está hecha de mentiras, incluso cuando uno dice la verdad. No creo que eso tenga importancia con tal de que uno sepa lo que está haciendo y por qué.

[*Historia actual:*

Un A. T.[4] *para a un Home Guard: «Disculpe, pero la puerta de su casa está abierta».*

H. G.: «¡Ah! ¿Y no habrá visto por casualidad a un centinela muy alto y fuerte vigilando la entrada?».

A.T.: «*No, lo único que he visto es un Home Guard viejo tirado encima de unos sacos terreros*».

El 11-3-1942 puse en circulación el rumor de que iban a racionar la cerveza, y se lo dije a tres personas diferentes. Me interesa ver cuándo me llegará el rumor.] *30-5-1942*: No he oído hablar del asunto, así que no he arrojado ninguna luz sobre el modo en que surgen los rumores.

El otro día estuve hablando un rato con William Hickey,[5] que acaba de regresar de EE.UU. Dice que la moral está en un estado calamitoso. La producción no avanza y abundan los sentimientos antibritánicos y antirrusos, estimulados por los católicos.

1. Sir Stafford Cripps (véanse *Acontecimientos*, 2-7-1939, n. 7, y *Diario de guerra*, 14-6-1941, n. 183) voló a la India el 22 marzo para llegar a un acuerdo de compromiso con el Partido del Congreso Indio, el partido de la independencia indio. Tenía la esperanza de conseguir la cooperación de la India durante la guerra y firmar un acuerdo de transición gradual hacia la independencia cuando llegase la paz. Nehru y el Partido del Congreso se negaron a aceptar nada que no fuese la independencia total y las conversaciones se rompieron el 10 de abril.

2. Una de las obligaciones de Orwell para el Servicio de la BBC en la India era escribir boletines. En total, escribió 55 o 56 boletines para la India, 30 para Malasia y 19 para Indonesia. También escribió 115 o 116 para traducir al gujarati, marathi, bengalí, tamil e indostano. A propósito de estas referencias, véase el boletín en marathi n.º 3 del 19 de marzo de 1942, *CW*, XIII, pp. 234-235, y su resumen mensual de noticias en inglés n.º 15 del 21 de marzo de 1942, *CW*, XIII, pp. 236-239.

3. Lord Beaverbrook (véase *Diario de guerra*, 29-5-1940, n. 9) había sido ministro de Producción Aérea y ministro de Producción Bélica en el gobierno de Churchill. Su aportación fue controvertida, pero su ilimitada energía inspiraba confianza y la producción de aviones aumentó.

4. Un miembro del (Women's) Auxiliary Territorial Service, después WRAC, Women's Royal Army Corps.

5. «William Hickey» firmó una columna de sociedad en el *Daily Express* durante más de cincuenta años, en los que la redactaron diversos periodistas. En la época, estaba a cargo de su inventor, Tom Driberg (1905-1976), un político de izquierdas que luego llegó a ser parlamentario laborista. Orwell añadió al manuscrito una nota escrita a mano identificando a «William Hickey» como Tom Driberg. Aunque era presidente del Partido Laborista (1957-1958), Driberg había trabajado antes para el KGB. Su nombre en clave era «Lepage» (véase Christopher Andrew y Vasili Mitrokhin, *The Mitrokhin Archive*, 1999, pp. 522-526). Orwell sospechó de su traición y lo incluyó en su «Lista de criptocomunistas y compañeros de viaje» (véase *CW*, XX, pp. 242 y 246).

15-3-1942

Breve alarma aérea a eso de las 11.30 esta mañana. No se han oído bombas ni cañonazos. Es la primera vez que oigo ese sonido en 10 meses. En el fondo estaba bastante asustado, igual que todo el mundo, aunque hemos hecho como si no nos diésemos cuenta y nadie ha aludido siquiera al hecho de que se estuviese produciendo un ataque aéreo hasta que ha sonado la señal de todo despejado.

22-3-1942

Me dice Empson que el Ministerio de Asuntos Exteriores ha prohibido estrictamente hacer la menor insinuación de que Japón está pensando en atacar a la URSS. Así que ponemos mucho cuidado en no hacer referencia al asunto en las emisiones para Extremo Oriente, aunque en las de la India no se habla de otra cosa. Todavía no se han dado cuenta, no nos han avisado y oficialmente no sabemos nada de la prohibición, así que estamos aprovechando la oportunidad mientras dure. El mismo caos impera en todo el frente propagandístico. [*Por ejemplo Horizon estuvo a punto de quedarse sin la asignación de papel extra para los ejemplares destinados a la exportación debido a mi artículo sobre Kipling (en el último momento todo se arregló gracias a la intervención de Harold Nicolson*[6] *y Duff Cooper),*[7] *al mismo tiempo que la BBC me pedía que escribiese una gacetilla sobre el artículo.*]

La propaganda alemana es incoherente en otro sentido, es decir, de forma intencionada y con la falta de escrúpulos más descarada, pues ofrece todo a todo el mundo: libertad para la India, un imperio colonial a España, la emancipación de los kaffirs y leyes raciales más estrictas para los bóers, etc., etc. Todo muy lógico, a mi entender, desde el punto de vista propagandístico, si se tiene en cuenta lo ignorante políticamente que es la mayoría de la gente, su desinterés por los asuntos que no le afectan de manera inmediata y lo poco que le impresionan las incoherencias. Hace unas semanas la NBBS[8] estaba atacando la Workers Challenge [*Station*],[9] y advertía a la gente de que no la oyese porque estaba «financiada por Moscú».

Los comunistas en México vuelven a perseguir a Victor Serge[10] y a otros refugiados trotskistas llegados de Francia, pidiendo su expulsión, etc., etc. Exactamente la misma táctica que en España. Me deprime mucho ver cómo resurgen las viejas intrigas, no tanto porque son moralmente repulsivas, como por esta reflexión: el Comintern lleva 20 años utilizando estos métodos y siempre ha sido derrotado por los fascistas; de modo que, al estar unidos a ellos en una especie de alianza, acabaremos siendo derrotados también.

Parece que se ha extendido la sospecha de que Rusia planea firmar un acuerdo de paz por separado. Tanto por razones geográficas como psicológicas a Rusia le sería más fácil que a Alemania ceder Ucrania, pero está claro que no pueden renunciar a los campos petrolíferos del Cáucaso sin combatir. Una posibilidad sería que se produjese un acuerdo secreto entre Hitler y Stalin, de manera que Hitler conservara el territorio conquistado, o parte de él, a cambio de interrumpir sus ataques y dirigir su ofensiva hacia el sur, hacia los campos petrolíferos de Irak e Irán, mientras Hitler y Stalin fingirían seguir combatiendo. En mi opinión, dicho acuerdo de paz sería mucho más probable si intentásemos una invasión continental este año, porque si conseguimos humillar a los alemanes y los obligamos a retirar parte de su ejército, Rusia estará automáticamente en mejor posición para reconquistar territorios ocupados y negociar. Aun así, creo que, si contamos con suficientes barcos, deberíamos invadir Europa. Lo único que podría impedir esa especie de juego sucio es una alianza firme con la URSS en la que se declaren con detalle los objetivos bélicos. Lo cual es imposible mientras tengamos este gobierno y probablemente mientras Stalin continúe en el poder: [*al menos solo sería posible si pudiésemos tener un gobierno distinto y encontrásemos un modo de saltarnos a Stalin y apelar directamente a los rusos*].

Impera la misma sensación que se tenía durante la batalla de Francia: la de que no hay noticias. Se nota sobre todo al leer constantemente los periódicos. [*Para redactar los boletines leo cuatro o cinco periódicos matutinos al día y varias ediciones de los vespertinos, además del informe de control diario.*] Las novedades que se publican en cada nueva edición son tan escasas que uno tiene la impresión general de que no está ocurriendo nada. Además, cuando las cosas van mal es posible preverlo todo. El único acontecimiento que me ha sorprendido estas últimas semanas ha sido la misión de Cripps en la India.

6. Harold Nicolson (1886-1968; nombrado caballero en 1953) fue diplomático, crítico, biógrafo novelista y parlamentario entre 1935 y 1945; véase *Acontecimientos*, 30-8-1939, n. 1. Entre las biografías que escribió se cuentan las de Tennyson, Byron, Swinburne, lord Curzon, el rey Jorge V y Sainte-Beuve.

7. A propósito de Alfred Duff Cooper (1890-1954; vizconde de Norwich en 1952), diplomático y biógrafo de Talleyrand y Douglas Haig, véase *Diario de guerra*, 29-5-1940, n. 4. Había servido brevemente como representante del gabinete de guerra en Singapur, y sobre él recayó, aunque injustamente, en parte la responsabilidad de su caída. Fue representante británico en el Comité Francés de Liberación Nacional en el Norte de África (presidido por el general De Gaulle) y, a partir de septiembre de 1944, embajador británico en París. Su autobiografía se titula *Old Men Forget* (1953).

8. La New British Broadcasting Station emitía propaganda en inglés desde Alemania. A propósito de la descripción de Orwell de su política, véase su «London Letter», 1 de enero de 1942, *CW*, XIII, pp. 110-111. W. J. West dedica un capítulo de su *Truth Betrayed* (1987) a la New British Broadcasting Station. También se refiere a otras emisoras alemanas que emitían para Gran Bretaña, la Workers Challenge Station y la Christian Peace Movement [station]; incluye tres emisiones en un Apéndice.

9. Otra emisora que emitía propaganda en inglés desde Alemania.

10. Victor Serge (Kilbáchich; 1890-1947), escritor y periodista, nacido en Bruselas, hijo de intelectuales rusos exiliados, era francés de adopción. Estuvo vinculado al movimiento anarquista en París. Después de la Revolución rusa, trasladó sus actividades a Moscú, Leningrado y Berlín (donde dirigió un periódico, el *Communist International*). Su estrecha amistad con Trotski condujo a su deportación a Siberia en 1933. Tras su liberación, fue corresponsal en París del POUM durante la Guerra Civil española. En 1941 se instaló en México, donde murió en la pobreza. Entre sus muchos libros están *From Lenin to Stalin* (1937, traducido del francés); *Vie et mort de Léon Trotsky* (París, 1951) y *Mémoires d'un révolutionnaire 1901-1941* (París, 1951; traducción al inglés, *Memoirs of a Revolutionary*, 1963). Escribió una introducción a *Révolution et contre-révolution en Espagne* de Joaquín Maurín (1896-1973), cofundador del POUM (1937).

27-3-1942

Se supone que mañana se revelarán las noticias de los términos ofrecidos por Cripps a la India. Entretanto, solo hay rumores, todos creíbles pero incompatibles unos con otros. Los mejor fundamentados aseguran que se le ofrecerá un tratado similar al egipcio. K. S. S.,[11] que es nuestro muy amargado enemigo, considera que los indios lo aceptarían si les diesen los ministerios de Defensa, Finanzas e Interior. Los indios de aquí, tras una o dos semanas apesadumbrados, están mucho más optimistas, parecen haberse olido de algún modo (tal vez al ver las caras largas en el Ministerio de la India) que los términos no son tan malos.

[*Tremendo debate en la Cámara a propósito del escándalo del* Daily Mirror.[12] *A. Bevan*[13] *leyó numerosos extractos de los artículos del propio Morrison*[14] *en el* D. M.*, escritos desde el inicio de la guerra, para regodeo de los conservadores que son anti* D. M.*, pero no se resisten al espectáculo de ver a dos socialistas atizándose. Cassandra*[15] *anuncia que renuncia a alistarse. Profetiza que volverá al periodismo dentro de tres meses. Pero ¿quién sabe dónde estaremos dentro de tres meses?*]

El candidato gubernamental ha resultado derrotado (por una mayoría muy pequeña) en las elecciones parciales de Grantham. Creo que es la primera vez que ocurre desde que empezó la guerra.

Llamada sorpresa a nuestra compañía de la Home Guard hace una o dos semanas. Hicieron falta 4 horas y media para reunir a la compañía y repartir la munición, y habría hecho falta otra hora más para ponerlos en sus posiciones de combate. La causa son las demoras que produce la decisión de no distribuir la munición y hacer que cada hombre vaya a buscarla al cuartel general. Envié un memorando al doctor Tom Jones,[16] que a su vez lo envió a sir Jas. Grigg.[17] En mi propia unidad no conseguiría que un memorando así llegase hasta el comandante de la compañía, o al menos que le hiciese el menor caso.

Ya ha florecido el azafrán silvestre. Uno parece entreverlo entre una niebla de noticias bélicas.

[*Carta insultante de H. G. Wells, que me llama «mierda», entre otras cosas.*[18]

El Vaticano está intercambiando representantes diplomáticos con Tokio. Ahora tiene relaciones diplomáticas con todas las potencias del Eje y —creo— que con ninguna de los Aliados. Una mala señal, aunque, en cierto sentido, es buena, pues este último paso significa que han decidido que es el Eje y no nosotros el que defiende la política más reaccionaria.]

11. El doctor Krishna S. Shelvankar (1906-1996), escritor y periodista indio. Estuvo en Inglaterra durante la guerra como corresponsal de varios periódicos indios. Su libro *The Problem of India* (edición especial de Penguin, 1940) se prohibió en la India. El superior de Orwell en la BBC, Z. A. Bokhari, escribió al director del Servicio de Oriente para decir que se oponía frontalmente a que se permitiese hablar a Shelvankar: «Llámeme reaccionario, pero en mi opinión no es el momento de cortejar a esa damisela tan truculenta: "la señorita Nacionalismo"» (*CW*, XIII, p. 242). A pesar de la referencia de Orwell a Shelvankar como «nuestro muy amargado enemigo», participó en

varios programas dirigidos por Orwell. Cuando Pakistán consiguió la independencia, Bokhari fue nombrado director general de la radio de Pakistán.

12. El *Daily Mirror*, un popular diario izquierdista, había sido llamado al orden por Churchill por adoptar lo que consideraba una línea editorial derrotista, es decir, crítica con el modo en que el gobierno estaba llevando la guerra. Tras el debate en la Cámara de los Comunes, el asunto se quedó en nada.

13. Aneurin (Nye) Bevan (véase *Acontecimientos*, 28-8-1939, n. 11), parlamentario laborista, había tenido conflictos con su partido en 1939 y lo habían expulsado por apoyar la campaña del Frente Popular de sir Stafford Cripps, aunque su integridad nunca se puso en duda. Dirigió el *Tribune* entre 1942 y 1945 (un logro notable para alguien que apenas sabía leer cuando dejó el colegio a los trece años) y apoyó a Orwell incluso cuando estaba en desacuerdo con él. Su mayor logro fue la creación del Servicio Nacional de Salud a partir de diversas propuestas previas. En su *In Place of Fear* (1952) expone sus opiniones.

14. Herbert Morrison (1888-1965; barón Morrison de Lambeth), parlamentario laborista desde 1923, presidente del Consejo del Condado de Londres entre 1933 y 1940; secretario de Estado y ministro del Interior entre 1940 y 1945. Fue líder de la Cámara de los Comunes y viceprimer ministro en las dos administraciones de Clement Attlee, entre 1945 y 1951. En el debate al que se refiere Orwell, se citaron también sus escritos subversivos de la Primera Guerra Mundial, cuando era objetor de conciencia (véase Hugh Cudlipp, *Publish and be Damned*, pp. 195-196).

15. Era el seudónimo de William Connor (1900-1967; nombrado caballero en 1966), un conocido periodista radical que escribía esa columna en el *Daily Mirror*. Su *English at War* (abril de 1941) fue el libro más popular de los Searchlight Books editados por T. R. Fyvel y Orwell, reimprimiéndose en tres ocasiones.

16. El doctor Tom Jones (1870-1955; Orden de Compañeros del Honor), secretario del gabinete de Lloyd George. En 1939 fue clave en la creación del CEMA, el Consejo para la Promoción de la Música y las Artes, que luego se convirtió en el Arts Council of Great Britain.

17. Sir James Grigg (1890-1964; comandante de la Orden del Imperio Británico), vicesecretario permanente de Guerra entre 1939 y 1942 y ministro de Guerra entre 1942 y 1945. Había sido encargado de finanzas del Consejo del virrey de la India y cuando Churchill fundó el Comité de la India el 25 de febrero de 1942, fue elegido consejero sobre asuntos indios. Churchill quiso nombrarlo lord, pero él se negó. Su mujer, lady Grigg, que participaba en la serie radiofónica «Women Generally Speaking» para el Servicio de Oriente de la BBC, era una espina clavada en la carne de Orwell.

18. La razón fue el artículo de Orwell «Wells, Hitler y el Estado mundial», publicado en *Horizon* en agosto de 1941 (*CW*, XII, pp. 536-541), y la charla radiofónica «The Re-discovery of Europe», a propósito de la cual Wells escribió a *The Listener*. Inez Holden presenció «una discusión espantosa» entre Wells y Orwell a propósito del artículo de *Horizon*. Orwell pensaba que la creencia de Wells de que los alemanes serían derrotados muy pronto le hacía un flaco favor a la ciudadanía en general; Wells

acusó a Orwell de derrotista, aunque luego se desdijo. La discusión se cerró en términos razonablemente amistosos, pero volvió a encenderse cuando la citada charla se publicó en *The Listener*, provocando la carta insultante a la que alude Orwell. Holden escribió a Ian Angus el 21 de mayo de 1967 que Orwell lamentaba haber escrito el artículo de *Horizon* y también haber enfadado a Wells, de quien siempre había sido un gran admirador. Véase también Crick, pp. 427-431.

1-4-1942

Me ha desmoralizado mucho el aparente fracaso de la misión de Cripps. La mayoría de los indios también parecen decepcionados. Creo que incluso los que odian a Inglaterra quieren una solución. [*No obstante, opino que, a pesar del «tomadlo o dejadlo» con que empezó nuestro gobierno, acabarán modificando los términos, tal vez en respuesta a las presiones de aquí.*] Hay quien cree que los rusos apoyan el plan de Cripps y que eso explica la confianza de este al presentar unos términos en apariencia tan poco atractivos. Los rusos no pueden adoptar una postura oficial respecto a la India porque no están en guerra contra el Japón, pero podría servir como orientación a sus simpatizantes que podrían influir en otros prorrusos. Aunque tampoco hay tantos indios prorrusos. Sigue sin haber señales del Partido Comunista Inglés, cuyo comportamiento podría dar una pista sobre la postura rusa. En este juego de adivinanzas tenemos que encuadrar nuestra propaganda, pues nunca se nos dan instrucciones claras desde arriba.

Connolly quería citar ayer un pasaje de *Homenaje a Cataluña* en su programa de radio. Abrí el libro y tropecé con estas frases:

«Uno de los rasgos más horribles de la guerra es la guerra propagandística: los soldados luchan, los periodistas calumnian y ningún verdadero patriota se acerca siquiera a las trincheras si no es en una visita de propaganda. A veces me consuela pensar que los aviones están cambiando las condiciones de la guerra. Tal vez en la próxima gran guerra veamos algo insólito en la historia: un patriotero con una herida de bala».[19]

Heme aquí en la BBC cinco años después de escribir estas palabras. Supongo que antes o después todos escribimos nuestro propio epitafio.

19. *Homenaje a Cataluña*, Apéndice I, p. 214.

3-4-1942

La decisión de Cripps de quedarse una semana más en la India se considera una buena señal. Por lo demás, no hay muchos motivos para el optimismo. Gandhi parece estar enredando a propósito, [*envió telegramas de condolencia a la familia de Bose*[20] *tras la noticia de su muerte y luego telegramas de felicitación cuando se supo que la noticia era falsa. También anima a los indios a no adoptar la política de tierra quemada si invaden la India*]. Es imposible estar seguro de cuál es su juego. Sus detractores afirman que defiende los peores intereses capitalistas (indios), y es cierto que con frecuencia se aloja en casa de una especie de millonario. [*Lo cual no es necesariamente incompatible con su supuesta santidad. Es posible que su pacifismo sea sincero. En los peores momentos de 1940 también animó a la no resistencia en Inglaterra si éramos invadidos.*] No sabría decir si el equivalente más cercano a Rasputín es Gandhi o Buchman.[21]

Anand[22] asegura que la moral entre los exiliados indios en Inglaterra está por los suelos. Siguen inclinándose a pensar que Japón no tiene malas intenciones respecto a la India y hablan de firmar un acuerdo de paz por separado. Se acabaron las declaraciones de lealtad a Rusia y China. Le respondí que lo cierto respecto a casi todos los intelectuales indios es que no cuentan con conseguir la independencia, son incapaces de concebirla y en el fondo no la desean. Quieren estar continuamente en la oposición, sufrir un martirio indoloro y son lo bastante estúpidos para imaginar que podrían seguir jugando el mismo juego infantil con Japón o Alemania. Para mi sorpresa, estuvo de acuerdo. Admitió que la «mentalidad de oposición» es general entre ellos, sobre todo entre los comunistas, y que Krishna Menon[23] está «deseando ver llegar el momento en que se rompan las negociaciones». Al mismo tiempo que hablan fríamente de traicionar a China firmando una paz por separado, se quejan de que las tropas chinas en Birmania no cuentan con apoyo aéreo. Observé que me parecía infantil. Anand: «No subestimes su infantilismo, George. Es insondable». [*La cuestión es en qué medida los indios que viven en Inglaterra reflejan el punto de vista de los intelectuales en la India. Están más lejos del peligro y es probable que se hayan contagiado, como todos nosotros, del ambiente pacífico de los últimos diez meses, aunque, por otro lado, casi todos los que han pasado aquí un tiempo se han impregnado de la perspectiva socialista occidental, así que es muy posible que los verdaderos intelectuales sean aún peores. El propio Anand no tiene esos vicios, es sinceramente antifascista y ha violentado sus sentimientos, y tal vez su reputación, al apoyar Gran Bretaña porque admite que estamos claramente en el bando antifascista.*]

20. Subhas Chandra Bose (1897-1945) era un dirigente nacionalista indio, miembro del ala izquierda del Congreso Nacional Indio. Ferozmente antibritánico, organizó un Ejército Nacional Indio para apoyar a los japoneses y lo capitaneó, sin éxito, contra los británicos. Pensaba que cuando su ejército se enfrentase a las tropas indias capitaneadas por los británicos, estas se negarían a combatir y se pasarían a su bando. «En vez de eso, los revolucionarios volvieron a su cómodo estado de mercenarios y los soldados del Ejército Nacional Indio se dedicaron a saquear las tribus locales» (Mihir Bose, *The Lost Hero* [1982], p. 236). Parece seguro que murió en un accidente de avión el 19 de agosto de 1945 (*The Lost Hero*, pp. 251-252), aunque sus seguidores continuaron pensando mucho tiempo que estaba vivo (a pesar de dos investigaciones del gobierno indio). Los documentos publicados por el Ministerio de la Guerra en noviembre de 1993 demuestran que un número considerable de prisioneros de guerra indios desertaron al bando italiano, de los cuales los primeros 3.000 llegaron a Italia en agosto de 1942. Un informe de la Inteligencia Británica afirmaba: «Con nuestra política en la India hemos creado una nueva clase de oficiales que tal vez sean leales a la India y quizá al Congreso, pero no necesariamente a nosotros» (*Daily Telegraph*, 5 de diciembre de 1993).

21. Frank Nathan Daniel Buchman (1878-1961), evangélico y propagandista, fundó en 1921 el movimiento de Rearme Moral, también conocido, por el lugar de su fundación, como Movimiento del Grupo de Oxford, y a veces como buchmanismo.

22. Mulk Raj Anand (1905-2004), novelista, escritor de relatos, ensayista y crítico. Nació en la India, combatió en la Guerra Civil española (aunque no coincidió con Orwell) y dio clases de literatura y filosofía para adultos en el Consejo del Condado de Londres. Escribió guiones para la BBC entre 1939 y 1945. Después de la guerra regresó a la India, impartió clases en varias universidades y fue nombrado catedrático de Bellas Artes de la Universidad del Punjab en 1963. Orwell reseñó su *The Sword and the Sickle* en *Horizon*, en julio de 1942 (*CW*, XIII, pp. 379-381). En una carta del 29 de septiembre de 1983, Anand escribió esto de Orwell: «Siempre contenía la voz. Hablaba con susurros furtivos. A menudo despreciaba la fea realidad con un humor cínico. Y rara vez lo vi enfadarse, aunque las dos profundas arrugas de sus mejillas y el ceño fruncido reflejaban una desesperanza permanente. A la hora del té sonreía y era un buen compañero en el pub. Pero lanzaba sus dardos con una voz muy suave, algo muy inglés y derivado del sentido del humor cockney». Véase Abha Sharma Rodrigues, *George Orwell, the BBC and India: a Critical Study* (Universidad de Edimburgo, tesis doctoral, 1994).

23. V. K. Krishna Menon (1897-1974), estadista indio, abogado, escritor y periodista, a la sazón estaba viviendo en Inglaterra. Participó activamente en la política de izquierdas británica y fue portavoz del Partido del Congreso Indio en Inglaterra du-

rante la lucha por la independencia. En 1947, tras la obtención de dicha independencia, fue alto comisionado de la India y representó a su país en las Naciones Unidas entre 1952 y 1961. El 31 de enero de 1943 fue uno de los seis conferenciantes en la «Manifestación por la India» en el London Coliseum (*Tribune*, 29 de enero de 1943, p. 20).

6-4-1942

[*Ayer fui a echar un vistazo a la carretera de circunvalación que están construyendo entre Uxbridge y Denham. Me sorprendió la gigantesca escala del proyecto. Al oeste de Uxbridge está el valle del Colne y la carretera lo atraviesa por un viaducto con pilares de cemento y ladrillos; calculo que la longitud del viaducto debe de ser de un cuarto de milla. Después discurre por un ribazo elevado. Cada uno de los pilares tiene cerca de 20 pies de altura y un grosor de 15 por 10 pies, y hay dos cada quince yardas. Diría que para construir cada pilar hacen falta unos 40.000 ladrillos, sin contar con los cimientos ni la pista de cemento que hay arriba, que debe de requerir toneladas de acero y cemento por cada yarda de carretera. Hay cantidad de acero (para reforzar) tirado por todas partes y también enormes losas de granito. Construir este viaducto debe de ser una labor comparable, por el trabajo que requiere, a construir un buque de guerra de gran tamaño. Y es muy improbable que la carretera de circunvalación se utilice hasta después de la guerra, y eso suponiendo que esté terminada para entonces. Entretanto, falta mano de obra en todas partes. Por lo visto, los fabricantes de ladrillos son todopoderosos. (No hay más que ver los inútiles refugios de superficie, que quienes entienden algo de construcción declararon ineficaces ya cuando se estaban construyendo, o las innecesarias reparaciones de las casas particulares deshabitadas que se están llevando a cabo en todo Londres.) Es evidente que cuando un escándalo sobrepasa cierta magnitud se vuelve invisible.*]

En Denham vi a un hombre conduciendo un carro de dos ruedas en bastante buen estado.

10-4-1942

Pérdidas navales británicas de los últimos 3 o 4 días: 2 cruceros y 1 portaaviones hundidos, 1 destructor dañado.[24] Pérdidas del Eje: 1 crucero hundido.

Del discurso pronunciado por Nehru hoy: «¿Quién muere si la India vive?». Qué impresionados estarán los ingleses de izquierdas y cómo se burlarían si hubiese dicho: «¿Quién muere si Inglaterra vive?».[25]

24. El 5 de abril, los cruceros pesados *Dorsetshire* y *Cornwall*, el destructor *Tenedos* y el barco mercante armado *Hector* fueron hundidos por aviones japoneses que operaban desde destructores en el océano Índico. El 9 de abril (el día que 64.000 filipinos y 12.000 estadounidenses se rindieron en Batán), los japoneses hundieron el portaaviones *Hermes* y el destructor *Vampire*, además de otros barcos en el océano Índico hasta un total de 135.000 toneladas de barcos mercantes y de guerra.

25. «¿Quién muere si Inglaterra vive?» está tomado del poema de Kipling «For All We Have and Are» (1914), que Orwell había citado en «Notes on the Way», el 30 de marzo y el 6 de abril de 1940; también incluye el verso «¡El huno está a las puertas!». Aunque la palabra «huno» se había utilizado de forma despectiva en el siglo XIX para referirse a los alemanes, su uso en el siglo XX lo introdujo el káiser Guillermo II en una conocida arenga a las tropas el 27 de julio de 1900 antes de que partiesen hacia China.

11-4-1942

Al final ha fracasado.[26] Aunque no creo que sea definitivo. Escuché el discurso de Cripps emitido desde Delhi, que estábamos retransmitiendo para Inglaterra, etc. Las emisiones de Delhi que escuchamos de vez en cuando son nuestra única pista respecto a cómo suenan nuestras propias emisiones en la India. La calidad del sonido siempre es mala y hay mucho ruido de fondo que es imposible eliminar en las grabaciones. [*La primera parte del discurso era buena y yo diría que lo bastante explícita para que muchos se sientan ofendidos. Al acabar terminó yéndose por las nubes.*] Es curioso que, en los pasajes más exaltados de sus discursos, Cripps parece haber copiado ciertas inflexiones de voz de Churchill. Tal vez sea indicio de que ha caído bajo la influencia personal de Churchill y eso explique por qué aceptó esta misión cuando tenía unas condiciones tan malas que ofrecer.

26. La misión de sir Stafford Cripps en la India.

18-4-1942

No parece que los discursos de Cripps, etc., hayan causado muchos resquemores en la India. Fuera de la India dudo que mucha gente culpe a los británicos de la ruptura. Ahora preocupan unas declaraciones carentes del menor tacto de los estadounidenses, que se han pasado años hablando de la «libertad de la India» y del imperialismo británico, y de pronto han comprendido que la *intelligentsia* india no quiere la independencia, es decir, la responsabilidad. Nehru está pronunciando discursos incendiarios diciendo que todos los ingleses son iguales, sean del partido que sean, y metiendo cizaña entre Estados Unidos y Gran Bretaña afirmando que quien lucha de verdad es Estados Unidos. Al mismo tiempo, repite de vez en cuando que no es projaponés y que el Congreso defenderá a la India hasta el último aliento. La BBC escoge esos pasajes de sus discursos y los emite sin citar los pasajes antibritánicos, y luego Nehru se queja (con razón) de que se le ha malinterpretado. [*Una directiva reciente dice que, cuando sus discursos contengan pasajes antibritánicos y antijaponeses, es preferible hacer caso omiso. Qué complicado es todo. Pero en conjunto creo que la misión de Cripp ha sido beneficiosa, pues ha clarificado las cosas sin desacreditarlo en nuestro país (como habría podido ocurrir). Se diga lo que se diga oficialmente, la deducción que hará el mundo es (a) que la clase dirigente británica no tiene intención de abdicar y (b) que la India no desea la independencia y, por tanto, no la conseguirá sea cual sea el resultado de la guerra.*

Estuve hablando con Wintringham[27] *sobre la posible postura soviética a propósito de las negociaciones de Cripps (por supuesto, como no están en guerra con Japón, no pueden tener una postura oficial), le dije que sería más fácil si la mayoría de los instructores militares, etc., que habrá que enviar a la India fuesen rusos. Un posible resultado es que la India sea conquistada por la URSS, y aunque nunca he pensado que los rusos se comporten mejor que nosotros, podrían actuar de forma distinta debido a las condiciones económicas. Wintringham respondió que, incluso en España, algunos delegados rusos trataban a los españoles como «nativos», y que sin duda harían lo mismo en la India. Es muy difícil actuar de otro modo en vista de que, en la práctica, la mayoría de los indios son inferiores a los europeos; eso se nota y al cabo de un tiempo uno acaba actuando en consecuencia.*]

La opinión estadounidense no tardará en cambiar y culpar a los británicos de la situación en la India como antes. Por lo que dicen los periódicos estadounidenses que he podido conseguir, está claro que los sentimientos antibritánicos están en auge y que los aislacionistas han resurgido con los mismos eslóganes que antes. [*No obstante, el periódico del padre Coughlin[28] ha sido excluido del correo postal.*] Lo que siempre me horroriza de los sentimientos antibritánicos de los estadounidenses es su espantosa ignorancia. Probablemente lo mismo pueda decirse de los sentimientos antiestadounidenses en Inglaterra.

27. Thomas Henry (Tom) Wintringham, escritor y soldado, había capitaneado el batallón británico de las Brigadas Internacionales en la Guerra Civil española. Después fundó el Centro de Instrucción de la Home Guard en Osterley Park. Sus libros incluyen *New Ways of War*, *Politics of Victory* y *People's War*. Véase *Diario de guerra*, 23-8-1940, n. 90, y David Fernbach, «Tom Wintringham and Socialist Defense Strategy», *History Workshop*, 14 (1982), pp. 63-91.

28. El padre Charles E. Coughlin (1891-1979), nacido y educado en Canadá, fue ordenado sacerdote católico y se hizo famoso por sus emisiones radiofónicas en Estados Unidos en los años treinta. Ya en 1934, cuando fundó la Unión Nacional por la Justicia Social, alegó que Gran Bretaña estaba manipulando a Estados Unidos para involucrarlo en una nueva guerra europea. «Alzo mi voz —dijo— para apartar a Estados Unidos de la guerra». Orwell se refiere a su revista, *Social Justice*, en la que expresaba opiniones de tendencia fascistoide. Su circulación por correo se prohibió en Estados Unidos por contravenir la Ley de Espionaje. Dejó de publicarse en 1942, el año en que Coughlan fue silenciado por sus superiores eclesiásticos.

19-4-1942

Ayer Tokio fue bombardeado, o se supone que lo fue.[29] Hasta ahora la noticia procede solo de fuentes japonesas y alemanas. Hoy uno da tan por supuesto que todo el mundo miente que una noticia de este tipo no tiene credibilidad hasta que la confirman ambos bandos. Incluso la admisión por parte del enemigo de que su capital ha sido bombardeada podría ser falsa por algún motivo.

[E[ileen] cuenta que Anand le dijo ayer, como si fuese algo evidente, que Gran Bretaña firmaría un acuerdo de paz por separado este año, y pareció sorprenderse cuando ella titubeó. Por supuesto, los indios tienen que decir eso, y llevan diciéndolo desde 1940, porque les da una excusa de ser antibelicistas, y también porque si pudiesen pensar cualquier cosa buena de Gran Bretaña se vendrían abajo sus esquemas mentales. Fyvel me contó que, en 1940, cuando

Chamberlain aún formaba parte del gobierno, asistió a una reunión en que estaban presentes Pritt y varios indios. Los indios dijeron, a su estilo pseudomarxista: «Por supuesto el gobierno Churchill-Chamberlain está a punto de llegar a un acuerdo de compromiso», a lo cual Pritt respondió que Churchill nunca firmaría la paz y que la única diferencia que había entonces en Gran Bretaña era la diferencia entre Churchill y Chamberlain.]

Cada vez se habla más de la invasión de Europa, tanto que no queda más remedio que pensar que algo deben de estar preparando; de lo contrario, los periódicos no se arriesgarían a causar una decepción hablando tanto de ello. Me asombra la falta de realismo de dichos rumores. Casi todo el mundo parece pensar que la gratitud es un factor en la política entre las potencias. Dos afirmaciones comunes en la prensa de izquierdas son a. que la creación de un segundo frente servirá para impedir que Rusia firme la paz por separado, y b. que cuanto más combatamos más podremos sacar en el acuerdo de paz. Pocos parecen pararse a pensar que si una invasión en Europa consiguiese apartar los ejércitos alemanes de Rusia, Stalin no tendría motivos para seguir luchando [*y que una claudicación así estaría en línea con el pacto germano-ruso y el acuerdo al que evidentemente ha llegado la URSS con Japón*]. Respecto a la otra afirmación, mucha gente habla como si poder elegir la política al ganar una guerra fuese una especie de recompensa por haber luchado bien en ella. Por supuesto, quien en realidad domina las cosas es quien tiene más poder militar; compárese con Estados Unidos en la última guerra.

Entretanto, los dos pasos que podrían enderezar la situación, a. un acuerdo claro con la URSS y una declaración conjunta (y muy detallada) de los objetivos bélicos, y b. la invasión de España, son políticamente imposibles bajo este gobierno.

29. El 18 de abril de 1942, dieciséis bombarderos B-25, al mando del coronel James H. Doolittle, despegaron desde el portaaviones *Hornet* y bombardearon Tokio. El efecto fue más psicológico que militar. Como los aviones no tenían combustible suficiente para regresar, volaron a China. El mal tiempo los obligó a hacer varios aterrizajes de emergencia; un avión aterrizó cerca de Vladivostok y la tripulación acabó en un campo de prisioneros; dos aterrizaron en territorio dominado por los japoneses y algunos aviadores fueron ejecutados el 15 de octubre de 1942. De los 80 miembros de las tripulaciones, sobrevivieron 71.

25-4-1942

Unos aviadores estadounidenses que han llevado a cabo un aterrizaje forzoso en territorio ruso después de bombardear Tokio han sido hechos prisioneros. Según la radio japonesa, los rusos están permitiendo el movimiento de agentes japoneses a través de Rusia desde Suecia (y, por tanto, procedentes de Alemania) hasta Japón. [*De ser cierto, sería una novedad, pues dicho tráfico se interrumpió cuando Alemania atacó a la URSS.*]

El paradero de Subhas Chandra Bose continúa siendo un misterio insoluble. [*Los hechos principales son los siguientes:*

   i. *En el momento de su desaparición, el gobierno británico declaró que había ido a Berlín.*
   ii. *En la radio de la India Libre (Alemania) se ha oído una voz identificada como suya.*
   iii. *La radio italiana ha asegurado, al menos en una ocasión, que Bose está en territorio japonés.*
   iv. *Aquí sus compatriotas parecen convencidos de que se encuentra en territorio japonés.*
   v. *La huida a territorio japonés habría sido físicamente más fácil que en la dirección opuesta, aunque eso tampoco habría sido imposible.*
   vi. *El informe de Vichy sobre su muerte en un accidente de aviación entre Bangkok y Tokio, aunque es casi seguro erróneo, parece indicar que Vichy daba por supuesto que se hallaba en territorio japonés.*
   vii. *Según los técnicos, no sería imposible transmitir su voz codificada de Tokio a Berlín y descodificarla para volver a emitirla.*

Hay otras muchas consideraciones y un sinfín de rumores.] Las dos preguntas más difíciles de responder son: si Bose está en territorio japonés, ¿por qué tomarse tantas molestias en aparentar que está en Berlín, donde apenas es eficaz? Y, si está en territorio alemán, ¿cómo ha llegado allí? Por supuesto, es razonablemente probable que lo haya hecho con la connivencia de los rusos. En ese caso se plantea la cuestión de si nos informaron sobre su paradero cuando entraron en guerra de nuestro lado. Conocer la respuesta proporcionaría una pista muy útil sobre su postura. Por supuesto, es imposible conseguir información sobre cuestiones así. Tenemos que hacer la propaganda a ciegas, saboteando discretamente las directivas que nos dan cuando parecen más estúpidas de lo normal.[30]

A juzgar por sus emisiones radiofónicas, los alemanes creen que la invasión es inminente, sea en Francia o en Noruega. ¡Qué oportunidad de atacar España! De todos modos, puesto que han fijado incluso una fecha (el 1 de mayo) es posible que solo hablen de la posibilidad de una invasión para burlarse cuando no se produzca. Aquí no hay indicios de que se estén haciendo preparativos, ni rumores de acumulación de tropas o barcos, ni reestructuración de los horarios de ferrocarril, etc. El síntoma más alentador es el discurso proinvasión de Beaverbrook en Estados Unidos.

[*Es como si no hubiese noticias. Hacía meses que los periódicos no estaban tan vacíos.*]

Llama la atención el físico tan mediocre y el aspecto desaliñado de los soldados estadounidenses que de vez en cuando se ven por la calle. No obstante, los oficiales tienen mejor planta que los soldados.

30. Bose escapó de la India, con ayuda alemana, vía Afganistán, en el invierno de 1940 a 1941. Cuando llegó a Moscú, los rusos «fueron muy hospitalarios, pero claramente esquivos a la hora de ayudarlo. En Berlín, los alemanes se mostraron más receptivos» (Mihir Bose, *The Lost Hero*, p. 162). Estuvo en Alemania hasta el 8 de febrero de 1943, cuando partió de Kiel en un submarino (p. 205).

27-4-1942

[*Muchas especulaciones sobre el significado del discurso de Hitler de ayer. En general desprende pesimismo. El discurso de Beaverbrook favorable a la invasión se interpreta de varias maneras, como una charla para levantar los ánimos de los estadounidenses, como algo pensado para persuadir a los rusos de que no vamos a dejarlos en la estacada, y como un ataque contra Churchill (que podría verse obligado a pasar a la ofensiva). Hoy en día, ante cualquier cosa que se diga o se haga, uno busca enseguida los motivos ocultos y da por sentado que las palabras significan cualquier cosa menos lo que parecen significar.*]

De la radio italiana, a propósito de la vida en Londres:

«Ayer se pagaban cinco chelines por un huevo y una libra esterlina por un kilo de patatas. El arroz ha desaparecido hasta del mercado negro, y los guisantes se han convertido en un lujo de millonarios. No hay azúcar en el mercado, aunque pueden encontrarse pequeñas cantidades a precios prohibitivos».

Cualquiera diría que es una propaganda estúpida, porque, si esa fuese la verdadera situación, Inglaterra dejaría de combatir en unas pocas semanas, y cuando eso no ocurra el oyente comprenderá por fuerza que lo han engañado. Pero, de hecho, no se produce esa reacción. Uno puede seguir contando mentiras por muy evidentes que sean, y aunque nadie se las crea tampoco se produce una reacción de rechazo.

Estamos de porquería hasta el cuello. Cada vez que hablo con alguien o leo los escritos de cualquiera que tenga algo que decir, noto que la honradez intelectual y la ecuanimidad en los juicios han desaparecido sin más de la faz de la tierra. El pensamiento se ha vuelto legalista y todo el mundo se limita a defender su «caso» y a eliminar el punto de vista del oponente, y, lo que es más, a manifestar una insensibilidad total por el sufrimiento de cualquiera que no sea él o sus amigos. Los nacionalistas indios se hunden en la autocompasión y el odio a Gran Bretaña y contemplan con indiferencia la pobreza en China; el pacifista inglés se exaspera por la presencia de campos de concentración en la isla de Man y olvida los de Alemania, etc., etc. Uno lo nota más en el caso de la gente con quien está en desacuerdo, como los fascistas o los pacifistas, pero de hecho le pasa a todo el mundo, al menos a todos los que tienen opiniones claras. Todo el mundo es deshonesto y se muestra implacable con quienes quedan fuera del rango de sus propios intereses. Lo más sorprendente es el modo en que la compasión puede abrirse y cerrarse como un grifo según las necesidades políticas. [*Todos los izquierdistas, o la mayor parte, cuya rabia se encendía ante las atrocidades nazis antes de la guerra, han olvidado dichas atrocidades y han dejado de tener compasión por los judíos, etc., en cuanto la guerra ha empezado a aburrirles. Lo mismo puede decirse de quienes odiaban a muerte a Rusia hasta el 22 de junio de 1941, cuando olvidaron de pronto las purgas, la GPU, etc., al entrar Rusia en la guerra. Y no me refiero a mentir por motivos políticos, sino a auténticos cambios en el sentir subjetivo.*] Entonces, ¿no hay nadie que tenga opiniones firmes y un punto de vista equilibrado? En realidad hay muchos, pero están inermes. Todo el poder está en manos de paranoicos.

29-4-1942

Ayer fui a la Cámara a oír el debate sobre la India. Fue un triste espectáculo excepto por el discurso de Cripps. Ahora celebran las sesiones en la Cámara de los Lores.[31] Durante el discurso de Cripps daba la impresión de que la sala estuviese llena, pero los conté y había solo 200-250 parlamentarios, que bastan para llenar todos los escaños. Todo tenía aspecto mugriento. En los escaños había cojines de imitación de piel; juraría que antes eran de terciopelo. Los ujieres tenían la pechera de la camisa sucia. Cuando veo toda esa porquería, o cuando leo sobre los últimos días de la Liga de Naciones, o las payasadas de los políticos indios, con sus incontables cambios de bando, alineamientos, *démarches*, denuncias, protestas y gestos grandilocuentes, siempre recuerdo que el Senado romano seguía existiendo a finales del Imperio. [*Es el crepúsculo de la democracia parlamentaria y*] estas criaturas son fantasmas que farfullan en un rincón mientras los verdaderos acontecimientos suceden en otro sitio.

31. La Cámara de los Comunes resultó gravemente dañada en un ataque aéreo el 10 de mayo de 1941. Los Comunes celebraron las sesiones en la Cámara de los Lores, que solo estaba levemente dañada. Los Lores pasaron a celebrarlas en el guardarropa.

6-5-1942

La gente no parece tan contenta con lo de Madagascar[32] como con lo de Siria;[33] puede que no acabe de captar su importancia estratégica, pero me inclino a pensar que no ha habido una labor de propaganda previa. [*En el caso de Siria, la evidencia del peligro, los continuos informes sobre la infiltración alemana y la larga incertidumbre sobre si el gobierno actuaría, hicieron que la gente pensara que lo que había forzado la decisión había sido la opinión pública. Por lo que sé, es posible que fuese así, hasta cierto punto. En este otro caso no ha habido ningún preparativo similar.*] En cuanto estuvo claro que Singapur corría peligro, señalé que tendríamos que tomar Madagascar y que más valía empezar a hacer propaganda en los boletines de la India. Casi me atraganto cuando hace unas semanas llegó una directiva, supongo que del Ministerio de Asuntos Exteriores, advirtiéndonos de que no hiciésemos alusión a Madagascar. Las razones (una vez desembarcadas las tropas británicas) fueron que «más valía no levantar la liebre». El resultado es que la conquista de Madagascar puede hacerse pasar en toda Asia como un ejemplo de voracidad imperialista.

Hoy he visto a dos mujeres conduciendo un anticuado carro de dos ruedas. Hace una o dos semanas vi a dos hombres en un carruaje de cuatro, y uno de ellos llevaba un bombín gris.

[*Muchas especulaciones sobre la autoría de unos artículos firmados por «Thomas Rainsborough»*[34] *y publicados en el* Tribune *que atacan con virulencia a Churchill. Hay quien opina que es Frank Owen,*[35] *pero yo no lo creo.*]

32. Las fuerzas aliadas desembarcaron en Diego Suárez, en Madagascar, el 5 de mayo y en septiembre habían conquistado toda la isla, un enclave estratégicamente importante para prevenir las pérdidas navales en el océano Índico. Había apoyado al gobierno de Vichy bajo Pétain.

33. Se rumoreaba que los alemanes tenían intención de trasladarse al este desde Creta en junio de 1941. Por eso las fuerzas aliadas invadieron Siria y se la arrebataron a las tropas francesas de Vichy.

34. El Thomas Rainborough original, o Rainborow, fue un republicano que combatió por la Commonwealth en la Guerra Civil. En 1643 capitaneó el barco de guerra *Swallow* y, dos años más tarde, un regimiento en el ejército parlamentario. En 1646 fue elegido miembro del Parlamento y lideró en él a los republicanos, aunque más tarde acabó reconciliándose con Cromwell. En 1648 resultó herido de muerte en combate. El nombre, adoptado en el *Tribune* por Frank Owen, servía para simbolizar las opiniones extremistas de los Niveladores.

35. Frank Owen (1905-1979; Orden Militar del Imperio Británico), periodista, escritor y locutor radiofónico, fue parlamentario liberal entre 1929 y 1931; dirigió el *Daily Express* entre 1931 y 1937 y el *Evening Standard* entre 1938 y 1941 (ambos periódicos de derechas propiedad de Beaverbrook). Escribió en colaboración con Michael Foot (subdirector del *Evening Standard* en 1942 y dirigente del Partido Laborista entre 1976 y 1983) y Peter Howard, *Guilty Men* (Gollancz, 1940), bajo el seudónimo «Cato», en el que atacaba a Chamberlain, Halifax y otros dirigentes conservadores por pactar con Hitler. En *Beaverbrook: A Study in Power and Frustration* (1956), Tom Driberg escribe de Owen «que había sido llamado a filas, pero estaba escribiendo en *Tribune*, con el seudónimo Thomas Rainsborough, una serie de artículos muy críticos con Churchill y su estrategia bélica» (p. 287). Sirvió en el Royal Armoured Corps y el South East Asia Command entre 1942 y 1946, y lord Louis Mountbatten lo ascendió de soldado raso a teniente coronel con instrucciones de que publicase un periódico para el mando a partir de 1943, pese a la obstinada oposición de sir James Grigg. Reimprimió en *SEAC* siete de las obras que Orwell escribió para el *Evening Standard* entre 1945 y 1946. Dirigió el *Daily Mail* entre 1947 y 1950, y escribió, entre otros libros, *The Three Dictators* (1940) y *The Fall of Singapore* (1960).

8-5-1942

Según W.[36] se va a firmar una auténtica alianza anglo-rusa y los delegados rusos están ya en Londres. No me parece creíble.

La radio turca (desde hace un tiempo me parece que ha sido una de las fuentes más fiables de información) afirma que tanto rusos como alemanes se disponen a utilizar gas venenoso en los combates venideros.

[*Gran batalla naval en el mar del Coral.*[37] *Los dos bandos afirman haber hundido tantos barcos que uno no sabe a qué atenerse. Pero en vista del interés de la radio japonesa por hablar de la batalla (ya la han bautizado la batalla del mar del Coral), cabe suponer que cuentan con lograr su objetivo.*

Mi suposición sobre la identidad de Thomas Rainsboro: Tom Wintringham. (¡Correcto!) (30-5-1942: Wintringham niega la autoría de los artículos, pero sigo opinando que los escribió él.)[38]]

36. Fredric Warburg (1898-1980), director gerente de Secker & Warburg y editor de Orwell.
37. La batalla del mar del Coral, 4-8 de mayo, fue el primer enfrentamiento naval que tuvo lugar enteramente en el aire sin que los barcos involucrados llegasen a verse siquiera. Los estadounidenses perdieron el portaaviones *Lexington*, un barco cisterna, un destructor, 74 aviones y 543 hombres; los japoneses perdieron el barco de transporte ligero *Shoho*, 1 destructor, unos 80 aviones y más de 1.000 hombres (Liddell Hart, *History of the Second World War*, pp. 361-363).
38. La entrada entre paréntesis del 30 mayo la añadió Orwell solo a la versión manuscrita.

11-5-1942

Otra advertencia sobre el uso de gas (en el discurso de Churchill) anoche. Supongo que estaremos utilizándolo dentro de unas semanas.

De una emisión radiofónica japonesa: «Para hacer justicia al espíritu patriótico de los coreanos, el gobierno japonés ha decidido introducir el servicio militar obligatorio en Corea».

La fecha que se rumorea para la invasión alemana de Gran Bretaña es el 25 de mayo.

15-5-1942

El miércoles vi a Cripps, era la primera vez que hablaba con él. Me llevé muy buena impresión. Fue más cordial y accesible de lo que habría imaginado, y se mostró dispuesto a responder a las preguntas. Aunque tiene 53 años, algunos de sus movimientos parecen los de un muchacho. Por otro lado, tiene la nariz muy colorada. [*Lo vi en una de las salas de recepción, o comoquiera que se llamen, de la Cámara de los Lores. Hay algunos grabados antiguos interesantes en las paredes, coronas en los respaldos de los asientos y en los ceniceros, pero todo tiene ese aire vagamente decadente que han adquirido las instituciones parlamentarias. Había una fila de gente de lo más variopinto esperando para verlo. Mientras esperaba e intentaba hablar con su secretario recordé una frase que siempre acude a mi memoria en esas ocasiones: «temblando en la antecámara». En las biografías dieciochescas siempre hay alguien que espera a su señor «temblando en la antecámara». Es una de esas frases hechas como «No dejar piedra sin remover», y no obstante muy cierta cuando uno se acerca a la política, o se dedica al tipo más caro de periodismo.*]

Cripps está convencido de que Bose está sin duda en territorio alemán. Dice que se sabe que pasó por Afganistán. Le pregunté qué opinaba de Bose, a quien conocía bien, y lo describió como «un huevo totalmente podrido». Respondí que parecía haber pocas dudas de que era subjetivamente profascista. Cripps: «Es pro-Subhas. Es lo único que le importa. Hará cualquier cosa que crea que puede favorecer su carrera».

No estoy seguro, a juzgar por las emisiones radiofónicas de Bose, de que esté en lo cierto. Le dije que muy pocos indios eran antifascistas fiables. Cripps no estuvo de acuerdo en lo que se refiere a la generación más joven. Aseguró que los jóvenes comunistas y los socialistas de izquierda son sinceramente antifascistas y tienen una idea occidental del socialismo y el internacionalismo. Esperemos que tenga razón.

19-5-1942

Attlee me recuerda mucho a un pez muerto justo antes de que se ponga rígido.

21-5-1942

Se dice que Molótov está en Londres. No lo creo.

22-5-1942

Dicen que no solo Molótov está en Londres, sino que ya se ha firmado el nuevo tratado anglo-ruso.[39] No obstante, el rumor procede de Warburg, que pasa del mayor de los optimismos al peor de los pesimismos; en cualquier caso, siempre cree en la inminencia de cambios drásticos y dramáticos. De ser cierto, me vendría de perlas para incluirlo en mis boletines [de la BBC]. Cada vez me cuesta más encontrar cosas que decir, desde que solo hay movimiento en el frente ruso y las noticias, tanto rusas como alemanas, se vuelven cada vez más raras. Quién pudiera perder una semana repasando las emisiones radiofónicas rusas y alemanas del año pasado y sumar todas sus declaraciones. Seguro que los alemanes habrían matado a 10 millones de hombres y los rusos habrían avanzado hasta más allá del océano Atlántico.

39. El 26 de mayo de 1942 se firmó en Londres un tratado de colaboración por veinte años entre Rusia y Gran Bretaña.

27-5-1942

Recorte del *D. Express* del 26-5-1942:
EL CAIRO, lunes: El general Auchinleck, en un ataque contra la burocracia, que pone trabas al esfuerzo bélico en Oriente Próximo, ha enviado esta carta dirigida a «todos los oficiales y cuarteles bajo su mando»:
«Extracto de una carta escrita por Wellington desde España en torno a 1810 al secretario de la Guerra, lord Bradford:
"Señoría: si intentase responder a la ingente correspondencia que me rodea, no podría dedicarme en serio a la campaña.
"Mientras conserve cierta independencia me aseguraré de que ningún oficial bajo mi mando se vea impedido por el fútil manejo de la

pluma al servicio de vuestra señoría, de atender su deber principal, que será siempre ejercitar a los hombres bajo su mando"».

El general Auchinleck[40] añade: «Sé que no puede decirse eso de ustedes, pero por favor asegúrense de que no pueda decirse jamás y tampoco de ninguno de sus subordinados». A. P.

Se ha publicado en los periódicos e incluso emitido por radio, pero lo cierto es que hoy nadie habla o puede hablar así al Ministerio de la Guerra.

Más rumores de que Molótov está en Londres. También párrafos crípticos en los periódicos insinuando que puede ser cierto (sin citar nombres, claro)

40. El general (después mariscal de campo) sir Claude Auchinleck (familiarmente conocido como «el Alca») (1884-1981) sirvió en la Primera Guerra Mundial en la campaña de Mesopotamia. En la Segunda Guerra Mundial participó en la fallida campaña de Noruega en 1940. En julio de 1941 se puso al mando del Octavo Ejército sustituyendo al mariscal de campo Wavell en el norte de África. A pesar de que obtuvo algunas victorias, perdió la confianza de Winston Churchill y fue transferido a la India. Allí organizó con notable éxito la instrucción de las fuerzas para la campaña de Birmania y el suministro de material para el Decimocuarto Ejército.

30-5-1942

Casi a diario, en las inmediaciones de Regent Street se ve a un anciano japonés, menudo y muy amarillo con el rostro de un mono dolorido, que anda muy despacio con un enorme policía a su lado. Algunos días conversan solemnemente. Imagino que debe de ser alguien de la embajada. Pero no hay forma de saber si el policía está ahí para impedir que cometa actos de sabotaje o para protegerlo de la turba furiosa.

El rumor sobre Molótov parece haberse desvanecido. Warburg, que le prestaba crédito sin cuestionarlo, lo ha olvidado y ahora solo habla de los entresijos del despido de Garvin[41] del *Observer*. Lo echaron porque se negó a atacar a Churchill. Los Astor están decididos a librarse de Churchill porque es prorruso y la transformación del *Observer* es parte de esa maniobra. El *Observer* dirigirá los ataques contra Churchill y al mismo tiempo canalizará a los jóvenes periodistas de talento que pueden dar a la guerra un significado revolucionario para que malgasten sus energías en futilidades hasta que puedan deshacerse de ellos.

Todo es intrínsecamente probable. Por otro lado, me resisto a creer que David Astor,[42] que está haciendo de señuelo, esté participando conscientemente en semejante asunto.* Es divertido ver no solo a la prensa de Beaverbrook, que ahora es *plus royaliste que le roi*, en lo que se refiere a Rusia, sino al semanario *Labour's Northern Voice*[43] descubrir de pronto que Garvin es un conocido antifascista al que han despedido por sus opiniones radicales. Me sorprende la poca memoria que tiene hoy casi todo el mundo. Desmond Hawkins[44] me contó hace poco que había comprado pescado frito y se lo habían dado envuelto en una hoja de periódico de 1940. En una página había un artículo que demostraba que el Ejército Rojo era inservible y en la otra una gacetilla sobre el valiente marino y conocido anglófilo, el almirante Darlan.[45]

Pegado en el Diario está «That Monstruous Man», un poema de Nicholas Moore[46] (véase CW, XIII, p. 341). Va seguido del siguiente comentario de Orwell:

Compárese con la carta de Alexander Comfort en el último número de *Horizon*.[47]

41. J. L. Garvin, periodista de derechas, fue director de *The Observer* desde 1908 hasta el 28 de febrero de 1942. Al principio de la guerra tuvo diversas desavenencias con el vizconde Astor, el propietario del periódico, que cuestionaba la conveniencia de que Churchill fuese primer ministro y ministro de Defensa al mismo tiempo.

42. El honorable David Astor (1912-2001) sirvió en los Royal Marines de 1940 a 1945 (se le concedió la Croix de Guerre en 1944) y fue editor del *Observer* en el extranjero entre 1946 y 1948, editor de 1948 a 1975 y director de 1976 a 1981. Convirtió el *Observer* en un periódico de ideas y en 1946 llegó a superar la tirada del *Sunday Times*. Creía en la claridad de la prosa inglesa y hacía leer a los empleados nuevos «La política y la lengua inglesa», de Orwell (*CW*, XVII, pp. 421-432), como ejemplo de pensamiento claro y precisión en la escritura. Astor y Orwell se hicieron amigos y le contó a su editor que, cuando necesitaba animarse, quedaba con Orwell en un pub para disfrutar de su sentido del humor. Astor se encargó de que Orwell fuese enterrado, según su deseo, de acuerdo con el ritual de la Iglesia de Inglaterra. Véase *Remembering Orwell*, pp. 218-20.

43. Publicado por los sindicatos.

44. Desmond Hawkins (1908-1999; Orden del Imperio Británico en 1963), novelista, crítico literario y locutor radiofónico. Trabajó mucho como independiente para la BBC durante la guerra. Escribió la «London Letter» para *Partisan Review* antes que Orwell y recomendó a este para sucederlo en su puesto.

45. El almirante François Darlan (1881-1942), comandante en jefe de la Armada francesa y viceprimer ministro y ministro de Asuntos Exteriores en el gobierno de

Vichy desde febrero de 1941 hasta abril de 1942. Cuando los Aliados invadieron Marruecos y Túnez (a la sazón territorio francés) en noviembre de 1942, se llegó a un trato con él, muy criticado en Gran Bretaña y Estados Unidos, para reducir el número de víctimas durante la ocupación de ambos países, tras lo cual se convirtió en alto comisionado y comandante en jefe de las fuerzas navales. Fue asesinado el 24 de diciembre de 1942 por Bonnier de la Chapelle. El asesino, de veintidós años, fue juzgado por un tribunal militar y ejecutado dos días después. Tal como escribió Churchill, eso «ahorró a los Aliados la vergüenza de tener que tratar con él» (*The Second World War*, IV, pp. 577-578). Churchill dedica a Darlan una necrológica crítica pero generosa: «Pocas personas han pagado un precio mayor por sus errores de juicio y defectos de carácter que el almirante Darlan. [...] La labor de su vida había sido reconstruir la Armada francesa, y consiguió elevarla a una altura que no había conocido desde los días de los reyes franceses. [...] Descanse en paz, y demos gracias por no haber tenido que enfrentarnos a las pruebas que quebraron su espíritu» (IV, pp. 579-580).

46. Nicholas Moore (1918-1986) fue director de *Spleen* entre 1938 y 1940 (título también de uno de sus libros de poesía, 1973) y ayudante de Tambimuttu en *Poetry (London)* en los años cuarenta. Escribió nueve libros de poesía antes de 1949; después, *Spleen* y tres antologías póstumas. Para su carta a *Partisan Review* sobre la «London Letter» de Orwell del 15 de abril de 1941 (*CW*, XII, pp. 470-479).

47. Alexander Comfort (1920-2000), poeta, novelista y biólogo médico. Su *Alegría del sexo* (1972) vendió más de diez millones de ejemplares. *Horizon* publicó (en mayo de 1942, pp. 358-362, su extensa carta acerca de los motivos de la supuesta falta de poesía bélica en la que afirmaba que se habían llevado a cabo tres campañas contra los poetas. En su colaboración «Pacifism and War: A Controversy» (véase *CW*, XIII, pp. 396-399), Orwell cita varias líneas de la carta de Comfort a *Horizon*.

* Se lo comenté a Tom Harrison que está en mejor posición que yo para juzgarlo. Considera que tiene una base de realidad. Dice que los Astor, sobre todo lady A., son muy inteligentes a su manera y se dan cuenta de que todo lo que valoran se perdería si no llegamos a una paz de compromiso. Son, por supuesto, antirrusos y, por tanto necesariamente anti-Churchill. Hubo un tiempo en el que estuvieron conspirando para hacer primer ministro a Trenchard. El hombre ideal para sus fines sería Lloyd George, «si pudiera andar». En eso estoy de acuerdo, aunque me sorprendió un poco oírselo decir a Harrison, pensaba que era pro-Lloyd George. También dijo que pensaba que era posible que Beaverbrook estuviese financiando al Partido Comunista. [Nota a pie de página de Orwell en la versión manuscrita.]

4-6-1942

Hace mucho calor. Me sorprende la normalidad de todo; la falta de prisas, que apenas haya gente de uniforme, las muchedumbres que pasean despacio por la calle como si estuviesen en tiempo de paz y empujan cochecitos o contemplan las matas de espino en las plazas. No obstante, empieza a notarse que hay muchos menos coches. Aquí y allá se ve algún vehículo con convertidores de gasógeno en la parte trasera que recuerdan a los antiguos carros de la leche. Es evidente que, pese a todo, no hay demasiado contrabando de gasolina.

6-6-1942

El rumor sobre Molótov aún persiste. Se dice que vino a negociar el tratado y que ya ha regresado. No obstante, los periódicos no hablan del asunto.

Parece que hay muchos desacuerdos en la plantilla del *New Statesman* a propósito de la cuestión del segundo frente.[48] Después de pasarse un año chillando que debíamos abrir un segundo frente cuanto antes, a Kingsley Martin[49] ahora le tiemblan las piernas. Dice que el ejército no es de fiar, que los soldados dispararán a los oficiales por la espalda, etc., y eso después de pasarse media guerra infundiendo desconfianza entre los soldados hacia sus oficiales. Entretanto, creo que están planeando la apertura de un segundo frente, al menos si consiguen reunir barcos suficientes.

48. En esa época la apertura del segundo frente se esperaba casi a diario. Cuando el *Daily Express* informó de la llegada a Inglaterra de Dwight D. Eisenhower el 26 de junio de 1942, el titular sobre la fotografía decía: «Llega el general estadounidense del segundo frente». Aunque, en respuesta a las exigencias de Stalin sobre la apertura de un segundo frente, se consideró el desembarco al otro lado del canal en agosto o septiembre de 1942, el primer nuevo frente (que casi nadie consideró un segundo frente) no se abrió hasta el 8 de noviembre de 1942 en el norte de África.

49. Kingsley Martin (1897-1969), periodista de izquierdas y director de *The New Statesman* entre 1931 y 1960, causó muchos problemas a la Sección de la India por sus comentarios y por sus discusiones sobre las tasas. La BBC lo consideraba poco fiable porque no se ceñía a los guiones censurados, y acabó siendo vetado por el Ministerio del Interior y el Ministerio de Información debido a su colaboración en la emisión «Answering You» para Estados Unidos en diciembre de 1941.

7-6-1942

El *Sunday Express* también se ha vuelto atrás en lo del segundo frente. La línea oficial parece ser ahora que nuestros ataques aéreos son un se-

gundo frente. Es evidente que el gobierno ha dado instrucciones a los periódicos para que acallen el asunto. [*Si el gobierno pretende solo que dejen de publicar rumores engañosos, la pregunta es por qué no los ha silenciado antes.*] También es posible que la invasión esté decidida y se haya dicho a los periódicos que den un giro antisegundo frente para despistar al enemigo. En este laberinto de mentiras en el que vivimos la explicación más evidente es la que parece más increíble. [*Compárese con la historia de David Astor sobre los dos judíos alemanes que se encuentran en el tren:*
Primer judío: ¿Adónde va usted?
Segundo judío: A Berlín.
Primer judío: ¡Mentiroso! Lo que quiere es engañarme. ¡Sabe que si dice que va a Berlín pensaré que se dirige a Leizpig, y en realidad, sinvergüenza, a donde va es a Berlín!]

El martes pasado [2 de junio de 1942] pasé una larga tarde con Cripps (que había expresado su deseo de conocer a algunos literatos), junto con Empson, Jack Common, David Owen, Norman Cameron, Guy Burgess[50] y otro hombre (un funcionario) cuyo nombre no llegué a oír. Casi dos horas y media sin que sirvieran ninguna bebida. Tuvimos la discusión inconcluyente de costumbre. No obstante, Cripps se mostró muy humano y con ganas de escuchar. El que le plantó cara con más éxito fue Jack Common. Cripps dijo varias cosas que me sorprendieron y me horrorizaron un poco. Una era que mucha gente cuya opinión vale la pena tener en cuenta cree que la guerra habrá terminado en octubre, es decir, que Alemania estará exhausta para entonces. Cuando dije que eso me parecería un desastre puro y simple (porque si la guerra se ganase tan fácilmente no se produciría aquí ningún levantamiento y los millonarios estadounidenses seguirían en su sitio) no me entendió. Respondió que, una vez ganada la guerra, las potencias que sobreviviesen tendrían que administrar el mundo unidas, y no pareció importarle que esas grandes potencias fuesen capitalistas o socialistas.* [*Tanto David Owen como el hombre cuyo nombre desconozco se pusieron de su parte.*] Comprendí que me estaba enfrentando a la postura oficial que todo lo considera un problema administrativo y no repara en que, llegados a cierto punto, por ejemplo, cuando ciertos intereses económicos se ven amenazados, el espíritu público deja de funcionar. [*El presupuesto básico de esa gente es que todos quieren que el mundo funcione correctamente y harán lo posible por que sus engranajes sigan funcionando. No ven que, a la mayoría de quienes tienen el poder, el mundo* *en conjunto les trae sin cuidado y solo les interesa cuidar de su propio nido.*] No me quito de encima la impresión de que Cripps se ha dejado corromper. No por dinero ni nada por el estilo, claro, ni siquiera por los halagos y poder, que con toda probabilidad no le interesan, sino simplemente por las responsabilidades, que automáticamente acobardan a cualquiera. Además, en cuanto uno llega al poder, su visión se deforma. Es posible que la vista de pájaro esté tan distorsionada como la perspectiva de un gusano.

[*Wintringham niega ser «Thomas Rainboro», y es posible que sea sincero. Si no es Wintringham, tal vez se trate de lord Winster (el comandante Fletcher).*⁵¹]

50. William Empson (1906-1983, nombrado caballero en 1979), poeta, crítico y, antes de la guerra, profesor de inglés en Tokio y Pekín. Como Orwell, trabajó para el Servicio Oriental de la BBC, aunque transmitía para China. Fue profesor de literatura inglesa en la Universidad de Sheffield entre 1953 y 1971. Alcanzó el reconocimiento académico con *Seven Types of Ambiguity* (1930) y *Some Versions of Pastoral* (1935); entre sus escritos posteriores está *The Structure of Complex Words* (1951). Su necrológica en *The Times* lo describió como «el hombre más famoso y sofisticado de su época, que revolucionó nuestra forma de leer un poema».

Jack Common (1903-1968) era un obrero de Tyneside contratado por *The Adelphi* primero como vendedor en junio de 1930, luego como ayudante de edición a partir de 1932. Orwell y él se hicieron amigos y se alojó en la casa de los Orwell en Wallington mientras ellos estuvieron en Marrakech. Consiguió la fama con *The Freedom of the Streets*, que Orwell reseñó el 16 de junio de 1938 (*CW*, X, pp. 162-163). Véase también *Orwell Remembered*, pp. 139-143.

Arthur David Kemp Owen (1904-1970) fue asistente personal de sir Stafford Cripps del 19 de febrero al 21 de noviembre de 1942.

Norman Cameron (1905-1953) fue amigo y discípulo de Robert Graves, con quien Alan Hodge y él editaron *Work in Hand* (1942). Su *The Winter House and Other Poems* se publicó en 1935. También traducía del francés y el alemán.

Guy Burgess (1911-1963), educado en Eton y en el Trinity College de Cambridge, era buen conversador y un hombre con numerosos dones que utilizó para hacer proselitismo para la causa del comunismo. Trabajó para los servicios de seguridad británicos y la BBC (como productor de charlas del Servicio de Interior) y luego para el Ministerio de Asuntos Exteriores. Nadie sospechó de sus actividades prosoviéticas hasta que, en mayo de 1951, huyó con Donald Maclean a Moscú, donde residió hasta su muerte.

51. Lord Winster (comandante R.T.H. Fletcher, 1885-1961), parlamentario liberal de 1923 a 1924; parlamentario laborista entre 1935 y 1942, fue secretario privado parlamentario del primer lord del Almirantazgo entre mayo de 1940 y diciembre de 1941. El seudónimo «Rainsborough lo estaba utilizando Frank Owen.

* *Es muy interesante, pero tal vez sea demasiado severo con Cripps deducir una impresión como esa a partir de una entrevista personal* [nota manuscrita de Orwell al pie del manuscrito].

10-6-1942

El único momento en que se oye a gente cantando en la BBC es a primera hora de la mañana, entre las 6 y las 8, mientras trabajan las mujeres de la limpieza. Llegan todas a la misma hora, y son un auténtico ejército, se sientan en la recepción a esperar que les den las escobas y hacen tanto ruido como una jaula de grillos, y luego cantan a coro mientras barren los pasillos. El ambiente es totalmente distinto a esa hora.

11-6-1942

[*Los alemanes anuncian por radio que, puesto que los habitantes de un pueblo checo llamado Lídice (de unos 1.200 habitantes) eran culpables de ocultar a los asesinos de Heydrich, han fusilado a todos los hombres del pueblo, han enviado a las mujeres a campos de concentración y a los niños a ser «reeducados», han reducido el pueblo a cenizas y le han cambiado el nombre. Conservo una copia de la proclama, tal como se grabó en el informe de control de la BBC.*]

Del informe de control de la BBC:

PRAGA (EMISORAS CHECAS) EN ALEMÁN PARA
EL PROTECTORADO 10.6.1942
<u>Venganza por la muerte de Heydrich: Pueblo borrado del mapa:</u>
<u>Todos los hombres fusilados: ANUNCIO</u>

Anuncio oficial: La búsqueda e investigación de los asesinos del SS Obergruppenführer Gen. Heydrich[52] ha establecido indicios incontrovertibles (*sic*) de que la población de la localidad de Lídice, cerca de Kladno, apoyó y ayudó al círculo (*sic*) de perpetradores en cuestión. A pesar de que se interrogó a los habitantes locales, los medios pertinentes de prueba se obtuvieron sin la ayuda de la población. La actitud de los habitantes ante este ultraje se puso de manifiesto en otros actos hostiles al Reich, como el descubrimiento de material impreso hostil al Reich, de depósitos de armas y municiones, de una emisora ilegal, de enormes cantidades de materiales racionados, y el hecho de que hay habitantes de la localidad en servicio activo con el enemigo en el extranjero. Puesto que los habitantes de este pueblo (*sic*) han violado de manera flagrante las leyes, mediante su actividad y el apoyo proporcionado a los asesinos del SS Obergruppenführer Heydrich, los hombres adultos han sido fusilados, se ha enviado a las mujeres a campos de concentración y se ha entregado a los niños a las autoridades educativas pertinentes. Los edificios de la localidad han sido arrasados y se ha borrado el nombre de la comunidad.

(Nota: Esta es una repetición idéntica, en alemán, de un comunicado hecho en checo, desde Praga a las 19.00, cuando la recepción era muy mala.)

No me sorprende especialmente que la gente haga estas cosas, ni siquiera que revele que las está haciendo. No obstante, lo que sí me impresiona es que la reacción de los demás a semejantes sucesos dependa tan solo de la moda política del momento. Así, antes de la guerra, la gente de izquierdas creía cualquier horror que procediera de Alemania o China. Ahora ya no cree en las atrocidades alemanas o japonesas y las descartan sin más como «propaganda». Dentro de poco te mirarán con desprecio si se te ocurre dar a entender que lo ocurrido en Lídice es cierto. Y, sin embargo, lo han anunciado los propios alemanes y las grabaciones en discos de gramófono estarán disponibles. Compárese con la larga lista de atrocidades desde 1914 en adelante [*las atrocidades alemanas en Bélgica, las cometidas por los bolcheviques, por los turcos, por los británicos en la India, por los estadounidenses en Nicaragua, las atrocidades de los nazis, las cometidas por los italianos en Abisinia y la Cirenaica, las atrocidades de los rojos y los fascistas en España, las cometidas por los japoneses en China————*[53]], en todos los casos creídas o desmentidas según las inclinaciones políticas de cada cual, con una total falta de interés y con la voluntad decidida de modificar las propias creencias en cuanto cambie la escena política.

<u>Atrocidades (posteriores a 1918)</u>

<u>Fecha creída por la derecha</u>	<u>Creída por la izquierda</u>
1920 Atrocidades turcas (en Esmirna)	Atrocidades turcas (en Esmirna)
1920 Atrocidades del Sinn Féin	Atrocidades de los Black and Tan
(*circa*) Atrocidades de los bolcheviques	Atrocidades británicas en la India (Amritsar)
1923	Atrocidades francesas (en el Ruhr)
1928	Atrocidades estadounidenses (Nicaragua)
1933 Atrocidades de los bolcheviques (canal del mar Blanco, etc.)	

Atrocidades (posteriores a 1918)

Fecha creída por la derecha	Creída por la izquierda
1934-1939	Atrocidades alemanas
1935	Atrocidades italianas (Abisinia)
1936-1939 Atrocidades de los rojos en España	Atrocidades fascistas en España
1937 Atrocidades de los bolcheviques (purgas)	Atrocidades japonesas[53]
1939 Atrocidades alemanas y ss.	Atrocidades británicas (isla de Man, etc.)[54]
1941 Atrocidades japonesas y ss.	

52. Reinhard Heydrich (1904-1942), jefe de la Oficina de Seguridad del Reich (la Gestapo, la policía criminal, y el Servicio de Seguridad de las SS), delegado de Heinrich Himmler, organizador de la «solución final» nazi, fue nombrado «Protector de Bohemia y Moravia» en septiembre de 1941. El 27 de mayo de 1942, lo hirieron unos patriotas checos entrenados en Inglaterra, y murió el 4 de junio. En represalia, el pueblo de Lídice fue «exterminado». La población era de unos 2.000 y muy pocos sobrevivieron. Humphrey Jennings dirigió una película muy conmovedora sobre el incidente, como si hubiese ocurrido en el pueblo galés de Ystradgynlais (*The Silent Village*, 1943), como parte de la propaganda del gobierno británico para lograr la derrota del nazismo. Entre la colección de panfletos de Orwell, hoy en la British Library, hay una copia del panfleto donde se describe la película. En el manuscrito, Orwell escribe el nombre del pueblo Ladice.

53. Orwell había escrito a Hsiao Ch'ien el 14 de enero de 1942 pidiéndole «una charla sobre las atrocidades más frecuentes» en relación con la invasión japonesa de China. Se emitió el 26 de febrero de 1942.

54. El manuscrito y las versiones mecanografiadas son ligeramente diferentes. Así, además del canal del mar Blanco, Orwell incluye la hambruna de Ucrania, y además de Abisinia, incluye la Cirenaica; también se nombra específicamente Nankín entre las atrocidades japonesas. Entre las atrocidades británicas incluye las cometidas en el SS *Dunera*.

Bajo la Regulacion Gubernamental 18B, y debido a los temores exagerados de que entre quienes habían llegado a Gran Bretaña como refugiados, sobre todo de la Alemania nazi, pudiera haber espías y saboteadores, miles de personas inocentes fueron internadas en la isla de Man. Aunque, amargo e irónico, difícilmente puede compararse con una atrocidad al mismo nivel que los otros horrores. La deportación a Australia de judíos en el SS *Dunera* por razones similares también estuvo mal concebida y condujo a un trato cruel además de estúpido.

13-6-1942

Lo más impresionante de la visita de Molótov es que los alemanes no supieran nada. Ni una palabra en la radio sobre la presencia de Molótov en Londres hasta que se anunció oficialmente la firma del tratado, aunque la radio alemana llevaba tiempo quejándose de la bolchevización de Gran Bretaña. Es evidente que, de haberlo sabido, habrían dado la noticia. Sumado a otras cosas (por ejemplo, la captura el año pasado de dos espías aficionados lanzados en paracaídas con emisoras de radio portátiles y salchichas alemanas en la maleta), da a entender que la red de espionaje alemán en nuestro país deja mucho que desear.

En el manuscrito del *Diario* se incluyen en este punto cuatro recortes de periódico. Para más detalles, véase *CW*, XIII, pp. 362-363).

1. De un editorial en el *Tribune* del 12-6-1942, a propósito de la muerte de Wm. Mellor.[55] Su idea de «estilo vigoroso».
2. De discursos de Hitler, citados en *Reynold's*,[56] del 21-6-1942.
3. Del *Tribune* del 12-6-1942 (artículo de Wilfred Macartney). Compárese con las referencias prebélicas a la censura del Eje, la hipnosis radiofónica, etc. Compárese también con las declaraciones oficiales alemanas sobre el ataque aéreo contra Colonia.
4. Cómo vivimos en 1942 (recorte del *E. Standard*: ilustración de cinco mujeres con el pie de foto «Las soldados ametralladoras rusas están dispuestas para el combate»).

55. William Mellor (1888-1942), periodista de izquierdas y escritor, dirigió el *Daily Herald*, donde había empezado a trabajar en 1903, entre 1926 y 1930. Luego fue ayudante de edición de Odhams Press hasta que el 1 de enero de 1937 se convirtió en el director del *Tribune*. Escribió *Direct Action* (1920) y, en colaboración con G. D. H. Cole, *The Meaning of Industrial Freedom* (1918). Fue miembro del Consejo Nacional de la Liga Socialista.
56. *Reynold's News* era un periódico dominical de tendencia laborista.

15-6-1942

Ya no cabe duda de que lo del segundo frente está decidido. Todos los periódicos hablan de ello con certeza y Moscú está divulgando la noticia. Queda por ver, claro, si es factible.

Recorte del informe de control de la BBC. Típico de muchos anuncios alemanes similares.

Pegado a un lado del manuscrito está el informe de control de la BBC y su propio informe mecanografiado de la liquidación de Lídice. Los textos dicen lo mismo. (Véase *CW*, XIII, p. 364.)

21-6-1942

Lo que más sorprende en la BBC —y es evidente que lo mismo ocurre en muchos otros departamentos— no es tanto la miseria moral y la futilidad de lo que estamos haciendo como la sensación de frustración, la imposibilidad de hacer nada, ni siquiera una canallada. Nuestra política está tan mal definida, la desorganización es tan grande [*hay tantos cambios de planes*] y el temor y el odio a la inteligencia son tales que es imposible planear ninguna campaña radiofónica. [*Cuando uno programa una serie de charlas con una línea propagandística más o menos definida, primero te animan a seguir adelante, enseguida empiezan a poner trabas con la excusa de que esto es «poco prudente» o aquello «prematuro», después te vuelven a dar el visto bueno, después te dicen que lo aligeres todo y que elimines cualquier afirmación tajante que se haya podido colar aquí y allá, a continuación te piden que «modifiques» la serie de un modo que cambia por completo el significado original; y luego, en el último momento, llega un misterioso edicto de arriba, el proyecto se cancela y te piden que improvises una serie distinta que no te interesa lo más mínimo y que no tiene detrás ningún mensaje claro.*] Nos pasamos el día emitiendo tonterías por la cancelación en el último momento de charlas que sonaban demasiado inteligentes. Además, hay contratada tanta gente que mucha no tiene, literalmente, nada que hacer. Pero incluso cuando uno consigue emitir algo bueno, resulta deprimente pensar que apenas lo oirá nadie, excepto, supongo, en Europa; es un hecho conocido por todos los que trabajan en el medio que, en el extranjero, la BBC sencillamente no se escucha. [*Se han hecho varios estudios de audiencia en Estados Unidos y se sabe que en Estados Unidos solo unas 300.000 personas oyen la BBC. En la India o Australia el número ni siquiera llega a eso.*] Hace poco se ha sabido que (dos años después de la puesta en marcha del Servicio Imperial) muchos indios con receptores de onda corta ni siquiera saben que la BBC emite para la India.

Lo mismo ocurre con la única otra actividad pública en la que participo, la Home Guard. Después de dos años, no se ha hecho ninguna instrucción de verdad, no se ha ejercitado a los hombres en tácticas especializadas, no se han fijado posiciones de batalla, ni se han construido fortificaciones, y todo debido a los infinitos cambios de planes y la absoluta vaguedad respecto a nuestros supuestos objetivos. Los detalles de la organización, las posiciones de batalla, etc., se han cambiado en tantas ocasiones que casi nadie sabe cuáles son las disposiciones en cada momento. Por dar solo un ejemplo, nuestra compañía lleva casi un año intentando excavar un sistema de trincheras en Regent's Park por si aterrizasen allí tropas aerotransportadas. Aunque las hemos excavado una y otra vez, las trincheras nunca han llegado a completarse porque cada vez que están casi terminadas se produce un cambio de planes y llegan nuevas órdenes. Y lo mismo ocurre con todo. Cada vez que te dispones a acometer alguna cosa sabes que llegará un súbito cambio de órdenes, y luego otro, y así indefinidamente. Solo se producen vacilaciones que acaban traduciéndose en una desilusión generalizada y progresiva. Lo mejor que se puede esperar es que ocurra lo mismo en el otro bando.

24-6-1942

Anoche escuché a lord Ja Ja, no a Joyce,[57] que aparentemente lleva un tiempo sin emitir, sino a un hombre con acento sudafricano, seguido de otro con acento más o menos cockney. Hablaron mucho del movimiento del Congreso de la India Libre en Bangkok. Me sorprendió reparar en que todos los nombres indios estaban muy mal pronunciados: por ejemplo, Ras Behari Bose[58] se convirtió en Rash Beery Bose. Y eso que podrían pedir consejo a los indios que emiten desde Alemania. Probablemente entren y salgan a diario del mismo edificio que lord Ja Ja. Es bastante reconfortante ver que la dejadez impera también en el otro bando.

57. A propósito de William Joyce, que emitía desde Berlín como «lord Ja Ja», véase *Diario de guerra*, 28-7-1947, n. 76.
58. Ras Behari Bose (1880?-1945) no estaba emparentado con Subhas Chandra Bose. Había trabajado por la independencia de la India desde 1911. Después del fraca-

so de la misión de Cripps, los japoneses le pidieron que cediese su puesto a Subhas. Aceptó y, el 17 de abril de 1942, el gobierno japonés decidió utilizar a Subhas para «la política actual» (Mihir Bose, en *The Lost Hero*, pp. 191, 197-198; transcribe el nombre Rash Behari Bose).

26-6-1942

Todo el mundo está muy derrotista después de lo de Libia.[59] Algunos periódicos han vuelto a enfriarse con respecto a lo del segundo frente. Tom Driberg («William Hickey») ha ganado las elecciones parciales de Malden, y ha obtenido el doble de votos que el candidato conservador. El gobierno lleva perdidas 4 de las últimas 6 elecciones.

    59. La inesperada caída de Tobruk ante las fuerzas de Rommel el 21 de junio de 1942, a pesar de haber resistido ocho meses en 1941 antes de que llegasen los refuerzos en diciembre de ese año. La pérdida fue un golpe para la moral casi tan grande como la caída de Singapur. Veinticinco mil soldados fueron hechos prisioneros. Si se quiere leer un breve relato de lo que condujo a la división del Octavo Ejército en un vano intento de conservar Tobruk, y el papel desempeñado por Churchill, así como sobre la retirada a El Alamein, a unas cincuenta y cinco millas de Alejandría, véase Liddell Hart, *History of the Second World War*, p. 287. Gran parte de las culpas recayeron sobre el general sir Claude Auchinleck (véase *supra*, 27-5-1942, n. 40), que fue relevado del mando tras la visita de Churchill a El Cairo el 4 de agosto. Rommel le tenía mucho respeto y consideraba que había capitaneado sus tropas con notable habilidad (Liddell Hart, pp. 301-302). Después de la guerra se le encomendó la ingrata tarea de dividir el ejército indio entre la India independiente y Pakistán. Demostró tanta habilidad, que ambos gobiernos lo nombraron comandante de sus respectivos ejércitos.

1-7-1942

En Callow End, Worcs. (en una granja).[60] No se oye más ruido que los aviones, los pájaros y las cosechadoras segando la paja. Excepto por la alusión a los prisioneros italianos que trabajan en algunas de las granjas, nadie habla de la guerra. Por lo visto, los tienen por buenos trabajadores y los prefieren a los que vienen a recoger fruta de la ciudad, a quienes tachan de «marrulleros». A pesar de la escasez de comida, hay cerdos, pollos, gansos y pavos. En todas las comidas se sirve mantequilla.[61]

[*Enormes bombarderos sobrevuelan el lugar todo el día. También aviones que hacen cosas de lo más extraordinario, por ejemplo, tirar de otros aviones enganchados de un cable (¿planeadores, tal vez?) o con otros aviones más pequeños a cuestas.*]

60. Esta fue la única escapada de Orwell mientras estuvo trabajando para la BBC. Se alojó en Callow End, en Worcestershire, y pasó la mayor parte del tiempo pescando, desde el domingo 28 de junio hasta el sábado 11 de julio. Le encantaba pescar, aunque, en esa época, los peces, y la cerveza, escaseaban. Apuntó sus capturas en la penúltima página del volumen 3 de este *Diario de guerra*. Dieciocho mújoles (aunque puede que uno fuese un gobio), dos anguilas y una perca. En cinco días no pescó nada.

61. Aunque se permitía la fabricación de mantequilla para la venta a nivel local, la producción y la distribución a escala normal se interrumpieron para conservar los recursos.

3-7-1942

La moción de censura ha sido rechazada por 475 a 25. La cifra indica que hubo muy pocas abstenciones. El mismo truco de siempre: el debate se tergiversó para convertirlo en un voto de confianza al propio Churchill, que tuvo que aprobarse porque no hay quien pueda reemplazarlo. Al gobierno le facilitan mucho las cosas las evidentes malas intenciones de algunos de los que lo atacan, por ejemplo, Hore-Belisha.[62] No sé cuánto tiempo puede durar esta comedia, pero creo que no mucho.

En el discurso de Churchill no hubo referencias al segundo frente.

Está claro que los japoneses no tardarán en atacar a Rusia. Parecen haber reforzado su presencia en las Aleutianas exteriores, y la única explicación es que sea un movimiento para cortar las comunicaciones entre Rusia y EE. UU.

La izquierda se ha dejado llevar por el pánico casi como en Dunkerque. El editorial del *New Statesman* se titula «Enfrentarse al espectro». Dan la pérdida de Egipto por descontada. Sabe Dios si ocurrirá o no, pero esta gente ha profetizado tantas veces la pérdida de Egipto que casi basta para convencerlo a uno de que no sucederá. Es curioso cómo siempre hacen lo que quieren los alemanes —por ejemplo, llevan un tiempo pidiendo que interrumpamos los bombardeos sobre Alemania y enviemos los bombarderos a Egipto. Hace poco debíamos enviarlos a la India—. En cada caso se trataba del mismo movimiento que estaban exigiendo las emisoras alemanas «libres». Resulta sorprendente la ligereza desdeñosa con que esa gente habla de los ataques aéreos contra Alemania, que apenas son eficaces, etc., etc. Y esos son los mismos que chillaban durante el *blitz* contra Londres.

62. Leslie Hore-Belisha fue secretario de Estado de Guerra entre 1937 y 1940, y parlamentario independiente entre 1942 y 1945. Chamberlain lo nombró secretario de Guerra en 1937, pero lo cesó en 1940. Churchill no le dio ningún puesto en su gobierno y no desempeñó ningún cargo durante la guerra. Véase *Acontecimientos*, 19-7-1939, n. 1.

4-7-1942

Todo el mundo se ha quedado estupefacto con la sugerencia de Wardlaw-Milne[63] [*hecha en el discurso a favor de la moción de censura*] de que se nombre comandante en jefe al duque de Gloucester. La única explicación es que haya quien quiera utilizarlo como hombre de paja. [*(¿Posiblemente Mountbatten?)*] Incluso así es difícil imaginar un mascarón de proa peor que ese obeso deficiente mental.

Los pubes del pueblo cierran mucho tiempo por la falta de cerveza. Es posible que se deba solo al calor que ha hecho estos días. Esta es un área de cultivo de lúpulo y he sabido que se ha pedido a los granjeros que no reduzcan la extensión de sus cultivos; de hecho, hay quien la ha aumentado. Todo este lúpulo se dedica a la producción de cerveza, al menos de las de más graduación.

63. Sir John Wardlaw-Milne (1879-1967) fue parlamentario unionista por Kidderminster entre 1922 y 1945; presidente del Comité de la Cámara de los Comunes sobre Control del Gasto Nacional y autor de panfletos sobre asuntos financieros. Se opuso frontalmente a Churchill y promovió la moción de censura en la que hizo esta propuesta. Tal como lo expresó Churchill: «Fue injurioso para él». A propósito del debate y de la propuesta de Wardlaw-Milne, véase *The Second World War*, IV, pp. 356-366.

10-7-1942

Hace un día o dos llegaron un par de camiones de la Armada con un grupo de Wrens[64] y de marineros que pasaron varias horas escardando los nabos en el campo del señor Phillips.[65] Las mujeres del pueblo estaban encantadas con el aspecto de los marineros con sus pantalones azules y sus camisetas blancas. «¡Qué limpios van! Me encantan los marineros, siempre van tan limpios.» [*Los marineros y las Wrens también parecieron disfrutar de la excursión y de las copas en el pub. Por lo visto, son de una organización de voluntarios que envía trabajadores cuando hacen falta.*] La señora Phillips lo explicó: «Es la organización voluntaria de Malvern.[66] Unas veces envían AT[67] y otras marineros. Por supuesto estamos encantados. Así no dependemos tanto de nuestros jornaleros. Hoy en día son horribles. Hacen lo justo y se niegan a trabajar más. [*Saben que dependes de ellos. Y hoy en día es imposible encontrar una mujer de la limpieza. Las chicas no quieren quedarse en el pueblo porque no hay cine. Yo tengo una, pero no hay forma de hacerla trabajar.*] Es una ayuda tener unos cuantos trabajadores voluntarios».

Todo es muy bonito [*si se piensa en lo necesario que es no descuidar el trabajo agrícola y que conviene que la gente de la ciudad tenga contacto con el campo.*] Pero estas organizaciones de voluntarios, más el trabajo que hacen los soldados que recogen la paja, y el de los prisioneros italianos no es otra cosa que labor de esquiroles.

El gobierno ha ganado en Salisbury. Hipwell,[68] el editor de *Reveille*, era el candidato independiente. Siempre que se presenta ese saltimbanqui, el gobierno gana de forma automática. Qué agradecidos deben de estar, eso si no lo tienen en nómina.

El Blue Bell ha vuelto a cerrar por falta de cerveza. Muchas borracheras cuatro o cinco días a la semana y luego sequía. [*No obstante, a veces, después de cerrar, se ve a los oficiales de la localidad bebiendo en un reservado, mientras los soldados y los trabajadores se quedan fuera. El Red Lion, en el pueblo de al lado, sigue un sistema distinto según me explicó el propietario: «Me niego a dársela toda a los veraneantes. Si escasea la cerveza, primero van los del pueblo. Muchos días dejo cerrado y solo la gente de aquí sabe que hay una entrada por detrás. Quienes trabajan en el campo necesitan poder tomarse una cerveza, sobre todo con lo que comen hoy en día. Eso sí, se la raciono. Les pregunto: "Queréis que haya siempre cerveza, ¿no? ¿No preferís tomar una pinta con la cena todos los días que cuatro pintas un día y tres al día siguiente?". Y lo mismo con los soldados. No me gusta negarle una cerveza a un soldado, pero solo les dejo tomar una pinta la primera vez. Luego: "A partir de ahora, solo medias pintas, muchachos". Así la cerveza se reparte un poco».]*

    64. Women's Royal Naval Service.
    65. Probablemente el dueño de la granja donde se hospedaba Orwell. No hay indicios de que Eileen pudiese tomarse un permiso a la vez que su marido.
    66. El interior de Malvern, no parece un sitio muy apropiado para instalar una base naval, aunque había una base de radares y un centro de instrucción.
    67. Auxiliary Territorial Service, el cuerpo femenino del ejército, ahora WRAC, Women's Royal Army Corps.
    68. W. R. Hipwell.

22-7-1942

De la última carta de Ahmed Ali[69] desde la India:

«He aquí unas estampas de la vieja Delhi que tal vez te interesen.

»En una calle muy ajetreada un muchacho, vendedor de periódicos, gritaba en urdu: "Pandit Jawaharlal[70] reza el rosario al revés". Se refería a que había cambiado de actitud con el gobierno. Cuando le pregunté, me dijo: "Con él nunca se puede estar seguro, hoy dice alineaos con el gobierno y ayudad al esfuerzo bélico, y mañana justo lo contrario". Se apartó de mi lado y empezó a gritar añadiendo: "Jawaharlal desafía al gobierno". No encontré el supuesto "desafío" en el periódico.

»Otros repartidores venden periódicos en urdu: "Alemania aplasta a Rusia en la primera ofensiva". No hace falta decir que a la mañana siguiente leo lo contrario en los periódicos ingleses. Evidentemente, los periódicos en urdu habían repetido lo que decía Berlín. Nadie impide a los vendedores gritar lo que les venga en gana.

»Un día que viajaba en una tonga oí que el conductor le gritaba al caballo que acababa de espantarse: "¿Por qué retrocedes como nuestro Sarkar? ¡Sigue adelante como Hitler!", y soltó una maldición».

[«*Es entretenido recorrer los bazares y mercados y escuchar los cotilleos, siempre, claro, que el calor no sea insoportable. Ya te iré contando más, de vez en cuando, si te interesa.*»]

69. Ahmed Ali (1910-1994), escritor paquistaní y profesor de inglés y bengalí. Sirvió como director de escuchas en la BBC de Nueva Delhi entre 1942 y 1945. Trabajó para el gobierno de Pakistán entre 1949 y 1960. Codirigió *Indian Writing* (editado en Londres de 1940 a 1945) y *Tomorrow Bombay* (editado en la India de 1942 a 1944). Publicó en urdu y en inglés, y entre sus obras en este último idioma están *Twilight in Delhi* (1940) y *Ocean of Night* (1964), en las que reflexiona sobre la herencia musulmana en la India. Una obra crítica, *Mr. Eliot's Penny-World of Dreams*, se publicó en 1941.

70. Pandit Jawaharlal Nehru (1889-1964), secretario general y luego presidente del Congreso Nacional Indio, se educó en Harrow y Cambridge. Después de la matanza de Amritsar en 1919, se unió a la lucha por la independencia, y tuvo una especial relación con Gandhi, aunque en ocasiones sus políticas estuviesen enfrentadas. Encarcelado en numerosas ocasiones por los británicos, se convirtió en el primer primer ministro de la India cuando esta consiguió la independencia en 1947.

23-7-1942

Ahora escribo muchas menos entradas en el diario por la sencilla razón de que literalmente no tengo tiempo libre. Y, no obstante, no hago nada que no sea fútil, y cuanto más tiempo malgasto menos tengo que contar. Por lo visto, a todo el mundo le ocurre lo mismo: nos embarga una terrible sensación de frustración, de estar perdiendo el tiempo con imbecilidades, y no porque formen parte de la guerra y la guerra sea absurda de por sí, sino porque son cosas que no contribuyen ni afectan lo más mínimo al esfuerzo bélico, por más que la enorme maquinaria burocrática en la que estamos atrapados las considere necesarias. Muchas cosas de las que emite la BBC se lanzan sin más a la estratosfera, nadie las escucha y los responsables lo saben. Esta tarea inútil ocupa a cientos de trabajadores especializados [*y cuesta al país decenas de miles de libras al año*], y detrás de ellos hay varios miles que en realidad no tienen ningún trabajo pero han encontrado un hueco tranquilo en el que se sientan para fingir que trabajan. Lo mismo ocurre en todas partes, sobre todo en los ministerios.

[*No obstante, el pan que uno arroja al agua a veces se recoge en sitios muy raros. Hicimos una serie de seis charlas sobre literatura inglesa contemporánea, tan intelectuales que no creo que las escuchase nadie en la India. Hsiao Chi'en, el estudiante chino, las está leyendo en el* Listener *y está tan impresionado que ha empezado a escribir un libro en chino sobre la literatura occidental contemporánea, inspirado en nuestras charlas. Así que la propaganda dirigida a la India no llega allí, pero es recibida accidentalmente en China. Tal vez la mejor forma de influir en la India fuese emitir para China.*]

El Partido Comunista Indio, y sus periódicos, han vuelto a ser legalizados. Yo diría que después de esto tendrán que levantar la prohibición al *Daily Worker*; lo contrario sería absurdo.

Me recuerda la anécdota que me contó David Owen* y que no creo haber registrado en este diario. A su llegada a la India, Cripps pidió al virrey que liberase a los comunistas prisioneros. El virrey accedió (creo que ya han liberado a casi todos), pero en el último momento se acobardó y dijo nervioso: «Pero ¿cómo podemos estar seguros de que son comunistas de verdad?».

Se dice que vamos a tener que aumentar un 20 por ciento nuestro consumo de patatas. En parte para ahorrar pan y en parte para consumir la cosecha de patatas de este año, que ha sido enorme.[71]

71. El Ministerio de Alimentación (donde trabajaba Eileen) promocionó un personaje de dibujos animados, Potato Pete, en una campaña para convencer a la gente de que consumiera una libra de patatas al día.

* *A la sazón secretario de Stafford Cripps* [nota manuscrita de Orwell al pie del manuscrito].

27-7-1942

Hoy he estado hablando con Sultana, uno de los locutores malteses. Dice que está en contacto con Malta y que la situación es pésima. «La última carta que he recibido esta mañana era... ¿cómo decís vosotros? (mucha gesticulación), como un colador. Por las partes eliminadas por el censor, ya me entiendes. Pero, aun así, he podido hacerme una idea.» Siguió contándome, entre otras cosas, que 5 libras de patatas ahora cuestan el equivalente a 8 chelines. [*Cree que, de los dos convoyes que hace poco intentaron llegar a Malta, el de Inglaterra, que consiguió llegar, transportaba municiones, y el de Egipto, que no lo logró, llevaba comida.*] Le pregunté: «¿Por qué no envían comida deshidratada por avión?». Se encogió de hombros, como si intuyera por instinto que el gobierno británico nunca se tomaría tantas molestias por Malta. No obstante, por lo visto los

malteses son decididamente probritánicos, sin duda gracias a Mussolini.
[*Los locutores alemanes afirman que Voroshílov*[72] *está en Londres, lo cual no parece muy creíble porque no he oído ningún rumor. Es probable que estén dando palos de ciego tras su metedura de pata con Molótov,*[73] *y hayan calculado que debe de haber algún delegado militar ruso. Si resulta ser cierto, tendré que revisar mis ideas sobre el servicio secreto alemán en este país.*]
Los periódicos de derechas calculan que la multitud concentrada en Trafalgar Square a favor del segundo frente era de unas 40.000 personas y los de izquierdas unas 60.000. Tal vez fuesen 50.000. Mi espía me informa de que, a pesar de la línea comunista actual de «todo el poder para Churchill», los oradores comunistas atacaron con dureza al gobierno.

72. Para más información sobre el general Kliment Voroshílov, véase *Acontecimientos*, 31-8-1939, n. 1. Churchill se reunió con él el 12 de agosto de 1942 en Moscú (véase Winston Churchill, *The Second World War*, IV, p. 429).

73. Para más información sobre Viacheslav Molótov, véase *Acontecimientos*, 28-8-1939, n. 4. Churchill cuenta, en *The Second World War* (IV, pp. 436-437), que tuvo una charla privada con él en esa época. El principal asunto que trataron fue la apertura de un segundo frente.

28-7-1942

Hoy he leído menos periódicos de lo normal, pero los que he leído han dejado de insistir en lo del segundo frente, con la excepción del *News Chronicle*. [*El Evening News publicó un artículo contra el segundo frente (escrito por el general Brownrigg)*[74] *en la primera página.*] Se lo dije a Herbert Read,[75] que respondió sombrío: «El gobierno les ha ordenado que se callen». [*Por supuesto, está claro que, si están pensando en hacer algo, tienen que negarlo.*] Read añadió que, en su opinión, la situación en Rusia era desesperada y parecía muy disgustado, y eso que antes era incluso más antiestalinista que yo. Le dije: «¿No ves a los rusos de otra manera desde que están en este aprieto?», y él asintió. No obstante, yo también veía de otra manera a Inglaterra cuando estaba en un aprieto. Si hago memoria, comprendo que fui antirruso (o más exactamente antiestalinista) en los años en que Rusia parecía más poderosa, militar y políticamente, es decir, de 1933 a 1941. Antes y después de esas fechas he sido prorruso. Podría interpretarse de muchas maneras distintas.

Anoche hubo un breve ataque en las afueras de Londres. Los nuevos cañones lanzacohetes, algunos de ellos manejados por miembros de la Home Guard,[76] entraron en acción [*y se dice que derribaron algunos aviones (en total hubo 8 derribados)*].

Es la primera vez que puede decirse que la Home Guard participa en el combate, unos dos años después de su creación.

Después de nuestros ataques aéreos los alemanes nunca reconocen los daños en los objetivos militares, pero siempre dan a conocer las víctimas civiles. Tras el ataque aéreo contra Hamburgo de hace dos noches dijeron que el número de civiles muertos era muy alto. Los periódicos ingleses reproducen la noticia con orgullo. Hace dos años todo el mundo se habría espantado ante la idea de matar civiles. Recuerdo haberle dicho a alguien durante el *blitz*, cuando la RAF estaba defendiéndose como mejor podía: «Dentro de un año veremos titulares así: "Bombardeado con éxito un orfanato en Berlín. Niños abrasados"». No hemos llegado a tanto todavía, pero vamos por ese camino.

74. El teniente general sir W. Douglas S. Brownrigg (1886-1946) fue general adjunto de la Fuerza Expedicionaria Británica entre 1939 y 1940. Se retiró en 1940, pero lo nombraron comandante de zona y sector de la Home Guard en 1941.

75. Herbert Read (1893-1968; nombrado caballero en 1953), poeta, crítico, educador y crítico de arte moderno. Sirvió en la Primera Guerra Mundial (fue condecorado con la Orden de Servicios Distinguidos y la Cruz Militar) y ejerció una gran influencia en los años treinta y cuarenta. Fue conservador adjunto del Victoria & Albert Museum, e impartió clase en la Universidad de Edimburgo entre 1931 y 1932. Dirigió la *Burlington Magazine* entre 1933-1939. Su *Education through Art* ejerció una notable influencia después de la guerra. Fue un gran defensor del anarquismo tras la Primera Guerra Mundial, al menos hasta que lo nombraron caballero.

76. La rama antiaérea de la Home Guard, a las órdenes del general sir Frederick Pile (1884-1976, baronet), estaba equipada con lanzacohetes. Eran capaces de disparar dos cohetes de doscientas libras en baterías de sesenta y cuatro. No todos los cohetes se disparaban necesariamente al mismo tiempo. Los cohetes no eran demasiado precisos, pero creaban una «caja» de metralla capaz de dañar y derribar aviones. Según mi experiencia en la batería de cohetes 101 de Iver, cerca de Slough, no se utilizaban contra los aviones que volaban a baja altura en áreas pobladas porque se corría el riesgo de destrozar los tejados de las casas de los alrededores. Orwell probablemente borró «ahora» del ejemplar mecanografiado porque esos cañones, aunque alguna vez los manejaban militares, eran, como el mortero lanzagranadas, armas típicas de la Home Guard.

1-8-1942

Si los números son correctos, los alemanes han perdido cerca de un 10 por ciento de su fuerza en cada uno de sus últimos ataques. De acuerdo con Peter Masefield, no ha tenido nada que ver con los nuevos cañones, sino que es obra de los cazas nocturnos. También aseguró que el nuevo caza FW 190 es mucho mejor que cualquiera de los que tenemos ahora en servicio. [*Un hombre llamado Bowyer que trabaja en la industria aeronáutica que participaba en el mismo programa de radio se mostró de acuerdo con él.*] Oliver Stewart cree que los últimos ataques alemanes son solo de reconocimiento y que piensan empezar pronto el verdadero *blitz*, al menos si pueden librarse de Rusia.[77]

Apenas he tenido nada que hacer este fin de semana.[78] He aprovechado algunos ratos para construir un gallinero. Es la típica ocupación que hoy requiere mucho ingenio debido a lo difícil que resulta encontrar madera. Cuando me dedico a este tipo de cosas no me siento culpable ni me parece estar perdiendo el tiempo; al contrario, tengo la vaga sensación de que cualquier ocupación sensata debe ser útil, o al menos estar justificada.

77. Peter Masefield (1914-2006; nombrado caballero en 1972) fue corresponsal de guerra con la RAF y la Octava Fuerza Aérea de EE. UU. de 1939 a 1943. Se convirtió en presidente de la British European Airways de 1949 a 1952. Iba a participar en una de las emisiones de Orwell para la India el 31 de julio de 1942 con Oliver Stewart (1895-1976, director de *Aeronautics* entre 1939 y 1962), pero tuvo que cancelar su participación y Orwell lo reemplazó por E. C. Bowyer empleado de la Society of British Aircraft Constructors.

78. Debió de pasar el fin de semana en la casa de Wallington.

3-8-1942

D[avid] A[stor] asegura que Churchill está en Moscú.[79] También afirma que no va a haber un segundo frente. En cualquier caso, si piensan abrir uno, el gobierno debe hacer todos los esfuerzos posibles para dar la impresión contraria, [*y D. A. podría ser una de las personas utilizadas para extender el rumor*

D. A. dice que, cuando los comandos aterrizan, los alemanes no combaten, sino que huyen en el acto. Sin duda, han recibido órdenes de hacerlo. Ese hecho no puede publicarse, presumiblemente para que la gente no se vuelva demasiado confiada].

Según D. A, Cripps tiene pensado dimitir del gobierno[80] y dispone ya de una política alternativa. Por supuesto, no puede hablar de eso en público, pero lo hace en privado. En cualquier caso, he oído que Macmurray[81] estuvo hace poco con él y no pudo sonsacarle nada respecto a sus intenciones políticas.

79. Ese día Churchill llegó a El Cairo, y luego, vía Teherán, viajó a Moscú el 12 de agosto. Stalin y él hablaron de la apertura del segundo frente (véase *The Second World War*, IV, pp. 411 y 430-433).
80. Cripps estuvo a punto de dimitir, pero no abandonó el gabinete de guerra hasta el 22 de noviembre de 1942, día en que fue nombrado ministro de Producción Aérea, cargo que desempeñó hasta el final de la guerra en Europa.
81. John Macmurray (1891-1976) ocupaba la cátedra Grote de Lógica y Filosofía del Espíritu de la Universidad de Londres.

4-8-1942

La radio turca (entre otras) también dice que Churchill está en Moscú.

5-8-1942

Consternación general ante el precipitado acto del gobierno de la India de publicar los documentos confiscados durante el asalto policial del cuartel general del Partido del Congreso.[82] [*Como pasa siempre, el crucial documento puede interpretarse de formas diversas y el debate que se producirá servirá solo para que los elementos más tibios del Partido del Congreso adopten una postura antibritánica.*] El sentimiento antiindio que ha despertado en Estados Unidos la publicación del documento, y tal vez en Rusia y China, a la larga no nos favorece. El gobierno ruso anuncia el descubrimiento de una trama zarista, al estilo de siempre. Tengo la vaga sensación de que todo está relacionado de algún modo con el descubrimiento simultáneo del complot de Gandhi con los japoneses.

82. Tras el fracaso de la misión de Cripps en la India, el Partido del Congreso se había vuelto cada vez más intransigente. A principios de agosto, Gandhi inició una campaña de desobediencia civil. En un intento de garantizar el orden, el gobierno de la India asaltó el cuartel del Partido del Congreso, confiscó el texto del borrador original de la Resolución sobre la Independencia de la India enviado al Comité de Trabajo del Partido y lo publicó.

7-8-1942

[*Hugh Slater está muy desanimado respecto a la guerra. Según él, a la velocidad a la que se han retirado los rusos es imposible que Timoshenko conserve intacto el ejército como dice. También asegura que el tono de la prensa de Moscú y de las emisiones de radio indican que la moral en Rusia debe de estar por los suelos.*] Como casi todos mis conocidos, excepto Warburg, Hugh Slater piensa que no va a haber un segundo frente. Es la deducción que hacen todos de la visita de Churchill a Moscú.[83] La gente piensa: «¿Para qué iba a ir a Moscú a decirles que vamos[84] a abrir un segundo frente? Debe de haber ido a informarles de que no podemos abrirlo». Todo el mundo está de acuerdo con mi sugerencia de que nos libraríamos de una buena si a Churchill lo hundieran en el camino de regreso como a Kitchener.[85] [*Claro que también cabe la posibilidad de que Churchill no esté en Moscú.*]

Anoche desmonté por primera vez un fusil ametrallador Sten.[86] Hay poco que aprender. [*No hay piezas de recambio. Si el fusil se estropea es mejor tirarlo y coger otro.*] El fusil sin cargador pesa cinco libras y media [*un fusil ametrallador normal pesa entre 12 y 15 libras. El precio estimado no son 50 chelines —como había imaginado—, sino 18*]. Imagino un millón o dos de fusiles iguales, con 500 cartuchos cada uno y un libro de instrucciones, flotando sobre Europa en pequeños paracaídas. Si el gobierno tuviese el valor de hacerlo, ciertamente sería como quemar las naves.

83. El pasaje siguiente está tachado en el manuscrito: «La pregunta que todo el mundo se hace es: «Si se va a abrir un segundo frente, ¿para qué ha ido Churchill a Moscú? Debe de haber ido a decirles que no podemos abrirlo».

84. El manuscrito decía originalmente «no podemos», pero está tachado y alterado hasta dejarlo como aparece en la versión mecanografiada.

85. El mariscal de campo Horatio Herbert Kitchener (1850-1916; primer conde de Kitchener), que había reconquistado el Sudán (1896-1898) y salió victorioso contra los bóers en la guerra de Sudáfrica (1900-1902), era considerado un héroe por el pueblo británico. Al estallar la Primera Guerra Mundial fue nombrado secretario de Esta-

do de Guerra. Se ahogó cuando el HMS *Hampshire*, que lo llevaba en una misión a Rusia, chocó contra una mina. Comprendió antes que nadie la necesidad de reclutar un ejército numeroso y reforzó rápidamente el «Ejército de Kitchener», como se conocía popularmente, de veinte a setenta divisiones. Le costaba trabajar en grupo y era menos popular entre sus colegas de gabinete que entre el público general. La segunda obra que publicó Orwell, cuando todavía estaba en la escuela preparatoria, era un poema a propósito de la muerte de Kitchener; véase *CW*, X, p. 24.

86. En 1940, el único fusil ametrallador disponible en el ejército británico era el Thompson estadounidense, pero al menos 100.000 se perdieron en el mar durante el transporte desde EE. UU., lo que causó una urgente necesidad de un fusil automático de producción nacional. El Sten, llamado así por sus diseñadores, el comandante R. Vernon Sheppard y Harold J. Turpin, y el sitio de fabricación, Enfield, costaba solo 2 libras y 10 chelines. No necesitaba mecanismos y carecía de culata de madera. El cargador, basado en el MP 40 alemán de 9 mm, tenía tendencia a encasquillarse o a disparar un solo tiro cada vez de forma inesperada. Pero el Sten resultó muy útil y se hizo muy popular entre los combatientes de la resistencia.

9-8-1942

Ayer disparé el fusil Sten por primera vez. No vibra, no tiene retroceso, hace muy poco ruido y es bastante preciso. Hice 2.500 disparos y solo se encasquilló dos veces por culpa de un cartucho defectuoso; la solución consiste en mover el cerrojo a mano.

10-8-1942

Nehru, Gandhi, Azad[87] y muchos otros han sido encarcelados. Hay disturbios en toda la India, varios muertos e incontables detenidos. Espantoso discurso de Amery,[88] en el que tildaba a Nehru & Co. de «malvados», «saboteadores», etc. Por supuesto, se emitió en el Servicio Imperial y luego volvió a emitirlo AIR.[89] Lo gracioso del caso fue que los alemanes intentaron interferirlo, pero, por desgracia, sin éxito.

Terrible sensación de desánimo entre los indios y quienes simpatizan con la India. [*Incluso Bokhari, que es de la Liga Musulmana,*[90] *estaba con lágrimas en los ojos y hablaba de dimitir de la BBC.*] Es raro, pero el modo en que se comporta últimamente el gobierno británico me disgusta más que una derrota militar.

87. Abdul Kalam Azad (1888-1958), dirigente musulmán indio nacionalista, fue portavoz del Congreso Nacional Indio en las negociaciones de 1945 sobre la independencia. Su *India Wins Freedom* se publicó en 1959.
88. Leo Amery (1873-1955), parlamentario conservador, fue secretario de Estado en la India entre 1940 y 1945; véase *Acontecimientos*, 2-7-1939, n. 5.
89. All-India Radio.
90. La Liga Musulmana se fundó como organización religiosa para proteger los intereses de los musulmanes en la India británica. Apoyó al Partido del Congreso Nacional Indio hasta 1935, cuando los intereses hindúes dominaron el partido y la liga se transformó en una organización política. La dirigía Muhammad Ali Jinnah y exigía la división de la India. Cuando se creó Pakistán en 1947, la Liga se hizo con el control de su primera Asamblea Constituyente.

12-8-1942

Increíble nota de prensa esta mañana sobre los asuntos en la India. Los motines son insignificantes —la situación está controlada—; después de todo, el número de muertos no es tan elevado, etc., etc. La participación de los estudiantes en los motines se explica diciendo que son «cosas de jóvenes». Ya se sabe que los estudiantes están siempre dispuestos a participar en cualquier algarada, etc., etc. Casi todo el mundo está asqueado. Algunos indios al oír estas cosas se quedan pálidos, una imagen muy rara.

La mayor parte de la prensa ha adoptado una postura intransigente, la de Rothermere hasta extremos repulsivos. Aunque las medidas represivas parezcan tener éxito a corto plazo, los efectos en nuestro país serán pésimos. Todo parece preparado para el regreso de los reaccionarios, y casi da la impresión de que dejar a Rusia en la estacada forma parte de la misma maniobra. [*Esta tarde me han mostrado de forma totalmente confidencial la declaración de David Owen Amery [sobre] la política de la posguerra en Birmania, basada en el informe de Dorman-Smith.*[91] *Incluye la vuelta al «gobierno directo» por un período de 5 a 7 años, Gran Bretaña financiará la reconstrucción de Birmania y las grandes empresas británicas volverán a establecerse en los mismos términos que antes. Dios quiera que ningún documento similar caiga en manos del enemigo. No obstante, gracias a Owen y al documento confidencial he conseguido una información útil: que, por lo que sabemos, la política de tierra quemada se llevó a cabo con gran eficacia.*]

91. Sir Reginald Hugh Dorman-Smith (1899-1977) fue gobernador de Birmania en 1941 y durante la retirada británica en 1942.

14-8-1942

Horrabin ha estado hoy en la radio y, como siempre, lo hemos presentado como el hombre que dibujó los mapas de *Breve historia del mundo* de Wells y *Glimpses of World History* de Nehru.[92] Su presencia en el programa se había anunciado de antemano, pues la relación de Horrabin con Nehru era un aliciente para los radioyentes indios. Hoy se ha eliminado la referencia a Nehru del anuncio: N. está en la cárcel y, por tanto, se ha vuelto malo.

> 92. Más correctamente, *Glimpses of World History: Being Further Letters to His Daughter, written in Prison, and containing a Rambling Account of History for Young People* (Allahabad, 1934); Lindsay Drummond publicó en 1939 la edición revisada con cincuenta mapas de J. F. Horrabin. Según Inez Holden, en comunicación personal, Orwell pensó pedirle a Drummond que publicase los diarios de guerra de ambos.

18-8-1942

De la última carta de George Kopp[93] desde Marsella (después de no sé qué galimatías sobre el trabajo de ingeniería que ha estado haciendo) «... estoy a punto de iniciar la producción a escala industrial. Pero no estoy seguro de que deba hacerlo, porque tengo un contrato indefinido con mi empresa, pero me temo que últimamente ha establecido contactos que reducen mucho su independencia y es posible que otros acaben beneficiándose de mi trabajo, y eso no me gustaría lo más mínimo, porque no he llegado a ningún acuerdo con ellos y, de momento, no me veo con ánimos de hacerlo. Si me veo obligado a parar, no sé qué haré; ojalá algunos de mis mejores amigos, a quienes he escrito en varias ocasiones, no fuesen tan lentos y pusilánimes. Si no surge ninguna oportunidad, creo que pondré en práctica otro proyecto mío relacionado con la construcción de puentes [, *que, tal vez lo recuerdes, llevé a cabo con éxito en San Mateo antes de la guerra.*»]

Traducido: «Temo que Francia esté preparando una alianza total con Alemania. Si no se abre pronto el segundo frente haré lo posible por escapar a Inglaterra».

93. George Kopp (1902-1951) se presentaba de muchas formas ficticias pero no cabe duda de que fue el comandante de Orwell en España, un hombre valeroso que trabajó para los servicios secretos franceses y luego para el MI5. Una notable ironía es que uno de los implicados en reclutarlo para el MI5 fue el traidor Anthony Blunt (1907-1983). Orwell y él eran amigos y, a pesar de su perspicacia, Orwell, que no se dejó engañar por otros como Peter Smollett, creyó las historias que contaba Kopp sobre sí mismo. Bert Govaerts de Amberes ha descubierto gran parte de la vida y ficciones de Kopp: véase *The Lost Orwell*, pp. 83-91.

19-8-1942

Hoy se ha producido un gran ataque de comandos en Dieppe. El ataque continuaba esta noche. Es concebible que se trate del primer paso, o de los preparativos, de una invasión, aunque no lo creo. En ese caso el aviso que se dio por radio a los franceses de que no era más que una incursión y no debían implicarse habría sido una maniobra de distracción.

22-8-1942

D[avid] A[stor] habla con mucho desánimo del ataque a Dieppe, que vio desde bastante cerca; afirma que habría sido un auténtico fracaso de no ser porque se destruyeron numerosos cazas alemanes, aunque eso no formaba parte del plan. Asegura que la prensa falseó los datos,[94] igual que ahora se están falseando los informes al primer ministro, y que los hechos principales fueron: participaron más de 5.000 hombres de los cuales al menos 2.000 murieron o cayeron prisioneros. La intención no era quedarse en tierra más tiempo del previsto (hasta las 4 p.m.), sino destruir todas las defensas de Dieppe, y el intento fue un fracaso absoluto. En realidad solo causaron daños menores, eliminaron algunas baterías de cañones, etc., y solo uno de los tres grupos principales alcanzó sus objetivos. Los otros no llegaron muy lejos y muchos murieron en la playa bajo el fuego de artillería. Las defensas eran formidables y habría sido difícil inutilizarlas aun contando con el apoyo de la artillería, pues los cañones estaban en los acantilados protegidos por una enorme capa de hormigón. La mayoría de los tanques se hundieron y no lograron llegar a la orilla. Tan solo lo consiguieron unos 20 o 30, y ninguno regresó. Las fotos de los periódicos que mostraban tanques de vuelta a Inglaterra eran falsas. La impresión general es que los alemanes estaban prevenidos.[95] Nada más iniciarse el ataque transmitieron el informe de un falso «testigo ocular» desde la costa, mientras otro emitía órdenes falsas en inglés. Por otro lado, es evidente que a los alemanes les sorprendió la superioridad del apoyo aéreo. Normalmente habrían dejado los cazas en tierra para conservar su fuerza, pero los pusieron en el aire en cuanto supieron que estaban desembarcando los tanques, y perdieron un gran número de aviones; los cálculos varían, pero algunos oficiales de la RAF creen que ascienden al menos a 270. Debido a la superioridad aérea británica, los destructores pudieron quedarse todo el día delante de Dieppe. Hundieron uno, pero fue por culpa de una batería situada en la orilla. Cada vez que llegaba la petición de atacar algún objetivo en tierra, los destructores formaban en línea y avanzaban hacia la costa disparando los cañones mientras los cazas los apoyaban desde el aire.

David Astor considera que esto demuestra definitivamente que una invasión de Europa es imposible. [*Claro que, teniendo en cuenta quiénes son sus padres, es imposible tener la certeza de que no lo estén utilizando para declarar eso.*] Aun así, tengo la impresión de que desembarcar en un lugar tan bien defendido sin el apoyo de los bombarderos, de la artillería y de tropas aerotransportadas, y contando solo con los cañones de los destructores (supongo que serían cañones de 4,9) fue un logro considerable.

94. El ataque contra Dieppe resultó ser, al menos a corto plazo, un triste desperdicio de vidas, aunque permitió que los mandos aprendieran de las lecciones para futuros desembarcos. Participaron más de 6.000 hombres, sobre todo canadienses, y más de la mitad murieron, resultaron heridos o fueron hechos prisioneros. Churchill afirma que de 5.000 canadienses, el 18 por ciento murieron y casi 2.000 cayeron prisioneros (*The Second World War*, IV, p. 459). Los 27 tanques que lograron desembarcar fueron destruidos casi enseguida, la RAF perdió 70 aviones y se hundieron 3 barcos. Los alemanes reconocieron haber sufrido 297 bajas, 294 heridos o prisioneros y haber perdido 48 aviones. Los periódicos de la época publicaron con grandes titulares: «Grandes pérdidas de los hunos» (*Daily Mirror*, 20 de agosto de 1942); pero tal como se dice en *The War Papers*, 22 (1977): «Podrían haber añadido "pérdidas aún mayores de los Aliados"». David Astor sirvió en los Royal Marines entre 1940 y 1945 y fue condecorado con la Croix de Guerre.

95. Se dijo que los alemanes habían descifrado los códigos británicos y tenían noticia del ataque, pero parece que el primer aviso lo dieron unos arrastreros alemanes que vieron llegar a la flotilla aliada. El fracaso del ataque se atribuyó a «indiscreciones»

o incluso a un anuncio de jabón en polvo que mostraba a una mujer podando un árbol con un «ALBORNOZ DE LA PLAYA de DIEPPE». Orwell anotó un recorte de periódico con dicho anuncio, aparecido en el *Daily Telegraph* el 15-8-1942: «Anuncio que la imaginación popular cree que sirvió para advertir a los alemanes del ataque contra Dieppe» (el recorte está en la caja número 39 de la colección de panfletos de Orwell en la British Library). La película *Next of Kin* (1942), rodada para extender la idea de que las conversaciones indiscretas podían poner en peligro empresas como esa, empezó siendo un cortometraje. Churchill afirmó: «El examen, llevado a cabo en la posguerra, de los informes de los alemanes demuestra que los alemanes no recibieron ninguna filtración ni advertencia de nuestra intención de atacar» (*The Second World War*, IV, p. 458).

25-8-1942

Uno de los muchos rumores que circulan entre los indios de por aquí es que Nehru, Gandhi y otros han sido deportados a Sudáfrica. Eso es lo que pasa por censurar y suprimir periódicos.

27-8-1942

Se ha levantado la prohibición del *Daily Worker*.[96] [*Volverá a aparecer el 7 de septiembre (el mismo día que Churchill presenta su informe en el Parlamento.)*]

[*La radio alemana vuelve a afirmar que S. C. Bose está en Penang. Aunque todos los indicios apuntan a que lo han confundido con R. B. Bose.*]

96. El *Daily Worker* había sido suprimido el 22 de enero de 1941.

29-8-1942

Anuncio en un pub de unas tabletas reconstituyentes, fenacetina o algo por el estilo:

BLITZ
Recomendado por todos los médicos

El
«RAYO»
Maravilloso descubrimiento
Millones de personas toman este medicamento
para la
resaca
nerviosismo producido por la guerra
gripe
dolor de cabeza
dolor de muelas
neuralgia
insomnio
reumatismo
depresión, etc., etc.
no contiene aspirina.

Entre los indios circula otro rumor sobre Nehru: esta vez que ha escapado.

7-9-1942

Es evidente que hay dificultades en Siria. Esta mañana ha habido una nota de prensa explicando que —por desgracia y en contra de los deseos del gobierno— el general De Gaulle insiste en que Siria sigue bajo mandato francés y es imposible firmar un tratado como en el caso de Irak. La actitud del general De Gaulle se considera deplorable, pero puesto que, al fin y al cabo, es el líder acreditado de la Francia Libre y la situación legal es más que dudosa (el asunto debería decidirlo la Sociedad de Naciones, que por desgracia ya no existe), el gobierno es incapaz de, etc., etc. En otras palabras, que no habrá tratado con Siria, echaremos la culpa a nuestro títere De Gaulle y, si podemos, nos quedaremos con Siria. Cuando oí por la mañana estas tonterías hueras en labios de Rushbrook-Williams[97] y tuvimos que escucharlas con expresión muy seria, recordé, no sé muy bien por qué, los versos de *Dynasts* de Hardy, sobre la coronación de Napoleón en Roma:

¿No vacila la voz del prelado,
no deforma sus labios la risa contenida,
al bendecir a uno que a ganar aspira
el trono dorado que otros culos calentaron?[98]

Hoy ha reaparecido el *Daily Worker*, muy tibio, aunque ha exigido (a) la apertura de un segundo frente, (b) que ayudemos a Rusia enviándole armas, etc., y (c) un programa demagógico de salarios más altos totalmente incompatible con (a) y (b).

> 97. Laurence Frederic Rushbrook Williams (1890-1978; comandante de la Orden del Imperio Británico en 1923); Orwell a veces escribía su nombre con guión como hace aquí), había sido profesor de historia moderna de la India en la Universidad de Allahabad, entre 1914 y 1919, y fue director de la Oficina Central de Información de la India desde 1941 hasta noviembre de 1944. Luego trabajó para *The Times* (hasta 1955). Su actitud con la India se reveló de forma muy clara en su *India* (Oxford Pamphlets on World Affairs, 1940). También escribió *The State of Pakistan*, 1962 y *The East Pakistan Tragedy*, 1972.
>
> 98. En *The Dynasts* Napoleón coloca la corona sobre su propia cabeza en la catedral de Milán, no en Roma (Complete Edition, 1910, 35; parte I, acto I, escena 6). Orwell escribió sobre *The Dynasts* en *Tribune*, el 18 de septiembre de 1942 (*CW*, XIV, pp. 42-45).

10-9-1942

Anoche di una conferencia en Morley College, Lambeth. Una sala pequeña y unas 100 personas, *intelligentsia* obrera (el mismo tipo de público que en la sucursal del Club del Libro de Izquierdas).[99] En el turno de preguntas, no menos de seis personas preguntaron: «¿No opina el conferenciante que levantar la prohibición del *Daily Worker* es un grave error?»; las razones alegadas fueron que la lealtad del *Daily Worker* no es creíble y que es un gasto inútil de papel. [*Solo una mujer defendió el D.W., evidentemente una comunista ante quien uno o dos expresaron impaciencia («¡Ah, siempre la misma monserga!».)*] Y eso después de un año con un clamor incesante pidiendo el levantamiento de la prohibición. Los cálculos que uno hace siempre son equivocados porque estamos acostumbrados a escuchar a la minoría cultivada y olvidamos al otro 99 por ciento. Compárese con Munich, cuando casi con total seguridad la masa del pueblo apoyaba la política de Chamberlain, aunque nadie que leyera el *New Statesman*, etc. lo habría pensado.

99. El Club del Libro de Izquierdas, fundado por Victor Gollancz en 1936, seguía publicando un libro al mes sobre asuntos antifascistas o izquierdistas. Las reuniones de los grupos locales se revitalizaron a mediados de 1942 y se crearon unas cincuenta sucursales. *El camino a Wigan Pier* se publicó bajo sus auspicios.

15-9-1942

Espantosa sensación de impotencia respecto a la cuestión india, los discursos de Churchill, las evidentes intenciones de los sectores más reaccionarios de volver a actuar con dureza, y el descaro con que los periódicos pueden falsear las cosas, sabedores de que el público no está lo bastante informado y no se tomará la molestia de comprobar los hechos. Ese es el peor síntoma, aunque en realidad nuestra apatía respecto a la India no es peor que la falta de interés de los intelectuales indios por la lucha contra el fascismo en Europa.

21-9-1942

Ayer conocí a Liddell Hart. Muy derrotista e incluso, a mi juicio, subjetivamente proalemán. [*Estaba indignado por la barbarie de haber bombardeado Lübeck. Consideraba que en las guerras de los últimos siglos los británicos son quienes han cometido las mayores atrocidades y han sido más destructivos.*] Aunque, por supuesto, se opone firmemente a la apertura del segundo frente, también quiere que interrumpamos los bombardeos. Según él, no tienen sentido porque no debilitan a Alemania y no sirven para nada. Por otro lado, cree que no deberíamos haberlos empezado (sostiene que fuimos nosotros quienes empezamos), pues solo han servido para causar represalias.

Osbert Sitwell[100] también estaba presente. [*En su momento tuvo que ver con el movimiento de Mosley, pero es probable que sea menos proalemán que L-H.*] Ambos dijeron estar asqueados por la toma de las colonias de Vichy. Sitwell dijo que nuestro lema era «Si la cosa se pone fea, reconquista Madagascar». Afirmó que en Cornualles, en caso de invasión, la

Home Guard tiene órdenes de fusilar a todos los artistas. Respondí que, en Cornualles, tal vez fuera para bien. Sitwell: «Una especie de instinto los conduciría hasta los buenos».

    100. Sir Osbert Sitwell (1892-1969) se educó en Eton y sirvió en los Grenadier Guards entre 1912 y 1919. En 1916 publicó sus poesías junto a las de su hermana con el título *Twentieth-Century Harlequinade*. También escribió relatos breves (*Triple Fugue*, 1924; *Open The Door*, 1941), varias novelas, entre ellas *Before the Bombardment* (1926), *The Man Who Lost Himself* (1929), *Those Were the Days* (1938), *A Place of One's Own* (1941), numerosos ensayos y varios estudios críticos (en particular sobre Dickens). Eligió y adaptó el texto del *Belshazzar's Feast* (1931) de William Walton. Orwell dijo de su *Left Hand, Right Hand!*, *The Scarlet Tree*, *and Great Morning!* (1944-1947) que «se contaba entre las mejores autobiografías de nuestra época»; véase *CW*, XIX, pp. 385-388.

22-9-1942

La mayoría de las municiones para los fusiles Sten es alemana, o más bien fabricada en Alemania para los italianos. Creo que debe de ser la primera arma que tiene el ejército británico cuyo calibre se mide en milímetros y no en pulgadas. Iban a fabricar un arma automática barata y, como tenían a mano una enorme cantidad de munición capturada en Abisinia, fabricaron el fusil para poder aprovechar los cartuchos, y no al revés. La ventaja es que puede utilizarse la munición de casi cualquier fusil ametrallador continental. Será interesante ver si los alemanes o los japoneses fabrican un arma de calibre .303 que sirva para utilizar la munición británica capturada.

28-9-1942

Ayer hubo un desfile con servicio religioso al aire libre en Regent's Park. Qué conmovedora debía de ser la escena: el batallón en medio de la plaza, la banda de música de los Colsdstream Guards, los hombres en posición de firmes con la cabeza descubierta (hizo un precioso día de otoño, había una leve neblina y no se movía una hoja, los perros correteaban) y entonando los himnos del mejor modo posible. Por desgracia, se pronunció el habitual sermón patriotero que siempre me convierte en proalemán hasta que termina. También una oración especial «por los habitantes de Stalingrado»: el beso de Judas. [*Un detalle que siempre me desanima en estas ocasiones es la sobrepelliz blanca del cura, que parece fuera de lugar entre tantos uniformes militares. Me sorprendió la profesionalidad de la banda, sobre todo del director (un oficial con el gorro negro y peludo de los Guards). Cada vez que terminaba una plegaria, se producía una leve agitación en la banda, los trombones salían de sus fundas de piel, se alzaba la batuta del director y ya estaban listos para pasar al Amén cuando el cura decía «con Jesucristo nuestro Señor».*]

5-10-1942

Inminente nombramiento del nuevo virrey de la India. Ninguna pista sobre quién puede ser. Algunos aseguran que el general Auchinleck, quien, según dicen, se lleva bien con los indios de izquierdas.

Larga conversación con Brander, que ha regresado después de un viaje de seis meses por la India.[101] Sus conclusiones son tan deprimentes que apenas puedo reproducirlas aquí. En suma, que las cosas están mucho peor de lo que nadie quiere admitir; de hecho, la situación aún podría repararse, pero no se reparará porque el gobierno está decidido a no hacer verdaderas concesiones; si llega a producirse una invasión japonesa será una hecatombe, y nuestras emisiones son absolutamente inútiles porque nadie las escucha. Brander afirmó, no obstante, que los indios escuchan las noticias de la BBC porque las consideran más fiables que las emitidas desde Tokio o Berlín. Cree que deberíamos emitir solo música y noticias. Justo lo que llevo diciendo desde hace tiempo.

---

101. Laurence Brander (1903-¿?) fue escritor y profesor de literatura inglesa en la India durante doce años antes de la guerra, trabajó en la BBC como oficial de inteligencia del Servicio Oriental entre 1941 y 1944. En 1954 publicó su estudio *George Orwell*. En las páginas 8-9 hay un sucinto recuerdo para la actividad de Orwell en la BBC:

«Todo el mundo le quería y le respetaba e inspiró el rudimentario Tercer Programa que se emitía para los estudiantes indios. Pronto intuyó que la audiencia era menor de lo que pensaban los jefes y, antes de que yo fuese a la India a averiguarlo, a principios de 1942, dedicó mucho tiempo a discutir esos problemas conmigo. Descubrí que nuestros programas se emitían a una hora en la que nadie escuchaba la radio y además era difícil recibirlos porque la señal era muy débil. Muy pocos estudiantes tenían acceso a aparatos de radio...

»Durante el tiempo que trabajamos juntos en la BBC siempre sentí gratitud hacia Orwell. Se burlaba del sinsentido que estábamos viviendo y lo hacía más tolerable. Eso no interfería con su sentido de la responsabilidad, pues sabía lo importante que podía ser la propaganda radiofónica, si se organizaba con inteligencia, y trabajaba de firme en sus programas, que siempre eran buenos y a menudo brillantes. Su voz era una gran desventaja. Era débil e inexpresiva y no quedaba bien cuando se emitía en onda corta». [La calidad de la voz de Orwell se había visto gravemente afectada desde que le dispararon en la garganta mientras combatía en España.]

Brander continúa refiriéndose a la propuesta de imprimir los mejores programas que no se estaban oyendo, y fue él quien sugirió que Blair emitiera bajo el nombre de Orwell (véase *CW*, XIV, pp. 89 y 100-102). Después de la guerra fue director de publicaciones del British Council.

10-10-1942

Hoy han izado la bandera china en el edificio de la radio con motivo del aniversario de la Revolución china. Por desgracia, estaba del revés.

[*Según D[avid] A[stor], Cripps no tardará en dimitir con el pretexto de que el gabinete de guerra es una farsa y que el único poder en él es Churchill.*]

11-10-1942

Las autoridades de Canadá han encadenado a un número de prisioneros alemanes igual al número de prisioneros británicos encadenados en Alemania. ¿Adónde diablos vamos a llegar?[102]

102. Los alemanes pusieron grilletes a unos 2.500 prisioneros aliados (sobre todo canadienses) capturados en Dieppe porque, según dijeron, los comandos británicos habían encadenado a los prisioneros alemanes. El Ministerio de la Guerra británico lo negó. Canadá encadenó a 1.376 prisioneros alemanes. El 15 de octubre, la Cruz Roja suiza se ofreció a mediar. Véase la carta (sin publicar) de Orwell al *Times* del 12 de octubre de 1942, en la que argumenta que, con esas represalias nos «rebajamos [...] al nivel de nuestros enemigos» (*CW*, XIV, pp. 97-98). El 18 de octubre, Hitler ordenó que las tropas alemanas fusilaran a todos los comandos aliados prisioneros «hasta el último hombre».

15-10-1942

Un pedacito de la India trasplantado a Inglaterra. Durante unas semanas, un hombrecillo llamado Kothari, completamente esférico pero bastante inteligente y, por lo que he podido ver, auténticamente antifascista, tradujo y emitió nuestros boletines en marathi. De pronto una de esas organizaciones misteriosas que controlan la contratación en la BBC (en este caso, creo que el MI5)[103] descubrió que Kothari era o había sido comunista, había participado en el movimiento estudiantil y había estado en la cárcel, así que llegó la orden de despedirlo. Un joven llamado Jatha, que trabajaba en la India House y era políticamente aceptable, ocupó su lugar. Es difícil encontrar traductores a ese idioma y los indios que lo hablan como su lengua nativa parecen tender a olvidarlo cuando están en Inglaterra. Después de unas semanas, mi ayudante, la señorita Chitale, vino a verme con gran secretismo y me hizo la confidencia de que Kothari estaba escribiendo los boletines. Jatha, aunque aún sabe hablar el idioma, apenas sabía escribirlo y Kothari le estaba haciendo de negro. Sin duda se estaban repartiendo el sueldo. No hemos encontrado otro traductor competente, así que Kothari continúa y oficialmente no sabemos nada. Siempre que hay indios implicados, pasan estas cosas.

103. Presumiblemente, se trata de una referencia al misterioso e inexplicado «College» al que se refiere Orwell de vez en cuando.

17-10-1942

Anoche oí un chiste «de judíos» en el escenario del teatro Players; era muy suave y lo contó un judío, pero aun así era levemente antijudío.[104] Más rumores sobre el segundo frente. En esta ocasión la fecha es el 20 de octubre, que es muy improbable porque cae en martes. No obstante, parece bastante evidente que algo va a suceder en el oeste o el noroeste de África.

104. Orwell consideraba que los «chistes de judíos» eran un ejemplo de antisemitismo.

15-11-1942

Esta mañana han repicado las campanas de la iglesia para celebrar la victoria en Egipto.[105] Es la primera vez que las oigo en dos años.

> 105. Después del ataque lanzado contra El Alamein el 23 de octubre de 1942, el Octavo Ejército despejó Egipto el 11 de noviembre de 1942; el 12 de noviembre se reconquistó Tobruk, en Libia. El 8 de noviembre, las fuerzas aliadas desembarcaron en Marruecos y Argelia, y el 12 llegaron cerca de la frontera occidental de Túnez. No obstante, la victoria definitiva en el norte de África no llegó hasta mediados de mayo de 1943.

Así concluyen los Diarios de guerra *de Orwell.*

APÉNDICES

Cronología

7 de enero de 1857: Nace el padre de Orwell, Richard Walmesley Blair, en Milborne Saint Andrew, en Dorset. Su padre, Thomas Arthur Blair, era vicario de Milborne Saint Andrew.

19 de mayo de 1875: Nace la madre de Orwell, Ida Mabel Limouzin, en Penge, Surrey.

15 de junio de 1897: Richard Blair, funcionario del Departamento del Opio del Servicio Civil de la India, se casa con Ida Limouzin en Saint John in the Wilderness, Naini Tal, en la India (Bowker, p. 8).

21 de abril de 1898: Nace Marjorie Francis Blair en Gaya, Bengala.

25 de junio de 1903: Nace Eric Arthur Blair en Motihari, Bengala.

1904: Ida Blair regresa a vivir en Inglaterra con Marjorie y Eric en Henley-on-Thames.

Verano de 1907: Richard Blair pasa tres meses de permiso en Henley.

6 de abril de 1908: Nace Avril Nora Blair.

1908-1911: Asiste, igual que habían hecho sus hermanas, a una escuela católica regentada por monjas ursulinas (Bowker, pp. 21-22).

Septiembre de 1911-diciembre de 1916: Entra interno en la Escuela Privada Preparatoria de Saint Cyprian, en Eastbourne.

1912: Richard Blair se jubila como agente subdelegado en el Departamento del Opio y regresa a Inglaterra. La familia se traslada a Shiplake, en Oxfordshire, probablemente a principios de diciembre.

Verano de 1914: Traba amistad con la familia Buddicom, sobre todo con Jacintha.

2 de octubre de 1914: Escribe el poema «Awake! Young Men of England», publicado en *Henley and South Oxfordshire Standard*; es la primera aparición de Orwell en letra impresa (como Eric Blair).

1915-otoño de 1917: Los Blair regresan a Henley-on-Thames.

1 de julio de 1916: Se inicia a las 7.30 la batalla del Somme. Ese día mueren 19.240 hombres; 35.493 resultan heridos; 2.152 se dan por desaparecidos,

y 585 son hechos prisioneros; en total 57.470 sin que apenas se produzca ningún avance [Martin Middlebrook, *The First Day of the Somme* (1971; 2001), p. 263.]

21 de julio de 1916: Se publica, en *Henley and South Oxfordshire Standard* el poema «Kitchener» (que envía el propio Orwell).

Cuaresma de 1917: Ingresa en Wellington College como becario.

Mayo de 1917-diciembre de 1921: En Eton como King's Scholar o Becario del Rey. Colabora en *The Election Times* y *College Days*.

13 de septiembre de 1917: El padre de Orwell es enviado a Marsella como subteniente a la 51.º Compañía de Pioneros Indios (Ranchi). Pronto se convirtió en el subteniente más viejo del ejército británico. La madre de Orwell fue enviada a trabajar para el Ministerio de Pensiones en Londres.

Octubre-noviembre de 1917: Batalla de Passchendaele (tercera batalla de Ypres) en la que combate Fredric Warburg, futuro editor de Orwell y miembro de su pelotón de la Home Guard.

9 de diciembre de 1919: El padre de Orwell renuncia a su puesto en el ejército y regresa a Londres.

Diciembre de 1921: Los Blair se trasladan a Southwold, en la costa de Suffolk.

Octubre de 1922-diciembre de 1927: Orwell sirve en la Policía Imperial India en Birmania.

Otoño de 1927: Primeras expediciones en el East End londinense mientras está de permiso en Birmania.

Primavera de 1928: Vive por un tiempo como un vagabundo.

Primavera de 1928 hasta finales de 1929: Vive en un barrio obrero de París; publica cinco artículos en periódicos franceses; escribe una o dos novelas y las destruye.

Marzo de 1929: Admitido en Hôpital Cochin, en París, con *une grippe*. (Véase «Cómo mueren los pobres», publicado en *Now*, 1946.)

Otoño de 1929: Trabaja como mozo de cocina y friegaplatos, probablemente en el Hôtel Lotti o en el Crillon.

1930-1931: Vive con sus padres en Southwold, pero vagabundea con indigentes en Londres. Empieza a escribir lo que será *Sin blanca en París y Londres*.

Abril de 1931: Publica «The Spike», en *The Adelphi*.

Agosto de 1931: Publica «Un ahorcamiento», en *The Adelphi*.

Septiembre de 1931: Jonathan Cape rechaza la versión revisada de *Sin blanca*.

Otoño de 1931: Recoge lúpulo en Kent (véase *La hija del clérigo*). Empieza a escribir *Los días de Birmania*.

17 de octubre de 1931: Publica «Recogiendo lúpulo», en *The New Statesman and Nation*.

14 de diciembre de 1931: Envía la versión revisada de *Sin blanca* (bajo el título de *Diario de un pinche de cocina*) a Faber & Faber, pero T. S. Eliot rechaza el libro el 15 de febrero de 1932.

26 de abril de 1932: Orwell escribe a Leonard Moore después de que Mabel Fierz le envíe *Sin blanca*; Moore se convierte en su agente literario.

Abril de 1932-julio de 1933: Imparte clase en The Hawthorns, una escuela privada en Hayes, Middlesex.

Navidad de 1932: Escribe y dirige una obra escolar, *Charles II*.

3 de septiembre de 1932: Publica «Common Lodging Houses», en *The New Statesman and Nation*.

19 de noviembre de 1932: Prueba seudónimos con los que publicar su primer libro; durante un tiempo escribe tanto bajo el nombre de Eric Blair (hasta diciembre de 1936) como de George Orwell.

Enero de 1933: Victor Gollancz Ltd. publica *Sin blanca en París y Londres*, de George Orwell (es la primera vez que utiliza ese seudónimo). El libro se publica en Nueva York en junio de 1933.

Marzo de 1933: Publica el poema «Sometimes in the middle autumn days», en *The Adelphi*.

Mayo de 1933: Publica el poema «Summer-like for an instant the autumn sun bursts out», en *The Adelphi*.

Otoño de 1933: Imparte clase en Frays College, en Uxbridge. Termina *Los días de Birmania*.

Diciembre de 1933: Ingresa en el hospital con neumonía. Deja de dar clase.

Octubre de 1933: Publica el poema «On a Ruined Farm near His Master's Voice Gramophone Factory», en The Adelphi.

Enero-octubre de 1934: Vive con sus padres en Southwold; escribe *La hija del clérigo*.

25 de octubre de 1934: Harper & Brothers publica en Nueva York *Los días de Birmania*.

Octubre de 1934-marzo de 1935: Alquila un cuarto en el 3 de Warwick Mansions, en Hampstead.

Octubre de 1934-enero de 1936: Trabaja como dependiente a tiempo parcial (con Jon Kimche) en Booklovers Corner, 1 South End Road, Hampstead.

11 de marzo de 1935: Gollancz publica *La hija del clérigo*.

Mayo de 1935: Se publica *Sin blanca* bajo el título *La vache enragée*, con traducción de R. N. Raimbault.

24 de junio de 1935: Gollancz publica en Londres *Los días de Birmania*, con modificaciones en el texto.

Agosto de 1935: Se muda a Kentish Town, en Londres.

23 de enero de 1936: Publica «Rudyard Kipling», en *New English Weekly*.

31 de enero-30 de marzo de 1936: Recorre el norte de Inglaterra recopilando material para *El camino a Wigan Pier*. Se desvía hasta el lago Rudyard tras la muerte de Kipling; se aloja en un hostal que da al lago.
2 de abril de 1936: Se muda a The Stores, Wallington, Hertfordshire.
20 de abril de 1936: Gollancz publica *Que no muera la aspidistra*.
Mayo de 1936: Empieza a escribir *El camino a Wigan Pier*; empieza a escribir críticas literarias para *Time and Tide*.
9 de junio de 1936: Contrae matrimonio con Eileen O'Shaughnessy.
Otoño de 1936: Publica «Matar a un Elefante», en *New Writing*.
Noviembre de 1936: Publica «Recuerdos de un librero», en *Fortnightly*.
Diciembre de 1936: Publica el poema «A happy vicar I might have been», en *The Adelphi*.
15 de diciembre de 1936: Envía el manuscrito de *El camino a Wigan Pier* a Victor Gollancz.
Navidad de 1936: Parte para combatir en el bando republicano en la Guerra Civil española.
Enero-junio de 1937: Sirve en la milicia del POUM en el frente de Aragón.
8 de marzo de 1937: Se publica *El camino a Wigan Pier* en ediciones del Club del Libro de Izquierdas.
c. 28 de abril-10 de mayo de 1937: Está de permiso en Barcelona cuando los comunistas suprimen violentamente el POUM y otros partidos revolucionarios (los «sucesos de mayo»).
20 de mayo de 1937: Resulta herido en el cuello por un francotirador fascista en Huesca.
23 de junio de 1937: Huye de España con Eileen, John McNair y Stafford Cottman.
1-7 de julio de 1937: Regresa a Wallington y empieza a escribir *Homenaje a Cataluña*.
Julio de 1937: *The New Statesman and Nation* rechaza publicar el artículo de Orwell sobre el POUM y su crítica de *El reñidero español* de Borkenau.
13 de julio de 1937: Informe del Tribunal de Espionaje y la Alta Traición, en Valencia, en el que se acusa a los Orwell de ser «trotskistas pronunciados» y agentes del POUM. En el posterior juicio celebrado entre octubre y noviembre de 1938, su amigo Jordi Arquer fue sentenciado a 11 años de prisión.
29 de julio y 2 de septiembre de 1937: Publica «Descubriendo el pastel español», en *New English Weekly*.
Agosto de 1937: Publica «Testigo en Barcelona» en *Controversy*.
5 de agosto de 1937: Da una conferencia en el congreso del ILP de Letchwork, Herts, sobre sus vivencias en España.

12 de noviembre de 1937: Le invitan a ingresar en *The Pioneer*, Lucknow.
Mediados de enero de 1938: Termina *Homenaje a Cataluña*.
8 de marzo de 1938: Contrae tuberculosis en un pulmón y se ve obligado a declinar la oferta de *Pioneer*.
15 de marzo-1 de septiembre de 1938: Paciente en el Sanatorio de Preston Hall, Aylesford, Kent.
25 de abril de 1938: Secker & Warburg publica *Homenaje a Cataluña* después de que Gollancz lo rechace.
Junio de 1938: Ingresa en el Partido Laborista Independiente.
24 de junio de 1938: Publica «Por qué me uní al Partido Laborista Independiente», en *New Leader*.
2 de septiembre de 1938-26 de marzo de 1939: El 2 de septiembre, los Orwell parten de Tilbury a bordo del transatlántico de la P&O SS *Stratheden* con destino a Gibraltar. Llegaron a Marruecos el 11 de septiembre. El 26 de marzo de 1939 partieron de regreso desde Casablanca a bordo del transatlántico de la NYK SS *Yasukunimaru*. Durante su estancia en el país norteafricano escribió *Subir a por aire*.
30 de septiembre: Se firma el Pacto de Munich; Chamberlain regresa a Londres con el famoso acuerdo y afirmando que lleva la «paz en nuestro tiempo».
Diciembre de 1938: Publica «Reflexiones políticas sobre la crisis», en *The Adelphi*.
11 de abril de 1939: De regreso en Wallington.
Mayo-diciembre de 1939: Escribe *Dentro de la ballena y otros ensayos*.
12 de junio de 1939: Gollancz publica *Subir a por aire*.
28 de junio de 1939: El padre de Orwell muere de cáncer a los 82 años. Orwell estaba junto a su lecho de muerte.
24-31 de agosto de 1939: Se aloja con L. H. Myers en Hampshire. Orwell nunca supo que Myers había pagado su estancia en Marruecos a través de Dorothy Plowman y creyó haber contraído una deuda de 300 libras.
Septiembre de 1939: Publica «La democracia en el ejército británico», en *Left Forum*.
1 de septiembre de 1939: Alemania invade Polonia.
3 de septiembre de 1939: El Reino Unido y Francia declaran la guerra a Alemania. Poco después, Orwell abandona el Partido Laborista Independiente por su oposición a la guerra.
Navidad de 1939: Publica «Marrakech», en *New Writing*.
Febrero de 1940: Orwell publica su primer artículo en *Horizon* («Lecciones de la guerra», una reseña).
Marzo de 1940: Publica «Semanarios juveniles», en *Horizon*.

1 de marzo de 1940: Gollancz publica *Dentro de la ballena y otros artículos*.

29 de marzo de 1940: Orwell publica su primer artículo en *Tribune*.

Abril de 1940: Planea escribir una novela larga en tres volúmenes (probablemente no llegó a empezarla).

Mayo de 1940: Se alista en los Local Defence Volunteers (después convertidos en la Home Guard) como jefe de batallón.

18 de mayo de 1940: Publica la primera de sus 25 críticas de teatro para *Time and Tide* (hasta el 9 de agosto de 1941).

25 de mayo de 1940: Da una conferencia sobre Dickens en la Dickens Fellowship.

Junio de 1940: El hermano de Eileen, Laurence O'Shaughnessy, comandante del RAMC, muere en Flandes mientras atendía a los heridos durante la retirada en Dunkerque. Según Lydia Jackson (seudónimo Elisaveta Fen), Eileen perdió parte del aprecio por la vida a partir de entonces.

Agosto-octubre de 1940: Escribe *El león y el unicornio*.

17 de agosto de 1940: Publica «Libros en general» (sobre Charles Reade) en *The New Statesman*.

Otoño de 1940: Publica «Mi país, a derechas o a izquierdas» en *Folios of New Writing*.

5 de octubre de 1940: Publica la primera de sus 27 críticas cinematográficas para *Time and Tide* (hasta el 23 de agosto de 1941).

Diciembre de 1940: Publica «La clase gobernante», en *Horizon*.

6 de diciembre de 1940: Emisión de la BBC (con Desmond Hawkins): «El escritor proletario».

20 de diciembre de 1940: Publica en *Tribune* «La Home Guard y usted».

Enero de 1941: Publica «Nuestra oportunidad», en *Left News* (véase 3 de marzo de 1941).

3 de enero de 1941: Escribe la primera de sus 15 «London Letters» en *Partisan Review* (publicada en marzo/abril de 1941).

19 de febrero de 1941: Secker & Warburg publica *El león y el unicornio*, el primero de los Searchlight Books editados por Orwell y T. R. Fyvel.

3 de marzo de 1941: Gollancz publica «Fascismo y democracia» y «Patriotas y revolucionarios» («Nuestra oportunidad») como capítulos 8 y 10 de *La traición de la izquierda*.

Principios de abril de 1941: Se trasladan a Saint John's Wood, en Londres.

23 de mayo de 1941: Publica «Literatura y totalitarismo», en el Club Democrático Socialista de la Universidad de Oxford.

Mayo-junio de 1941: Publica en *The Listener* una serie de cuatro charlas emitidas por el Servicio Exterior de la BBC con el título «Las fronteras del arte y la propaganda» (29 de mayo de 1941); «Tolstói y Shakespeare» (5 de junio de 1941); «El significado de un poema» (12 de junio de 1941) y «Literatura y totalitarismo» (19 de junio de 1941).

Agosto de 1941: Publica «Wells, Hitler y el estado mundial» en *Horizon*.

17 de agosto de 1941: Publica una «London Letter» en *Partisan Review*.

18 de agosto de 1941: Es contratado en la sección india del Servicio Oriental de la BBC como ayudante de tertulias.

18 de agosto de 1941-24 de noviembre de 1943: Ayudante de tertulias, después productor de tertulias, en la sección india del Servicio Oriental de la BBC.

Septiembre de 1941: Publica «El arte de Donald McGill», en *Horizon*.

21 de noviembre de 1941: Se emite el primero de los boletines semanales de Orwell para la India y el Sudeste Asiático. Escribió 104 o 105 guiones que se emitieron en inglés y 115 o 116 que se tradujeron al gujarati, maratí, bengalí, tamil o indostano. La mayoría de los que se emitieron en inglés se emitieron para la India, 30 para Malasia y 19 para Indonesia. Orwell solo leyó sus propios guiones a partir del 21 de noviembre de 1942.

22 de noviembre de 1941: Charla: «Culture and Democracy» en la Sociedad Fabiana.

1 de enero de 1942: Publica una «London Letter» en *Partisan Review*.

8 de enero de 1942: Charla radiofónica: «Paper is Precious». (Todas las charlas radiofónicas son para el Servicio Oriental de la BBC).

15 de enero de 1942: Charla radiofónica: «The Meaning of Scorched Earth».

20 de enero de 1942: Charla radiofónica: «Dinero y armas».

22 de enero de 1942: Charla radiofónica: «The British Rations and The Submarine War».

29 de enero de 1942: Charla radiofónica: «Lo que significa el sabotaje».

Febrero de 1942: Publica «Rudyard Kipling» en *Horizon*.

8 de marzo de 1942: Primer artículo en *The Observer*.

10 de marzo de 1942: Charla radiofónica: «El redescubrimiento de Europa» (*The Listener*, 19-3-1942).

8 de mayo de 1942: Publica una «London Letter» en *Partisan Review*.

15 de mayo de 1942: George Routledge & Sons publica «Culture and Democracy, *Victory or Vested Interest*.

Verano de 1942: Se traslada a Maida Vale, en Londres.

11 de agosto de 1942: *Voice 1*, primero de sus seis programas literarios para la India.

29 de agosto de 1942: Publica una «London Letter» en *Partisan Review*.

9 de septiembre de 1942: Da una conferencia en Morley College, en Lambeth.

9 de octubre de 1942: Orwell escribe el primer capítulo de un relato por cinco autores que se emite para la India. Los demás capítulos los escribieron L. A. G. Strong, Inez Holden, Martin Armstrong y E. M. Forster.

2 de noviembre de 1942: Entrevista radiofónica imaginaria con Jonathan Swift (*The Listener*, 26 de noviembre de 1942).
20 de noviembre de 1942: Publica «In the Darlan Country» en *The Observer*.
3 de enero de 1943: Publica una «London Letter» en *Partisan Review*.
9 de enero de 1943: Publica «Literatura panfletaria», en *The New Statesman and Nation*.
22 de enero de 1943: Charla radiofónica: «George Bernard Shaw».
23 de febrero de 1943: Se publica, en *The Observer*, su primera colaboración (anónima) en *Forum* (sobre la India).
Marzo de 1943: Publica «Recuerdos de la guerra de España» en *New Road* (escrito en otoño de 1942).
5 de marzo de 1943: Charla radiofónica: «Jack London».
19 de marzo de 1943: Muere Ida Blair, la madre de Orwell. Orwell estaba junto a su lecho de muerte.
2 de abril de 1943: Publica «Falta de dinero: una semblanza de George Gissing» en *Tribune*.
9 de mayo de 1943: Publica «Three Years of Home Guard» en *The Observer*.
c. 23 de mayo de 1943: Publica una «London Letter» en *Partisan Review*.
4 de junio de 1943: Publica «La literatura y la izquierda» en *Tribune*.
13 de junio de 1943: Charla radiofónica: «English Poetry since 1900».
18 de junio de 1943: Publica el poema «As One Non-Combatant to Another: A Letter to "Obadiah Hornbrooke"» [Alex Comfort] en *Tribune*.
11 de agosto de 1943: Adaptación radiofónica: *Crainquebille*, de Anatole France.
22 de agosto de 1943: «Lo dejo definitivamente [la BBC] probablemente en unos tres meses».
Septiembre de 1943: Crítica: «Ghandi in Mayfair», en *Horizon*.
9 de septiembre de 1943: Adaptación radiofónica de *El zorro*, de Ignazio Silone.
6 de octubre de 1943: Adaptación radiofónica de «A Slip Under the Microscope», de H. G. Wells.
17 de octubre de 1943: Charla radiofónica: *Macbeth*.
18 de noviembre de 1943: Adaptación radiofónica: *El traje nuevo del emperador*, de Hans Christian Andersen.
18 de noviembre de 1943: Allen & Unwin publica *Talking to India*, editado y prologado por Orwell
21 de noviembre de 1943: Charla radiofónica: *El abanico de lady Windermere*.
23 de noviembre de 1943: Deja la BBC y empieza a trabajar en *Tribune* como editor literario. Abandona la Home Guard por razones médicas.
Noviembre de 1943-febrero de 1944: Escribe *Rebelión en la granja*.
26 de noviembre de 1943: Publica «Mark Twain - The Licensed Jester» en *Tribune*.

3 de diciembre de 1943: Publica la primera de 80 columnas tituladas «As I Please», en *Tribune*; 59 de las cuales se publican antes del 16 de febrero de 1945 y las restantes entre el 8 de noviembre de 1946 y el 4 de abril de 1947.

24 de diciembre de 1943: Publica «¿Pueden ser felices los socialistas?», bajo el seudónimo de John Freeman en *Tribune*.

15 de enero de 1944: Publica una «London Letter», en *Partisan Review*.

21 de enero de 1944: El poema «Memories of the Blitz» se publica en *Tribune*.

13 de febrero de 1944: Publica en *The Observer* «A Hundred Up» (centenario de *Martin Chuzzlewit*).

17 de abril de 1944: Publica una «London Letter» en *Partisan Review*.

Mayo de 1944: Termina «El pueblo inglés», publicado por Collins en agosto de 1947.

14 de mayo de 1944: Nace el hijo de los Orwell, adoptado en junio de 1944, bautizado como Richard Horatio Blair.

Verano de 1944: Visita Jura y ve Barnhill. Publica «Propaganda and Demotic Speech» en *Persuasion*.

28 de junio de 1944: El piso de los Orwell es bombardeado y se mudan al piso de Inez Holden, cerca de Baker Street en Londres.

16 de julio de 1944: Publica «Los ocho años de guerra: recuerdos de España» en *The Observer*.

24 de julio de 1944: Publica una «London Letter» en *Partisan Review*.

7 de septiembre de 1944: Publica «¿Cuán largo es un relato breve?» en *The Manchester Evening News*.

22 de septiembre de 1944: Publica «Tobias Smollett: el mejor escritor de Escocia» en *Tribune*.

Octubre de 1944: Publica «Raffles y Miss Blandish» en *Horizon*.

Principios de octubre de 1944: Se muda al 27b de Canonbury Square, en Islington, Londres, N1.

Octubre (¿?) de 1944: Publica una «London Letter» en *Partisan Review*.

19 de octubre de 1944: Publica «Lecciones de la Home Guard para el futuro» en *Horizon*.

Octubre-Noviembre de 1944: Publica «El privilegio del fuero. Algunos apuntes sobre Salvador Dalí» en *Saturday Book, 4*. El artículo de Orwell es eliminado, aunque el título aparece en el índice.

22 de diciembre de 1944: Publica «Ostras y cerveza negra» (sobre Thackeray) en *Tribune*.

15 de febrero-finales de marzo de 1945: Corresponsal de guerra para el *Observer* y el *Manchester Evening News* en Francia, Alemania y Austria.

25 de febrero de 1945: Publica «París afronta con buena cara sus desdichas» en *The Observer*; dice haber visitado la rue de Pot de Fer, donde se alojó entre 1928 y 1929.

28 de febrero de 1945: Publica «En el interior de los periódicos parisinos» en *The Manchester Evening News*.

Marzo de 1945: Publica «La poesía y el micrófono» (escrito en otoño de 1943) en *New Saxon Pamphlets*.

4 de marzo de 1945: Publica «Los efectos de la ocupación en las perspectivas francesas» en *The Observer*.

7 de marzo de 1945: Publica «Los objetivos políticos de la resistencia francesa» en *The Manchester Evening News*.

11 de marzo de 1945: Publica «El partido clerical podría resurgir en Francia: Controversia educativa» en *The Observer*.

18 de marzo de 1945: Publica «De Gaulle quiere conservar Indochina; pero los franceses contemplan el imperio con apatía» en *The Observer*.

20 de marzo de 1945: Publica «Los franceses creen que hemos vivido una Revolución» en *The Manchester Evening News*.

25 de marzo de 1945: Eileen Blair firma su testamento.

25 de marzo de 1945: Publica «Establecer el orden en el caos de Colonia: Suministro de agua desde carros» en *The Observer*.

29 de marzo de 1945: Muere Eileen Blair por los efectos de la anestesia. Orwell regresa a Inglaterra.

31 de marzo de 1945: Firma la primera de sus «Notas para mi albacea literario».

Abril de 1945: Publica «Antisemitismo en Inglaterra» en *Contemporary Jewish Chronicle*.

8 de abril-24 de mayo de 1945: Regresa a Francia, Alemania y Austria como corresponsal de guerra.

8 de abril de 1945: Publica «El futuro de una Alemania arruinada: los suburbios rurales no pueden ayudar a Europa» en *The Observer*.

15 de abril de 1945: Publica «Los Aliados se enfrentan a la falta de alimentos en Alemania: el problema de los obreros liberados» en *The Observer*.

16 de abril de 1945: Publica «Los campesinos bávaros hacen caso omiso de la guerra: los alemanes saben que han sido derrotados» en *Manchester Evening News*.

22 de abril de 1945: «Los campesinos bávaros ignoran la guerra; los alemanes saben que están tocados» en *The Observer*.

29 de abril de 1945: Publica «Los alemanes siguen dudando de nuestra unidad: las banderas no ayudan» en *The Observer*.

4 de mayo de 1945: Publica «Ahora Alemania se enfrenta al hambre» en *The Manchester Evening News*.

6 de mayo de 1945: Publica «El interés de Francia por la guerra disminuye: el objetivo es la vuelta a la normalidad» en *The Observer*.
8 de mayo de 1945: Termina la guerra en Europa.
13 de mayo de 1945: Publica «Los políticos liberados regresan a París: el jefe de los sindicatos se entrevista con de Gaulle» en *The Observer*.
20 de mayo de 1945: Publica «El peligro de las zonas de ocupación separadas: el retraso de la recuperación de Austria» en *The Observer*.
27 de mayo de 1945: Publica «Obstáculos para un gobierno conjunto en Alemania» en *The Observer*.
5 de junio de 1945: Publica una «London Letter» en *Partisan Review*.
8 de junio de 1945: Emisión radiofónica escolar: *Erewhon*, Servicio Doméstico de la BBC.
10 de junio de 1945: Publica «El incierto destino de los refugiados» en *The Observer*.
15 de junio de 1945: Emisión radiofónica escolar: *El camino de toda la carne*, Servicio Doméstico de la BBC.
24 de junio de 1945: Publica «Morrison y Bracken muy igualados: se espera un resultado muy ajustado» en *The Observer*.
25 de junio de 1945: Warburg anota que Orwell ha escrito «las primeras doce páginas de su nueva novela».
Julio de 1945: Publica «En defensa de P. G. Wodehouse» (escrito en febrero de 1945) en *Windmill*.
1 de julio de 1945: Publica «La intervención liberal ayuda al trabajo» en *The Observer*.
5 de julio de 1945: Publica «Los autores se merecen un New Deal» en *The Manchester Evening News*.
21 de julio de 1945: Publica «Notas personales sobre "cientificción"» en *Leader Magazine*.
28 de julio de 1945: Publica «Divertido, pero no vulgar», *Leader Magazine*.
Agosto de 1945: Es elegido vicepresidente del Comité de Defensa de la Libertad.
15 de agosto de 1945: Termina la guerra en Extremo Oriente.
15-16 de agosto de 1945: Publica una «London Letter» en *Partisan Review*.
17 de agosto de 1945: Secker & Warburg publica 4.500 ejemplares de *Rebelión en la granja*.
10-22 de septiembre de 1945: Se aloja en la cabaña de un pescador en Jura.
Octubre de 1945: Publica «Notas sobre el nacionalismo» en *Polemic*.
8 de octubre de 1945: Emisión educativa para las tropas: *Jack London*, Servicio de Entretenimiento de la BBC.
14 de octubre de 1945: Publica «Perfil: Aneurin Bevan», publicado anónimamente pero escrito en su mayor parte por Orwell en *The Observer*.

19 de octubre de 1945: Publica «La bomba atómica y usted» en *Tribune*.
26 de octubre de 1945: Publica «¿Qué es la ciencia?» en *Tribune*.
Noviembre de 1945: Publica «Las elecciones generales en Gran Bretaña» en *Commentary*.
2 de noviembre de 1945: Publica «Libros malos buenos» en *Tribune*.
9 de noviembre de 1945: Publica «La venganza es amarga» en *Tribune*.
23 de noviembre de 1945: Publica «A través de un cristal oscuro» en *Tribune*.
14 de diciembre de 1945: Publica «El espíritu deportivo» en *Tribune*.
15 de diciembre de 1945: Publica «En defensa de la cocina inglesa» en *Evening Standard*.
21 de diciembre de 1945: Publica «La poesía absurda» en *Tribune*.
Enero de 1946: Publica «La destrucción de la literatura» en *Polemic*.
4 de enero de 1946: Publica «La libertad y la felicidad» (crítica de *Nosotros* de Zamyatin) en *Tribune*.
12 de enero de 1946: Publica «Una buena taza de té» en *Evening Standard*.
18 de enero de 1946: Publica «La política de la inanición» en *Tribune*.
24 y 31 de enero y 7 y 14 de febrero de 1946: Publica cuatro artículos relacionados: 1. «La revuelta intelectual» 2. «¿Qué es el socialismo?», 3. «Los reformistas cristianos», 4. «Pacifismo y progreso» en Manchester Evening News.
1 de febrero de 1946: Publica «El coste de los programas de radio» en *Tribune*.
8 de febrero de 1946: Publica «Libros frente a cigarrillos» en *Tribune*.
9 de febrero de 1946: Publica «The Moon under Water» (la taberna ideal) en *Evening Stantard*.
14 de febrero de 1946: Secker & Warburg publica *Ensayos críticos* (Reynal & Hitchock lo publica con el título *Dickens, Dalí y otros: estudios en cultura popular*, 29 de abril de 1946, Nueva York).
15 de febrero de 1946: Publica «El declive del crimen británico» en *Tribune*.
8 de marzo de 1946: Publica «¿Son rentables nuestras colonias?» en *Tribune*.
29 de marzo de 1946: Dramatización radiofónica: «El viaje del *Beagle*», Servicio Doméstico de la BBC.
29 de marzo de 1946: «En defensa de la cocina inglesa», folleto inédito del British Council (XVIII, 2954, pp. 201-213).
Abril de 1946: Publica «La política y la lengua inglesa» en *Horizon*.
12 de abril de 1946: Publica «Algunas reflexiones en torno al sapo común» en *Tribune*.
26 de abril de 1946: Publica «En defensa del párroco de Bray» en *Tribune*.
Mediados de abril de 1946: Deja el periodismo seis meses para concentrarse en *1984*.
Mayo de 1946: Publica «James Burnham y la revolución de los directores» en *Politics*.

3 de mayo de 1946: Muere Marjorie Dakin, la hermana mayor de Orwell.
3 de mayo de 1946: Publica «Confesiones de un crítico literario» en *Tribune*.
Principios de mayo de 1946: Publica la última «London Letter» en *Partisan Review*.
23 de mayo-13 de octubre de 1946: Alquila Barnhill en Jura.
Verano de 1946: Publica «Por qué escribo» en *Gangrel*.
9 de julio de 1946: Dramatización radiofónica: «Caperucita roja», Programación infantil de la BBC.
14 de agosto de 1946: Publica «El verdadero modelo de H. G. Wells» en *Manchester Evening News*.
26 de septiembre de 1946: «Solo he escrito cincuenta páginas» [de *1984*].
Septiembre-octubre de 1946: Publica «Política frente a literatura» en *Polemic*.
14 de octubre de 1946-10 de abril de 1947: Vive en el 27b de Canonbury Square, en Londres.
29 de octubre de 1946: Oxford University Press publica en Bombay los Panfletos de la BBC n.º 2: *Libros y autores* (incluye *Las armas y el hombre*, de Bernard Shaw, escrito por Orwell) y n.º 3: *Hitos de la literatura norteamericana* (incluye «Jack London», de Orwell).
Noviembre de 1946: Escribe el prólogo de Jack London, *Love of Life and Other Stories*, de Paul Elek.
Noviembre de 1946: Publica «Cómo mueren los pobres» en *Now*.
22 de noviembre de 1946: Publica «Bajando de Bangor» (crítica de *Helen's Babies*) en *Tribune*.
Enero de 1947: Publica «Arthur Koestler» en *Focus* (escrito en septiembre de 1944).
14 de enero de 1947: Dramatización radiofónica: Adaptación de *Rebelión en la granja*, Canal 3 de la BBC.
Marzo de 1947: Publica «Lear, Tolstói y el Bufón» en *Polemic*.
4 de abril de 1947: Publica la 80.ª y última columna «As I Please». Orwell tenía intención de dejarla solo por un tiempo.
11 de abril-20 de diciembre de 1947: En Barnhill, Jura, escribiendo *1984*. Enferma con frecuencia.
31 de mayo de 1947: Envía a Warburg una versión de «Ay, qué alegrías aquellas», terminada en mayo de 1948.
Julio-agosto de 1947: Publica «Hacia la unidad de Europa» en *Partisan Review*.
Agosto de 1947: Collins publica *El pueblo inglés* en la serie *Gran Bretaña en imágenes*.
Septiembre de 1947: Rescinde el alquiler de The Stores, en Wallington.
31 de octubre de 1947: Está tan enfermo que tiene que trabajar en la cama.
7 de noviembre de 1947: Termina el primer borrador de *1984*.

30 de noviembre de 1947: Publica «Perfil: Krishna Menon», por David Astor, con Orwell en *The Observer*.
20 de diciembre-el 28 de julio de 1948: Ingresa en el Hospital de Hairmyres en East Kilbride, Glasgow, con tuberculosis.
Marzo de 1948: Escribe «Los escritores y el Leviatán» para la revista *Politics and Letters*; cuando la publicación fracasa, lo publica en *New Leader* en Nueva York el 19 de junio de 1948.
Mayo de 1948: Empieza el segundo borrador de *1984*.
Escribe «La prensa británica de izquierdas» para *The Progresive*.
Escribe «George Gissing» para *Politics and Letters*, que se publica en *London Magazine*, en junio de 1960.
Más o menos por esa época hace las últimas correcciones de «Ay, qué alegrías aquellas».
13 de mayo de 1948: Se publica *Subir a por aire*, el primer volumen de la Secker's Uniform Edition.
28 de julio de 1948: *c.* 2 de enero de 1949: En Barnhill, Jura.
28 de agosto de 1948: Publica «El dilema del escritor» en *The Observer* (revisado por George Woodcock en *The Writer and Politics*).
Otoño de 1948: Escribe «Reflexiones sobre Gandhi», que se publica en *Partisan Review* en junio de 1949.
Octubre de 1948: Publica «La lucha por la supervivencia de Gran Bretaña. El gobierno laborista después de tres años» en *Commentary*.
Principios de noviembre de 1948: Termina de escribir *1984* y empieza a mecanografiar el manuscrito.
15 de noviembre de 1948: Escribe la introducción a *British Pamphleteers, vol. 1* (escrito en primavera de 1947), de Allan Wingate.
4 de diciembre de 1948: Termina de pasar a máquina la copia definitiva de *1984* y la envía por correo. Sufre una grave recaída.
Diciembre de 1948: Rescinde el alquiler de su piso en Canonbury Square, en Islington.
Enero de 1949: Se publica *Los días de Birmania*, el segundo volumen de la Secker's Uniform Edition.
c. 2 de enero de 1949: Abandona Jura definitivamente.
6 de enero-3 de septiembre de 1949: Ingresado con tuberculosis en el Sanatorio de Cotswold, Cranham, Glos.
Mediados de febrero de 1949: Empieza un artículo sobre Evelyn Waugh, pero no lo termina.
Marzo de 1949: Corrige las pruebas de *1984*.
9 de abril de 1949: Envía su última crítica: *Su mejor hora*, de Winston Churchill, para el *New Leader*, en Nueva York.

Abril de 1949 en adelante: Planea una novela ambientada en 1945 (no llega a escribirla). Escribe una sinopsis y cuatro páginas de un relato breve largo titulado *A Smoking Room Story*. Toma notas para un artículo sobre Conrad.

Mayo de 1949: Publica «Un premio para Ezra Pound» en *Partisan Review*.

8 de junio de 1949: Secker & Warburg publica *1984*.

8 de junio de 1949: Se le concede el primer premio anual de *Partisan Review*.

13 de junio de 1949: Harcourt Brace publica *1984* en Nueva York.

Finales de junio de 1949: Firma la segunda «Notas para mi albacea literario».

Julio de 1949: *1984* es elegido por el Club del Libro del Mes en Estados Unidos (unos 190.000 ejemplares).

Agosto de 1949: Planea publicar un volumen de artículos.

3 de septiembre de 1949: Es trasladado al hospital del University College de Londres.

13 de octubre de 1949: Gracias a un permiso especial se casa con Sonia Brownell en el hospital.

18 de enero de 1950: Firma su testamento la víspera de su viaje a Suiza que le han recomendado por su salud.

21 de enero de 1950: Orwell muere en el hospital del University College tras una hemorragia masiva en los pulmones.

26 de enero de 1950: Se celebra el funeral de Orwell en Christ Church, Albany Street, en Londres, NW1. Posteriormente es enterrado en All Saints, Sutton Cortney, en Berkshire.

Notas biográficas
de los principales corresponsales

El asterisco junto al nombre en la correspondencia indica una entrada en este apartado

Mulk Raj Anand (1905-2004), novelista, crítico y ensayista. Nacido en la India, combatió en el bando republicano en la Guerra Civil española (aunque no conoció a Orwell en España). Escribió guiones, emitió para la BBC desde 1939 hasta 1945 y trabajó para Orwell mientras estuvo allí. Después de la guerra, impartió clases en diversas universidades indias y se convirtió en profesor de bellas artes en la Universidad del Punjab en 1963. Orwell y él fueron colegas sobre todo en la BBC. Según le contó a W. J. West, Orwell tenía predilección por citar el Libro de Oración Común, que conocía muy bien.

Eileen Blair, de soltera O'Shaughnessy (1905-1945), se casó con Orwell el 9 de junio de 1936. Nació en South Shields y se licenció en Oxford en 1927. Cuando conoció a Orwell, estaba cursando un máster de psicología en el University College de Londres. Durante la guerra trabajó al principio (irónicamente) en un Departamento de Censura en Whitehall y luego en el Ministerio de Alimentación. Lettice Cooper trabajó con ella en el Ministerio de Alimentación. Según recuerda, Eileen era «de estatura normal, un poco ancha de hombros, muy guapa y, según George, tenía cara de gata, ojos azules y cabello casi negro. Se movía despacio, siempre daba la impresión de entrar en un cuarto sin propósito alguno. Tenía las manos y los pies pequeños y muy hermosos. Nunca la vi apresurarse, pero siempre terminaba a tiempo el trabajo. [...] La inteligencia de Eileen era como un molino que no paraba de moler, despacio pero independientemente. Cohibida y sin pretensiones en sus modales, poseía una callada integridad que no vi flaquear nunca» (X, p. 394).

Ida Blair, de soltera Limouzin (1875-1943), la madre de Orwell. Nació en Penge en Surrey de madre inglesa y padre francés, pero vivió y se educó en la India. Era una mujer animosa e independiente y, como demuestra su diario, llevó una activa vida social a su regreso a Inglaterra en 1904. Su familia tenía contactos en Birmania. Tenía la costumbre de disponerlo todo para dejar a otros al cuidado de Avril y de su hijo durante las vacaciones escolares

Richard Walmsley Blair (1857-1939), el padre de Orwell. Ingresó en el Departamento del Opio del Servicio Civil de la India en 1875 y alcanzó el rango de agente subdelegado antes de jubilarse en 1912. Por razones desconocidas se tomó un permiso por enfermedad de 15 meses a partir del 20 de agosto de 1885. En 1917 fue destinado como segundo teniente en la 57.ª Compañía de Pioneros Indios, en Marsella donde sirvió como uno de los tenientes más viejos, y por un tiempo como el más viejo, del ejército, hasta el 9 de diciembre de 1919. Los Blair se retiraron a Southwold, en Suffolk, en diciembre de 1921. Aunque Jacinta Buddicom describe a los Blair como una familia unida y feliz, también describe elocuentemente al señor Blair diciendo que «no era desagradable».

Zulfaqar Ali Bokhari (¿?-¿?), organizador de programas indios para la BBC desde la fundación de la Sección India y jefe de Orwell. Después de la guerra se convirtió en director general de Radio Pakistán.

Henry Noel Brailsford (1873-1958), intelectual socialista, escritor, periodista político y redactor de editoriales en varios periódicos, entre ellos el *Manchester Guardian*. Editó el semanario del ILP, *The New Leader* entre 1922 y 1926.

Laurence Brander (1903- ¿?) era oficial de inteligencia del Servicio Oriental de la BBC cuando Orwell trabajaba para dicha sección. Su informe sobre el servicio indio de la BBC describe gráficamente las dificultades a las que se enfrentaba dicho servicio y también sus carencias. Véase XV, 2374, pp. 343-356. Allí afirma que «nuestro peor fracaso» han sido los programas ingleses para los indios. Su *George Orwell* se publicó en 1954 y en él escribió que Orwell «fue la inspiración de ese rudimentario Tercer Programa que se emitía para los estudiantes indios». Escribió numerosos estudios sobre figuras literarias, entre ellas Tobias Smollett, William Thackeray, Aldous Huxley y E. M. Forster.

Ivor Brown (1891-1974), escritor, crítico, editor y redactor de editoriales para el *Manchester Guardian* entre 1919 y 1935. También fue crítico teatral para *The Observer* y su editor entre 1942 y 1948 (XVII, p. 313). Si Orwell escribía una crítica que le turbaba no dudaba en pedir consejo, por ejemplo, sobre si su corresponsal pensaba que «toda la crítica despide un aroma de repugnancia por el cristianismo» (*The Lost Orwell*, p. 104).

Alex Comfort (1920-2000), poeta, novelista, biólogo médico. Escribió varios libros, entre ellos *No Such Liberty* (1941), un auto sacramental (*Into Egypt*,

1942) y, con diferencia el más famoso, *La alegría del sexo* (1972). También coeditó *Poetry Folios*, n. 1-10 entre 1942 y 1946.

Jack Common (1903-1968), obrero de Tyneside que trabajó para *The Adelphi* de 1930 a 1936, primero como vendedor de periódicos, luego como ayudante de edición, y de 1935 a 1936 como codirector con sir Richard Rees. Escribió varios libros y Crick lo llamó «uno de los pocos escritores proletarios ingleses auténticos». En 1938, Orwell reseñó su *The Freedom of the Streets* (XI, pp. 162-163). Él y su mujer, Mary, vivieron en la casa de los Orwell mientras estos estuvieron en Marruecos.

Cyril Connolly (1903-1974) estudió con Orwell en Saint Cyprian y en Eton. Volvieron a verse en 1935, después de que Connolly reseñara *Los días de Birmania*. Colaboraron en varias actividades literarias, sobre todo en la revista *Horizon*, que Connolly dirigió con gran éxito. Véase su *Enemigos de la promesa* (1938), donde hay referencias a Orwell, y *En el fondo del estanque* (1936), que Orwell reseñó (X, pp. 490-491) y que incluye la crítica: «Una objeción más seria es que incluso querer escribir sobre los supuestos artistas que gastan en sodomía lo que han ganado dando sablazos revela cierta incompetencia espiritual»: un mundo que es evidente que el autor «admira bastante».

Marjorie Dakin, de soltera Blair (1898-1946), la hermana mayor de Orwell. Sirvió como motociclista en la Women's Legion durante la Primera Guerra Mundial. Se casó con Humphrey Dakin (1896-1970). Sus hijos, Henry, Jane y Lucy se alojaron con Orwell en Jura.

E. Rowan Davies (¿?-¿?) Cuando Orwell empezó a trabajar en la BBC en 1941 Davies aparece listado como ayudante de transcripción en el Servicio Oriental. El 21 de agosto de 1943 aparece en una lista como director de Programas Escolares en el Servicio Doméstico de la emisora.

R. R. Desai (¿?-¿?) era alumno de posgrado en Cambridge cuyo departamento había sido evacuado a Aberystwyt. Tradujo al gujarati cuarenta y dos textos ingleses escritos por Orwell y corrigió otros dos. Todos los domingos por la noche viajaba a Londres para leer sus versiones, la BBC le pagaba el billete de tren, dietas de 1 libra y 14 chelines y una tasa de 5 libras y 5 chelines. Luego escribió los boletines él mismo. En 2004 seguía viviendo en Londres.

Serguéi Dinámov (1901-1939), director jefe de *International Literature*, en Moscú. Era una autoridad en literatura occidental y un gran entendido en Shakespeare. En 1938 fue detenido y murió en un gulag, probablemente fusilado.

Charles Doran (1894-1974) nació en Dublín, pero se mudó a Glasgow en 1915. Combatió en la Primera Guerra Mundial y se convirtió en un miembro activo de la Federación Comunista Antiparlamentaria. Ingresó en el ILP en los años treinta y combatió con Orwell en el POUM en España. Su mujer, Bertha, dijo que le impresionaban la modestia y sinceridad de Orwell: «Charlie lo tenía por un rebelde, no un revolucionario, que estaba descontento con la clase dirigente, a pesar de formar parte de ella». En 1983, la señora Doran le contó al doctor James D. Young: «Recuerdo que Charlie decía que Orwell no era una persona a quien le gustase discutir. Él [Charlie] expresaba una opinión con la esperanza de que Orwell expresara su acuerdo o su desacuerdo, pero Orwell se limitaba a decir: «¡Puede que tengas razón, Doran!».

Victor Gollancz (1893-1967), primer editor de Orwell. Después de estudiar en Oxford dio clases durante dos años en Repton, donde su introducción a una clase de civismo le causó dificultades con el director, el doctor Geoffrey Fisher, que luego llegaría a ser arzobispo de Canterbury. Lo despidieron en 1918, estudió la legislación del salario mínimo y, después de trabajar para Oxford University Press, lo contrató Ben Brothers, una editorial de periódicos. Su éxito allí lo llevó a fundar su propia editorial en 1927. En su primer año publicó sesenta y cuatro libros. Aunque miembro del Partido Laborista y nacido en una familia ortodoxa judía, luego se describiría como un socialista cristiano. Su mayor logro fue la creación del Club del Libro de Izquierdas, que publicó *El camino a Wigan Pier*. Era conocido por ofrecer adelantos modestos a los autores y asegurarles que era probable que cobrasen más después de la publicación.

Geoffrey Gorer (1905-1985), antropólogo social y autor de muchos libros, entre ellos *African Dances* (1935), *The American People* (1964) y *Death Grief and Mourning of Contemporary Britain* (1965). Escribió a Orwell a propósito de *Los días de Birmania*: «me parece que ha escrito usted una obra necesaria, importante e inmejorable». Se conocieron y siguieron siendo amigos toda la vida.

Rayner Heppenstall (1911-1981), novelista, crítico e historiador del crimen. Compartió piso con Orwell en 1935, aunque la convivencia no fue precisamente un éxito e incluso llegaron a las manos. A pesar de todo, siguieron siendo amigos y Heppenstall produjo algunas obras de Orwell para la BBC, en particular su guión para *El viaje del Beagle* y una adaptación radiofónica de *Rebelión en la granja*. Orwell es uno de los retratados en su *Four Absentees* (1960), y varios extractos se reproducen en *Orwell Remembered*.

Lydia Jackson, de soltera Jiburtovich (1899-1983), psicóloga, escritora y traductora (bajo el seudónimo de Elisaveta Fen). Nació en Rusia y llegó a Inglaterra en 1925. Conoció a Eileen en el University College de Londres en 1935 y continuaron siendo amigas. Se alojó en la casa de los Orwell en

Wallington cuando no estaban allí y fue a visitar a Orwell a Barnhill y al hospital de Hairmyres. Tradujo las obras de teatro de Chéjov para Penguin entre 1951 y 1954. En su *A Russian's England*, escrito en 1976, describe a Eileen, la casa de Wallington y la relación entre Orwell y Eileen.

Revd Iorwerth Jones (¿?-¿?) Párroco de la Iglesia Congregacional de Panteg, Ystalyfera, en Swansea. El 4 de mayo de 1955 escribió a Malcolm Muggeridge e incluyó la carta de Orwell del 8 de abril de 1941. Había escrito a Orwell para «plantearle algunas preguntas sobre sus comentarios sobre el pacifismo». El párroco pensó que su carta podría ser útil a Muggeridge cuando escribiese su biografía de Orwell, una biografía que al final no llegó a escribir.

Denys King-Farlow (1903-1982), compañero de Orwell en Eton. Los dos publicaron *The Election Times* y codirigieron los números 4 y 5 de *College Days*. Obtuvo becas para estudiar en Cambridge y Princeton y trabajó para la Royal Dutch Shell en Canadá. A propósito de sus reminiscencias de Orwell, véase *Orwell Remembered*, pp. 54-60.

Jennie Lee (1904-1988; baronesa Lee de Ashridge en 1970), hija de un minero escocés que era presidente de la rama local del ILP. Formó parte de los gobiernos laboristas de 1964-1970, fue la primera ministra de Arte y causó una profunda impresión. Se casó con Aneurin Bevan en 1934.

Capitán sir Basil Henry Liddell Hart (1895-1970) escribió más de treinta libros, entre ellos *Histoy of the Second World War* (1970). Había sido corresponsal militar del *Daily Telegraph* entre 1925 y 1935 y del *Times* entre 1935 y 1939. En 1937 se convirtió en asesor personal del ministro de la Guerra. Orwell escribió de él: «Los dos críticos militares más mimados por la *intelligentsia* son el capitán Liddell Hart y el general de división Fuller; el primero afirma que la defensa es más fuerte que el ataque, y el segundo que el ataque es más fuerte que la defensa. Esta contradicción no ha impedido que el mismo público los considere autoridades en la materia. La razón secreta de su predicamento entre los círculos izquierdistas es que ambos están en desacuerdo con el Ministerio de la Guerra» («Notas sobre el nacionalismo», 1945, XVII, p. 143).

Dwight Macdonald (1906-1982), crítico libertario, escritor de panfletos y erudito. Fue editor adjunto de *Partisan Review* y más tarde fundó *Politics*, que dirigió entre 1944-1949 y donde Orwell escribió en noviembre de 1944 y septiembre de 1946,

Leonard Moore (¿?-1959), de Christy & Moore, se convirtió en agente literario de Orwell en 1932 por sugerencia de Mabel Fierz. Consiguió vender *Sin blanca en París y Londres* y fue un paciente y hábil defensor de Orwell y su obra durante toda su vida.

Raymond Mortimer, comandante de la Orden del Imperio Británico (1895-1980), crítico y editor literario de *The New Statesman and Nation*, y uno de los mejores que tenía la revista.

Norah Myles, de soltera Symes (1906-1994); ella y la mujer de Orwell se hicieron amigas mientras estudiaban inglés en Saint Hugh College, en Oxford. Su padre y su marido eran médicos en Bristol. Eileen no escribía el nombre del destinatario en sus cartas y firmaba solo «E» o con el nombre cariñoso «Pig». Norah solo vio una o dos veces a Orwell y le pareció «que imponía mucho respeto». Eileen quería que ella y su marido, Quartus, cuidaran de Richard Blair si ella moría (como así ocurrió) bajo los efectos de la anestesia, pero de manera un tanto confusa dijo: «No los conoces».

Dorothy Plowman (1887-1967), mujer de Max Plowman. Cuando a Orwell le recomendaron pasar el invierno en un clima cálido, el novelista L. H. Myers (1881-1944) quiso financiarle anónimamente la empresa y le dio 300 libras a la señora Plowman para que se las entregase. Ella nunca le dijo a Orwell de dónde procedía el dinero, aunque él comprendió que estaba haciendo de intermediaria.

Sir Herbert Read (1893-1968), poeta, crítico, educador e intérprete de arte moderno. Combatió en la Primera Guerra Mundial, donde se le concedió la Orden de Servicios Distinguidos y la Cruz Militar. Fue muy influyente en los años treinta y cuarenta. Entre sus obras principales se cuentan *Form in Modern Poetry* (1932), *Art Now* (1933), *Arte y sociedad* (1936) y *Poetry and Anarchism* (1938), reeditado como *Anarchy and Order* (1954). Su *Educación por el arte* (1943) ejerció una gran influencia en la posguerra. Fue el intelectual británico más influyente defensor del anarquismo antes de la Segunda Guerra Mundial y estuvo muy ligado al anarquismo antes de ser nombrado caballero.

L. F. Rushbrook Williams, comandante de la Orden del Imperio Británico (1890-1978), fue el director del Servicio Oriental de la BBC, antiguo profesor del All Souls' College de Oxford; profesor de historia moderna en la Universidad de Allahabad entre 1914 y 1919, y director del Central Bureau of Information en la India entre 1920 y 1926. Director del Servicio de la India de la BBC desde 1941 hasta noviembre de 1944, empezó a trabajar para *The Times* en 1955. Su actitud ilustrada acerca de la India queda bien expresada en *India*, un panfleto editado en Oxford sobre Asuntos Mundiales y publicado en 1940. En unos documentos preparados para sir Stafford Cripps, entre otras cosas sobre él se dice: «Se ha pasado la vida al servicio de príncipes indios […] y va hacia donde sople el viento».

John Sceats (1912-¿?) era un agente de seguros que escribió artículos para la revista mensual socialista *Controversy*. Orwell admiraba dichos artículos y pidió a Sceats que fuese a verlo al sanatorio de Preston Hall poco después de la publicación de *Homenaje a Cataluña*.

Sir Sacheverell Sitwell (1897-1988) era crítico y poeta y el hermano menor de Edith y Osbert Sitwell; educado en Eton. Sirvió en los Grenadier Guards en la Primera Guerra Mundial. Orwell escribió una reseña de su libro *Poltergeists* en septiembre de 1940 (XII, pp. 246-248).

Sir Stephen Spender (1909-1995) fue un prolífico poeta, novelista, crítico y traductor. Dirigió la revista *Horizon* con Cyril Connolly entre 1940 y 1941. Fue codirector de *Encounter* entre 1953 y 1965 y siguió en el consejo editorial hasta 1967, cuando se descubrió que estaba financiada en parte por la CIA. Orwell lo incluyó al principio entre los bolcheviques de salón y las «personas triunfadoras y elegantes» a quienes fustigaba de cuando en cuando. Después de su carta del 15 de abril de 1938 se hicieron amigos.

Geoffrey Trease (1909-1998) fue un prolífico escritor, la mayor parte de sus 113 libros estaban escritos para niños. Su *Tales Out of School* (1949) fue un innovador estudio sobre literatura infantil. Sus relatos, de estilo muy diferente de los de G.A. Henty en el siglo XIX y los de Percy F. Westerman a principios del XX, evitaban el patrioterismo y estaban dedicados tanto a niñas como a niños. En 1935, él y su mujer, Marian, viajaron cinco meses a la Rusia soviética para disfrutar de sus derechos de autor que estaban congelados en dicho país. Era miembro del Partido Laborista y escribió: «Nunca me planteé seriamente ingresar en el Partido Comunista [...] enseguida vi lo que les ocurría a quienes dejaban el partido por una diferencia sincera de opinión». Durante la guerra sirvió en el Army Education Corps.

Francis Westrope (¿?-¿?) había sido objetor de conciencia en la Primera Guerra Mundial; su mujer, Myfanwy, fue una activa sufragista y se unió al ILP en 1905. Ambos contrataron a Orwell en Booklovers' Corner, en Hampstead, desde finales de 1934 hasta enero de 1936. El abogado de Gollancz temía que el retrato del dueño de la librería en *Que no muera la aspidistra* pudiese dar pie a una demanda por libelo o difamación por parte de los Westrope. Orwell lo tranquilizó explicándole que su carácter era muy distinto y no se presentó ninguna demanda. Orwell y Eileen les encargaron libros mientras estuvieron en Marruecos.

Tom Wintringham (1898-1949) sirvió en el Royal Flying Corps en la Primera Guerra Mundial y editó *Left Review* entre 1934 y 1936. Viajó a España como corresponsal de guerra en 1936 y capitaneó el batallón británico de las Brigadas Internacionales cerca de Madrid en 1937. Había sido miembro fundador del Partido Comunista Británico, pero lo abandonó tras sus vivencias en España. Escribió sobre armamento, tácticas y nuevos métodos de combate y fundó, junto con Hugh Slater, el Centro de Instrucción de Osterley Park para la Home Guard.

Breve relación de lecturas recomendadas

Todos los escritos de Orwell, que, con las notas que los acompañan, ocupan más de 9.000 páginas, se encuentran recogidos en *The Complete Works of George Orwell*, editadas por Peter Davison, con la ayuda de Ian Angus y Sheila Davison, 1998; segunda edición en rústica 2000-2002. Los libros ocupan los primeros nueve volúmenes y han sido publicados por Penguin con la misma paginación de los textos. *The Facsimile of the Manuscript of Nineteen Eighty-Four*, se publicó en 1984; *The Lost Orwell*, un volumen suplementario, se publicó en 2006. Penguin Books también ha publicado cuatro recopilaciones de ensayos, editadas por Peter Davison, que contienen notas adicionales a las de las *Complete Works*, se trata de:

Orwell in Spain (incluye *Homenaje a Cataluña*); 393 páginas.
Orwell's England (incluye *El camino a Wigan Pier*); 432 páginas, con 32 páginas de láminas.
Orwell and the Dispossessed (incluye *Sin blanca en París y Londres*); 424 páginas.
Orwell and Politics (incluye *Rebelión en la granja*); 537 páginas.

También puede hacerse referencia a los volúmenes *Orwell: Diaries*, Harvill Secker, 2009, y Orwell: *A Life in Letters*, Harvill Secker, 2010.

NOTAS AL PIE

Las referencias a las *Complete Works* se hacen indicando *CW* + el número de volumen + el número de ítem + la(s) página(s), por ejemplo, *CW*, XX, 3612, pp. 100-102. Las referencias a *The Lost Orwell* se hacen indicando *LO* + el número de página; seguido de un vínculo que indica la ubicación del artículo en las *Complete Works*. Las referencias a los libros citados más abajo se hacen mediante el nombre del autor + el número de página, por ejemplo, Crick,

p. 482, excepto en el caso de *Orwell Remembered* y *Remembering Orwell*, que se citan por ese nombre + el número de página.

Hay muchísimos estudios críticos sobre George Orwell y sus escritos. Tal vez sea mejor incluir aquí los detalles de las biografías más recientes y media docena de estudios críticos muy recientes. A partir de ellos no será difícil buscar otras biografías y estudios anteriores.

Biografías

Bowker, Gordon, *George Orwell*, Little Brown, 2003 (Bowker).

Buddicom, Jacintha, *Eric & Us* (1974), incluye un interesante epílogo de Dione Venables, Finlay Publishing, Chichester, 2006.

Coppard, Audrey, y Bernard Crick, *Orwell Remembered*, Ariel (BBC), 1984 (*Orwell Remembered*).

Crick, Bernard *George Orwell: A Life*, (Secker & Warburg, 1980), Penguin, 1992, la edición incluye un nuevo e interesante Apéndice (Crick).

Fyvel, T. R., George Orwell: A Personl Memoir, 1982 (Fyvel).

Lucas, Scott, *Orwell*, Haus Publishing, 2003.

Meyers, Jeffrey, *Orwell: Wintry Conscience of a Generation*, Norton, 2000.

Shelden, Michael, *Orwell: The Authorised Biography*, Harper Collins, Nueva York, 1991.

William Heinemann, 1991, Londres (Shelden).

Spurling, Hilary, *The Girl from the Fiction Department: A Portrait of Sonia Orwell*, Hamish Hamilton, 2002.

Taylor, D. J., *Orwell: The Life*, Chatto & Windus, 2003 (Taylor).

Thompson, John, *Orwell's London* (con numerosas fotografías de Philippa Scoones), Fourth Estate, 1984 (Thompson).

Wadhams, Stephen, *Remembering Orwell*, Penguin Canada, 1984 (*Remembering Orwell*).

Estudios críticos

Cambridge Companion to George Orwell, The, edición de John Rodden, CUP, 2007.

Cushman, Thomas, y John Rodden, *George Orwell: Into the Twenty-first Century*, Paradigm Publishers, Boulder, Colorado, 2004.

Hitchens, Christopher, *Orwell's Victory*, Allen Lane, 2002 (*Why Orwell Matters* en Estados Unidos).

Kerr, Douglas, *George Orwell*, Northcote House: Writers and their Work, 2003.

Larkin, Emma, *Secret Histories: Finding George Orwell in a Burmese Teashop*, John Murray, 2004.

Leab, Daniel J., *Orwell Subverted: The CIA and the Filming of Animal Farm'*, Pennsylvania State UP, 2007.

Rodden, John, *Every Intellectual's Big Brother: George Orwell's Literary Siblings*, University of Texas, Austin, 2006. Incluye un valioso resumen de la conferencia del centenario, George Orwell: An Exploration of His World and Legacy', pronunciada en el Wellesley College, cerca de Boston, Massachusetts en mayo de 2003. En muchos aspectos profundiza en su *The Politics of Literary Reputation: The Making and Claiming of 'St. George' Orwell*, Oxford University Press, Oxford y Nueva York, 1989.

Saunders, Loraine, *The Unsung Artistry of George Orwell: The Novels from 'Burmese Days' to 'Nineteen Eighty-Four'*, Ashgate, Aldershot y Burlington VT, 2008.

Thomas, Hugh, *The Spanish Civil War* (1961), Penguin 3.ª ed. 1977.

Bibliografía esencial de Orwell en castellano

Orwell en España, Barcelona, Tusquets, 2003.
Los días de Birmania, Barcelona, Debolsillo, 2011.
La hija del clérigo, Barcelona, Lumen, 2011.
Homenaje a Cataluña, Barcelona, Debate, 2011.
Rebelión en la granja, Barcelona, Debolsillo, 2013.
Ensayos, Barcelona, Debate, 2013.
1984, Barcelona, Debolsillo, 2014.